Rupert Lay

Marxismus für Manager

Einführung und Argumentationshilfe

Rowohlt

Umschlagentwurf Werner Rebhuhn

Veröffentlicht im Rowohlt Taschenbuch Verlag GmbH,
Reinbek bei Hamburg, Oktober 1977
© Wirtschaftsverlag Langen-Müller/Herbig
Albert Langen, Georg Müller Verlag GmbH, München, 1975
Gesamtherstellung Clausen & Bosse, Leck/Schleswig
Printed in Germany
780-ISBN 3 499 17094 9

Dieses Buch wurde für Praktiker mit theoretischem Interesse geschrieben. Sein Ziel ist es, eine Einführung in die Gedanken des Marxismus (als philosophisches System) und des marxistischen Sozialismus (als ökonomisches System) zu geben. Dabei halte ich mich möglichst eng an die Lehren der Klassiker des Marxismus und lasse sie (vor allem aber Marx selbst) oft zu Wort kommen. So wird das Buch nicht nur ein einführendes Lehrbuch sein, sondern zugleich auch ein Lesebuch, das in den Marxismus und Sozialismus (und beider Gedankenwelt) einführen möchte. Dabei kam es mir darauf an, vor allem solche Texte vorzustellen, die immer wieder zitiert werden, und die man also einmal gelesen und verstanden haben sollte.

Im Mittelpunkt des Interesses stehen die Thesen und Theorien, die vor allem für den *Westmarxismus* von Bedeutung sind. Zentrale Theorienelemente des Ostmarxismus (z. B. der »Dialektische Materialismus«) werden vergleichsweise kurz abgehandelt. Da das philosophische System des Marxismus die zentrale eigenständige Leistung Marxens ist, wurde es hier besonders ausführlich dargestellt. Die Ökonomie wird im Westmarxismus mitunter (vor allem im Neomarxismus) durch andere Strategien (soziologische, psychologische, pädagogische) ersetzt, obschon für Marx Philosophie und Ökonomie eine unzertrennliche Einheit bilden, da die Thesen zum »Stoffwechsel des Menschen mit der Natur« einmal einen philosophischen, zum anderen einen ökonomischen Aspekt haben. Doch in dem gleichen Maße wie der Marxismus neue und andere Strategien sucht, um sich durchzusetzen (wenn auch die sozialistische Ökonomie das Ziel bleibt), wird die alle Marxismen verbindende Philosophie um so wichtiger.

Zumeist sind die Kapitel so aufgebaut, daß zunächst eine Darstellung geboten wird. Es folgt eine kurze Zusammenfassung in Thesen, und endlich werden – insofern nicht schon in der Darstellung geschehen – *einige* wichtige Einwände gegen das marxistische System (in Philosophie und Ökonomie) vorgetragen. Die Menge der Einwände ist dabei weder konsistent (d. h. von *einem* philosophischen Standpunkt aus) entwickelt, noch ist sie vollständig. Sie ist i. a. mit Absicht so allgemein gehalten, daß auch Leser, die nicht den (christlichen) Standpunkt des Verfassers teilen, sich mit ihnen werden identifizieren können. Abgesehen von dem Schlußkapitel versucht das Buch, eine weltanschaulich neutrale Haltung einzunehmen. Erst das Schlußkapitel bringt die Gründe, die den Autor viele Voraussetzungen und Thesen des Marxismus ablehnen lassen.

Das Buch will zum Nachdenken anregen. Es möchte dazu hinführen, die eigene Position besser zu entwickeln, denn wenn Sie keine eigene Position besitzen, die auch positive Inhalte enthält, werden Sie gegen den Marxismus mit leeren Händen und leerem Gehirn antreten. Gelingt es nicht, innerhalb der nächsten Jahre eine philosophisch reflektierte mächtige Allianz gegen den Marxismus aufzubauen, wird er vermutlich siegen, denn dann bleibt er ohne Alternative. Der Verfasser möchte nicht verschweigen, daß er der Ansicht ist, daß eine solche Allianz *praktisch* nur möglich sein wird, wenn sie die zentralen Gedanken des Christentums akzeptiert und übernimmt.

Doch selbst wenn es Ihnen nicht möglich sein sollte, eine positive Gegenposition zum Marxismus zu entwickeln, sollten Sie wissen, wogegen sie sind (wenn Sie gegen den Marxismus sein sollten). Gegen etwas zu sein, ohne recht zu wissen, wogegen man eigentlich ist, ist unredlich und eines denkenden Menschen unwürdig.

Mit dem Studium des Marxismus werden mit Sicherheit einige Selbstschutzmechanismen, die Sie gegen die als bedrohlich empfundene Weltanschauung aufgebaut haben, zerbrechen. Es gilt solche Selbstschutzmechanismen durch Einsicht zu ersetzen. Zu dieser Einsicht möchte das Buch Sie in einem ersten Schritt begleiten. Es ist also bei aller Theorie ein ausgesprochen praktisches Buch und erhebt somit keinerlei wissenschaftlichen Anspruch: Seine Absicht ist praktisch, sein Interesse ebenso. So hat sich der Autor etwa nicht an die Unterstreichungen und Sperrungen der zitierten Originale gehalten, sondern sie weitgehend verringert und sachdienliche Hervorhebungen selbständig angefertigt.

Die Ziele dieses Buches sind:

1. Soviel Kenntnis zu vermitteln, daß eine erste *objektive* Stellungnahme zum Marxismus möglich wird.
2. Das kritische Bewußtsein gegenüber der eigenen wie gegenüber der marxistischen Position zu wecken.
3. Eine solche Einführung zu geben, daß das Selbststudium nach Quellen und Literatur möglich wird.

Das Buch hat drei Hauptabteilungen:

1. Die Philosophie des Marxismus (Kapitel I bis XVIII)
2. Die Ökonomie des Marxismus (Sozialismus) (Kapitel I bis VI)
3. Einige Daten zur Geschichte des Marxismus (Kapitel I bis X)

Es empfiehlt sich, das Buch zunächst einmal in der Reihenfolge der Kapitel durchzuarbeiten.

Die Schriften Marxens und Engels' wurden zitiert nach:

1. Marx/Engels, Werke 1–39, Ostberlin 1956–1968 (MEW).
2. Marx/Engels, Historisch-kritische Gesamtausgabe, Frankfurt, Berlin, Moskau 1927–1935 (unvollständig) (MEGA).
3. Marx, Grundrisse der Kritik der politischen Ökonomie, Moskau 1939–1941 (Nachdruck: Europäische Verlagsanstalt, o. J.) (Grundrisse).

Öfter zitierte Literatur:

1. Marxistisch-leninistisches Wörterbuch der Philosophie, hrsg. von G. Klaus und M. Buhr, Reinbek 1972 (MLWdPh).
2. Marxismus im Systemvergleich, hrsg. von C. D. Kernig, Frankfurt 1973–1974 (MiSV).

1. Teil

PHILOSOPHIE DES MARXISMUS

I. NATURALISMUS

A. Einführung und Thesen

Der Naturalismus bildet die Mitte, wenn auch nicht den Schwerpunkt der Marxschen theoretischen Konzeption überhaupt. Er verbindet fast alle für das Marxsche Denken wichtige Kategorien miteinander und stellt sie in einen systemstiftenden Zusammenhang. Vor allem schafft der Naturalismus die oft im Marxschen Denken übersehene Einheit von philosophischer, historischer und ökonomischer Theorie und Praxis. Dabei ist jedoch darauf zu achten, daß das Marxsche System ein *offenes* System (und kein geschlossenes) ist. Daß sein System offen bleibt, verdankt er zum einen seiner realen Dialektik, nach der die Objekte des Systems in ständiger Veränderung begriffen sind, und zum anderen seiner Lehre vom dialektischen Zusammenhang (und Auseinander) von Theorie und Praxis (vgl. »Dialektik«).

Obschon wir der Marxschen Dialektik ein eigenes Kapitel widmen werden, sei schon hier – im Vorgriff auf das Kommende – einiges zur Dialektik gesagt. Marx unterscheidet der Sache nach *objektive* und *subjektive* Dialektik. Die objektive Dialektik spielt im Reich der Sachen, auch unabhängig vom menschlichen Denken, Erkennen und Wollen. Die subjektive spielt im Reich der Begriffe. Beide sind wieder (über die Dialektik von Theorie und Praxis) dialektisch miteinander verbunden.

Dialektik sagt etwas über das Zusammen und Auseinander von zwei Sachen aus. Die eine kann ohne die andere nicht sein. Im dialektischen Spiel miteinander verändern sie sich, sind in Bewegung, heben sich gegenseitig auf zu einem Neuen (wenigstens tendentiell, wenn auch nicht real). »Aufheben« ist hier in allen drei Dimensionen des Wortes gemeint: Verwahren (»Ich hebe mir das Beste bis zuletzt auf«), Von unten nach oben heben (»Ich hebe das Buch vom Boden auf«), Kassieren (»Ich hebe das Urteil auf«).

Dialektische Begriffe sind vonnöten, wenn man die dialektische

Objektivität subjektiv begreifen will. Solche Begriffe sind nicht festzumachen (es sei denn, man konstruiere ein statisches Modell von der objektiven Wirklichkeit), also auch nicht im wissenschaftlichen Sinn zu definieren, weil die von ihnen begriffene Wirklichkeit fließend ist, sich unter unserem Begreifen verändert. Jeweils zwei dialektische Begriffe bilden ein Paar, das zusammen miteinander eine dialektische Begriffseinheit bildet. Der eine Terminus des Paars ist ohne den anderen nicht voll zu begreifen. Wollte man ihn vom anderen abziehen, erhielte man ein Abstraktum (= ein Abgezogenes). Begriffe sollten jedoch möglichst konkret sein, d. h. subjektiv die objektive Realität wiedergeben und begreifen. Dialektische Begriffe bedeuten also keine »Gegenstände«, sondern »Bewegungen«. Bewegungen aber beinhalten immer Bezüge, Relationen.

Der Naturalismus spannt nun ein dialektisches Bedeutungsfeld zwischen vier Grundbegriffen auf: »Natur«, »Gesellschaft«, »Arbeit«, »Individuum«. Da jeder dieser (dialektisch zu interpretierenden) Begriffe auf jeden anderen dialektisch hingeordnet ist, erhalten wir (vom Feld als ganzen abstrahierend) insgesamt sechs dialektisch aufeinander bezogene Begriffspaare. Das folgende Schema soll das Gemeinte verdeutlichen:

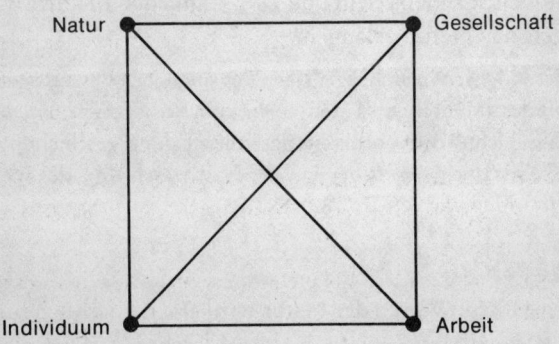

a) Natur und Individuum

Der Mensch ist ein Sinnenwesen, es nimmt die Natur wahr durch die Sinne[1].

Wie sie [die Gegenstände] ihm [dem Menschen] seine werden, das hängt von der Natur des Gegenstandes und der Natur der ihr entsprechenden

11

Wesenskraft ab . . . Die Eigentümlichkeit jeder Wesenskraft ist gerade ihr eigentümliches Wesen, also auch die eigentümliche Weise ihrer Vergegenständlichung, ihres gegenständlich-wirklichen, lebendigen Seins. Nicht nur im Denken, sondern mit allen Sinnen wird daher der Mensch in der gegenständlichen Welt bejaht . . . Der menschliche Sinn, die Menschlichkeit der Sinne wird erst durch das Dasein *seines* Gegenstandes, durch die *vermenschlichte* Natur. Die *Bildung* der fünf Sinne ist eine Arbeit der ganzen bisherigen Weltgeschichte. (MEGA 1, 3, 119f.)

Sehr eng sieht Marx die Bindung von Natur und Individuum[2]. Sie ist gleichsam der Leib des Menschen und damit der Grund seines Lebens und seiner Existenz. So ist der Mensch ganz Teil der Natur.

Die Natur ist der unorganische Leib des Menschen, nämlich die Natur, soweit sie nicht selbst menschlicher Körper ist. Der Mensch lebt von der Natur, heißt: Die Natur ist sein Leib, mit dem er im beständigen Prozeß [oder Progress] bleiben muß, um nicht zu sterben. Daß das physische und geistige Leben des Menschen mit der Natur zusammenhängt, hat keinen anderen Sinn, als daß die Natur mit sich selbst zusammenhängt, denn der Mensch ist ein Teil der Natur. (MEGA 1, 3, 87)

Aber auch die Natur ist vom Menschen (dialektisch) abhängig. Sie wird und entwickelt sich zum Menschen. Der Mensch muß dabei zum sinnlichen Bewußtsein und zum sinnlichen Bedürfnis vor dem Anspruch der Natur gelangen.

Damit der »Mensch« zum Gegenstand des sinnlichen Bewußtseins und das Bedürfnis des »Menschen als Menschen« zum Bedürfnis werde, dazu ist die ganze Geschichte die Vorbereitungs-Entwicklungsgeschichte. Die Geschichte selbst ist ein *wirklicher* Teil der Naturgeschichte, des Werdens der Natur zum Menschen. (MEGA 1, 3, 123)

b) Natur und Gesellschaft

Das menschliche Wesen der Natur wird erst menschlich für den gesellschaftlichen Menschen, d. h. den Menschen, der sich als Teil von Gesellschaft weiß und realisiert. Er ist Mensch, insofern er Mensch für andere ist. Dann aber wird ihm die Natur zum Menschen. In Gesellschaft findet der Mensch zur Natur. Es kommt zum Humanismus der Natur, zur humanen Natur.

Das menschliche Wesen der Natur ist erst da für den gesellschaftlichen Menschen; denn erst hier ist sie für ihn da als Band mit dem Menschen, als

Dasein seiner für den anderen und des anderen für ihn, wie als Lebenselement der menschlichen Wirklichkeit, erst hier ist sie da als Grundlage seines eigenen menschlichen Daseins. Erst hier ist ihm sein natürliches Dasein und die Natur für ihn zum Menschen geworden. Also die Gesellschaft ist die vollendete Wesenseinheit des Menschen mit der Natur, die wahre Resurrektion [= Auferstehung] der Natur, der durchgeführte Naturalismus des Menschen und der durchgeführte Humanismus der Natur. (MEGA 1, 3, 116)

Dieser berühmte Text zeigt, worauf es Marx in seinem Naturalismus ankommt: Der Naturalismus des Menschen ist der Humanismus der Natur. Und so kann er Naturalismus und Humanismus miteinander identifizieren. (MEGA 1, 3, 160)
Das Gattungswesen des Menschen zeigt sich darin, daß der Mensch (als gesellschaftliches Wesen) von der Natur lebt. Es zeigt sich aber auch darin, daß der Mensch sich die Natur nur als Gattungswesen zu eigen macht.

Das Gattungsleben, sowohl beim Menschen als beim Tier, besteht physisch einmal darin, daß der Mensch (wie das Tier) von der unorganischen Natur lebt, und um so universeller der Mensch als das Tier, um so universeller ist der Bereich der unorganischen Natur, von der er lebt . . . Das praktische Erzeugen einer gegenständlichen Welt, die Bearbeitung der unorganischen Natur ist die Bewährung des Menschen als eines bewußten Gattungswesens, d. h. eines Wesens, das sich zu der Gattung als seinem eigenen Wesen oder zu sich als Gattungswesen verhält. (MEGA 1, 3, 87f.)

Alle Natur ist also gesellschaftlich vermittelt, und die Gesellschaft ist naturhaft vermittelt. Gesellschaft und Natur sind also zwei dialektisch vermittelte und vermittelnde Pole einer Einheit: die von Natur und Gesellschaft[3].

c) Natur und Arbeit

Der Raum menschlicher Arbeit ist die Natur. Im Zusammen und Auseinander von Natur und Arbeit vollzieht sich der »Stoffwechsel der Menschen mit der Natur« (ein Begriff, der im ersten Band des Kapitals häufig vorkommt).

Der Arbeiter kann nichts schaffen ohne die Natur, ohne die sinnliche Außenwelt. Sie ist der Stoff, an welchem sich seine Arbeit verwirklicht, in welchem sie tätig ist, aus welchem und mittels welchem sie produziert . . . Je

mehr also der Arbeiter die Außenwelt, die sinnliche Natur, durch seine Arbeit sich aneignet, um so mehr entzieht er sich Lebensmittel nach der doppelten Seite hin, erstens, daß immer mehr die sinnliche Außenwelt aufhört, ein seiner Arbeit angehöriger Gegenstand, ein Lebensmittel seiner Arbeit zu sein; zweitens, daß sie immer mehr aufhört, Lebensmittel im unmittelbaren Sinn, Mittel für die physische Subsistenz des Arbeiters zu sein. (MEGA 1, 3, 84)
Die Arbeit ist zunächst ein Prozeß zwischen Mensch und Natur, ein Prozeß, worin der Mensch seinen Stoffwechsel mit der Natur durch seine eigene Tat vermittelt, regelt und kontrolliert. Er tritt dem Naturstoff selbst als eine Naturmacht gegenüber. (MEW 23, 192)

Das Zusammen und Auseinander von Natur und Arbeit ist also nach Marx ein komplexer Mechanismus, den er unter dem Bild des Stoffwechsels[4] vorstellt. Durch die Arbeit verwandelt der Mensch die Natur von einem Lebensmittel der Arbeit zu einem Kulturwerk. Dieser Prozeß muß gesellschaftlich verantwortet geschehen. Es ist, als ob Marx mitunter etwas von der modernen Umweltproblematik geahnt hätte, die auf ein falsches (entfremdetes) Verhältnis von Natur und Arbeit zurückgeführt werden könnte (und von einigen Marxisten auch wird). Die Naturgegenstände werden zu einer dem Arbeiter feindlich gegenüberstehenden Welt. [Vgl. »Entfremdung«]

Das Verhältnis des [kapitalistischen] Arbeiters zum Produkt seiner Arbeit [haben wir betrachtet] als fremden und über ihn mächtigen Gegenstand. Dieses Verhältnis ist zugleich das Verhältnis zur sinnlichen Außenwelt, zu den Naturgegenständen als einer fremden, ihm feindlich gegenüberstehenden Welt. (MEGA 1, 3, 86)

Die entfremdete Arbeit entfremdet den Menschen also auch der Natur (MEGA 1, 3, 87), wie der Gattung. (MEGA 1, 3, 89)

Die in der menschlichen Geschichte – dem Entstehungsakt der menschlichen Gesellschaft – werdende Natur ist die wirkliche Natur des Menschen, darum die Natur, wie sie durch die Industrie, wenn auch in entfremdeter Gestalt wird, die wahre anthropologische Natur ist. (MEGA 1, 3, 122)

Der »ökonomische Marx« greift wieder auf die Gedanken seiner ökonomisch-philosophischen Entwürfe zurück, wenn er in den »Grundrissen« (dem Rohentwurf zum ersten Band des Kapitals) schreibt:

Wie das arbeitende Subjekt natürliches Individuum, natürliches Dasein – erscheint die erste objektive Bedingung seiner Arbeit als Natur, Erde, als sein unorganischer Leib. (Grundrisse, 388)

d) Gesellschaft und Individuum

In gewisser (dialektischer) Opposition zum Menschen als Naturwesen sieht Marx ihn als Gattungswesen. Sein Leben ist ganz und gar Leben der Gattung. Das geht so weit, daß Marx das individuelle Sterben ganz unter den Zweck der Gattung stellt. Diese Gesellschaftlichkeit des Individuums, die es nur in, mit und durch Gesellschaft zu sich, zum menschlichen Wesen kommen läßt, ist einer der Grundzüge Marxscher Anthropologie, die allein die Rolle des Sozialismus und Kommunismus in seinem Denken erklärlich macht.

Aber der Mensch ist nicht nur Naturwesen, sondern er ist *menschliches* Naturwesen; d. h. für sich selbst seiendes Wesen, darum Gattungswesen, als welches er sich sowohl in seinem Sein als in seinem Wissen bestätigen und betätigen muß. (MEGA 1, 3, 162)
Es ist zu vermeiden, die »Gesellschaft« . . . als Abstraktion dem Individuum gegenüber zu fixieren. Das Individuum *ist* das gesellschaftliche Wesen. Seine Lebensäußerung – erscheine sie auch nicht in der unmittelbaren Form einer gemeinschaftlichen, mit anderen zugleich vollbrachten Lebensäußerung – ist daher eine Äußerung und Bestätigung des gesellschaftlichen Lebens. Das individuelle und das Gattungsleben des Menschen sind nicht verschieden . . . Als Gattungsbewußtsein bestätigt der Mensch sein reelles Gesellschaftsleben und wiederholt nur sein wirkliches Dasein im Denken, wie umgekehrt das Gattungssein sich im Gattungsbewußtsein bestätigt. (MEGA 1, 3, 117)

Der *Tod* scheint als ein harter Sieg der Gattung über das bestimmte Individuum und ihrer [der Gattung] Einheit zu widersprechen; aber das bestimmte Individuum ist nur ein bestimmtes Gattungswesen, als solches sterblich. (Ebd.)

e) Gesellschaft und Arbeit

Arbeit begründet Gesellschaft, und Gesellschaft ist Voraussetzung für Arbeit. Dabei bedeutet »Arbeit« für Marx jede Form der kreativen produktiven gesellschaftlichen Interaktion. Durch Arbeit erzeugt der Mensch sich selbst. (MEGA 1, 3, 125)

Allein auch wenn ich wissenschaftlich tätig bin, eine Tätigkeit, die ich selten in unmittelbarer Gemeinschaft mit anderen ausführen kann, so bin ich gesellschaftlich, weil als Mensch tätig. Nicht nur das Material meiner Tätigkeit ist mir – wie selbst die Sprache, in der der Denker tätig ist – als gesellschaftliches Produkt gegeben, mein eigenes Dasein ist gesellschaftliche Tätigkeit; darum das, was ich aus mir mache, ich aus mir für die Gesellschaft mache und mit dem Bewußtsein meiner als eines gesellschaftlichen Wesens. (MEGA 1, 3, 116)

Eben in der Bearbeitung der gegenständlichen Welt bewährt sich der Mensch daher erst wirklich als ein Gattungswesen. Diese Produktion ist sein werktätiges Gattungsleben. Durch sie erscheint die Natur als sein Werk und seine Wirklichkeit. Der Gegenstand der Arbeit ist daher die Vergegenständlichung des Gattungslebens des Menschen. (MEGA 1, 3, 88 f.)

f) Individuum und Arbeit

In diesem Prozeß der sozialen Interaktion kommt das Individuum erst zu sich selbst – wird Mensch.

Es [das Tier] produziert nur unter der Herrschaft des unmittelbaren physischen Bedürfnisses, während der Mensch selbst frei vom physischen Bedürfnis produziert und erst wahrhaft produziert in der Freiheit von demselben; es produziert nur sich selbst, während der Mensch die ganze Natur reproduziert; sein Produkt gehört unmittelbar zu seinem physischen Leib, während der Mensch frei seinem Produkt gegenübertritt. (MEGA 1, 3, 88)

So sollte es sein. In der konkreten (kapitalistischen Form der) Arbeit ist jedoch die Arbeit zur Sache geworden (hat Warencharakter angenommen und einen Tauschwert erhalten). Dadurch wird der Mensch sich selbst, der Gattung, der Natur entfremdet [vgl. »Entfremdung«].

Soweit der Arbeitsprozeß ein rein individueller, vereinigt derselbe Arbeiter alle Funktionen, die sich später trennen. In der individuellen Aneignung von Naturgegenständen zu seinen Lebenszwecken kontrolliert sich selbst. Später wird er kontrolliert. (MEW 23, 531)

Die Technologie enthüllt das aktive Verhalten des Menschen zur Natur, den unmittelbaren Produktionsprozeß seines Lebens, damit auch seiner gesellschaftlichen Lebensverhältnisse und der ihnen entquellenden geistigen Vorstellungen. (MEW 23, 393)

Soweit der Arbeitsprozeß nur ein bloßer Prozeß zwischen Mensch und Natur ist, bleiben seine einfachen Elemente allen gesellschaftlichen Entwicklungsformen derselben gemein. (MEW 25, 890 f.)

Sicherlich ist unsere Teilung des »Marxschen Vierecks« immer schon Abstraktion, insofern wir bei der Darstellung zweier Komponenten in ihren Zusammen und Auseinander die beiden jeweils anderen vernachlässigen. Jedoch dürfte diese Abstraktion methodisch zu rechtfertigen sein, um das Geflecht dialektischer Wechselbezüge zu entflechten.

Der Naturalismus ist die philosophische Grundlage des Marxismus. Von ihm absehen, hieße den Marxismus verstümmelt vorzustellen. Selbst wenn wir im Folgenden nicht immer ausdrücklich auf ihn Bezug nehmen, ist er die Grundlage unserer weiteren Erörterungen.

Er erlaubt es u. a. der Ökonomie immanente *Werte* (Freiheit, Solidarität, Gerechtigkeit . . .) zu entwickeln, während der Kapitalismus zu einer Entwicklung solcher Werte unfähig war (sieht man einmal von Pseudowerten wie »Profitoptimierung« ab). Er konnte nur Spielräume schaffen, in denen der Ökonomie externe Werte entwickelt und wirksam wurden.

So kann Marx denn seinen Naturalismus identifizieren mit (realem) Humanismus. Er versteht sich selbst als radikaler Humanist und wird zum heftigen Kritiker aller derer, die Humanismus allein im Kopfe haben. Die Ökonomie wird ihm zum Durchsetzungsraum seines Humanismus. Als erster Feind des Humanismus gilt ihm die Religion, als zweiter das Privateigentum, weil beide den gesellschaftlichen Bezug und das gesellschaftliche Wesen des Individuums, der Natur und der Arbeit nicht nur vernachlässigen, sondern unmöglich machen.

1. Aufhebung des Naturalismus durch die Religion

Marx fragt sich, ob denn der Mensch für fremde Wesen arbeite, wie etwa für die Götter. Und er verneint diese Frage. Wenn das Produkt seiner Tätigkeit schon einem anderem als ihm selbst gehört, dann kann das nur ein Mensch sein. (MEGA 1, 3, 90)

Für Deutschland ist die Kritik der Religion im wesentlichen beendigt, und die Kritik der Religion ist die Voraussetzung aller Kritik . . . Das Fundament der irreligiösen Kritik ist: Der Mensch macht die Religion, die Religion macht nicht den Menschen. (MEW 1, 378)

Marx ist kein Atheist, sondern Agnostiker, er leugnet nicht Gott, sondern Gott geht ihn nichts an. Wenn jemand aus religiöser Überzeugung handelt, dann wendet er sich – nach Marx – von seiner Verantwortlichkeit gegenüber der Welt, der Natur, der Gesellschaft, dem Menschen ab und setzt sich nicht mehr vollständig für die Humanisierung der Welt ein. Es kommt ihm darauf an, »den Menschen zu machen«, die Bedingungen zu schaffen, unter denen sein naturalistischer Humanismus realisierbar wird – und da hat die Religion keinen Platz, ist »Opium des Volkes« (MEW 1, 378). Der Atheismus ist aber noch »weit davon entfernt Kommunismus zu sein«, weil er zunächst bloße Abstraktion ist. (MEGA 1, 3, 115) Er muß vielmehr ersetzt werden durch Naturalismus.

Der Atheismus, als Leugnung dieser Unwesentlichkeit [der Natur], hat keinen Sinn mehr, denn der Atheismus ist eine Negation Gottes und setzt durch diese Negation das Dasein des Menschen; aber der Sozialismus als Sozialismus bedarf einer solchen Vermittlung nicht mehr. (MEGA 1, 3, 125)

2. Die Aufhebung des Naturalismus durch das Privateigentum

Das Privateigentum bedeutet Marx die private Aneignung der Natur, eine Aneignung, die nur durch den gesellschaftlichen Menschen geschehen sollte. Das Privateigentum steht also im krassen Widerspruch zum sozialistischen Naturalismus, ja es zerstört seine Voraussetzungen. Der Mensch wird durch Privateigentum zum Egoisten, er verliert seine ursprüngliche und wirksame Bindung zur Natur, zur Gesellschaft, zur Arbeit und sich selbst.

Das Privateigentum hat uns so dumm und einseitig gemacht, daß der Gegenstand erst der *unsrige* ist, wenn wir ihn haben, [er] also als Kapital für uns existiert oder von uns unmittelbar besessen, gegessen, getrunken . . . kurz, *gebraucht* wird. Obgleich das Privateigentum alle diese unmittelbaren Verwirklichungen des Besitzes selbst wieder nur als Lebensmittel faßt und das Leben, zu dessen Mittel sie dienen, ist das Leben des Privateigentums: Arbeit und Kapitalisierung. An die Stelle *aller* physischen und geistigen Sinne ist daher die einfache Entfremdung aller dieser Sinne, der Sinn des Habens getreten . . . Die Aufhebung des Privateigentums ist daher die vollständige Emanzipation aller menschlichen Sinne und Eigenschaften. (MEGA 1, 3, 118)

Der Naturalismus Marxens ist nicht zu verwechseln mit »Materialismus«. Was Marx mit »Materialismus« meint, werden wir noch auszumachen haben. Er sieht ihn im Gegensatz zum Spiritualismus und zum Idealismus. Im Naturalismus sind aber die Gegensatzpaare aufgehoben:

Man sieht, wie Objektivismus und Subjektivismus, Spiritualismus und Materialismus, Tätigkeit und Leiden erst im gesellschaftlichen Zustand ihren Gegensatz und damit ihr Dasein als solche Gegensätze verlieren. (MEGA 1, 3, 121)[5]
Wir sehen . . ., wie der durchgeführte Naturalismus oder Humanismus sich sowohl von dem Idealismus als dem Materialismus unterscheidet und zugleich ihre beide vereinigende Wahrheit ist. (MEGA 1, 3, 160)

Dennoch gibt es für Marx unaufhebbare Momente, die ausschließlich materialistisch zu interpretieren sind und nicht in der Dialektik mit Spiritualismus oder Idealismus in den Naturalismus aufgehoben werden können: Hierher gehört vor allem der »Stoffwechsel mit der Natur«, der unter allen möglichen geschichtlichen Bedingungen geschieht. Immer auch wird es den materialistischen Zusammenhang der Menschen untereinander geben, »der durch die Bedürfnisse und die Weise der Produktion bedingt, und so alt ist, wie die Menschen selbst«. (MEW 3, 30)
Wir wollen diese Darstellung schließen mit einem Wort Marxens, das er kritisch seiner wie auch unserer Zeit gesprochen hat[6]:

Die Menschheit wird Herr in der Natur, aber der Mensch wird Sklave des Menschen oder Sklave seiner eigenen Niedertracht. Sogar das reine Licht der Wissenschaft kann, so scheint es, nur vor dem dunklen Hintergrund der Unwissenheit strahlen. Das Resultat aller unserer Erfindungen und unseres Fortschritts scheint zu sein, daß materielle Kräfte mit geistigem Leben ausgestattet werden und die menschliche Existenz zu einer materiellen Kraft verdummt.

B. Einwände

Jede Kritik an einem realistischen Entwurf in humanistischer Absicht hat mit aller Vorsicht zu geschehen. Das gilt auch für die an Marxens Naturalismus. So mögen die folgenden Einwände nicht als nörgelnde Kritik verstanden werden, sondern als Bedenken.

1. Der Naturalismus als Theorie hat sich in der Praxis zu bewähren. Eine solche Bewährung steht bislang aus. Immer dann, wenn versucht wurde, die Theorie Marxens in die Praxis zu übersetzen, und sie will in Praxis übersetzt sein, will doch Welt humanisieren, war das Ergebnis ein Abfall von der Theorie. Die Marxsche Theorie, defizient realisiert, führte jedoch zu unglaublichen Eruptionen der Inhumanität. Also scheint die Theorie entweder kaum realisierbar, oder aber ihre Realisation führt zu inhumaner Praxis.

2. Der Versuch, aus dem ökonomisch gesellschaftlichen Wesen Mensch in seinem ökonomisch gesellschaftlichen Vollzug Wertnormen herzuleiten, mag zwar theoretisch möglich sein, doch regulieren diese Normen faktisch menschliches Verhalten nicht. Da scheint es noch besser zu sein, einen (wenn auch in praxi einem profanisierten Christentum entlehnten) der ökonomischen Gesellschaft äußerlichen (von außen herangetragenen) Normenkatalog zu entwickeln, wenn er nur das ökonomisch-gesellschaftliche Verhalten zureichend regelt.

3. Marx betont so stark den gesellschaftlichen Charakter des Individuums, daß die Gefahr eines Kollektivismus besteht, denn die Praxis kann sich nicht die diffizilen Unterscheidungen der Theorie zu eigen machen. Obschon Marx das Individuum keineswegs kollektivieren, es keineswegs zum bloßen Mittel degradieren wollte, führte die Realisation immer wieder zum Kollektivismus, in dem das Individuum zu bloßen Mittel gesellschaftlicher Zwecke erniedrigt wird. Die Grundlage *jedes* Humanismus ist der praktische Imperativ I. Kants:

> Handle so, daß du die Menschheit sowohl in deiner Person, als auch in der Person eines jeden anderen jederzeit zugleich als Zweck, niemals bloß als Mittel gebrauchst[7].

4. Die Funktion des Privateigentums wird im Zusammenhang der Darstellung des Naturalismus verkannt. Nicht jedes Privateigentum entfremdet, sondern nur solches, das Marx in seinen frühen Schriften »Kapital« nennt (das ist der Besitz fremder Arbeit). Das Ideal bloß gesellschaftlichen Eigentums ist zudem nicht einmal in der hypothetischen Urgesellschaft verwirklicht gewesen (vgl. »Historischer Materialismus«). Es ist zu bezweifeln, ob es der menschlichen Grundstruktur gerecht wird.
5. Die Kritik der Religion ist ungenau. Sie bezieht sich ausschließlich auf entstellte Formen monotheistischer Religiosität.
6. Der humanistische Naturalismus kann nichts mit den zentralen anthropologischen Themen, Leid und Tod, anfangen. Der Tod des Individuums kann nicht nur seinen Zweck darin finden, daß er für den Fortschritt der Gattung von Nutzen ist. Das menschliche Leid ist nicht erklärt mit der Feststellung, daß der Grund des Leidens die Tatsache ist, der Mensch sei ein Sinnenwesen.

Der Mensch als ein gegenständliches sinnliches Wesen ist daher ein leidendes und, weil seine Leiden empfindendes Wesen, ein leidenschaftliches Wesen. (MEGA 1, 3, 161)

Anmerkungen:

1 »Sinnlich sein, d. h. wirklich sein, ist Gegenstand des Sinnes sein, sinnlicher Gegenstand sein, also sinnliche Gegenstände außer sich haben, Gegenstände seiner Sinnlichkeit haben.« (MEGA 1, 3, 161)
2 »Die unmittelbare sinnliche Natur für den Menschen ist unmittelbar die menschliche Sinnlichkeit (ein identischer Ausdruck), unmittelbar als der andere sinnlich für ihn vorhandene Mensch; denn seine eigene Sinnlichkeit ist erst durch den anderen Menschen als menschliche Sinnlichkeit für ihn selbst . . . *Der erste Gegenstand des Menschen – der Mensch –* ist Natur, Sinnlichkeit, und die besonderen menschlichen Wesenskräfte, wie sie nur in natürlichen Gegenständen ihre gegenständliche Verwirklichung, können nur in der Wissenschaft des Naturwesens überhaupt ihre Selbsterkenntnis finden«. (MEGA 1, 3, 123)

3 A. Schmidt schreibt dazu: »Sosehr alle Natur gesellschaftlich vermittelt ist, sosehr ist freilich umgekehrt die Gesellschaft als Bestandteil der Gesamtwirklichkeit naturhaft vermittelt. Diese Seite des Zusammenhangs kennzeichnet die geheime Naturspekulation in Marx.« (Der Begriff der Natur in der Lehre von Marx, Frankfurt 1971, 77)

4 Vgl. auch MEW 23, 57; 198; 528 . . .

5 Diese Überwindung des Materialismus wurde übrigens schon von L. Feuerbach eingeleitet, der schrieb: »Wahrheit ist weder der Materialismus noch der Idealismus, weder die Physiologie noch die Psychologie; Wahrheit ist nur die Anthropologie, Wahrheit nur der Standpunkt der Sinnlichkeit, der Anschauung, denn nur dieser Standpunkt gibt mir Totalität und Individualität«. [WW (Berlin 1971) 10, 135]

6 D. Rjazanow, Karl Marx als Denker, Mensch und Revolutionär, Wien - Berlin 1928, 42 (zitiert nach A. Schmidt, a. a. O., 7).

7 Grundlegung zur Metaphysik der Sitten, in: AA 6, 429.

II. MATERIALISMUS

A. DARSTELLUNG

»Materialistisch« ist ein schillernder Begriff. Er kann u. a. bedeuten:

- empiristisch
- antispekulativ
- realistisch
- atheistisch
- Ideen aus sozioökonomischen Verhältnissen erklärend
- alles als Formen oder Eigenschaften der Materie deutend[1].

Diese sehr unterschiedlichen Aspekte spielen oft mit, wenn wir umgangssprachlich das Wort »Materialismus« (übrigens erst eine Kreation des 18. Jahrhunderts) verwenden.

Nach marxistischer Auffassung ist der Materialismus dem Idealismus entgegengesetzt. Er dient als Name für jene Weltanschauungen, die die Grundfrage der Philosophie so beantworten, daß die Materie gegenüber dem Bewußtsein letztlich das Primäre und Bestimmende ist[2]. *Engels* definierte: »Materialistische Naturanschauung [ist] weiter nichts als einfache Auffassung der Natur so, wie sie sich gibt, ohne fremde Zutat . . .« (MEW 20, 469) Von besonderer Bedeutung für die Ausbildung des marxschen Materialismus war der *L. Feuerbachs*.

Feuerbach schrieb:

Die Spekulation ist nichts als die wahre und universale Empirie . . . Die Philosophie ist die Erkenntnis dessen, *was* ist. Die Dinge und Wesen *so* zu denken, *so* zu erkennen, *wie sie sind* – dies ist das höchste Gesetz, die höchste Aufgabe der Philosophie . . . Wie die Realität der Empfindung die Qualität und umgekehrt die Empfindung der Realität der Qualität ist, so ist auch das Sein die Realität des Bewußtseins, aber ebenso umgekehrt das Bewußtsein die Realität des Seins – das Bewußtsein erst das *wirkliche* Sein. Die *reelle* Einheit von Geist und Natur ist nur das Bewußtsein[3].

Durch seine Zwecke, durch seine Tätigkeit, in welcher er diese Zwecke verwirklicht, ist aber der Mensch zugleich etwas für sich, so etwas für andere, für das Allgemeine, die Gattung [= Menschheit]. Wer daher in dem Bewußtsein der Gattung als einer Wahrheit lebt, der hält sein Sein für andere, sein öffentliches gemeinnütziges Sein für *das* Sein, welches eins ist mit dem Sein *seines* Wesens, für sein unsterbliches Sein[4].

K. Marx verstand jedoch den Begriff »Gattung« unter dem Einfluß des Frühsozialisten *Moses Hess* (1812–1875) zunehmend soziologisch[5]. Zum anderen kritisierte er gegen Feuerbach:

Der Hauptmangel alles bisherigen Materialismus – den Feuerbachschen mit eingerechnet – ist, daß der Gegenstand, die Wirklichkeit, Sinnlichkeit, nur unter der Form des *Objekts* oder der *Anschauung* gefaßt wird; nicht aber als *menschliche sinnliche Tätigkeit* . . . Daher geschah es, daß die *tätige* Seite, im Gegensatz zum Materialismus, vom Idealismus entwickelt wurde – aber nur abstrakt, da der Idealismus natürlich die wirkliche, sinnliche Tätigkeit als solche nicht kennt. (MEW 3, 533)
Feuerbach löst das religiöse Wesen in das menschliche Wesen auf. Aber das menschliche Wesen ist kein dem einzelnen Individuum innewohnendes Abstraktum. In seiner Wirklichkeit ist es das Ensemble der gesellschaftlichen Verhältnisse. (MEW 3, 534)

Sein Verhältnis zum Materialismus ist nicht ungebrochen. Mitunter spricht er lieber von »Naturalismus«. Dieser Naturalismus ist zugleich Humanismus und Überwindung des Materialismus:

Dieser [von Marx angestrebte] Kommunismus ist als vollendeter Naturalismus = Humanismus, als vollendeter Humanismus = Naturalismus, er ist wahrhafte Auflösung des Widerstreits zwischen dem Menschen und der Natur und mit dem Menschen . . . (MEGA 1, 3, 114)
Wir sehen . . ., wie der durchgeführte Naturalismus oder Humanismus sich sowohl von dem Idealismus als dem Materialismus unterscheidet und zugleich ihre beide vereinigende Wahrheit ist. Wir sehen zugleich, wie nur der Naturalismus fähig ist, den Akt der Weltgeschichte zu begreifen. (MEGA 1, 3, 160)

In der Schrift »Die heilige Familie« versucht Marx deutlich zu machen, inwiefern der Naturalismus Humanismus ist. Er unterscheidet zwei Typen des Materialismus: die erste gehe von *Descartes* (1596–1650) aus und münde in die mechanistische Naturwissenschaft ein, die zweite gehe von *J. Locke* (1632–1704) aus und »mündet . . . direkt ein in den Sozialismus und Kommunismus«. (MEW 2, 138) Er fährt fort:

Es bedarf keines großen Scharfsinnes, um aus den Lehren des Materialismus von der ursprünglichen Güte und gleichen intelligenten Begabung der Menschen, der Allmacht der Erfahrung, Gewohnheit, Erziehung, dem Einflusse der äußeren Umstände auf den Menschen, der hohen Bedeutung der Industrie, der Berechtigung des Genusses . . . seinen notwendigen Zusammenhang mit dem Kommunismus und Sozialismus einzusehen. Wenn der Mensch aus der Sinnenwelt und der Erfahrung in der Sinnenwelt alle Kenntnis, Empfindung . . . sich bildet, so kommt es also darauf an, die empirische Welt so einzurichten, daß er das wahrhaft Menschliche in ihr erfährt, sich angewöhnt, daß er sich als Mensch erfährt. (MEW 2, 138)

Scharf wendet er sich gegen den rohen unzivilisierten Materialismus, der annimmt, alles sei Materie. Aber er erkennt auch humanistischen Materialismus Früherer an:

Die wissenschaftlicheren französischen Kommunisten, Dézamy [Théodore Dézamy (1803–1850), schrieb 1842 »Calomnies et politique de M. Cabet«], Gay [Jules Gay (1807–nach 1876)] . . ., entwickeln wie Owen [Robert Owen (1771–1858), schrieb 1841 »What is Socialism«], die Lehre des *Materialismus* als die Lehre des *realen Humanismus* und als die *logische* Basis des *Kommunismus*. (MEW 2, 139)

Marx interessiert der Materialismus also vor allem als Grundlage eines realen Humanismus. Zudem sieht er im französischen Materialismus auch einige seiner eigenen Ziele vorgegeben: Kampf gegen die bestehenden politischen Institutionen, gegen die bestehende Religion und Theologie und gegen die Metaphysik (MEW 2, 132), die den Menschen vordergründig mit einer miserablen Wirklichkeit versöhne.

In der »Deutschen Ideologie« stellt er zwei Funktionen des Materialismus vor: die empiristische und die humanistische. Materialismus und Empirismus werden zusammen gesehen. (MEW 3, 127 und 217)

Für den *praktischen* [d. h. humanistischen] Materialisten, d. h. *Kommunisten* [handelt es sich darum] . . . die bestehende Welt zu revolutionieren, die vorgefundenen Dinge praktisch anzugreifen und zu verändern. (MEW 3, 42)

Es geht ihm darum, das empirische, materielle Verhalten der Menschen (MEW 3, 217) zu beschreiben, zu deuten und zu verändern. Die empirische Welt ist jedoch nicht nur die Natur, sondern auch die menschliche Praxis. (MEW 3, 533)

Marxens Geschichtsinterpretation macht keinerlei Aussagen über das Verhältnis von Geist und Materie, sondern hebt nur hervor, daß die Geschichte der kulturellen Phänomene – von Staatsformen über Rechtsverhältnisse bis zu Ideen – durch die Geschichte der Produktion und der sich aus ihr ergebenden Eigentumsverhältnisse (die ja nicht unbedingt ›materieller‹ sind als die Ideen) erklärt werden müsse[6].

Die von Engels eingeführten Begriffe »materialistische Auffassung der Geschichte« (MEW 13, 469), »materialistische Geschichtsauffassung« (MEW 20, 25; 37, 463) und »historischer Materialismus« (MEW 22, 292) sind also zur Kennzeichnung der Marxschen Geschichtstheorie nicht treffend verwandt.

Marx ist nicht der Begründer eines historischen oder dialektischen Materialismus, sondern der eines realen humanistischen Naturalismus. Sein Interesse war niemals anders als humanistisch. Seine Wende zum materialistischen Humanismus vollzieht er, da er erkennt, daß der idealistische Humanismus nicht nur nichts Erhebliches zur Humanisierung der Menschheit beigetragen hat, sondern es auch nicht konnte. Das haben auch viele Marxisten gesehen und die von Engels eingeführte Terminologie getadelt *(A. Labriola, E. Bernstein, M. Adler).* Man spreche besser von einer »realistischen« oder »empiristischen Geschichtsauffassung«[7].

Die Vertreter des Ostmarxismus berufen sich dagegen vor allem auf die Tatsache, daß Marx entscheidende Passagen des »Anti-Dühring« von Engels gekannt – und keinen Einspruch erhoben habe. Während Marx vor allem einen Materialismus als Humanismus entwickelte, gestaltet Engels einen Materialismus der Natur, der zu einer tragenden Säule dessen werden sollte, was *Georgi Walentinowitsch Plechanov* (1856–1918) 1891 zum erstenmal »dialektischer Materialismus« nannte und seitdem unter diesem Namen, vor allem im Ostmarxismus, eine erhebliche Rolle spielt. Typisch ist für Engels, daß er den Vulgärmaterialismus nicht wegen des fehlenden historischen und sozialen Sinnes ablehnt, sondern weil er mit »fixen Begriffen« arbeite.

Im »Anti-Dühring« findet er zum klassischen Materialismus zurück, den Marx verlassen hatte:

Fragt man aber . . ., was denn Denken und Bewußtsein sind und woher sie stammen, so findet man, daß sie Produkte des menschlichen Hirns und daß der Mensch selbst ein Naturprodukt, das sich in und mit seiner Umgebung entwickelt hat; wobei es sich dann von selbst versteht, daß die Erzeugnisse des menschlichen Hirns, die in letzter Instanz ja auch Naturprodukte sind, dem übrigen Naturzusammenhang nicht widersprechen, sondern entsprechen. (MEW 20, 33)

Die Tatsache, daß unser subjektives Denken und die objektive Welt denselben Gesetzen unterworfen sind und daher auch beide in ihren Resultaten sich schließlich nicht widersprechen können, sondern übereinstimmen müssen, beherrscht absolut unser gesamtes theoretisches Denken. (MEW 20, 529)

Die wirkliche Einheit der Welt besteht in ihrer Materialität, und diese ist bewiesen nicht durch ein paar Taschenspielerphrasen, sondern durch eine lange und langwierige Entwicklung der Philosophie und Naturwissenschaft. (MEW 20, 41)

Die Einsicht in die totale Verkehrtheit des bisherigen deutschen Idealismus führte notwendig zum Materialismus, aber wohlgemerkt, nicht zum ... ausschließlich mechanistischem Materialismus ... des 18. Jahrhunderts. (MEW 20, 24)

Scharf wendet sich Engels gegen den »Reiseprediger-Materialismus eines Vogt [Karl Vogt (1817–1895) schrieb 1854 »Köhlerglaube und Wissenschaft«] und Büchner [Ludwig Büchner (1824–1899) schrieb 1855 »Kraft und Stoff«]« (MEW 20, 332), ohne jedoch sich ganz von ihm lösen zu können. Hier macht sich die fehlende philosophische Schulung Engels' bemerkbar.

B. THESEN

Wegen der grundlegenden Differenzen zwischen den Positionen Marxens und Engels, müssen wir deren Thesen zum Materialismus gesondert vorstellen.

a) Die Thesen von Karl Marx

1. Materialismus ist die Anschauung von der sozialen Welt, wie sie ist.
2. Materialismus sagt den Vorrang des Handelns vor dem Denken bei der sozialen Umgestaltung der Welt.

3. Der Materialismus ist kein Selbstzweck, sondern (zusammen mit dem Idealismus, beide aufhebend) Humanismus.
4. Materialismus ist eine Lehre vom realen Humanismus.
5. Materialismus akzeptiert und konzipiert den Menschen als kosmisches, soziales und geschichtliches Wesen. Er ist in der konkreten Verfaßtheit nicht mit sich selbst versöhnt. Diesen Zustand gilt es approximativ zu beheben.
6. Materialismus ist nicht mehr die Lehre von der Materie (»Alles ist Materie«; »Alles gehorcht materiellen Gesetzen« wie manche von der Physik herkommenden vor allem französischen Materialisten behaupteten), sondern die Lehre von der Verwandlung der sozialen, ökonomischen . . . Verhältnisse durch die Veränderung des Seins (der Materie).
7. Das Bewußtsein wird erst nachhaltig und wirksam geändert durch die Veränderung des Seins.

b) Die Thesen von Friedrich Engels

1. Materialismus ist eine Lehre, nach der Welt und Mensch in engen materiellen Beziehungen zueinander stehen.
2. Denken und Bewußtsein sind Naturprodukte, d. h. Produkte der Materie.
3. Die menschlichen Sachen sind nur Ausgliederungen der natürlichen, der historische Materialismus also nichts als eine Erscheinungsform eines natürlichen.
4. Der Primat der Materie über den Geist ist Grundlage für die Tatsache, daß die Resultate des Denkens nicht denen der objektiven Welt widersprechen.

   Anm.: Das führte Lenin dazu, zu behaupten, Materialist sein bedeute »die objektive Wahrheit, die uns durch die Sinnesorgane erschlossen wird, anerkennen«. (WW 14, 127) Materie ist ihm die »philosophische Kategorie zur Bezeichnung der objektiven Realität«. (WW 14, 124) »Der Materialist erhöht das Wissen von der Materie, von der Natur, und wirft Gott und das ihn verteidigende Philosophenpack auf den Misthaufen.« (WW 38, 160)

5. Der mechanistische Materialismus ist »primitiver Materialismus« und abzulehnen, weil er fixe und nicht dynamische Begriffe

verwendet und (vielleicht auch deshalb) idealistisch (insofern er nicht nur materialistische Voraussetzungen impliziert) sei.

C. Einwände

a) Gegen die Thesen von Marx:

1. Was Marx unter »Materialismus« versteht, ist nicht in Zusammenhang zu bringen mit anderen Verwendungen dieses Begriffs und deshalb irreführend. Es geht ihm um einen realistischen und realen Humanismus. Vermutlich kam er mit der unglücklichen Bezeichnung einem Zeittrend nach, da manche seiner linkshegelianischen Freunde um 1840 den französischen Materialismus entdeckten. Das führte dazu, daß sich so verschiedene Männer wie *David Friedrich Strauß* (1808–1874), *Bruno Bauer* (1809–1882) und *Ludwig Feuerbach* (1804–1872) in der Protestaktion gegen Hegels »Idealismus« seit 1850 offen als Materialisten bekannten.
2. Der Materialismus Marxens ist eine unbewiesene »Weltanschauung«. Es ist keineswegs sicher ausgemacht, daß sich nur über die unmittelbare Veränderung des Seins Humanismus verwirklichen läßt. Im Gegenteil spricht manches dagegen: So haben alle Versuche, den Marxismus zu realisieren, zu Ausbrüchen der Inhumanität geführt. Andererseits muß jedoch zugegeben werden, daß Versuche, das konkrete Sein mittelbar über eine Veränderung des Bewußtseins zu humanisieren, auch nicht immer erfolgreich waren.

b) Gegen die Thesen von Engels:

1. Engels verwendet den Begriff »Materialismus« im naturwissenschaftlichen und sozialkritischen Sinne nebeneinander und übersieht, daß er in beiden Bezugsfeldern etwas anderes bedeutet.
2. Er verwechselt ständig Empirismus (eine erkenntnistheoretische Position) mit Materialismus (eine ontologische Position).

Anm.: Ontologie ist die Disziplin, die sich mit dem Seienden (gr.: ón) beschäftigt.

3. Deshalb verwechselt er ebenfalls die Lehre vom Primat der Materie über den Geist (ontologische Position) mit der vom Primat der Sinneserkenntnis über das Bewußtsein und dem (abstrakten) Denken (erkenntnistheoretische Position).

Anm.: Diese Verwechslung hatte zur Folge, daß nach Engels' Tod manche kommunistische Autoren das Wesen des Materialismus erkenntnistheoretisch [Lenin weitgehend], andere es ontologisch [so K. Kautsky und C. Schmidt] interpretierten [8].

4. Der ontologische Materialismus ist unbewiesen; der erkenntnistheoretische wird unter dem Namen Realismus [9] auch von sog. idealistischen Autoren angenommen und ist heute (wie übrigens seit Aristoteles) allgemein akzeptiert. Was Engels Richtiges sagt, ist alt, was er an Neuem bringt ist falsch oder unbewiesen.

Anmerkungen:

1 N. Lobkowicz, Materialismus, in: MiSV/Philosophie 2, 237.
2 MLWPh II, 678 f.
3 Vorläufige Thesen zur Reformation der Philosophie, in WW (Berlin 1970), 8, 250–252.
4 Das Wesen des Christentums, Stuttgart 1969, 265 f.
5 N. Lobkowicz, a. a. O., 229.
6 Ebd., 230
7 Ebd., 230; vgl. Z. A. Jordan, The Evolution of Dialectical Materialism, London (N. Y.) 1967, 52 und 406.
8 Ebd., 232.
9 Die realistische Erkenntnistheorie behauptet die reale Existenz der Außenwelt. Sie wurde kaum jemals ernsthaft bestritten. Selbst so »idealistische« Autoren wie A. Collier († 1732) nahmen außer der Existenz des ICH die Gottes an.

III. DIALEKTIK I (MARX)

A. DARSTELLUNG

Zur Dialektik Marxens haben wir schon einiges Grundlegende gesagt (vgl. »Naturalismus«). Dialektik spielt immer da, wo Bewegung, Veränderung so grundsätzlich zum Gegenstand dazugehört, daß er ohne als in Veränderung nicht unverfälscht begriffen werden kann. Die ihr unterworfenen Sachen sind dialektisch, im dialektischen Prozeß der Selbstaufhebung (= objektive Dialektik). Dialektische »Sachen« sind nur dialektisch unter Begriffe zu bringen. Da ein einzelner Begriff eine Sache festmacht (sie gleichsam definiert), müssen wenigstens zwei Begriffe verwendet werden, um darzustellen, das etwas wesentlich in Bewegung ist. Die beiden Begriffe sind aufeinander bezogen und lassen sich nicht für sich definieren. Oft kann auch nur ein ganzes Begriffsfeld den objektiven dialektischen Prozeß einigermaßen zutreffend deuten (»Gesellschaft«, »Arbeit«, »Natur« und »Individuum«). Einzelne Begriffe, angewandt auf Sachen in wesentlicher Bewegung, sind stets abstrakt, sehen von der wesentlichen Veränderung ab, weil sie Bestehendes, Begriffenes aus dem Prozeß des Werdens ablösen. Ihnen entsprechen allenfalls reine Gedankendinge (Modelle der Wirklichkeit). So schreibt Marx über den Begriff »Natur«:

Aber auch die *Natur,* abstrakt genommen, für sich, in der Trennung vom Menschen fixiert, ist für den Menschen *nichts* . . . Die *Natur als Natur,* d. h. insofern sie sich sinnlich noch unterscheidet von jenem geheimen, in ihr verborgenen Sinn, die Natur getrennt, unterschieden von diesen Abstraktionen ist *Nichts,* ein sich als Nichts bewährendes Nichts, ist *sinnlos* oder hat nur den Sinn einer Äußerlichkeit, die aufgehoben worden ist. (MEGA 1, 3, 170 f.)

Marx hat seine Dialektik von Hegel übernommen, sie jedoch kritisch gefiltert vom Idealismus Hegels, vom Kopf auf die Füße gestellt. An Hegel lobt er:

Das Positive, was Hegel hier vollbracht hat . ¦ . ist, daß die *bestimmten Be-*

griffe, die allgemeinen *fixen Denkformen* in ihrer Selbständigkeit gegen Natur und Geist ein notwendiges Resultat der allgemeinen Entfremdung des menschlichen Wesens . . . sind. (MEGA 1, 3, 168)

Das Große an der Hegelschen *Phänomenologie* [d. i. an Hegels wichtigstem philosophischen Frühwerk] und ihrem Endresultat – der Dialektik der Negativität als dem bewegenden und erzeugenden Prinzip – ist . . . einmal, daß Hegel

die Selbsterzeugung des Menschen als einen Prozeß faßt,

die Vergegenständlichung der Entgegenständlichung, als Entäußerung und als Aufhebung dieser Entäußerung;

daß er also das Wesen der *Arbeit* faßt und den gegenständlichen Menschen,' wahren, weil wirklichen Menschen, als Resultat seiner eigenen Arbeit begreift.

Das *wirkliche,* tätige Verhalten des Menschen zu sich als Gattungswesen oder die Betätigung seiner als eines wirklichen Gattungswesens, d. h. als menschlichen Wesens, ist nur möglich dadurch, daß er wirklich alle seine Gattungskräfte . . . herausschafft, sich zu ihnen als Gegenständen verhält, was zunächst wieder nur in der Form der Entfremdung möglich ist. (MEGA 1, 3, 156)

Seine Kritik an Hegel faßt er so zusammen:

Hegel steht auf dem Standpunkt der modernen Nationalökonomie. Er faßt die *Arbeit* als das Wesen, als das sich bewährende Wesen des Menschen; er sieht nur die positive Seite der Arbeit, nicht ihre negative. (MEGA 1, 3, 157)

Meine dialektische Methode ist der Grundlage nach von der Hegelschen nicht nur verschieden, sondern ihr direktes Gegenteil. Für Hegel ist der Denkprozeß, den er sogar unter dem Namen Idee in ein selbständiges Subjekt verwandelt, der Demiurg [= Schöpfer] des Wirklichen, das nur seine äußere Erscheinung bildet. Bei mir ist umgekehrt das Ideelle nichts anderes als das im Menschenkopf umgesetzte und übersetzte Materielle . . . Die Mystifikation, welche die Dialektik in Hegels Händen erleidet, verhindert in keiner Weise, daß er ihre allgemeinen Bewegungsformen zuerst in umfassender und bewußter Weise dargestellt hat. Sie steht bei ihm auf dem Kopf. Man muß sie umstülpen, um den rationellen Kern in der mystischen Hülle zu entdecken. (MEW 23, 27)

In vielem folgt Marx der Hegelkritik Feuerbachs. In ihm sieht er den »wahren Überwinder der alten Philosophie« (MEGA 1, 3, 151), die nichts anderes sei als »die in Gedanken gebrachte und denkend ausgeführte Religion«. (MEGA 1, 3, 152) Er habe die Negation der Negation von der falschen (hegelschen) Position befreit, die noch nicht wirkliche Geschichte des Menschen, sondern nur seinen Entstehungsakt erkläre. (MEGA 1, 3, 152 f.) Damit greift Marx ein Problem aller Dialektik auf, das auch er kaum zureichend geklärt hat. Die Negation (als Überwindung) der Negation (als Entfremdung) bedeutet nicht schon Position einem begründeteten Inhalt nach. In seiner Kritik bleibt Marx oft in der Negation der Negation stecken, ohne die sich daraus ergebenden positiven Konsequenzen aufzeichnen zu können.

Deutlich will Marx die ökonomischen (dialektischen) Begriffe von denen der Geschichte unterschieden wissen.

Vielmehr ist ihre Reihenfolge [die der ökonomischen Kategorien] bestimmt durch die Beziehung, die sie in der modernen bürgerlichen Gesellschaft aufeinander haben, und die genau das Umgekehrte von dem ist, was als ihre naturgemäße erscheint oder der Reihe der historischen Entwicklung entspricht. (Grundrisse, 28)

Man kann also nicht, wie es viele Vertreter des historischen Materialismus versuchen, die Marxschen ökonomischen Kategorien aus ihrer geschichtlichen Gewordenheit ableiten. Der primäre Gegenstand Marxscher Analyse ist nicht die Geschichte, sondern die bürgerliche (kapitalistische) Ökonomie. Im folgenden wollen wir nun einige dialektische Begriffspaare der Marxschen Theorie vorstellen.

1. Denken und Sein

Im Gegensatz zu manchen Theoretikern des historischen Materialismus (vgl. »Historischer Materialismus«) ist Marx der Auffassung, daß sich Denken und Sein dialektisch zueinander verhalten, d. h., daß das eine ohne das andere Abstraktion, Absehen von Wirklichkeit (und das ist für Marx immer das, was wirkt) ist.

Denken und Sein sind zwar *unterschieden*, zugleich aber in *Einheit* miteinander. (MEGA 1, 3, 117)

Für Marx ist das Denken ein Prozeß, der dialektisch komplementär zum Sein verläuft. Dennoch dürfte er in seiner Bestimmung, was »Denken« sei, Feuerbach nahekommen, der schreibt:

Das wahre Verhältnis vom Denken zum Sein ist nur dieses: Das Sein ist Subjekt, das Denken Prädikat, aber ein solches Prädikat, welches das Wesen seines Subjekts enthält. Das Denken ist aus dem Sein, aber das Sein nicht aus dem Denken. Sein ist aus sich und durch sich – Sein wird nur durch Sein gegeben – Sein hat seinen Grund in sich, weil nur sein Sinn, Vernunft, Notwendigkeit, Wahrheit, kurz, alles in allem ist[1].

In seinen späteren Schriften hat Marx statt der dialektischen Zweiheit Denken – Sein die Zweiheit Bewußtsein – Natur (bzw. Sein) bevorzugt.

Nicht das Bewußtsein bestimmt das Leben, sondern das Leben bestimmt das Bewußtsein. (MEW 3, 27) – Es ist nicht das Bewußtsein der Menschen, das ihr Sein, sondern umgekehrt ihr gesellschaftliches Sein, das ihr Bewußtsein bestimmt. (MEW 13, 9)[2]

Diese Texte machen zu genüge deutlich, daß
a) »Bewußtsein« in einem dialektischen Verhältnis zu »Leben« (bzw. »Sein«) steht,
b) »Sein« von Marx als gesellschaftliches Sein verstanden wird und
c) »Sein« und »Leben« (ganz im Sinne des Naturalismus) eng miteinander verbundene, verwandte Begriffe sind.

So schreibt er denn auch:

Das Bewußtsein kann nie etwas anderes sein als das bewußte Sein, und das Sein der Menschen ist ihr wirklicher Lebensprozeß. (MEW 3, 26)

Den sozialen Charakter des Bewußtseins (die Dialektik des durch das Begriffspaar Bewußtsein – Gesellschaft begriffenen Sachverhalts) entwickelt Marx über die Vermittlung der Sprache:

Die Sprache ist so alt wie das Bewußtsein – die Sprache *ist* das praktische, auch für andere Menschen existierende, also auch für mich selbst erst existierende wirkliche Bewußtsein, und die Sprache entsteht, wie das Bewußtsein, erst aus dem Bedürfnis, der Notdurft des Verkehrs mit anderen Menschen. (MEW 3, 30)

Das Bewußtsein ist also von vornherein schon ein gesellschaftliches Produkt und bleibt es, solange überhaupt Menschen existieren. (MEW 3, 30f.)

Wir sehen, daß für Marx dem Begriffsfeld »Denken«, »Bewußtsein«, »Leben«, »Sein«, »Sprache«, »Gesellschaft« ein einziger dialektischer Tatbestand entspricht, in dem alle durch diese Begriffe bedeuteten »Sachen« in evolutionärem Zusammenhang miteinander stehen und sich mit- und durcheinander bewegen, verändern.

2. Theorie und Praxis

Die Marxsche Lehre vom Zusammen und Auseinander von Theorie und Praxis hat sich in wenigstens drei Stufen entwickelt[3]:

a) Wie viele Linkshegelianer stellt sich Marx zunächst die Frage, wie die spekulative Philosophie Hegels »praktisch werden« könne. So schreibt er in seiner Dissertation (1841):

Die *Praxis* der Philosophie ist selbst *theoretisch*. Es ist die *Kritik*, die die einzelne Existenz am Wesen, die besondere Wirklichkeit an der Idee mißt. (MEW EB 1, 327f.)

Die Kritik ist demnach die Praxis, die Elle, an der Wirklichkeit am abstrakten Allgemeinen gemessen wird. Praxis und Theorie werden also noch recht undialektisch in einem gesehen.

b) In seinen Beiträgen aus dem Jahre 1843 schon löst er sich von dieser These und behauptet die *Revolution* als Praxis. Er ist der Auffassung, daß die kritische philosophische Theorie von selbst in revolutionäre Praxis umschlagen werde, sobald sie von einer Menschenmasse akzeptiert und übernommen wird, deren Bedürfnisse von der bestehenden Gesellschaftsordnung nicht mehr befriedigt werden können.

Die Revolutionen bedürfen . . . eines passiven Elements, einer materiellen Grundlage. Die Theorie wird in einem Volke immer nur so weit verwirklicht, als sie die Verwirklichung seiner Bedürfnisse ist . . . Es genügt nicht, daß der Gedanke zur Verwirklichung drängt, die Wirklichkeit muß sich selbst zum Gedanken drängen. (MEW 1, 386)

Die Waffe der Kritik kann allerdings die Kritik der Waffen nicht ersetzen, die materielle Gewalt muß gestürzt werden durch materielle Gewalt, allein auch die Theorie wird zur materiellen Gewalt, sobald sie die Massen ergreift.

Die Theorie ist fähig, die Massen zu ergreifen, wenn sie ad hominem demonstriert, und sie demonstriert ad hominem, sobald sie radikal wird. Radikalsein ist, die Sache an der Wurzel fassen. Die Wurzel für den Menschen ist aber der Mensch selbst. (MEW 1, 385)

Im »Kommunistischen Manifest« wird Marx herausstellen, daß das Proletariat allein in der Lage ist die (sozialistische) Revolution durchzuführen. (MEW 3, 473) [vgl. »Revolution«, »Proletariat«]

c) Schon im folgenden Jahr löste sich Marx von dieser einseitigen Sicht der Praxis und reflektiert in den »Ökonomisch-Philosophischen Manuskripten« erneut über das Problem von Theorie und Praxis. Zwar spielt die Theorie der Revolution nach wie vor eine erhebliche Rolle, doch Praxis heißt ab jetzt zuerst die menschliche Arbeit. Revolution ist nicht mehr ein einmaliges Ereignis, sondern eine Folge von Prozessen, die die ganze menschliche Geschichte ausmachen und ausmachen werden.

Die *Sinne* sind . . . unmittelbar in ihrer Praxis *Theoretiker* geworden. Sie verhalten sich zu der Sache um der Sache willen, aber die Sache selbst ist ein gegenständliches menschliches Verhalten zu sich selbst und zum Menschen und umgekehrt . . . Ich kann mich praktisch nur menschlich zur Sache verhalten, wenn die Sache sich zum Menschen menschlich verhält. (MEGA 1, 3, 119)

Praxis ist ab jetzt die menschliche Sache (mit Natur, Gesellschaft, Arbeit), *Theorie* ist die Reflexion über die menschliche Sache. Beide stehen in einem ähnlichen Verhältnis zueinander wie Sein und Denken (oder Bewußtsein). Beide sind aufeinander verwiesen.

In den Thesen über Feuerbach stellt Marx fest: »Alles gesellschaftliche Leben ist wesentlich praktisch . . . Die Philosophen haben die Welt nur verschieden interpretiert, es kommt darauf an, sie zu verändern.« (MEW 3, 535)

Da sich nach Marx fast alles, was mit der menschlichen Sache verbunden ist, dialektisch vollzieht, wären hier noch eine Fülle von solchen Begriffspaaren in ihren Bedeutungen wiederzugeben. So sind Freiheit und Notwendigkeit, Produktivkraft und Produktionsverhältnisse, Konsumtion und Produktion . . . dialektisch aufeinander bezogen. Wir werden darüber noch zu berichten haben.

B. Thesen

1. Im Bereich der menschlichen Sache gibt es keine »festen Begriffe« und keine »festen Denkformen«. Sie unterliegen der von Gesellschaft, Natur und Arbeit (Produktion) ausgelösten und unterhaltenen Bewegung.

2. Die Dialektik ist negativ, d. h., man kann nicht das positive Ziel der dialektischen Bewegung ausmachen, ohne es zu fixieren.

3. Der Grund für die Dialektik (ontologisch gesehen) ist die Unversöhntheit (die Nichtidentität) der menschlichen Sache und des Menschen mit sich selbst. Diese Marxinterpretation ist jedoch umstritten.

4. Die Geschichte ist die der menschlichen Selbsterzeugung – und sie verläuft dialektisch (und nicht deterministisch und linear).

5. Die Dialektik der Ökonomie ist nicht schon die der Geschichte. Dennoch stehen Geschichte und Ökonomie in einem engen Zusammenhang, der durch die menschliche Arbeit (als Produktion) vermittelt ist.

6. Bei allem Primat des Seins besteht zwischen Sein und Denken ein dialektischer Zusammenhang.

7. Die Dialektik zwischen Sein (Leben) und Bewußtsein ist universell. Gegenüber Bewußtseinsprodukten wie Religion, Recht, Nationalökonomie . . . behauptet Marx jedoch den Primat des Seins (Lebens) vor dem Bewußtsein. Allgemein gilt jedoch: das Bewußtsein ist bewußtes Sein.

8. Die Sprache ist der objektive Ausdruck, die objektive und materielle Seite des Bewußtseins. Wie Bewußtsein ist Sprache stets gesellschaftlich und gesellschaftlich vermittelt.

9. Theorie und Praxis sind nicht dasselbe (sie sind nicht in Einheit miteinander wie der junge Marx meinte), sondern stehen in dialektischem Gegensatz zueinander, so daß das eine nicht ohne das andere sein und das eine oder das andere nicht fortschreiten kann.

10. Die Praxis ist gesellschaftliche Arbeit im naturalistischen Sinne.

11. Insofern die Dialektik alle menschlichen Sachen betrifft und die Ökonomie eine menschliche Sache ist, untersteht auch sie der objektiven und subjektiven Dialektik.

12. Marx unterscheidet nicht zwischen realer und idealer Dialektik. Jede Dialektik spielt zwischen Subjekt (subjektive Dialektik) und Objekt (objektive Dialektik). Beide zusammen sind der einzige Bereich realer Dialektik, insofern Dialektik real nur im Raum menschlicher Sache spielt. Erst Engels institutionalisiert eine objektive Dialektik (die er universalisiert). Nur dann wird eine reale Dialektik zum Pendant einer idealen.

C. Einwände

1. Daß der Grund der Dialektik in der menschlichen Sache (in ihrer
   objektiven und subjektiven Seite) begründet ist, liegt in der
   Nichtidentität des Menschen mit sich selbst begründet. Auch der
   gesellschaftliche Mensch *hat* sich nicht ganz, ist nicht ganz er
   selbst. Diese Situation beschreibt Marx in Anlehnung an Hegel
   mit *Entfremdung*. Diese Beschreibung wird aber dem objektiven
   Sachverhalt nicht ganz gerecht. Der Mensch ist wesentlich und
   grundsätzlich und durch eigenes Tun nicht aufhebbar ein wider-
   sprüchliches Wesen, d. h., es ist mit sich selbst, mit Gesellschaft
   und Geschichte *stets* unversöhnt.
2. Die negative Dialektik greift zu kurz, denn zur sauberen Angabe
   der dialektischen Bewegung, gehört die ihres endgültigen Ziels
   (das Marx, etwas zu sehr ökonomisch denkend, *Kommunismus*
   nennt). Die Frage wie man aus dem gegenwärtigen Zustand der
   Entfremdung (Unversöhntheit) in den der Versöhnung gerät,
   wird von Marx nur ökonomisch (und nur in dialektischer Bindung der Ökonomie an das Menschliche human) beschrieben.
   »Versöhnung« ist aber keine primär ökonomische, sondern primär eine anthropologische Kategorie (vgl. »Entfremdung«,
   »Kommunismus«, »Utopie«).
3. Der Begriff »Sein« wird unklar gebraucht, so daß er – gegen die
   Intention Marxens – als »Materie« gelesen werden könnte.
4. Der Primat des Seins gegenüber dem Bewußtsein ist unbewiesen.
   Der Naturalismus ist ebenso ein Glaubensbekenntnis (und nicht
   eine wissenschaftliche Behauptung) wie der Idealismus.

Anmerkungen:

1 Vorläufige Thesen zur Reformation der Philosophie, in: WW (Berlin
  1970) 9, 258.
2 Es wäre falsch, diese Thesen Marxens erkenntniskritisch zu interpretieren. Der Primat des Lebens bzw. des Seins betrifft zunächst nur religiöse
  und im weitesten Sinn philosophische und sozio-politische Theorien
  (vgl. N. Lobkowicz, Theorie und Praxis, in: MiSV Philosophie 3, 183 f.).
3 Vgl. N. Lobkowicz, Theorie und Praxis, 181–183.

IV. DIALEKTIK II (ENGELS)

A. Darstellung

Engels universalisiert den Geltungsraum der Dialektik auf die ganze Natur. Er versteht »Natur« anders als Marx als etwas Undialektisches: sie ist nicht selbst dialektisch, sondern der Raum der Dialektik. Dabei wandelt sich auch sein Verständnis der Dialektik. Der Grund der Dialektik ist nicht mehr die Entfremdung, nicht mehr die Unversöhntheit des Menschen und seiner Sache, sondern jede Art von polarem Gegensatz. Überall, wo uns Gegensätze zwischen zwei Zuständen begegnen, überall da, wo Veränderung, Bewegung ist, herrscht Dialektik und ist nur dialektisch zu begreifen. So kann er denn definieren:

Die Dialektik ist . . . weiter nichts als die Wissenschaft von den allgemeinen Bewegungs- und Entwicklungsgesetzen der Natur, der Menschengesellschaft und des Denkens. (MEW 20, 131 f.) Es ist hierin eingeschlossen, daß ihre Gesetze Gültigkeit haben müssen für die Bewegung ebensosehr in der Natur und der Menschengeschichte wie für die Bewegung des Denkens. (MEW 20, 530)

Die Dialektik, die »in der ganzen Natur« herrscht, nennt er objektive, während die subjektive Dialektik nichts ist als dialektisches Denken und

nur Reflex der in der Natur sich überall geltend machenden Bewegung in Gegensätzen, die durch ihren fortwährenden Widerstreit und ihr schließliches Aufgehen ineinander, resp. in höhere Formen, eben das Leben der Natur bedingen. (MEW 20, 481)

Was aber versteht nun Engels unter »Bewegung«, die ihren Grund in der objektiven Dialektik findet und die nur in subjektiver Dialektik zu fassen ist? Sie besteht in Attraktion und Repulsion (Anziehung und Abstoßung) (MEW 20, 356). Die Bewegung ist eng an Materie gebunden:

Die Bewegung ist die *Daseinsweise der Materie*, also mehr als ihre bloße Eigenschaft. Es gibt nicht und kann nie Materie ohne Bewegung gegeben haben. (MEW 20, 575) Bewegung in dem allgemeinsten Sinn, in dem sie als Daseinsweise, als inhärentes Attribut der Materie gefaßt wird, begreift alle im Universum vorgehenden Veränderungen und Prozesse in sich, von der bloßen Ortsveränderung bis zum Denken. (MEW 20, 354)

Die Bewegung der Materie greift also von der mechanischen der Materie bis hin zu der des Bewußtseins (MEW 20, 325). Damit hat Engels die Grundlage für seinen »Dialektischen Materialismus« gelegt. Die Bewegung ist unzerstörbar und unerschaffbar (MEW 20, 356) – sie tritt an die Stelle des alten Gottes. Die Materie bewegt sich im ewigen Kreislauf, in dem sie Leben und denkenden Geist hervorbringt, den sie »wieder ausrotten wird, [und] ihn anderswo und in anderer Zeit wieder erzeugen muß« (MEW 20, 327).

Die Gesetze der Dialektik gelten für die Materie und für alles, was sie dialektisch hervorbringt. Diese Gesetze gilt es zu erkennen, um sie zu kennen und endlich zu beherrschen, Gesetze, nach denen auch die gesellschaftlichen Prozesse ablaufen.

Die gesellschaftlich wirksamen Kräfte wirken ganz wie die Naturkräfte: blindlings, gewaltsam, zerstörend, solange wir sie nicht erkennen und nicht mit ihnen rechnen. Haben wir sie aber einmal erkannt, ihre Tätigkeit, ihre Richtungen, ihre Wirkungen begriffen, so hängt es nur von uns ab, sie mehr und mehr unserem Willen zu unterwerfen und vermittels ihrer unsere Zwecke zu erreichen . . . Solange wir uns hartnäckig weigern, ihre Natur und ihren Charakter zu verstehen – und gegen dieses Verständnis sträubt sich die kapitalistische Produktionsweise und ihre Verteidiger –, solange wirken diese Kräfte sich aus trotz uns, gegen uns, solange beherrschen sie uns . . . Aber einmal in ihrer Natur begriffen, können sie in den Händen der assoziierten Produzenten aus dämonischen Herrschern in willige Diener verwandelt werden. (MEW 20, 260f.)

Der prophetische Elan der Engelsschen Lehre wird aus diesem Text sichtbar. Haben wir einmal eine sozialistische Gesellschaftsordnung, dann werden wir auch die ökonomischen und gesellschaftlichen Gesetze beherrschen und an Stelle von dunkler, dämonischer Irrationalität wird reine Rationalität treten. Nun entwickelt Engels die drei Grundgesetze der Dialektik, die für Natur wie Gesellschaft gelten sollen (MEW 20, 348; 307):

1. Das Gesetz des Umschlagens von Quantität in Qualität und umgekehrt.

2. Das Gesetz von der Durchdringung der (polaren) Gegensätze.
3. Das Gesetz von der Negation der Negation.

Wir wollen diese Gesetze, da sie für das Verständnis des dialektischen Materialismus von einiger Bedeutung sind, etwas ausführen:

1. Das Gesetz des Umschlagens von Quantität in Qualität und umgekehrt

Dies können wir für unseren Zweck dahin ausdrücken, daß in der Natur, in einer für jeden Einzelfall genau feststehenden Weise, qualitative Änderungen nur stattfinden können durch quantitativen Zusatz oder quantitative Entziehung von Materie oder Bewegung (sog. Energie). (MEW 20, 349) Es ist hier . . . nur die Rede von leblosen Körpern; für lebende gilt dasselbe Gesetz, geht aber unter sehr verwickelten Bedingungen vor sich, und die quantitative Messung ist uns heute oft noch unmöglich. (MEW 20, 350)

Engels zählt nun eine Reihe von Beispielen auf, um sein Gesetz zu erläutern (und zu beweisen?). Hier bringt er das von Hegel angeführte Beispiel der qualitativen Veränderung des Wassers von Eis zu Flüssigkeit, von Flüssigkeit zu Dampf [1]. Aus der Chemie, in der »das von Hegel entdeckte Naturgesetz seine gewaltigsten Triumphe feiert« nennt er das Beispiel der Entstehung des Ozons (O_3) aus molekularem Sauerstoff (O_2) . . . (MEW 20, 351 ff.).

2. Das Gesetz von der Durchdringung der (polaren) Gegensätze

Sobald die Dialektik einmal aus den Resultaten unserer bisherigen Naturerfahrung nachgewiesen hat, daß alle polaren Gegensätze überhaupt bedingt sind durch das wechselnde Spiel der beiden entgegengesetzten Pole aufeinander, daß die Trennung und Entgegensetzung dieser Pole nur besteht innerhalb ihrer Zusammengehörigkeit und Vereinigung, und umgekehrt ihre Vereinigung nur in ihrer Trennung, ihre Zusammengehörigkeit nur in ihrer Entgegensetzung, kann weder von einer endgültigen Ausgleichung von Repulsion und Attraktion [Abstoßung und Anziehung], noch von einer endgültigen Verteilung der einen Bewegungsform auf die eine, der anderen auf die andere Hälfte der Materie, also weder von der gegenseitigen Durchdringung, noch von der absoluten Scheidung beider Pole die Rede sein. (MEW 20, 356 f.)

Dieses »Gesetz« ist das Grundgesetz jeder Dialektik, die Engels jedoch im Bild der Physik vorträgt. Wo Bewegung, da zwischen zwei

Polen, die niemals zusammenkommen können, solange Bewegung. Als Beispiel wählt Engels die Planetenbewegung um die Sonne, die durch das Wechselspiel von Zentripetal- und Zentrifugalkraft (von Anziehung durch Gravitation und Abstoßung durch die Fliehkräfte nach dem Trägheitsprinzip) zusammengehalten werden (MEW 20, 357 f.). Gemeint ist, daß alle Naturvorgänge auf Aktion und Reaktion zurückgeführt werden können (MEW 20, 366).

3. Das Gesetz von der Negation der Negation

Dieses Gesetz sei die Widerspiegelung einer alltäglichen Prozedur: Ein Gerstenkorn keimt und bringt neue Frucht. Es wird negiert und produziert in seiner Negation Neues.

So steigert jede Negation der Negation die Vervollkommnung. Der alte Materialismus wird negiert durch den Idealismus, dieser wiederum durch den modernen Materialismus ... (MEW 20, 126–129).

Was ist also die Negation der Negation? Ein äußerst allgemeines und eben deswegen äußerst weitwirkendes und wichtiges Entwicklungsgesetz der Natur, der Geschichte und des Denkens; ein Gesetz, das . . . in der Tier- und Pflanzenwelt, in der Geologie, in der Mathematik, in der Geschichte, in der Philosophie zur Geltung kommt . . . Wenn ich von all diesen Prozessen sage, sie sind Negation der Negation, so fasse ich sie allesamt unter dies eine Bewegungsgesetz zusammen. (MEW 20, 131)

Von erheblicher Bedeutung ist jedoch die ökonomische Anwendung dieses Gesetzes. Engels ist der Ansicht, daß alle indogermanischen Völker beginnen mit dem Gemeineigentum. Dies wurde im Verlauf der gesellschaftlichen Entwicklung aufgehoben zu Privateigentum.

»Diese Negation zu negieren, das Gemeineigentum auf einer höheren Entwicklungsstufe wiederherzustellen, ist die Aufgabe der sozialistischen Revolution.« (MEW 20, 583)

Insofern also das Gesetz von der Negation der Negation zwingend gilt, muß das Privateigentum wieder in Gemeineigentum zwingend aufgehoben werden.

Die dialektische Entwicklung nach Engels sei hier an einigen Beispielen dargestellt:

a) Natur und Denken

Die Veränderung der Natur durch den Menschen, nicht die Natur als solche allein, ist die wesentlichste und nächste Grundlage des menschlichen Denkens, und im Verhältnis, wie der Mensch die Natur verändern lernte, in dem Verhältnis wuchs seine Intelligenz. (MEW 20, 498)

Die Arbeit besorgte das Auftauchen einer neuen Qualität: den Menschen (als denkendes Wesen). Zwischen Mensch und Natur besteht ein polarer Gegensatz. Die Negation der negativen (unbearbeiteten) Natur führt zur Position der wachsenden Intelligenz.

b) Freiheit und Notwendigkeit

Die dialektische Spannung von Freiheit und Notwendigkeit wurde von Hegel in die Philosophie eingebracht:

Indem der Mensch aber sonst das Bewußtsein seiner Freiheit hat, so wird durch das Mißbeliebige, was ihm begegnet [aus der Notwendigkeit kommend], die Harmonie seiner Seele ... nicht zerstört. Es ist also die Ansicht von der Notwendigkeit, wodurch die Zufriedenheit und die Unzufriedenheit der Menschen und somit ihr Schicksal bestimmt wird[2].

Hegel meint also, daß sich der Mensch den Notwendigkeiten beugen müsse. Er könne das auf zweierlei Weise: Entweder in der freien Akzeptation der Notwendigkeiten oder unter dem Zwang der Notwendigkeiten. Nur die erste Weise führt zur Zufriedenheit. Es ist also nicht ganz richtig, wenn Engels behauptet: »Für ihn [Hegel] ist die Freiheit die Einsicht in die Notwendigkeit« (MEW 20, 106), eine Formel, die im Ostmarxismus bis zum Überdruß wiederholt wird. Sie stammt aber nicht von Hegel, sondern von Engels. Er kommentiert dazu:

Nicht in der geträumten Unabhängigkeit von den Naturgesetzen liegt die Freiheit, sondern in der Erkenntnis dieser Gesetze, und in der damit gegebenen Möglichkeit, sie planmäßig zu bestimmten Zwecken wirken zu lassen. Es gilt dies mit Beziehung sowohl auf die Gesetze der äußeren Natur, wie auf diejenigen, welche das körperliche und geistige Dasein des Menschen selbst regeln ...

Freiheit des Willens heißt daher nichts anderes als die Fähigkeit, mit Sachkenntnis entscheiden zu können. Je freier also das Urteil eines Menschen in Beziehung auf einen bestimmten Fragepunkt ist, mit desto größerer Notwendigkeit wird der Inhalt dieses Urteils bestimmt sein . . . Freiheit besteht also in der auf Erkenntnis der Naturnotwendigkeiten gegründeten Herrschaft über uns selbst und über die äußere Natur; sie ist damit notwendig ein Produkt der geschichtlichen Entwicklung. (MEW 20, 106)

Lenin griff diese Lehre von der Freiheit auf und dogmatisierte sie. »Die Notwendigkeit verschwindet nicht, indem sie Freiheit wird« (WW 38, 153). Die *persönliche Freiheit* auszubilden, ist nur in Gesellschaft möglich. Die Dialektik Individuum–Gesellschaft begrenzt also nicht – wie der Liberalismus meinte – die Freiheit, gibt ihr ihre notwendigen Grenzen und Schranken, sondern Freiheit spielt nicht nur in dieser Spannung zwischen Individuum und Gesellschaft, sondern wird zuallererst durch sie hervorgebracht:

Erst in der Gemeinschaft [mit anderen hat jedes] Individuum die Mittel, seine Anlagen nach allen Seiten hin auszubilden; erst in der Gemeinschaft wird also die persönliche Freiheit möglich. In den bisherigen Surrogaten der Gemeinschaft, im Staat . . . existierte die persönliche Freiheit nur für die in den Verhältnissen der herrschenden Klasse entwickelten Individuen und nur, insofern sie Individuen dieser Klasse waren.

Die scheinbare Gemeinschaft, zu der sich bisher die Individuen vereinigten, verselbständigte sich stets ihnen gegenüber und war zugleich, da sie eine Vereinigung einer Klasse gegenüber einer anderen war, für die beherrschte Klasse nicht nur eine ganz illusorische Gemeinschaft, sondern auch eine neue Fessel. In der wirklichen Gemeinschaft erlangen die Individuen in und durch ihre Assoziation zugleich ihre Freiheit. (MEW 3, 74)

Hier wird ersichtlich, daß »Freiheit« für Engels (obschon der vorliegende Text eine Gemeinschaftsarbeit mit Marx darstellen dürfte) nicht nur ein anthropologisches Problem, sondern auch ein gesellschaftliches ist. Um Freiheit zu erwirken, muß eine »echte« Gesellschaft begründet werden, um sie zu begründen, müssen Staatsherrschaft (und alle andere Herrschaft des Menschen über den Menschen wie), Klassenherrschaft – und damit antagonistische Klassen überhaupt – abgeschafft werden. Das »Reich der Freiheit« ist nur in einer klassenlosen, d. h. sozialistischen Gesellschaft zu errichten, in der die Menschen sich frei assoziieren und in dieser freien Assoziation [vgl. »Räte«] ihre Freiheit schaffen. Doch ist zu beachten, daß diese Freiheit nur zu realisieren ist in den Grenzen und bei Akzeptation des (auch gesellschaftlich) Notwendigen.

Dabei ist zu berücksichtigen, daß Engels nicht die übliche Vorstellung von »Notwendigkeit« mitbringt. Es ist das die »Notwendigkeit des zufälligen Geschehens«, das nicht beherrscht werden kann, die Herrschaft des Zufalls. Dagegen schreibt er:

Die bisherige Vorstellung von der Notwendigkeit versagt. Sie beizubehalten heißt, die sich selbst und der Wirklichkeit widersprechende Willkürbestimmung des Menschen der Natur als Gesetz aufzudiktieren, heißt damit alle innere Notwendigkeit in der lebenden Natur leugnen, heißt das chaotische Reich des Zufalls allgemein als einziges Gesetz der lebenden Natur proklamieren. (MEW 20, 489f.)

Im »Kapital« von Marx sieht er die Dialektik angewandt auf die Ökonomie: Marx sei der erste, der dieses unternommen habe (MEW 20, 335). Der Kapitalismus produziere in sich (wie schon die alten ökonomischen Formen vor ihm) Antagonismen (Widersprüche), die nach dem Gesetz von der Negation der Negation zwingend zu deren und damit seiner Aufhebung führten.

Seine Kritik an Hegel ist weitgehend an der Hegelkritik Marxens orientiert. So habe Hegel »alles auf den Kopf gestellt und . . . [den] wirklichen Zusammenhang der Welt vollständig umgekehrt« (MEW 20, 23). Man habe nicht vom Geist (vom Selbstbewußtsein) auszugehen, sondern von den »vorgegebenen Tatsachen« (MEW 20, 334). Hegel habe die drei Grundgesetze der Dialektik »als bloße Denkgesetze entwickelt . . .« (MEW 20, 384)

Offensichtlich ist die Engelssche Dialektik sowohl in ihrer Opposition zu der Hegels wie auch in ihrer Position sehr viel primitiver ausgefallen als die Marxens, dennoch ist sie von erheblicher Bedeutung, denn sie wurde zur Grundlage des für den Ostmarxismus und seine westlichen Adepten wesentlichen »Dialektischen Materialismus« (vgl. diesen).

B. THESEN

1. Die Dialektik ist die Wissenschaft von den Bewegungsgesetzen aller sich verändernden Dinge (Natur, Gesellschaft, Denken).

Als die der Natur und der Gesellschaft ist sie objektive, als die des Denkens subjektive Dialektik.

2. Die Bewegung (Veränderung) bestimmt alle Bereiche und ist daher universell. Vor allem aber und primär bestimmt sie die Bewegungsabläufe (Veränderungen) der materiellen Welt und insofern materiell auch die der Gesellschaft und des Denkens.

3. Die gesellschaftlichen Gesetze sind ähnlich zwingend wie die Gesetze der Natur, weil in beiden die objektive-materielle Dialektik herrscht.

4. Die dialektischen Gesetze sind folgende:

- Umschlag von Quantität–Qualität und umgekehrt,
- Durchdringen der polaren Gegensätze,
- Negation der Negation.

5. Diese Gesetze sind auch auf die menschliche Gesellschaft und daher ebenso auf die Ökonomie anzuwenden (weil auch sie in Bewegung sind). Nach dem dritten dialektischen Gesetz folgt auf vorhergehende Formen der Ökonomie notwendig deren Negation als Höherentwicklung.

6. Freiheit ist die Einsicht in die Notwendigkeit. Freiheit kann nur in einer humanen Gesellschaft, d. i. eine Gesellschaft ohne Zwänge von entfremdeten Institutionen (Staat, Klassen), realisiert werden.

C. EINWÄNDE

1. Die unmarxsche Ausdehnung der Dialektik auf alles, was sich verändert, scheint problematisch zu sein, da nicht die Veränderung, sondern die Unversöhntheit (Entfremdung) der Grund der dialektischen Bewegung zur Aufhebung des Bestehenden ist. Bewegung läßt sich auch undialektisch begründen und fassen (so etwa in der aristotelischen Lehre von Potenz und Akt, nach der in jedem werdenden Seienden die Potenz, das Vermögen, den späteren Zustand zu erreichen, ontologisch angelegt ist).

2. Dagegen ist die subjektive Dialektik universal zu fassen, weil sie die Wirklichkeit (auch die materielle) stets in Begriffen, d. h. also als menschliche Sache, und damit unversöhnt und partizipierend an der Nicht-Identität des Menschen mit sich selbst, realisiert. Es ist also falsch, mit Engels den Grund der subjektiven Dialektik in der Widerspiegelung der objektiven zu suchen. Sie kommt aus der Natur des erkennenden Subjekts und nicht aus der des erkannten Objekts.

3. Die gesellschaftlichen Gesetze sind nicht einfach auf die der Dialektik zu bringen, da sie Parameter besitzt, die wir nicht einmal annähernd in ihrer Funktion zu anderen erkennen, geschweige denn beherrschen. Engels irrt also, wenn er meint, daß die Kenntnis der dialektischen Gesetze ausreiche, die Ökonomie zu durchschauen und den Menschen in der Erkenntnis dieser Gesetze zur freien Akzeptation dieser zu bringen.

4. Die dialektischen Gesetze Engels' sind entweder trivial oder falsch. So ist nicht einzusehen, daß der dialektische Prozeß, der in der Negation der Negation eine Höherentwicklung mit sich bringt, auch die Veränderung von Qualität zu Quantität (das sagt doch wohl das »Umgekehrt« des ersten Gesetzes) bewirken kann. Engels bringt dann auch kein Beispiel für solch ein umgekehrtes Umspringen.

5. Die Engelssche Terminologie ist unsauber. Mitunter verwechselt er polare Gegensätze mit Widersprüchen. Diese Verwechslung ist um so folgenschwerer, als die marxistische Trivialliteratur hier stets von Widersprüchen (in Art der logischen) spricht. Und das ist schlechterdings Unsinn, denn Widersprüche sind in der Natur, in der Gesellschaft niemals zu beobachten.

6. Die Freiheit ist zweifellos nicht nur Einsicht in die Notwendigkeit, sondern die innere Möglichkeit, sich selbst human zu realisieren. Die Erkenntnis von Notwendigkeit ist nicht Ursache, sondern bloße Bedingung von Freiheit, a) weil sie ihre Grenzen aufzeigt und b) weil Freiheit nur im Entgegensatz zur Notwendigkeit, zur Nötigung erkannt und erfahren werden kann. Zuzugeben ist, daß Freiheit sich gesellschaftlich vollzieht. Die Gesellschaft hat den *äußeren* Rahmen so abzustecken, daß Selbstrealisation möglich wird, und sie ist einer der *äußeren* Zwecke der

Freiheit, insofern sich Freiheit in Gesellschaft bewähren und realisieren muß.

7. Es ist nicht einzusehen, warum Freiheit nicht auch realisiert werden kann unter der Herrschaft entfremdeter Autorität (= Autorität, die sich zum Selbstzweck und zum Selbstwert machte). Das Beispiel der sog. sozialistischen Staaten zeigt, daß das Fehlen antagonistischer Klassen schon keineswegs zwingend Freiheit mit sich bringt, sondern durch überflüssige ökonomische und politische Nötigungen zu beträchtlicher Unfreiheit führt, in der die Selbstverwirklichung des Individuums erheblich beschränkt ist.

8. Die Hegelkritik ist, insofern sie nicht von Marx abgeschrieben würde, äußerst dürftig. Man kann sich des Eindrucks nicht erwehren, daß Engels Hegel entweder nicht recht studiert hat, oder aber ihn gründlich mißverstand.

Anmerkungen:

1 G. W. F. Hegel, Enzyklopädie der philosophischen Wissenschaften I (§ 108), Frankfurt 1970, 226.
Hegel interpretiert das Gesetz des qualitativen Umsprungs jedoch sehr viel dialektischer als Engels. Er schreibt: »Insofern im Maß Qualität und Quantität nur in *unmittelbarer* Einheit sind, so tritt ihr Unterschied auf eine ebenso unmittelbare Weise an ihnen hervor. Das spezifische Quantum ist insofern teils bloßes Quantum, und das Dasein ist einer Vermehrung und Verminderung fähig, ohne daß das Maß, welches insofern eine *Regel* ist, dadurch aufgehoben wird, teils aber ist die Veränderung des Quantums auch eine Veränderung der Qualität« (Ebd.).

2 Ebd. (§ 147), 292.

V. PRODUKTIVKRÄFTE – PRODUKTIONS-VERHÄLTNISSE

Die Lehre über die Produktionsweisen, die ihn die verschiedenen historischen Epochen charakterisieren ließ, war für Marx eine Methode und eine Theorie, die Notwendigkeit von revolutionären Übergängen zu erklären. Revolutionen kamen immer dann (wenn auch nicht nur dann) zustande, wenn die Produktivkräfte die Zwänge alter Produktionsverhältnisse sprengen *mußten*, um sich weiter zu entfalten.

Doch ist daran festzuhalten, daß Marx hier nur ein *Modell* zu Erklärung der Notwendigkeiten von Revolutionen vorstellen wollte. Keineswegs geht es ihm um eine geschichtsphilosophische Theorie.

Er [N. G. Tschernyschewski] muß durchaus meine historische Skizze von der Entstehung des Kapitalismus in Westeuropa [gemeint ist die von Marx gegebene Darstellung im 24. Kapitel des ersten Bandes des Kapitals »Die sogenannte ursprüngliche Akkumulation des Kapitals« über die Entstehung des Kapitalismus] in eine geschichtsphilosophische Theorie des allgemeinen Entwicklungsganges verwandeln, der allen Völkern schicksalsmäßig vorgeschrieben ist, was immer die geschichtlichen Umstände sein mögen, in denen sie sich befinden, um schließlich zu jener ökonomischen Formation zu gelangen, die mit dem größten Aufschwung der Produktivkräfte der gesellschaftlichen Arbeit die allseitigste Entwicklung des Menschen sichert ... Wenn man jede dieser Entwicklungen [Übergang etwa von der Sklavenhaltergesellschaft zur feudalen] für sich studiert und sie dann miteinander vergleicht, wird man leicht den Schlüssel zu dieser Erscheinung finden, aber man wird niemals dahin gelangen mit dem Universalschlüssel einer allgemeinen geschichtsphilosophischen Theorie, deren größter Vorzug darin besteht, übergeschichtlich zu sein. (MEW 19, 111 f.)

A. DARSTELLUNG

Damit sie [die Entfremdung] eine »unerträgliche« Macht werde, d. h. eine Macht, gegen die man revolutioniert, dazu gehört, daß sie die Masse der Menschheit als durchaus »eigentumslos« erzeugt hat und zugleich im Widerspruch zu einer vorhandenen Welt des Reichtums und der Bildung, was beides eine große Steigerung der *Produktivkraft*, einen hohen Grad ihrer Entwicklung voraussetzt – und andererseits ist diese Entwicklung der Produktivkräfte ... auch deswegen eine absolut notwendige praktische Voraussetzung, weil ohne sie nur der Mangel verallgemeinert, also mit der Notdurft auch der Streit um das Notwendige wieder beginnen und die ganze alte Scheiße sich herstellen müßte, weil ferner nur mit dieser universellen Entwicklung der Produktivkräfte ein universeller Verkehr der Menschen gesetzt ist, daher einerseits das Phänomen der »eigentumslosen« Masse in allen Völkern gleichzeitig erzeugt (allgemeine Konkurrenz), jedes derselben von den Umwälzungen der anderen abhängig macht, und endlich weltgeschichtliche, empirisch universelle Individuen an die Stelle der lokalen gesetzt hat. (MEW 3, 34f.)

Diese Produktivkräfte erhalten unter dem Privateigentum eine nur einseitige Entwicklung, werden für die Mehrzahl zu Destruktivkräften, und eine Menge solcher Kräfte können im Privateigentum gar nicht zur Anwendung kommen. (MEW 3, 60)

Es ist also jetzt soweit gekommen, daß die Individuen sich die vorhandene Totalität von Produktivkräften aneignen müssen, nicht nur um zu ihrer Selbstbestätigung zu kommen, sondern schon überhaupt um ihre Existenz sicherzustellen. (MEW 3, 67)

Die bürgerliche Gesellschaft ist die entwickeltste und mannigfaltigste historische Organisation der Produktion. Die Kategorien, die ihre Verhältnisse ausdrücken, das Verständnis ihrer Gliederung, gewähren daher zugleich Einsicht in die Gliederung und die *Produktionsverhältnisse* aller untergegangenen Gesellschaftsformen, mit deren Trümmern und Elementen sie sich aufgebaut, von denen teils noch unüberwundene Reste sich in ihr fortschleppen ... (Grundrisse, 25 f.)

Die Produktions- und Verkehrsmittel, auf deren Grundlage sich die Bourgeoisie heranbildete, wurden in der feudalen Gesellschaft erzeugt. Auf einer gewissen Stufe der Entwicklung dieser Produktions- und Verkehrsmittel entsprachen die Verhältnisse, worin die feudale Gesellschaft produzierte und austauschte, ... die feudalen Eigentumsverhältnisse den schon entwickelten Produktivkräften nicht mehr. Sie hemmten die Produktion, statt sie zu fördern. Sie verwandelten sich in ebenso viele Fesseln. Sie mußten gesprengt werden, sie wurden gesprengt ... Unter unsern Augen geht eine ähnliche Bewegung vor. Die bürgerlichen Produktions- und Verkehrsverhältnisse, die bürgerlichen Eigentumsverhältnisse, die moderne bürgerliche Gesellschaft, die so gewaltige Produktions- und Verkehrsmittel hervorgezaubert hat, gleicht dem Hexenmeister, der die unterirdischen

Gewalten nicht mehr zu beherrschen vermag, die er heraufbeschwor. Seit Dezennien ist die Geschichte der Industrie und des Handels nur die Geschichte der Empörung der modernen Produktivkräfte gegen die modernen Produktionsverhältnisse, gegen die Eigentumsverhältnisse, welche die Lebensbedingungen der Bourgeoisie und ihrer Herrschaft sind. (MEW 4, 467)

In seinen Vorarbeiten zum »Kapital« merkt Marx einmal an als zu behandelndes Thema:

Dialektik der Begriffe Produktivkraft (Produktionsmittel) und Produktionsverhältnis, eine Dialektik, deren Grenzen zu bestimmen und die realen Unterschied nicht aufhebt. (Grundrisse, 29)

In der Sowjetunion begann bald ein bitterer ideologischer Streit darüber auszubrechen, wie in einem Land, in dem die Produktivkräfte noch nicht so weit entwickelt sind, daß sie die Produktionsverhältnisse abstreifen *müssen*, ja nicht einmal so weit, daß sie genügen, eine marxistische Ordnung eines sozialistischen Gemeinwesens zu errichten, ein sozialistisches Staatsgebilde dennoch möglich sei. *Lenin* nahm an, daß man zuerst eine Revolution machen müsse, um dann die ökonomische Konstellation an die neue Lage anzupassen (WW 33, 466). *Stalin* meint, die Produktivkräfte müßten den bereits revolutionär erschlossenen Produktionsverhältnissen angepaßt werden[1]. Damit wurde die Marxsche These geradezu auf den Kopf gestellt.

B. THESEN

1. In die Produktionsverhältnisse gehen drei Faktoren ein:

- Die Eigentumsverhältnisse. Auf ihnen beruht die Weise der Einrichtung der Produktion in Planung, Arbeitsteilung und Leitung.
- Die Klassenverhältnisse. Auf ihnen beruht die Stellung des Arbeiters in der Produktion und Distribution.
- Die Distributionsverhältnisse. Auf ihnen beruht der soziale Standard des Arbeiters.

2. Nach den wechselnden Produktionsverhältnissen unterscheidet der Marxismus fünf Gesellschaftsformationen:

- Urgesellschaft
- Sklaverei
- Feudalismus
- Kapitalismus
- Sozialismus (Kommunismus)

3. Grund der sozialen Revolution ist eine Diskrepanz zwischen Produktionsverhältnissen und Produktivkräften. Die Produktivkräfte (arbeitende Menschen, Produktionsmittel und die Rohstoffe) rebellieren gegen die bestehenden Produktionsverhältnisse, weil sie die weitere Entfaltung der Produktivkräfte verhindern.

4. Die Produktivkräfte und die Produktionsbedingungen stehen miteinander in einem dialektischen Zusammenhang, der die Produktivkräfte an die Produktionsmittel und die Produktionsmittel an die Produktivkräfte anpaßt, bis eine solche Anpassung nicht mehr möglich ist, und es zu einer neuen Bewegung zwischen beiden kommt, die eine Revolution einleitet (oder von einer Revolution – so Lenin und Stalin – in Gang gesetzt wird).

C. Einwände

1. Das Schema Produktionsmittel – Produktivkräfte ist zur Erklärung eines ökonomischen Zustandes zu einfach. Es kann nicht allein aus den bestehenden Produktionsmustern erklärt werden. Das marxistische Modell simplifiziert den komplizierten Mechanismus zwischen Mensch und Produktion.

2. Das Schema: Produktivkräfte + Produktionsverhältnisse = Produktionsweise, und: Veränderung der Produktivkräfte + Starrheit der Produktionsverhältnisse = wachsende Spannung = antagonistische Klassenformation = Revolution = Hervortreten einer neuen Produktionsweise entspricht nicht den historischen Fakten. Die Spannung wurde oft genug evolutionär aufgelöst.

Die Einteilungsfaktoren eines Hauses (Keller, Geschoß, Dach) sagen auch nichts darüber aus, daß das Haus durch Zusammenfügen von Beton, Metall, Steinen, Holz . . . zustande kommt[2].

3. Marx übersieht in Produktivkräften und Produktionsverhältnissen herrschende psychologische Faktoren. Zudem addiert er Inkommensurables.
4. Die Marxsche Terminologie ist von der modernen Nationalökonomie als unbrauchbar aufgegeben worden.

Anmerkungen:

1 Die ökonomischen Probleme des Sozialismus in der UdSSR, Moskau 1952, 74.
2 Vgl. Produktivkräfte, in: MiSV/Grundbegriffe 3, 137.

VI. BASIS UND ÜBERBAU

Nach marxistischer Auffassung bildet die *Basis* in jeder Gesellschaftsform und auf jeder Entwicklungsstufe

- die ökonomische Struktur der Gesellschaft,
- die Gesamtheit der materiellen ökonomischen Verhältnisse (Produktions- und Klassenverhältnisse entsprechend der Entwicklungsstufe der materiellen Produktivkräfte).

Der *Überbau* ist das System der dieser Basis entsprechenden politischen, juridischen, moralischen, weltanschaulichen (religiösen) Anschauungen und der diesen Anschauungen entsprechenden Institutionen.

Zwischen Basis und Überbau besteht eine dialektische Wechselwirkung, so daß also auch der Überbau auf die Basis zurückwirkt. Die beiden Pole der dialektischen Relation (der dialektischen Einheit) sind jedoch nicht gleichwertig. Die Basis bestimmt sehr viel energischer den Überbau als der Überbau die Basis. Die Begriffe selbst stellen eine methodische Abstraktion vor, die erst in der konkreten Füllung mit Basis- und Überbauinhalten den baren Modellcharakter verlieren.

A. DARSTELLUNG

Für Marx und Engels stellen die Kategorien »Basis« und »Überbau« wichtige Bausteine zur Konstruktion des historischen Materialismus, zur Deutung der Bewegungen in der Geschichte, zur Erklärung auch noch nicht vorhandener Überbausysteme im sozialistischen und kommunistischen Gemeinwesen dar.

Dies materielle, unmittelbar sinnliche Privateigentum ist der materielle sinnliche Ausdruck des entfremdeten menschlichen Lebens. Seine Bewegung – Produktion und Konsumtion – ist die sinnliche Offenbarung von der Bewegung aller bisherigen Produktion, d. h. Verwirklichung oder Wirklichkeit des Menschen. Religion, Familie, Staat, Recht, Moral, Wissenschaft, Kunst … sind nur besondere Weisen der Produktion und fallen unter ihr allgemeines Gesetz. Die positive Aufhebung des Privateigentums, als die Aneignung des menschlichen Lebens, ist daher die positive Aufhebung aller Entfremdung, also die Rückkehr des Menschen aus Religion, Familie, Staat … in sein menschliches, d. h. gesellschaftliches Dasein. (MEGA 1, 3, 114f.; M) [1]

Die Gedanken der herrschenden Klasse sind in jeder Epoche die herrschenden Gedanken, d. h. die Klasse, welche die herrschende materielle Macht der Gesellschaft ist, ist zugleich ihre herrschende geistige Macht. Die Klasse, die die Mittel zur materiellen Produktion zu ihrer Verfügung hat, disponiert damit zugleich über die Mittel zur geistigen Produktion, so daß ihr damit zugleich im Durchschnitt die Gedanken derer, denen die Mittel zur geistigen Produktion abgehen, unterworfen sind. Die herrschenden Gedanken sind weiter nichts als der ideele Ausdruck der herrschenden materiellen Verhältnisse; also der Verhältnisse, die eben die eine Klasse zur herrschenden machen, also die Gedanken ihrer Herrschaft. (MEW 3, 46)

Auf den verschiedenen Formen des Eigentums, auf den sozialen Existenzbedingungen erhebt sich ein ganzer *Überbau* verschiedener und eigentümlich gestalteter Empfindungen, Illusionen, Denkweisen und Lebensanschauungen. Die ganze Klasse schafft und gestaltet sie aus ihren materiellen Grundlagen heraus und aus den entsprechenden gesellschaftlichen Verhältnissen. Das einzelne Individuum, dem sie durch Tradition und Erziehung zufließen, kann sich einbilden, daß sie die eigentlichen Bestimmungsgründe und den Ausgangspunkt seines Handelns bilden. (MEW 8, 139; M)

Mit der Veränderung der ökonomischen Grundlage wälzt sich der ganze ungeheure *Überbau* langsamer oder rascher um. In der Betrachtung solcher Umwälzungen muß man stets unterscheiden zwischen der materiellen, naturwissenschaftlich treu zu konstatierenden Umwälzung in den ökonomischen Produktionsbedingungen und den juristischen, politischen, religiösen, künstlerischen oder philosophischen, kurz, ideologischen Formen, worin sich die Menschen dieses Konflikts bewußt werden und ihn ausfechten. Sowenig man das, was ein Individuum ist, nach dem beurteilt, was es sich selbst dünkt, ebensowenig kann man eine solche Umwälzungsepoche aus ihrem Bewußtsein beurteilen, sondern muß vielmehr dies Bewußtsein aus den Widersprüchen des materiellen Lebens, aus dem vorhandenen Konflikt zwischen gesellschaftlichen Produktivkräften und Produktionsverhältnissen erklären. (MEW 13, 9; M)

Der Mensch selbst ist die *Basis* seiner materiellen Produktion, wie jeder anderen, die er verrichtet. Alle Umstände also, die den Menschen affizieren, das Subjekt der Produktion, modifizieren [mehr oder weniger] alle seine

Funktionen und Tätigkeiten als Schöpfer des materiellen Reichtums, der Waren. In dieser Hinsicht kann in der Tat nachgewiesen werden, daß *alle* menschlichen Verhältnisse und Funktionen, wie und worin sie sich immer darstellen, die materielle Produktion beeinflussen und mehr oder minder bestimmend auf sie eingreifen. (MEW 26. 1, 260; M)

Nach materialistischer Geschichtsauffassung ist das in *letzter* Instanz bestimmende Moment in der Geschichte die Produktion und Reproduktion des wirklichen Lebens. Mehr hat weder Marx noch ich je behauptet. Wenn nun jemand das dahin verdreht, das ökonomische Moment sei das *einzig* bestimmende, so verwandelt er jenen Satz in eine nichtssagende, abstrakte, absurde Phrase. Die ökonomische Lage ist die *Basis*, aber die verschiedenen Momente des *Überbaus* – politische Formen des Klassenkampfes und seine Resultate – Verfassungen, nach gewonnener Schlacht durch die siegende Klasse festgestellt ... – Rechtsformen, und nun gar die Reflexe aller dieser wirklichen Kämpfe im Gehirn der Beteiligten, politische, juristische, philosophische Theorien, religiöse Anschauungen und deren Weiterentwicklung zu Dogmensystemen, üben auch ihre Einwirkung auf den Verlauf der geschichtlichen Kämpfe aus und bestimmten in vielen Fällen vorwiegend deren Form. Es ist eine Wechselwirkung aller dieser Momente, worin schließlich durch alle die unendliche Menge von Zufälligkeiten ... als Notwendiges die ökonomische Bewegung sich durchsetzt. (MEW 37, 463; E)

Diese Theorie von Basis und Überbau ist in wesentlichen Zügen von allen Marxismen rezipiert worden. Offen blieben für den Ostmarxismus drei Fragen vor allem:

1. Wohin gehört die menschliche Sprache (zu Basis oder Überbau)?
2. Gehören die Wissenschaften – wie Marx vermutete – wirklich zum Überbau?
3. Ist die Familie ein Element des Überbaus?

1. Der Sprachkonflikt

N. Marr war für lange Zeit der ideologisch maßgebliche Sprachwissenschaftler und -philosoph der Sowjetunion. Er behauptet die Sprache als Element des Überbaus. In Anlehnung an Marx und Engels ging Marr davon aus, daß die Sprache eine soziale Erscheinung sei, fügte aber hinzu:

Die Sprache ... ist eine Kategorie des Überbaus auf der Basis der Produktion und der Produktionsverhältnisse[2].

Die Wandlungen der Sprache werden bedingt durch die Wandlungen der ökonomischen Struktur. Wortschatz und Syntax ändern sich mit dem Wechsel der Gesellschaftsformation (der Basis). Gegen diese Theorie setzte sich 1950 *Stalin* selbst zur Wehr. Er argumentierte:

a) Weder der Wortschatz noch die grammatikalische Struktur einer Sprache ändern sich mit der Beseitigung der alten Basis.

b) Dieselbe Sprache dient:

sowohl einer alten, sterbenden Gesellschaftsordnung als auch einer neuen, aufsteigenden Gesellschaftsordnung, sowohl einer alten als auch einer neuen Basis[3].

c) [Die Sprache] ist nicht durch diese oder jene Basis, durch eine alte oder neue Basis ... sondern durch den Gang der Geschichte der Gesellschaft und der Geschichte der Basen im Verlauf von Jahrhunderten hervorgebracht worden ... Sie ist also ein Produkt einer ganzen Reihe von Epochen, in deren Verlauf sie sich formt, bereichert, entwickelt, ihren Schliff erhält[4].

Der Überbau sei das Produkt der jeweiligen Gesellschaftsformation, die Widerspiegelung der jeweiligen gesellschaftlichen Struktur. Die Sprache dagegen »lebe länger als jede beliebige Basis und jeder beliebige Überbau«.

d) Während der Überbau »nicht unmittelbar mit der Produktion, mit der Produktionstätigkeit des Menschen verbunden« sei, ist die »Sprache dagegen unmittelbar mit der Produktionstätigkeit verbunden«[5]. So werden sofort neue Wörter in die Sprache eingeführt, wenn die Produktionstätigkeit sich ändert.

e) Die Sprache habe keinen Klassencharakter, da die Urgesellschaft zwar Sprache, aber keine Klassen gekannt habe[6].

f) Die Sprache ist ein Mittel, ein Werkzeug, mit dessen Hilfe die Menschen miteinander verkehren, ihre Gedanken austauschen und eine gegenseitige Verständigung anstreben ... In diesem Sinne ist die Sprache als Werkzeug des Verkehrs gleichzeitig ein Werkzeug des Kampfes und der Entwicklung der Gesellschaft[7].

g) Der Grundwortschatz und die Grammatik entwickeln sich evolutiv, nicht durch die Vernichtung des Alten, sondern durch »Vervollkommnung und Entfaltung«[8]. Hier gibt es also quantitative Veränderungen ohne Qualitätssprung.

2. Die Wissenschaftsfrage

Neben der Behauptung, Wissenschaft gehöre zum Überbau (s. o.) finden sich bei Marx auch andere wissenschaftstheoretische Ansätze, die dazu führten, wenigstens die Naturwissenschaften (im Gegensatz zu den Sozialwissenschaften) in die Basis zu überführen und in ihnen keine Differenzierung durch die Produktionsverhältnisse zu sehen (»bürgerliche« und »sozialistische Wissenschaft«).

Die Sinnlichkeit muß die Basis aller Wissenschaft sein. Nur wenn sie von ihr in der doppelten Gestalt sowohl des sinnlichen Bewußtseins als des sinnlichen Bedürfnisses ausgeht – also nur, wenn die Wissenschaft von der Natur ausgeht –, ist sie wirkliche Wissenschaft. (MEGA 1, 3, 123)

Später akzentuierte er Wissenschaft deutlich als Produktivkraft (und damit als ein Element der Basis):

Die Produktivkraft der Arbeit ist durch mannigfache Umstände bestimmt, unter anderen durch ... die Entwicklungsstufe der Wissenschaft und ihrer technologischen Anwendbarkeit. (MEW 23, 54)

Wenn es daher auf den ersten Blick klar ist, daß die große Industrie durch Einverleibung ungeheurer Naturkräfte und der Naturwissenschaft in den Produktionsprozeß die Produktivität der Arbeit außerordentlich steigern muß, ist es keineswegs ebenso klar, daß diese gesteigerte Produktivkraft nicht durch vermehrte Arbeitsausgabe auf der anderen Seite erkauft wird. (MEW 23, 408)

Hat die Produktivkraft der Arbeit sich in der Geburtsstätte dieser Arbeitsmittel erweitert, und sie entwickelt sich fortwährend mit dem ununterbrochenen Fluß der Wissenschaft und der Technik, so tritt wirkungsvollere und ... wohlfeilere Maschine ... an Stelle der alten. (MEW 23, 631 f.)

Engels hieß die Erkenntnis der (bürgerlichen) Naturwissenschaften – trotz gelegentlicher Kritik (vgl. MEW 20, 381 ff.) – gut. Ideologisch – und daher zum Überbau gehörig – war erst die naturphilosophische Interpretation der naturwissenschaftlichen Erkenntnis. Erst unter *Stalin* kam die generelle Unterscheidung zwischen bürgerlicher und marxistischer Naturwissenschaft auf. Die marxistische Theorie übernahm es nun, bestimmte Inhalte der Naturwissenschaft, die im bürgerlichen Lager entwickelt wurden, zu kritisieren und aus ideologischen Gründen abzulehnen (die Relativitätstheorien Einsteins, die Genetik ...).

1950 kam dann die große Wende. Die Naturwissenschaften wurden, obschon sie doch »aus Ideen bestehen«, zur Produktivkraft erhoben.

Die moderne Wissenschaft ist eine äußerst komplizierte und vielschichtige Erscheinung. Sie ist eine spezifische Form des gesellschaftlichen Bewußtseins, ein besonderes Gebiet der gesellschaftlichen Arbeitsteilung, eine soziale Institution und unmittelbare Produktivkraft der Gesellschaft sowie theoretische Grundlage der Leitung der Gesellschaft ... Die moderne Wissenschaft existiert also nicht nur als Form des gesellschaftlichen Bewußtseins, sondern besitzt eine materielle Existenz in der Gesellschaft ... Die Naturwissenschaft wurde in wachsendem Maß zur unmittelbaren Produktivkraft ... Im Sozialismus kann sich die Verwandlung der Wissenschaft in eine Produktivkraft ungehindert durch soziale Schranken vollziehen. Die sozialistischen Produktionsverhältnisse sind eine mächtige Triebkraft für die Entwicklung der Wissenschaft zur Produktivkraft[9].

3. Die Familie als Element des Überbaus

Die Familie wird schon recht früh (1844) von Marx zu den Einrichtungen gezählt, die sich, von der ökonomischen Basis abhängend, im Kapitalismus entfremdeten (von einer Liebes- zu einer auf Ausbeutung beruhenden »legalisierten Weibergemeinschaft« wurde). Im »Kommunistischen Manifest« heißt es:

Aufhebung der Familie! Selbst die Radikalsten ereifern sich über diese schändliche Absicht der Kommunisten. Worauf beruht die gegenwärtige, die bürgerliche Familie? Auf dem Kapital, auf Privaterwerb. Vollständig entwickelt existiert sie nur für die Bourgeoisie; aber sie findet ihre Ergänzung in der erzwungenen Familienlosigkeit der Proletarier und der öffentlichen Prostitution. Die Familie der Bourgeois fällt natürlich weg mit dem Wegfallen dieser ihrer Ergänzung, und beide verschwinden mit dem Verschwinden des Kapitals. (MEW 4, 478)

Engels versuchte diese negative Darstellung der Familie in der bourgeoisen Gesellschaft zu ergänzen durch eine positive in der sozialistischen Gesellschaft, indem er sich auf die Struktur der Familie in der Urgesellschaft stützte. Seine Quelle war das Buch des amerikanischen Ethnologen Lewis H. Morgan (1818–1881) »Ancient Society« (1877), genauer: ein Exzerpt, das Marx 1880/81 daraus anfertigte und das Engels in Marxens Nachlaß fand. Vor einer allzu exakten Prognose hütet er sich jedoch: Wie eine Familie in der sozialistischen Gesellschaft aussehen wird, das wird sich entscheiden, wenn ein neues Geschlecht herangewachsen sein wird: ein Geschlecht von Männern, die nie in ihrem Leben in den Fall gekommen sind, für Geld oder andere soziale Machtmittel die Preisgebung einer Frau zu erkaufen ... Wenn diese Leute da sind, werden sie sich den Teufel darum scheren, was man heute glaubt, das sie tun sollen; sie werden sich ihre eigene Praxis ... selbst machen. (MEW 21, 83).

Die Ehe sei, so meint Engels, in der sozialistischen Gesellschaft ein privater, nicht auf Promiskuität beruhender Bund auf der Grundlage der gegenseitigen Liebe der Ehegatten. Endet die Liebe, kann auch die Ehe enden – ohne den Schmutz eines Scheidungsprozesses. Als die Bolschewiki in Rußland an die Macht kamen, versuchten sie dieses Ideal, das nicht nur das von Engels, sondern auch des deutschen Sozialisten *August Bebel*, vieler Anarchisten und Sozialisten in Rußland war, zu realisieren: Sexuelle Gleichberechtigung und Freiheit, vergesellschaftete Kinderpflege und -erziehung ..., Tolerierung der Abtreibung. Gegen *Aleksandra Kolontaj* (die die freie Liebe forderte, weil sie am wenigsten revolutionäre Energien absorbiere und am ehesten das Absterben der bourgeoisen Familie bedeute und besorge) vertrat *Lenin* die Ansicht, die Ehe müsse – bei aller Freiheit der Liebe – als proletarische Zivilehe bei erleichterter Scheidung erhalten bleiben. Daneben gab es eine kleine Gruppe, die die traditionelle Familie für ihr Ideal erklärten. Diese Gruppe – zu Lenins Zeiten Rechtsabweichler – sollte die Familienpolitik unter *Stalin* bestimmen.

Ab 1935/36 bekämpfte *Stalin* die These vom Absterben der Familie, da er große Geburtenraten für wünschenswert hielt. In Moskau kamen 1934 auf 100 Geburten 371 Abtreibungen. Das sollte geändert werden. Am 27. Juni 1936 wurde die Abtreibung – außer aus therapeutischen und eugenischen Gründen – gesetzlich verboten. Am 8. Juli 1944 wurde die Ehescheidung mit so hohen Gebühren belegt und einem komplizierten juristischen Verfahren durch zwei Instanzen unterworfen, daß sie erschwert und selten wurde. Nach Stalins Tod wurde diese strenge Familiengesetzgebung wieder entschärft: 1955 wurde die Abtreibung wieder erlaubt, 1965 das Scheidungsrecht liberalisiert. Einige Parteimitglieder forderten die Rückkehr zur liberalen Gesetzgebung Lenins – ihre Forderung wurde bislang nicht durchgesetzt.

Das Beispiel der Sowjetunion zeigt, wie sehr sich Marx und Engels irrten, als sie glaubten, die Familie sei in ihrer heutigen Form eine kapitalistisch-bürgerliche Einrichtung. Alle Versuche, sie radikal zu ändern, scheiterten. Die Sowjetunion hat heute eine strenge Familiengesetzgebung und eine Familienpraxis, die in westlichen Ländern mitunter liberaler gehandhabt wird. Die »bürgerliche« Familie wurde zum Ideal der »sozialistischen« Gesellschaft. Die Emanzipation der Frau und die Beseitigung des religiösen Moments aus der Ehe sind im Westen in einigen Ländern weiter fortgeschritten als in der Sowjetunion.

B. THESEN

1. Zwischen den Elementen von Basis und Überbau besteht eine dialektische Beziehung.
2. Zur Basis gehören die Produktivkräfte (einschließlich der Mensch) und die Produktionsverhältnisse.
3. Zum Überbau gehören Religion, Familie, Staat, Recht, Moral (Wissenschaft), Kunst, Empfindungen, Illusionen, Denkweisen, Lebensanschauungen sowie die von ihnen geschaffenen Institutionen.
4. Eine Veränderung der Basis führt zu einer Veränderung des Überbaus.

C. EINWÄNDE

1. Obschon zwischen den Inhalten von Sein und Bewußtsein ein dialektischer Zusammenhang besteht, folgt daraus nicht, daß ein qualitativ anderes Sein ein radikal anderes Bewußtsein schafft. So hat die Veränderung des gesellschaftlichen Seins (Produktivkräfte und Produktionsverhältnisse) in der Sowjetunion nicht zu

einem radikal neuen Bewußtsein und zu radikal anderen Ausdrucksweisen des Bewußtseins geführt. Religion, Familie, Staat, Recht und Moral stehen im kohärenten Zusammenhang mit den bürgerlichen Auffassungen. Die religiöse und familiäre Situation blieb weitgehend unangetastet. (Vgl. »Dialektik«, Sein und Bewußtsein)

2. Die marxistische Theorie bedeutet einen absoluten Relativismus. Dieser ist weder wünschenswert noch realisierbar. Die Kohärenz von Familie, Recht, Moral ... ist zudem in jedem bisher beobachteten Fall gegeben. Die Grundstruktur der Familie blieb dieselbe von der Sklavenhaltergesellschaft bis zur sozialistischen. Die Grundstruktur des *Christentums* blieb über lange Jahrhunderte gewahrt und hat den Wechsel von Sklavenhaltergesellschaft, Feudalgesellschaft und Kapitalismus unbeschadet überstanden, wenngleich Marx dem Feudalismus den Katholizismus und dem Kapitalismus den Protestantismus zuordnen wollte. Die Veränderung des *Staats* von einem christlichen zu einem profanen ist nicht durch die Wende Kapitalismus/Sozialismus markiert, sondern fand mitten im Kapitalismus statt. Das »Absterben« des Christentums, von dem Marx spricht, geschah in eben dieser Weise, doch ist es in manchen sozialistischen Staaten sehr viel lebendiger (Polen, Sowjetunion) als in vielen kapitalistischen.

3. Das Problem, nach dem ein Bewußtseinsinhalt (Wissenschaft) zur Basis gehören könne, ist nur verbal, nicht aber wissenschaftlich gelöst.

4. Die Theorie, daß alle philosophischen Überlegungen und Reflexionen zum Überbau zu rechnen sind, machte die marxistische Theorie *von außen* unangreifbar. Noch heute gehört es zu den Immunitätsstrategien so vieler Marxisten zu behaupten, daß ein Argumentieren aus einer nicht-marxistischen Position gegen den Marxismus grundsätzlich unmöglich sei, weil der Kritiker seine Vorstellungen aus der bürgerlichen Gedanken- und Vorstellungswelt beziehe, die nichts anderes sei als eine Widerspiegelung der kapitalistischen Basis. Zum anderen kann der nicht-marxistische Kritiker auch gar nicht das sozialistische System und seinen gedanklichen Überbau verstehen, weil eine ideologi-

sche Sperre ihn daran hindert. Marxismus ist also nur kritisierbar aus einer Position des Sozialismus heraus. Diese Grundhaltung macht es so schwer, mit Marxisten in ein vernünftiges Gespräch zu kommen. Sie beziehen die Argumente gegen Marxismus und Sozialismus immer wieder zurück auf die kapitalistisch-bürgerliche Basis – und halten sie nur vor dem Hintergrund dieser Basis eventuell für stimmig. Da diese Basis aber im Sozialismus aufgehoben sei, seien die Einwände gegen Marxismus und Sozialismus nicht stimmig und beträfen nichts anderes als ein kapitalistisches Zerrbild vom Sozialismus. Das »bürgerliche« Denken wird stets nur ein solches Zerrbild zeichnen können, da es von einer ihm fremden Basis in einen ihm fremden Überbau hineinargumentiert.

Dieser Einwand ist sachlich und inhaltlich falsch, denn Marx und Engels haben, zweifellos von einer kapitalistischen Basis aus – denn eine andere gab es (noch) nicht – ein Gedankensystem entwickelt, das eben diese Basis überwinden soll, ja sie formulierten recht konkrete Vorstellungen über die Struktur und Funktion der sozialistischen Basis, ohne daß sie bestanden hätte. Offenbar kann man also auch ohne eine existente Basis einen Überbau konstruieren, der die bestehende Basis kritisch sprengt.

Anmerkungen:

1 Um zu kennzeichnen, ob ein zitierter Text von Marx (M) oder Engels (E) geschrieben wurde, setzen wir der Ortsangabe ein M oder ein E bei, wenn aus dem Kontext sonst nicht ersichtlich. Fehlt ein M oder ein E, handelt es sich zumeist um einen von beiden verfaßten Text.
2 Vgl. S. Karpowitz, Sprache, in: MiSV/Philosophie 3, 144.
3 J. Stalin, Der Marxismus und die Fragen der Sprachwissenschaft, Berlin [4]1953, 7.
4 Ebd., 8–10.
5 Ebd., 12 f.
6 Ebd., 17.
7 Ebd., 27.
8 Ebd., 33.
9 Wissenschaft, in: MLWdPh 3, 1170.

VII. HISTORISCHER MATERIALISMUS

A. Darstellung

Wir kennen nur eine einzige Wissenschaft, die Wissenschaft der Geschichte. Die Geschichte kann von zwei Seiten aus betrachtet, in die Geschichte der Natur und die Geschichte der Menschen abgeteilt werden. Beide Seiten sind indes nicht zu trennen; solange Menschen existieren, bedingen sich Geschichte der Natur und Geschichte der Menschen gegenseitig. Die Geschichte der Natur, die sogenannte Naturwissenschaft, geht uns hier nicht an; auf die Geschichte der Menschen werden wir indes einzugehen haben. (MEW 3, 18)

Die Geschichte der Menschen in Vergangenheit, Gegenwart und Zukunft ist eine der wichtigsten Grundlagen des Marxismus. Sie ist materialistisch, insofern sie den Primat des gesellschaftlichen Seins vor allen Formen des Bewußtseins annimmt:

Diese Geschichtsauffassung beruht also darauf, den wirklichen Produktionsprozeß, und zwar von der materiellen Produktion des unmittelbaren Lebens ausgehend, zu entwickeln und die mit dieser Produktionsweise zusammenhängende und von ihr erzeugte Verkehrsform ... als Grundlage der ganzen Geschichte aufzufassen und sie sowohl in ihrer Aktion als Staat darzustellen, wie die sämtlichen verschiedenen theoretischen Erzeugnisse und Formen des Bewußtseins, Religion, Philosophie, Moral ... aus ihr zu erklären und ihren Entstehungsprozeß aus ihnen zu verfolgen ... (MEW 3, 37 f.)

Nicht ganz zu Unrecht kann also das bekannte Marxistisch-Leninistische Wörterbuch der Philosophie (MLWPh) schreiben, daß der historische Materialismus (zusammen mit dem dialektischen) synonym für »marxistisch-leninistische Philosophie« stehe [1]. Seine Bedeutung wird vor allem in drei Punkten gesehen:

- er begründet eine wissenschaftlich-materialistische Theorie der Gesellschaft und ihrer Entwicklung als Ganzes,
- er ermöglicht es, beliebige gesellschaftliche Erscheinungen in ihren wirklichen und von objektiven Gesetzen beherrschten historischen und gesellschaftlichen Zusammenhängen zu sehen,

● er verweist auf die gesellschaftliche Bedeutung der praktischen kritischen und revolutionären menschlichen Tätigkeit[2].

Die Gesetze, die der historische Materialismus entwickelt, gelten nicht unbedingt für Teilsysteme, sondern

● er beschäftigt sich mit Gesetzmäßigkeiten von hohem Allgemeinheitsgrad, die für eine ganze Geschichtsepoche von erheblicher Bedeutung sind (z. B. die Gesetzmäßigkeiten sozialer Revolutionen),
● er erforscht die Problematik der gesellschaftlichen Gesetze unter dem Aspekt der dialektischen Wechselbeziehung zwischen Subjekt und Objekt [vgl. »Dialektik«], zwischen menschlichem Handeln und Gesellschaftsprozeß und
● er beschäftigt sich mit der Gesamtheit der gesellschaftlichen Gesetze unter dem Aspekt,

● ihres komplexen Zusammenwirkens innerhalb eines gesellschaftlichen Gesamtsystems,
● ihrer methodischen Klassifizierung (statistische, dynamische ... Gesetze)[3].

Der historische Materialismus hat jedoch nicht nur erklärende (theoretische), sondern auch prognostische Funktionen, insofern er Prognosen über den zukünftigen Geschichtsverlauf zu stellen gestattet[4].

Engels schreibt dazu:

Hierzu aber verhalf ihr [der Gesellschaft] Marx mit seiner materialistischen Geschichtsauffassung, mit dem Nachweis, daß alle juristischen, politischen, philosophischen, religiösen ... Vorstellungen der Menschen in letzter Instanz aus ihren wirtschaftlichen Lebensbedingungen, aus ihrer Weise zu produzieren und die Produkte auszutauschen, abgeleitet sind. Hiermit war die der Lebens- und Kampfeslage des Proletariats entsprechende Weltanschauung gegeben; der Eigentumslosigkeit der Arbeiter konnte nur die Illusionslosigkeit ihrer Köpfe entsprechen. Und diese proletarische Weltanschauung macht jetzt die Reise um die Welt. (MEW 21, 494)

Engels ist also der Meinung, daß der von Marx entwickelte historische Materialismus

- in praktischem Interesse des Proletariats (und nicht im objektiven einer Geschichtsphilosophie) konzipiert wurde,
- eine proletarische Weltanschauung sei.

Ohne Zweifel ist er jedoch der Ansicht, daß es sich dabei um allgemeingültige Gesetze handele, denen die gleiche Bedeutung zukomme, wie etwa dem Gesetz von der Erhaltung der Energie für die Naturwissenschaft (MEW 21, 249), die so wenig aufgehoben werden können wie die Gesetze der Naturwissenschaft (MEW 32, 553). Andererseits lehrt er jedoch, daß in der Geschichte der Gesellschaft nichts ohne handelnde, mit Bewußtsein, Überlegung und Leidenschaft versehene Menschen geschieht, ja, daß nichts ohne bewußte Absicht, ohne gewolltes Ziel möglich wird (MEW 21, 296). Es ist also nötig, daß die blinden Gesetze erkannt werden, und daß sie, bewußt angewandt, planmäßig zu bestimmten Zwecken wirken (MEW 20, 106).

B. Thesen

Wir wollen hier die wichtigsten Thesen zum historischen Materialismus in zwei Blocks darstellen. Im ersten sollen die allgemeinen Gesetze auf Grund der Marxschen Darstellung im »Vorwort zur Kritik der politischen Ökonomie« (1859), im zweiten die konkreten Aufzeichnungen nach der »Deutschen Ideologie« (1845/46) und dem »Kommunistischen Manifest« (1847/48) dargeboten werden.

a) Allgemeiner historischer Materialismus (MEW 13, 8f.):

1. In der gesellschaftlichen Produktion ihres Lebens gehen die Menschen bestimmte, notwendige, von ihrem Willen unabhängige Verhältnisse ein, Produktionsverhältnisse, die einer bestimmten Entwicklungsstufe ihrer materiellen Produktivkräfte entsprechen[5].
2. Die Gesamtheit dieser Produktionsverhältnisse bildet die ökonomische Struktur der Gesellschaft, die reale Basis, worauf sich ein juristischer und politischer Überbau erhebt, und welcher

bestimmte gesellschaftliche Bewußtseinsformationen entsprechen.

3. Die Produktionsweise des materiellen Lebens bedingt den sozialen, politischen und geistigen Lebensprozeß überhaupt.

4. Auf einer gewissen Stufe ihrer Entwicklung geraten die materiellen Produktivkräfte der Gesellschaft in Widerspruch mit den vorhandenen Produktionsverhältnissen ... Aus Entwicklungsformen der Produktivkräfte schlagen diese Verhältnisse in Fesseln derselben um. Es tritt dann eine Epoche sozialer Revolutionen ein.

5. Mit der Veränderung der ökonomischen Grundlage wälzt sich der ganze ungeheuere Überbau langsamer oder rascher um.

6. Eine Gesellschaftsformation geht nie unter, bevor alle Produktivkräfte entwickelt sind, für die sie weit genug ist, und neue höhere Produktionsverhältnisse treten nie an die Stelle, bevor die materiellen Existenzbedingungen derselben im Schoß der alten Gesellschaft selbst ausgebrütet worden sind.

7. In großen Umrissen können asiatische, antike, feudale und modern bürgerliche Produktionsweisen als progressive Epochen der ökonomischen Gesellschaftsformation bezeichnet werden.

8. Die bürgerlichen Produktionsverhältnisse sind die letzte antagonistische Form des gesellschaftlichen Produktionsprozesses, antagonistisch nicht im Sinne von individuellem Antagonismus, sondern eines aus den gesellschaftlichen Lebensbedingungen der Individuen hervorwachsenden Antagonismus.

9. Aber die im Schoß der bürgerlichen Gesellschaft sich entwickelnden Produktivkräfte schaffen zugleich die materiellen Bedingungen zur Lösung dieses Antagonismus.

10. Mit dieser Gesellschaftsformation schließt daher die Vorgeschichte der menschlichen Gesellschaft ab.

b) Besonderer historischer Materialismus:

1. Der Mensch ist ein Lebewesen, das seine Lebensmittel selbst produziert.

2. Was der Mensch ist, fällt also zusammen mit seiner Produktion (nach was und wie). »Was die Individuen also sind, das hängt ab von den materiellen Bedingungen ihrer Produktion.«

3. Die Gliederung einer Nation hängt »von der Entwicklungsstufe ihrer Produktion und ihres inneren und äußeren Verkehrs ab. Wie weit die Produktionskräfte einer Nation entwickelt sind, zeigt am augenscheinlichsten der Grad, bis zu dem die Teilung der Arbeit entwickelt ist«.

4. »Die verschiedenen Entwicklungsstufen der Teilung der Arbeit sind ebenso viele verschiedene Formen des Eigentums[6].«

5. »Die erste Form des Eigentums ist das Stammeseigentum.« Ihm entspricht die Produktionsstufe der Jäger, Fischer, Viehzüchter und der Ackerbauer, solange ihnen unbegrenzte Areale zur Verfügung stehen. Es entsteht die Sklaverei.

6. »Die zweite Form ist das antike Gemeinde- und Staatseigentum.« Es entsteht bei und nach Bildung der Städte. Die Bürger besitzen nur in Gemeinschaft die Macht über die Sklaven.

   »Neben dem Gemeindeeigentum entwickelt sich schon das mobile und später auch das immobile Privateigentum, aber als eine abnorme, dem Gemeindeeigentum untergeordnete Form.«

   Die Arbeitsteilung ist entwickelter (Unterschiede zwischen Stadt und Land), das Klassenverhältnis zwischen Bürgern und Sklaven ist voll ausgebildet. Später beginnt die Konzentration vor allem des immobilen Privateigentums.

7. »Die dritte Form ist das feudale oder ständische Eigentum.« Es geht vom Land (und nicht von der Stadt) aus. Anstelle der Sklaven treten die kleinen leibeigenen Bauern als unmittelbar produzierende Klasse.

   In den Städten entwickelt sich »das korporative Eigentum, die feudale Organisation des Handwerks (Zünfte)«. Die Städte treten miteinander in ökonomische Beziehung. Es entwickeln sich ausgeprägte Teilungsformen zwischen Produktion und Handel (Gilden). (MEW 3, 21–23)

8. Die vierte Form ist das bürgerliche Eigentum. Anstelle der feudalen oder zünftigen Betriebsweise trat zunächst die Manufaktur: die Teilung der Arbeit wurde in die Betriebe hineingenommen. Endlich löste die Fabrik (Industrie) die Manufaktur ab[7].

9. »Die Bourgeoisie kann nicht existieren, ohne die Produktionsinstrumente, also die Produktionsverhältnisse, also sämtliche

gesellschaftliche Verhältnisse fortwährend zu revolutionieren« (das unterscheidet sie von früheren führenden ökonomischen Klassen).

10. Sie »hat durch die Exploitation des Weltmarktes die Produktion und Konsumtion aller Länder kosmopolitisch gestaltet«.

11. Sie »reißt durch die rasche Verbesserung aller Produktionsinstrumente, durch die unendlich erleichterte Kommunikation alle, auch die barbarischen Nationen in die Zivilisation«.

12. Sie »hebt mehr und mehr die Zersplitterung der Produktionsmittel, des Besitzes und der Bevölkerung auf« (und bereitet so den Sozialismus vor).

13. Sie »hat das Land der Herrschaft der Stadt unterworfen. Sie hat enorme Städte geschaffen.«

14. Sie »hat in ihrer kaum hundertjährigen Klassenherrschaft massenhaftere und kolossalere Produktionskräfte geschaffen als alle vergangenen Generationen zusammen«.

15. »Das Proletariat macht verschiedene Entwicklungsstufen durch. Sein Kampf gegen die Bourgeoisie beginnt mit seiner Existenz.« Von einer bestimmten Phase der Entwicklung an »bilden die Arbeiter eine über das ganze Land zerstreute und durch die Konkurrenz zersplitterte Masse« …
»Aber mit der Entwicklung der Industrie vermehrt sich nicht nur das Proletariat; es wird [auch] in größere Massen zusammengedrängt, seine Kraft wächst, und es fühlt sie mehr.« Die Organisation der Proletarier wird zur Klasse »und damit zur politischen Partei«.

16. »In den Zeiten endlich, wo der Klassenkampf sich der Entscheidung nähert, nimmt der Auflösungsprozeß innerhalb der herrschenden Klasse, innerhalb der ganzen alten Gesellschaft, einen so heftigen, grellen Charakter an, daß ein kleiner Teil der herrschenden Klasse sich von ihr lossagt und sich der revolutionären Klasse anschließt.«

17. »Die Lebensbedingungen der alten Gesellschaft sind schon vernichtet in den Lebensbedingungen des Proletariats« (eigentumslos, neues Verhältnis zur Familie, Unterjochung durch das Kapital …).

18. Die Herrschaft der Bourgeoisie »produziert vor allem ihren ei-

genen Totengräber. Ihr Untergang und der Sieg des Proletariats sind unvermeidlich«. (MEW 4, 465–471)

19. »Die Geschichte aller bisherigen Gesellschaft ist die Geschichte von Klassenkämpfen.« (MEW 4, 462) Sie »beruhte ... auf dem Gegensatz unterdrückender und unterdrückter Klasse«. (MEW 4, 473)

20. Die Geschichte läuft also nach objektiven Gesetzen ab. Der Motor des geschichtlichen Fortschritts ist der Klassenkampf.

21. Der historische Materialismus ist jedoch keine von der Praxis abgelöste Theorie der Geschichte, die den kommenden Zustand fatalistisch abzuwarten gestattet. Zur Theorie tritt die Praxis (vgl. »Dialektik«). »Die Philosophen haben die Welt nur verschieden interpretiert, es kommt darauf an, sie zu verändern.« (MEW 3, 535) Der historische Materialismus ist also *auch* eine Anleitung zum Handeln.

22. Das Proletariat ist die letzte Klasse. Es hebt sich selbst in der klassenlosen Gesellschaft auf.

In der Vorrede zur englischen Ausgabe des Kommunistischen Manifests von 1888 fügt Engels einen Passus ein, der für die Rezeption des historischen Materialismus bedeutsam werden sollte:

23. »Die ganze Geschichte der Menschheit (seit Aufhebung der primitiven Gentilordnung mit ihrem Gemeinbesitz an Grund und Boden) [ist] eine Geschichte von Klassenkämpfen gewesen.« (MEW 4, 581) Dieser primitiven Gentilordnung wurde zugeschrieben:

● kein Privateigentum an Produktionsmitteln,
● keine soziale Schichtung und Fehlen jeder politischen Autorität,
● gemeinschaftlicher Charakter der Produktion und Konsumtion.

Insofern dieser »Urkommunismus« in manchen Punkten dem Ideal des fertigen Kommunismus Marxscher Utopie entspricht, hat er als (vermeintliches) historisches Faktum große Bedeutung erhalten für die Theorie des historischen Materialismus.

C. EINWÄNDE

1. Der historische Materialismus behauptet die Existenz objektiver
   (d. h. von menschlicher Erkenntnis und menschlichem Wollen
   unabhängig bestehender) historischer Gesetze, die er sich in Entsprechung zu Naturgesetzen (in deren objektivem Verständnis
   des 19. Jahrhunderts) vorstellt. Die moderne Wissenschaftstheorie des Westens bestreitet heute fast einstimmig die Existenz solcher objektiver Gesetze. Erst recht akzeptiert kaum ein westli-
   cher Wissenschaftler die Existenz von *objektiven* historischen
   Gesetzen, ja von historischen Gesetzen überhaupt.
   W. Theimer meint dazu:
   Immer hatten die Menschen eine oder mehrere Alternativen. In der Geschichte geschieht nur, was Menschen *wollen*. Es geschieht auch vieles,
   weil einige Menschen gewollt und andere nicht gewollt haben, zumal die
   große Masse nur zuoft überhaupt nichts will und der wollenden Minderheit freies Spiel läßt ... Betrachtet man die Geschichte, so ist es klar,
   daß allzu viele Variable vorhanden sind, um auch nur annähernd die
   Exaktheit der Naturwissenschaft zu erreichen. Experimente sind nicht
   möglich; die Geschichte ist eine reine Beobachtungs-, nicht Experimen-
   talwissenschaft ... Alle Geschichtstheorien neigen zum Monismus. Sie
   versuchen, den komplizierten Gang der menschlichen Geschichte aus
   einem Faktor zu erklären: der Wirtschaft, der Technik, dem Klassenin-
   teresse, der Geographie, der Rasse ... Ernsthafte Geschichtswissen-
   schaft beginnt mit dem Satz: »In der Geschichte gibt es keine monistische Kausalität, sondern nur eine pluralistische[8].«
   Marx selbst schien anfangs nicht sonderlich viel von historischen
   Nachkonstruktionen zu halten:
   Versetzen wir uns nicht wie der Nationalökonom, wenn er [etwas] erklären will, in einen erdichteten Urzustand. Ein solcher Urzustand erklärt
   nichts. Er schiebt bloß die Frage in eine graue, nebelhafte Ferne. Er unterstellt in der Form der Tatsache, des Ereignisses, was er deduzieren
   soll, nämlich das notwendige Verhältnis zwischen zwei Dingen, z. B.
   zwischen Teilung der Arbeit und Austausch. So erklärt die Theologie
   den Ursprung des Bösen durch den Sündenfall, d. h. er unterstellt als ein
   Faktum, in der Form der Geschichte, was er erklären soll. Wir gehen
   von einem nationalökonomischen, *gegenwärtigen* Faktum aus. (MEGA
   1, 3, 82)

Wäre Marx bei dieser Position geblieben, hätte es keinen historischen Materialismus gegeben. Man kann aus diesem Text ent-
nehmen, daß für Marx das genetische Herleitungsschema des
Kapitalismus nach Urgesellschaft, Sklavenhaltergesellschaft und
Feudalgesellschaft nicht eine Darstellung wirklicher historischer
Abläufe, sondern eben nicht ein Erklärungsschema in historischer (sondern systematischer) Absicht gewesen ist. Dann aber
entfällt die implizite Behauptung, es gebe objektive Gesetze der
Geschichte und mit ihr auch der historische Materialismus.

2. Der historische Materialismus scheint krasser Ökonomismus zu
   sein, der die historischen Abläufe monistisch aus bloß einem
   Grund, nämlich dem ökonomischen, zu erklären versucht – und
   das mit dem Anspruch der Wissenschaftlichkeit. Doch hier hat
   Engels einer zu begrenzten Schau vorgebeugt, indem er *zwei* Parameter als Gründe für den historischen Fortschritt nennt:

Daß von den Jüngeren zuweilen mehr Gewicht auf die ökonomische
Seite gelegt wird, als ihr zukommt, haben Marx und ich teilweise selbst
verschulden müssen. (MEW 37, 465)

Nach der materialistischen Auffassung ist das in letzter Instanz bestimmende Moment in der Geschichte: die Produktion und Reproduktion
des unmittelbaren Lebens. Diese ist aber selbst wieder doppelter Art.
Einerseits die Erzeugung von Lebensmitteln, von Gegenständen der
Nahrung, Kleidung, Wohnung und den dazu erforderlichen Werkzeugen; andererseits die Erzeugung von Menschen selbst, die Fortpflanzung der Gattung. Die gesellschaftlichen Einrichtungen, unter denen
die Menschen einer bestimmten Geschichtsepoche und eines bestimmten Landes leben, werden bedingt durch beide Arten der Produktion:
durch die Entwicklungsstufe einerseits der Arbeit, andererseits der Familie. (MEW 21, 27f.)

Damit ist der monistische Ökonomismus zugunsten einer duali-
stischen Theorie aufgegeben, obschon die meisten Lehrbücher
des historischen Materialismus monistisch verfahren[10]. Sich auf
diese Äußerung Engels' berufend, versuchte etwa *K. Kautsky*
den ökonomischen durch einen biologischen Materialismus als
Grundlage des historischen zu ersetzen[11]. Er nahm die Triebkräfte der menschlichen Gesellschaft und Geschichte als in der
tierischen Vorgeschichte der Menschheit entwickelt an[12].
Die von Engels vertretene Wechselwirkung zwischen ökonomi-

schen und ideellen Momenten (MEW 37, 492) führte *M. Adler* dazu, moralische Ideale [13] als Ausdruck menschlichen Wollens als Triebkräfte der Geschichte anzunehmen [14].

3. Manche Details werden in der Darstellung der historischen Abläufe falsch dargestellt. Das ist für das System und seine Richtigkeit i. a. unschädlich (wenn es sich auch unglaubwürdig macht), solange es nicht die soziale und ökonomische Verfassung der Urgesellschaft betrifft, denn sie stellt einige kommunistische Ideale als der Natur des Menschen entsprechend hin. Zunächst sei festgestellt, daß wir über die ökonomische und soziale Verfaßtheit der Urgesellschaft nichts wissen, weil die Menschen erst mit der Bildung von Städten zu schreiben begannen. So haben denn einige russische Wissenschaftler [15] die diachrone Betrachtungsweise verlassen und produzieren formale Sozialstrukturanalysen, die weitgehend auf synchronen (heutige Primitivgesellschaften betreffend) und strukturalistischen Methoden beruhen [16]. Das ist sicherlich eine Abwendung vom Marxismus, der etwa mit *Lenin* sehr gut wußte, wie die Urgesellschaften verfaßt waren.

Der allgemeine Zusammenhalt, die Gesellschaft selbst, die Disziplin, die Arbeitsordnung [wurden] aufrechterhalten ... durch die Macht der Gewohnheit, der Traditionen, durch die Autorität oder Achtung, die die Ältesten der Geschlechtsverbände oder die Frauen genossen, die zu dieser Zeit oft nicht nur eine den Männern gleichberechtigte, sondern sogar eine höhere Stellung einnahmen. (WW 29, 465)

Das MLWPh fährt fort:
In der Urgesellschaft existierte folglich noch kein Staat als Instrument der gewaltsamen Unterdrückung der einen Klasse durch andere. Auf den frühen Stufen der Urgesellschaft existierte die Gruppenehe, die später von der Paarungsehe abgelöst wurde ... Die Geschichte der Urgesellschaft gliedert sich in zwei große Perioden: die Periode der *Wildheit*, in der die Menschen grobe Werkzeuge (Keule, Steinaxt, Steinmesser, später Pfeil und Bogen) benutzten, Geräte und Gefäße aus Holz herstellten, sich das Feuer dienstbar machten und ihren Lebensunterhalt mit dem bestritten, was sie unmittelbar in der Natur vorfanden; die Periode der *Barbarei*, in der die Menschen von Steinwerkzeugen zu Metallwerkzeugen (Kupfer, Bronze, Eisen) und zur bewußten Veränderung der Natur für menschliche Zwecke übergingen, Ackerbau und Viehzucht zu treiben begannen ... [17].

Unproblematisch ist es keineswegs, die ökonomische Verfaßtheit der Urgesellschaft mit »Kommunismus« zu bezeichnen. So
meint E. R. Service:

Wenn Kommunismus einfach das Fehlen von Privateigentum an den natürlichen Ressourcen und den Produktionsmitteln bezeichnet [persönli-
ches Eigentum an Schmuck und einfachem Werkzeug ausgenommen],
dann sind die Jäger- und Sammlerhorden zweifellos kommunistisch.
Aber das ist bestenfalls eine oberflächliche, wenn nicht irreführende
Feststellung, und sie geht sicher am Kern der Sache vorbei. Die Horden-
gesellschaft ist eine Gesellschaft, die auf verwandtschaftlichen Beziehungen beruht, sie ist familistisch [und nicht kommunistisch][18].

Auch die Leninsche Theorie des Matriarchats in der Urgesellschaft wird heute selbst von einigen sozialistischen Anthropo-
logen in Frage gestellt[19]. Ferner passen manche Gesellschaftsformen nicht in das Marxsche Schema: Die »orientalische Wirtschaftsform« ging unmittelbar aus der Urgesellschaft hervor[20]
und war doch keine Sklavenhaltergesellschaft[21]. In dieser »asiati-
schen Produktionsweise« gibt es noch kein Privateigentum,
wohl aber werden die bäuerlichen Kommunen von Königen,
Priestern, Beamten ... ausgebeutet[22]. Offenbar ist also das Privateigentum nicht die Quelle aller Ausbeutung.
In diesem Zusammenhang stellt J. V. Kačanovskij[23] die kritische
Frage, wie denn eine Eigentumsform, die für eine Gesellschaftsordnung, etwa die der Urgesellschaft, typisch ist, Ausbeutungs-
verhältnisse schaffen kann, die mit dieser Gesellschaftsordnung
nicht vereinbar sind. Man wird wohl die Anwendbarkeit der
Entwicklungsgesetze des historischen Materialismus auf die
primitive Gentilgesellschaft verneinen müssen. Ein einziger Mechanismus ist ganz offensichtlich nicht in der Lage, den gesamten
Geschichtsablauf zu erklären[24].

4. Von Marx stammt zwar das Wort: »Menschen machen die Geschichte«, doch ist zu fragen, ob der historische Materialismus
die Kraft des *Individuums*, sich weitgehend von der herrschenden Ideologie abzulösen und Einfluß auf die Gestaltung der Geschichte zu nehmen, nicht weit unterschätzt. Männer, die Geschichte gemacht haben, gaben oft einer Zeit ihr Gesicht, stärker
noch als alle ökonomischen Bedingungen – und sie sind nicht

vorherzusagen, weder in ihrem Wann, noch in ihrem Wie. Sie sind nicht nur Geschöpfe der Geschichte, sondern auch ihre Herrn.

5. Weitere Einwände gegen den historischen Materialismus ergeben sich aus der mangelnden Zielvorstellung der Theorie (vgl. »Utopie«) und des mangelnden Einsatzes ethischer Werte als geschichtslenkender Faktoren (vgl. »Ethik«).

Anmerkungen:

1 MLWdPh II, 684.
2 Ebd., 687.
3 Ebd., 689.
4 Ebd., 690.
5 *Produktionsverhältnisse* sind »das System gesellschaftlicher Verhältnisse, die die Menschen im Produktionsprozeß objektiv eingehen ... Sie umfassen die Beziehungen der Menschen im Produktionsprozeß, vor allem die Eigentumsverhältnisse; die Verhältnisse des Austausches der Tätigkeiten, der Kooperation, der Arbeitsteilung, die Stellung und die Beziehungen der verschiednen sozialen Gruppen und Klassen in der Produktion; die Verteilungsverhältnisse.«
Produktivkräfte sind »das System der Wechselwirkung sachlich-gegenständlicher und menschlich-subjektiver Elemente. Sie umfassen den im Arbeitsprozeß unmittelbar oder mittelbar tätigen Menschen, die Leitung, die Wissenschaft, die Produktionsmittel, die Technologie und Organisation der Produktion.« (Ebd. III, 878 f.)
6 K. Marx: »Daß die Teilung der Arbeit und der Austausch auf dem Privateigentum beruhen, ist nichts anderes als die Behauptung, daß die Arbeit das Wesen des Privateigentums ist, eine Behauptung, die der Nationalökonom nicht beweisen kann und die wir für ihn beweisen wollen.« (MEGA 1, 3, 143 f.)
7 Eine Theorie des Entstehens und der Funktion der Manufaktur bringt die Deutsche Ideologie (MEW 3, 55–60).
8 Der Marxismus, München [6]1973 (UTB 258), 113 f.
9 Im gleichen Brief an Josef Bloch hatte Engels unter dem 21. 9. 1890 geschrieben: »Nach materialistischer Geschichtsauffassung in das in letzter Instanz bestimmende Moment in der Geschichte die Produktion und

Reproduktion des wirklichen Lebens ... Wenn nun jemand das dahin verdreht, das ökonomische Moment sei das einzig bestimmende, so verwandelt er jenen Satz in eine ... absurde Phrase. Die ökonomische Lage ist die Basis, aber die verschiedenen Momente des Überbaus – politische Formen des Klassenkampfs und seine Resultate – Verfassungen, nach gewonnener Schlacht durch die siegende Klasse festgestellt ... Rechtsformen, und nun gar die Reflexe aller dieser wirklichen Kämpfe im Gehirn der Beteiligten, politische, juristische, philosophische Theorien, religiöse Anschauungen und deren Weiterentwicklung zu Dogmensystemen, üben auch ihre Einwirkung auf den Verlauf der geschichtlichen Kämpfe aus und bestimmen in vielen Fällen vorwiegend deren *Form*. Es ist eine Wechselwirkung aller dieser Momente, worin schließlich durch alle die unendliche Menge von Zufälligkeiten ... als Notwendiges die ökonomische Bewegung sich durchsetzt.« (MEW 37, 463) Es ist jetzt jedoch nicht mehr einsichtig, wie wissenschaftliche Prognosen möglich sein könnten, wenn eine Anzahl der zur Herleitung der Prognose notwendigen Parameter »Zufälligkeiten« sind. Ebenso ist völlig uneinsichtig, daß die von der ökonomischen Basis bestimmten ideologischen Inhalte sich gegen ihre Basis richten sollten.

Genau das aber scheint Engels anzunehmen, wenn er schreibt: »Daß [das] ..., was wir ideologische Anschauung nennen ... wieder auf die ökonomische Basis zurückwirkt und sie innerhalb gewisser Grenzen modifizieren kann, scheint mir selbstverständlich.« (MEW 37, 492)

10 Das MLWPh spricht hier von einem Vorwurf, der unter der Bezeichnung »ökonomischer Materialismus« dem historischen Materialismus von bürgerlichen Ideologen angetan werde. Es klagt: »Die Prinzipien des historischen Materialismus werden so ausgelegt, als betrachte er *nur* den ›ökonomischen Faktor‹, die ›volkswirtschaftlichen Vorgänge‹ als Ursache gesellschaftlicher Entwicklung und alle anderen Erscheinungen, wie Politik, Recht, Moral, Wissenschaft, Philosophie ..., nur als einfache passive Wirkung der ökonomischen Verhältnisse.« (II, 806) Das letztere tut meines Wissens niemand. Das erste ist jedoch in der Darstellung Marxens selbst begründet.

11 Die materialistische Geschichtsauffassung I, Berlin 1927, 196 f.

12 Ebd., 451 ff.

13 Moralische Ideale gehören nach klassisch-marxistischer Sicht zum sog. ideologischen Überbau und sind nur mittelbar als Motore der geschichtlichen Entwicklung denkbar (vgl. »Ethik«).

14 Lehrbuch der materialistischen Geschichtsauffassung II, Berlin 1932, 207.

15 So u. a. M. V. Krjukov [Problemy istorii dokapitalističeskich obščestv, Moskau 1968] und Ju. I. Levin [Ob opisanii sistemy terminov rodstva, in: Sov. etnogr. 4 (1970), 18–30].

16 Vgl. St. P. Dunn, Urgesellschaft, in: MiSV/Geschichte 5, 161.

17 A. a. O., 3, 1107.

18 The Hunters, Englewood Cliffs (N.Y.) 1966, 24.

19 z. B. B. V. R. Kabo, Pervobytnaja obščina ochotnikov i sobiratelej po avstralijskim materialam, in: L. V. Danilova, Problemy istorii dokapita-listiceskich obščestv. I, Moskau 1968, 223–265.

20 G. Lichtheim, Marxism, An Historical and Critical Study, London (N.Y.) 1961, 144 ff.

21 Das MLWPh meint dazu: »Im Schoße der Urgesellschaft entwickelte sich im Gefolge der gesellschaftlichen Arbeitsteilung und des Produk-tenaustauschs das Privateigentum an Produktionsmitteln . . . Eine Gen-tilaristokratie sonderte sich ab: Älteste, Heerführer und Priester rissen das Gemeineigentum an sich und machten sich die verarmten Mitglieder der Gemeinschaft untertan.« (III, 1107)
Das hier Beschriebene ist eben nicht charakteristisch für die »asiatische Produktionsweise«.

22 E. Varga, Politico-Economic Problems of Capitalism, Moskau 1958, 330–351.

23 Rabovladenie, feodalism ili aziatskij sposob proizvodstva?, Moskau 1971.

VIII. DIALEKTISCHER MATERIALISMUS

A. Darstellung

»Dialektischer Materialismus« ist ein von G. W. Plechanow (1856–1918), der sich 1903 den Menschewiki anschloß und so von der bolschewistischen Parteilinie abwich, eingeführter Begriff zur Bezeichnung der von Engels entwickelten Dialektik vor dem Hintergrund dessen Materieverständnisses. Er ist heute zur Grundlage der Sowjetideologie geworden.

Nach Auffassung der Sowjetideologen sind Dialektik und Materialismus eine sachliche und methodische Einheit.

Die Kategorien des Materialismus und der Dialektik bedingen sich wechselseitig und bilden zusammen das Kategoriensystem des dialektischen Materialismus [1].

Der dialektische Materialismus versteht sich als realisierter Marxismus, nicht erststellig als Lehre, sondern als Anleitung zum Handeln.

Marx hatte geschrieben:

Der Kommunismus ist für uns nicht ein *Zustand,* der hergestellt werden soll, ein *Ideal,* wonach die Wirklichkeit sich zu richten haben [wird]. Wir nennen Kommunismus die *wirkliche* Bewegung, welche den jetzigen Zustand aufhebt. (MEW 3, 35)

Lenin kommentierte dazu wesentlich vorsichtiger:

Unsere Lehre, sagte Engels von sich und seinem berühmten Freund, ist kein Dogma, sondern eine Anleitung zum Handeln ... Wenn wir sie [diese Lehre] außer acht lassen, machen wir den Marxismus zu einer einseitigen, mißgestalteten, toten Lehre, nehmen wir ihm die lebendige Seele, untergraben wir seine fundamentale theoretische Grundlage – die Dialektik. (WW 17, 23)

Dennoch hatte Lenin einige Korrekturen am Engelsschen »Dialektischen Materialismus« vorgenommen. Vor allem machte er »Materie« von einem naturwissenschaftlichen zu einem philosophischen Begriff: »Materie« dient als philosophische Kategorie zur Bezeichnung der objektiven Realität, die dem Menschen in seinen Empfindungen gegeben ist ... unabhängig von ihnen existiert. (WW 14, 124)

Diese Immunisierungsstrategie sollte den Engelschen Materialismus vor der Widerlegung durch die moderne Mikrophysik schützen. In der Tat ist kaum eines der von Engels genannten Beispiele von der theoretischen Physik ohne weiteres zu akzeptieren. Doch Lenin gab dem Begriff »Materie« eine philosophische Bedeutung und nahm ihm damit seine physiko-chemische. Diese Abwendung vom noch recht physikalischen Materiebegriff von Engels erlaubte es ihm, eine beinahe »idealistische« Konzeption zu vertreten. Das Ergebnis seines Hegelstudiums läßt ihn den Weg der Erkenntnis von der Vorstellung zum Denken, vom Konkreten zum Abstrakten als Fortschritt erkennen – eine These, die für Engels kaum haltbar gewesen wäre:

Die Abstraktion der Materie, des Naturgesetzes ... des Wertes usw., mit einem Wort alle wissenschaftlichen Abstraktionen, spiegeln die Natur tiefer, richtiger, vollständiger wider. Von der lebendigen Anschauung zum abstrakten Denken und von diesem zur Praxis – das ist der dialektische Weg der Erkenntnis der Wahrheit. (WW 38, 160)

Schon bald begannen sich auch innerhalb des Sozialismus Widerstände gegen den dialektischen Materialismus zu formulieren. *E. Bernstein* (1850–1932; Begründer des *Revisionismus*) war der Ansicht, daß die ganze Dialektik für den Marxismus und Sozialismus unerheblich, ja sinnlos sei. Selbst *K. Kautsky* (1854–1938; Vorkämpfer der marxistischen Orthodoxie gegen den Revisionismus) kritisierte offen in vielen Punkten die Engelssche Dialektik und damit den dialektischen Materialismus[2]. Die Wendung Lenins ist durch den Druck des Revisionismus zustande gekommen.

Nach Lenins Tod zerbrach zunächst die ideologische Einheit der Moskauer Zentrale. Der von Marx und Engels bekämpfte *mechanische* Materialismus gewann eine Zeitlang die Oberhand. Er wurde von *A. Deborin* (1881–1963) heftig bekämpft[3]. 1931 verurteilte das ZK der KPdSU beide: den mechanistischen Materialismus als Rechtsabweichung, die Gruppe Deborins als philosophische Begründer der (trotzkistischen) Linksabweichung. Erst *Stalin* beruhigte die Gemüter. 1938 veröffentlichte er eine Schrift »Über dialektischen und historischen Materialismus«, die die Engelssche Lehre mit ihren Leninschen Modifikationen ohne neue Gedanken wiederholte und zur verbindlichen Parteidoktrin der Zentrale machte. Engels wird insofern unvollständig wiedergegeben, als das 3. Gesetz der Dialektik (Negation der Negation) fehlt. In der Stalinzeit kam ferner eine wichtige Unterscheidung auf: man unterschied zwischen antagonistischen und nicht-antagonistischen Widersprüchen. Während die ersteren revolutionär zu qualitativ neuen gesellschaftlichen Zuständen führten, sollten die letzteren auch in der sozialistischen Gesellschaft anzutreffen sein, ohne eine plötzliche Revolution auszulösen. In seinen Linguistikbriefen entwickelte Stalin (1950) die Lehre von den »allmählichen dialektischen Sprüngen«. Während der Stalinzeit wurde der dialektische Materialismus zu einer dogmatischen Fessel, der u. a. die Rezeption der speziellen und allgemeinen Relativitätstheorie Einsteins oder einer modernen Genetik verhinderte. Unter dem Druck der Naturwissenschaftler sah sich der dialektische Materialismus – vor allem in seiner Erkenntnistheorie – zunehmend mehr zu Revisionen und Modifikationen genötigt.

Ihr Ort innerhalb der Ideologie der Zentrale ist jedoch heute wieder unbestritten. *G. V. Platonov* und *M. N. Tutkevoč* stellten 1963 in den Voprosy filosofii die Frage nach dem Stellenwert des dialektischen Materialismus. Sie stellten fest, daß der dialektische Materialismus das Kernstück der marxistischen Philosophie sei. Mit ihm hingen unmittelbar die drei Hauptgebiete: historischer Materialismus, Dialektik der Natur und dialektische Logik zusammen[4].

Dennoch hat der dialektische Materialismus jede wissenschaftsfördernde Dynamik verloren (wenn er sie jemals besaß). Er dient heute vor allem der Festigung der Einheit der sozialistischen Parteien (abgesehen von der Jugoslawiens und Italiens) und der Absicherung des Ansehens und des Einflusses der Führungsgruppen vor allem des Moskauer Zentrums[5]. Damit hat er – im Marxschen Sinne gesprochen – Ideologiefunktionen übernommen. Dennoch ist er der unreflektierten Pseudophilosophie, die die Nachfolge des Liberalismus im westlichen Lager antrat, trotz aller seiner Mängel, überlegen.

B. Thesen

1. Die vom Menschen unabhängige Wirklichkeit »spiegelt« sich im Bewußtsein des Menschen »wider«.
2. Die Wirklichkeit insgesamt, einschließlich des menschlichen Bewußtseins, ist materiell.
3. Die Wirklichkeit insgesamt ist erkennbar.
4. Die Wirklichkeit kann nur in ihrem Gesamtzusammenhang erkannt werden.
5. Die Wirklichkeit ist als ständige Bewegung zu verstehen.
6. Diese Bewegung geschieht im Übergang von quantitativen zu qualitativen Veränderungen.
7. Diese bilden sich im Kampf der Gegensätze und ihrer Vereinigung.
8. Das Vergangene bleibt auf einer höheren Ebene im Neuen aufgehoben.

C. Einwände

1. Die »Widerspiegelungstheorie«, von Engels begründet (MEW 22, 296f.) und von Lenin dogmatisiert (WW 14, 103–105; 61f.; WW 19, 5 . . .), ist zweifellos, so wie sie vorgetragen wurde, falsch. Unsere Sinne spiegeln uns »Welt« nicht so wider, wie sie ist, sondern so, daß wir uns möglichst ungefährdet in ihr einrichten können. Die der Widerspiegelungstheorie zugrunde liegende Annahme, nach der wir die Welt in unserem Erkenntnisvermögen »wie in einem nicht täuschenden Spiegel« erkennen, als auch die Voraussetzung, daß wir alles erkennen, was »in Welt ist«, sind gleichermaßen unrichtig. Die moderne Physik geht davon aus, daß unser mit instrumentaler Messung begleiteter Erkenntnisprozeß das Erkenntnisobjekt modifiziert, ja bestimmte Eigenschaften erst begründet, während wir andere nicht unmittelbar (wie es eine strenge Spiegeltheorie fordern müßte) erkennen

können (so sind sog. »virtuelle Elementarteilchen« grundsätzlich nicht zu beobachten oder als solche im Meßprozeß zu realisieren).

2. Die Existenz von nicht-materiellen »Gegenständen« wird heute kaum mehr geleugnet. So bezeichnet »Leben«, »Seele«, »Information« ... etwas Nichtmaterielles. Damit ist jedoch nicht schon gesagt, daß es sich um etwas Geistiges handle, sondern nur, daß es Dinge gibt, die qualitativ (und damit wesentlich) von Materie verschieden sind. Diese nicht-materiellen Qualitäten können nicht auf Materie (im physikalischen Sinn) zurückgeführt werden – denn sie gehorchen grundsätzlich anderen Gesetzen, die in der Materie nicht präformiert sind. Zumindest kann eine solche potentielle Begabung der Materie nicht bewiesen werden, so daß es sich um eine reine Glaubensannahme, nicht aber um eine wissenschaftliche handelt (wie der dialektische Materialismus behauptet).

   Der einzige Ausweg aus diesem Dilemma ist von Lenin angedeutet worden. Er setzt »Materie« für »alles« definitorisch ein. Das kann man tun, wenn man damit Mißverständnissen nicht den Weg bahnt. Dieser philosophische Materiebegriff, bei dem »Materie« die Stelle des alten »Seiend« (oder des etwas moderneren »Gegenstand«) besetzt, ist jedoch äußerst mißverständlich, da die weitaus meisten Menschen mit »Materie« etwas bezeichnen, das von der Physik, der Chemie ... wissenschaftlich behandelt wird. Die Definition Lenins ist also wissenschaftstheoretisch sehr bedenklich. »Materialismus« ist jetzt ein gleichsinniges Wort zu »Ontologie« (Lehre vom Seienden) geworden und seine wissenschaftliche Methode ebenso problematisch wie die der mittelalterlichen Philosophie.

   Der dialektische Materialismus bringt kaum Neues über die Scholastik (mittelalterliche Philosophie) hinaus, nur daß er sich mit fremden Federn schmückt – nämlich denen der modernen Naturwissenschaften.

3. Daß die (materielle) Wirklichkeit einen solchen Gesamtzusammenhang bildet, wie der dialektische Materialismus behauptet, ist eine These mittelalterlicher Philosophie (Transzendentalienlehre), nicht aber leicht wissenschaftlich zu begründen. Die ma-

terielle Welt (im üblichen Verständnis der Worte) bildet zwar eine materielle Einheit, in der alle Elementarteilchen über materielle Brücken (den schon erwähnten virtuellen Teilchen) miteinander verbunden sind, doch die materielle Verbindung etwa von Materie und Bewußtsein ist keine ontologische, sondern eine nicht-materiell-dialektische. Ganz offensichtlich ist es falsch zu behaupten, daß die Wirklichkeit nur in ihrem materiellen Gesamtzusammenhang *erkannt* werden kann (selbst wenn sie einen solchen bilden würde). Elementarteilchen sind durchaus zu erkennen, ohne daß zugleich Bewußtsein *erkannt* würde oder Pflanzen oder Tiere. Ebenso kann man eine Kuh erkennen, ohne Elektronen zu erkennen (jedenfalls erkannte die Menschheit Kühe sehr viel früher als Elektronen). Zudem kann man Elektronen (wie alle Elementarteilchen) gar nicht als solche erkennen, sondern nur als Auslöser bestimmter Wirkungen.

4. Ob alles Wirkliche in ständiger Bewegung ist, kann man bezweifeln, vor allem, wenn man unter »Bewegung« mit dem dialektischen Materialismus »Veränderung« meint. So ist ein Lichtquant (= Photon) keineswegs in ständiger Veränderung – im Gegenteil, wenn es sich verändert, ist es nicht mehr als Photon da. Es kann sich im Vakuum nur mit Lichtgeschwindigkeit bewegen, bei einer anderen Geschwindigkeit ist es kein Photon mehr. Von einem Photon aus gesehen würde zudem alle Zeit stillstehen, so daß in der ganzen umgebenden Welt keinerlei Veränderung oder Bewegung vorhanden wäre. Nicht geleugnet sei jedoch, daß der Kosmos als ganzer, soweit er uns erkennbar ist, sich in einer Art von »Evolution« befindet.

5. Es sei bestritten, daß alle Qualitäten durch quantitative Veränderungen zustande kommen. So ist ein Ball etwa rot, rund, elastisch (das alles sind Qualitäten). Diese Eigenschaften sind aber kaum durch qualitative Sprünge aus einer Anhäufung quantitativer Veränderungen zustande gekommen. Ebenfalls ist Ausdehnung eine Qualität makrophysikalischer Gebilde. Wie eine solche Qualität durch quantitative Veränderungen zustande gekommen sein soll, ist schlechterdings uneinsichtlich. Dennoch geschieht im makrophysikalischen Bereich stets Veränderung der Ausdehnung, ohne daß es jemals zu einer qualitativen Veränderung ge-

kommen wäre. Es gibt also offenbar quantitative Veränderungen, die nicht auf neue andere Qualitäten angelegt sind.

6. Daß alle Veränderung aus dem »Kampf der Widersprüche« (besser: des Gegeneinander polarer Gegensätze) hervorgeht, ist ebenfalls falsch. Wenn ein Stein zu Boden fällt, sind keine polaren Gegensätze im Spiel (wie auch keine neue Qualität zustande kommt), sondern die Gravitationskraft. Wenn ein Photon »fliegt«, tut es das nicht aufgrund irgendwelcher Gegensätze, sondern aufgrund seines »Wesens« – es kann nichts anderes als (mit Lichtgeschwindigkeit) »fliegen« ...

7. Ebenso unrichtig ist die Behauptung, daß das Vergangene auf höherer Ebene aufgehoben bleibt. Zerfällt ein Elementarteilchen in zwei oder mehrere andere, bleibt es nicht aufgehoben, sondern es wird ganz und gar vernichtet. Bekommt ein Gummiball ein Loch, dann ist er zwar »vergangen«, doch bleibt er nicht »auf einer höheren Ebene« aufgehoben.

Diese Einwände mögen deutlich machen, wie fatal sich die Engelssche Ausweitung der Theorie von Dialektik auch auf physikalische (und chemische) Prozesse auswirkt. Es *können* zwar mitunter die in den Thesen fünf bis acht genannten »Gesetze« realisiert werden, aber sie müssen es nicht. So wird dann auch die Engelssche Methode des Beweisens aus Beispielen fraglich. Beispiele beweisen nie etwas (wenn man 100 Schwäne beobachtet und feststellt, daß sie alle weiß sind, folgt daraus nicht, daß alle Schwäne weiß sind), sondern erläutern allenfalls etwas oder widerlegen eine allgemeine Behauptung (so etwa kann die Behauptung, alle Schwäne seien weiß, widerlegt werden durch das Beibringen eines einzigen australischen Singschwans, der eben nicht weiß ist).

Der dialektische Materialismus ist also sowohl in seinem erkenntnistheoretischen als auch seinem ontologischen Aspekt falsch, irreführend und simplifizierend. Wenn der Altmarxismus (vor allem des Ostens) daran festhält, ist er ebenso falsch, irreführend und simplifizierend. Die »Wirklichkeit« ist so komplex, daß sie sich nicht unter einige wenige philosophische und erkenntnistheoretische Regeln bringen ließe. Der Marxismus (besser: Pseudomarxismus, denn Marx hat niemals solchen Unsinn behauptet) richtet sich mit seinen im dialektischen Materialismus enthaltenen »Dogmen«

selbst. Er ist unseriös und unwissenschaftlich. Das ist aber für eine Weltanschauung, die sich selbst für »wissenschaftlich« hält, tödlich.

Anmerkungen:

1 Materialismus, in MLWPh II, 685.
2 Die materialistische Geschichtsauffassung, Berlin 1927.
3 A. Deborin und N. Bucharin, Kontroversen über dialektischen Materialismus, Frankfurt 1969.
4 G. Wetter, Dialektischer Materialismus, in: MiSV/Philosophie I, 161.
5 I. Fetscher, Dialektischer Materialismus, in: Meyers Enzyklopädisches Lexikon VI, Mannheim 1972, 733.

IX. ENTFREMDUNG

A. DARSTELLUNG

Entfremdung ist ein Vorgang, der den harmonischen Prozeß der dialektischen Bezüge des Marxschen Vierecks stört und somit die einzelnen Bezüge und Bezugspunkte für sich nimmt und sie damit den anderen fremd macht (entfremdet).

Entfremdung ist somit eine Störung des harmonischen »Stoffwechsels des Menschen mit der Natur«. So ist ein Moment, etwa das Individuum, im gestörten Prozeß entfremdet, wenn sein Verhältnis zu den anderen, etwa Gesellschaft, Arbeit, Natur gestört ist. Gesellschaft, Arbeit und Natur werden entfremdet, sind ihm fremd.

Insofern man die Bezüge des Marxschen Vierecks dialektisch-ontologisch verstehen kann, liegt eine ontologische Entfremdung vor. Die Voraussetzung der Möglichkeit solcher (sekundären) ontologischen Entfremdung ist die primäre Entfremdung des Menschen, insoweit er in seinem Sein nicht sein Wesen, in seinem Ist nicht seinen humanen Entwurf realisiert. Entfremdung heißt, daß der Mensch sein Wesen nicht verwirklichen kann (MEGA 1, 3, 167), und sein Wesen ist abhängig von einem humanen Verhältnis zu Arbeit, Gesellschaft und Natur.

Eine Definition von Entfremdung zu geben ist nicht ganz einfach. Sie ist ein Prozeß *und* ein Zustand und somit nicht leicht auf eine Formel zu bringen. So begreifen die folgenden Definitionen nicht das Wesen der Entfremdung, sondern beschreiben sie nur. »Entfremdung« ist:

Bezeichnung für einen Prozeß, in dem eine Beziehung oder ein Verhältnis zu einer Sache, einer Situation, einem Menschen oder einer sozialen Gruppe zerstört wird oder verloren geht, und für das Ergebnis dieses Prozesses[2].

Gesellschaftliches Verhältnis, historisch-gesellschaftliche Gesamtsituation, in der die Beziehungen zwischen Menschen als Verhältnisse zwischen

Sachen, Dingen erscheinen und in der die durch die materielle und geistige Tätigkeit der Menschen hervorgebrachten Produkte, gesellschaftlichen Verhältnisse, Institutionen und Ideologien den Menschen als fremde, sie beherrschende Mächte gegenübertreten[3].

Karl Marx beschreibt die Entfremdung als eine Situation, in der die eigene Tat des Menschen ihm zu einer fremden, gegenüberstehenden Macht wird, die ihn unterjocht, statt daß er sie beherrscht. (MEW 3, 33)

Der Grund der Entfremdung wie ihre Folge ist also ein gestörtes Verhältnis der Menschen zur Gesellschaft (und das heißt unter gleichzeitiger Berücksichtigung von Natur und Arbeit: *Arbeitsteilung*), zur Arbeit und zur Natur.

1. Die entfremdete Arbeit

Die Entfremdung durch und in der Arbeit hat zwei Aspekte:

a) Ist das Verhältnis des Arbeiters zum Produkt gestört. Es wird zu einem ihm fremden, mächtigen Gegenstand.

b) Ist er dem Akt der Produktion entfremdet, insofern er, wenn die Arbeit zur Sache, zur Ware geworden (sie hat Warenform angenommen, besitzt einen Tauschwert), nicht mehr der Rahmen ist, in dem der Mensch sich als gesellschaftliches Wesen realisieren kann. Die dialektisch-humane Realisation hat sich versachlicht und damit enthumanisiert.

Der Arbeiter wird um so ärmer, je mehr Reichtum er produziert, je mehr seine Produktion an Macht und Umfang zunimmt. Der Arbeiter wird zu einer um so wohlfeileren Ware, je mehr Waren er schafft. Mit der *Verwertung* der Sachenwelt nimmt die *Entwertung* der Menschenwelt in direktem Verhältnis zu. Die Arbeit produziert nicht nur Waren; sie produziert sich selbst [als Ware] und den Arbeiter als eine *Ware*, und zwar in dem Verhältnis, in welchem sie überhaupt Waren produziert.

Dieses Faktum drückt weiter nichts aus als: Der Gegenstand, den die Arbeit produziert, ihr Produkt, tritt ihr als ein *fremdes Wesen*, als eine von dem Produzenten *unabhängige Macht* gegenüber. Das Produkt der Arbeit ist die Arbeit [als Ware], die sich in einem Gegenstande fixiert, sachlich gemacht hat, es ist die Vergegenständlichung der Arbeit. Die Verwirklichung der Arbeit ist ihre Vergegenständlichung. Diese Verwirklichung der Arbeit erscheint in dem nationalökonomischen Zustand als Entwirklichung des Arbeiters, die Vergegenständlichung als Verlust und Knechtschaft des Gegenstandes, die Aneignung als Entfremdung, als Entäußerung. (MEGA 1, 3, 82f.)

Dieses Verhältnis ist das Verhältnis des Arbeiters zu seiner eigenen Tätigkeit als einer fremden, ihm nicht angehörigen, die Tätigkeit als Leiden, die Kraft als Ohnmacht, die Zeugung als Entmannung ... (MEGA 1, 3, 86)

Der Ton wird gelegt nicht auf das Vergegenständlichtsein, sondern das Entfremdetsein ..., das Nicht-dem-Arbeiter-, sondern den personifizierten Produktionsbedingungen-, i. e. dem-Kapital-Zugehören der ungeheueren gegenständlichen Macht, die die gesellschaftliche Arbeit selbst als eins ihrer Momente gegenübergestellt hat. (Grundrisse, 716)

Die auf den Tauschwert basierte Produktion [etwa die kapitalistische], auf deren Oberfläche ... [der] freie und gleiche Austausch von Äquivalenten vorgeht – ist in der Basis Austausch von vergegenständlichter Arbeit als Tauschwert gegen die lebendige Arbeit als Gebrauchswert oder, wie das auch ausgedrückt werden kann, Verhalten der Arbeit zu ihren objektiven Bedingungen ... als fremdem Eigentum: Entäußerung der Arbeit. (Grundrisse, 414)

Der Arbeiter selbst produziert daher beständig den objektiven Reichtum als Kapital, ihm fremde, ihn beherrschende und ausbeutende Macht, und der Kapitalist produziert ebenso beständig die Arbeitskraft als subjektive, von ihren eignen Vergegenständlichungs- und Verwirklichungsmitteln getrennte, abstrakte ... Reichtumsquelle, kurz den Arbeiter als Lohnarbeiter. (MEW 23, 596)

Die verselbständigte und entfremdete Gestalt, welche die kapitalistische Produktionsweise überhaupt den Arbeitsbedingungen und dem Arbeitsprodukt gegenüber dem Arbeiter gibt, entwickelt sich ... mit der Maschinerie zum vollständigen Gegensatz. Daher mit ihr zum ersten Mal die brutale Revolte des Arbeiters gegen das Arbeitsmittel. (MEW 23, 455)

Diese wenigen Zitate zeigen u. a.

a) »Entfremdung« ist eine dialektisch-anthropologische Kategorie, die den Zustand eines ganzen Zeitalters (des vor-kommunistischen) beschreibt – und im Kapitalismus sowohl den Arbeiter wie den Kapitalisten betrifft.

b) Der Ausgang von der Arbeit ist nicht dadurch gerechtfertigt, daß entfremdete Arbeit der Grund oder gar die Ursache aller Entfremdung sei, sondern ein recht willkürlicher Ansatzpunkt – ebensogut hätte man von einem anderen Punkt des Marxschen Vierecks ausgehen können.

c) »Entfremdung« ist keine Kategorie, die die Situation des Menschen in der kapitalistischen Welt beschreibt, wie sie der junge

Marx sah, sondern ebenfalls eine zentrale Kategorie der ökonomischen Schriften, wenn sie auch seltener das Wort selbst verwenden. Es läßt sich kein Gegensatz zwischen dem jungen und dem reifen Marx konstruieren, eine scharfe Scheidung zumindest ist unangebracht[4].

2. Entfremdung und Gesellschaft

Für Marx ist die Entfremdung eng verbunden mit der gesellschaftlich bedingten Teilung der Arbeit.

Die Teilung der Arbeit ist der nationalökonomische Ausdruck von der Gesellschaftlichkeit der Arbeit innerhalb der Entfremdung. Oder, da die Arbeit nur ein Ausdruck der menschlichen Tätigkeit innerhalb der Entäußerung, der Lebensäußerung als Lebensentäußerung ist, so ist auch die Teilung der Arbeit nichts anderes als das entfremdete, entäußerte Setzen der menschlichen Tätigkeit als einer realen Gattungtätigkeit oder als Tätigkeit des Menschen als Gattungswesen. (MEGA 1, 3, 139)

Indem die entfremdete Arbeit dem Menschen
1) die Natur entfremdet,
2) sich selbst, seine eigne tätige Funktion, seine Lebenstätigkeit,
so entfremdet sie dem Menschen die Gattung; sie macht ihm das Gattungsleben zum *Mittel* des individuellen Lebens. Erstens entfremdet sie das Gattungsleben und das individuelle Leben, und zweitens macht sie das letztere in seiner Abstraktion zum *Zweck* des ersten, ebenfalls in seiner abstrakten und entfremdeten Form. (MEGA 1, 3, 87)

Die entfremdete Arbeit macht also . . . das Gattungswesen des Menschen, sowohl die Natur als sein geistiges Gattungsvermögen, zu einem ihm fremden Wesen, zum *Mittel* seiner *individuellen* Existenz. Sie entfremdet dem Menschen seinen eigenen Leib, wie die Natur außer ihm, wie sein geistiges Wesen, sein menschliches Wesen. – Also betrachtet, in dem Verhältnis der entfremdeten Arbeit, jeder Mensch den anderen nach dem Maßstab und dem Verhältnis, in welchem er selbst als Arbeiter sich befindet. (MEGA 1, 3, 89) Eine gewisse geistige und körperliche Verkrüppelung ist unzertrennlich selbst von der Teilung der Arbeit im ganzen und großen der Gesellschaft. (MEW 23, 384)

Es charakterisiert . . . die Tauschwert setzende Arbeit, daß die gesellschaftliche Beziehung der Personen sich gleichsam verkehrt darstellt, nämlich als gesellschaftliches Verhältnis der Sachen. (MEW 13, 21)

3. Entfremdung und Natur

Die Entfremdung von der Natur macht deutlich, daß Marx nicht nur die kapitalistische Produktionsweise als entfremdet ansieht, sondern in Anlehnung an Hegel *jede* Form der produktiven Arbeit. Von Hegel unterscheidet er sich jedoch darin, daß er nicht primär die geistige Arbeit als entfremdet sieht, sondern die Arbeit, die gesellschaftlich vermittelt mit und an Natur geschieht (das kann, muß aber nicht geistige Arbeit sein, ist sie nicht einmal erststellig).

Je mehr der Arbeiter sich ausarbeitet, um so mächtiger wird die fremde, gegenständliche Welt, die er sich gegenüber schafft, um so ärmer wird er selbst, seine innere Welt, um so weniger gehört [sie] ihm zu eigen. Es ist ebenso in der Religion. Je mehr der Mensch in Gott setzt, je weniger behält er in sich selbst ... Die Entäußerung des Arbeiters in seinem Produkt hat die Bedeutung, nicht nur, daß seine Arbeit zu einem Gegenstand, zu einer *äußeren* Existenz wird, sondern daß sie *außer ihm*, unabhängig, fremd von ihm existiert und eine selbständige Macht ihm gegenüber wird, daß das Leben, was er dem Gegenstand verliehen hat, ihm feindlich und fremd gegenübertritt. (MEGA 1, 3, 83 f.)

[Wir haben nun gesehen,] daß in bezug auf den Arbeiter, welcher sich durch die Arbeit die Natur *aneignet,* die Aneignung als Entfremdung erscheint, die Selbsttätigkeit als Tätigkeit für einen anderen und als Tätigkeit eines anderen, die Lebendigkeit als Aufopferung des Lebens, die Produktion des Gegenstandes als Verlust des Gegenstandes an eine fremde Macht, an einen *fremden* Menschen ... (MEGA 1, 3, 94)

4. Entfremdung und Individuum (Selbstentfremdung)

Die Selbstentfremdung ist Ursache aller Entfremdung (insofern sie als Unversöhntheit des Menschen mit sich, der Gesellschaft, der Natur ... dem Menschen, der noch nicht sein Wesen eingeholt hat, wesentlich ist), aber auch das Ziel jeder anderen Form der Entfremdung. Entfremdung geht vom Individuum aus in den Bereich der Arbeit, der Natur, der Gesellschaft und kehrt verstärkt und vermehrt zu ihm zurück. Daß der Mensch sich selbst fremd ist, ist die Voraussetzung dafür, daß er sich in der bestehenden Form der Produktion immer noch fremder wird.

Der sich selbst entfremdete Mensch ist auch seinem *Wesen,* d. h. dem natürlichen und menschlichen Wesen entfremdeter Denker. Seine Gedanken sind daher außer der Natur und dem Menschen hausende fixe Geister. (MEGA 1, 3, 169)

Worin besteht nun die Entäußerung der Arbeit? Erstens, daß die Arbeit dem Arbeiter äußerlich ist, d. h. nicht zu seinem Wesen gehört, daß er sich daher

- in seiner Arbeit nicht bejaht, sondern verneint,
- nicht wohl, sondern unglücklich fühlt,
- keine freie physische und geistige Energie entwickelt, sondern seine Physis abkasteit und seinen Geist ruiniert.

Der Arbeiter fühlt sich daher erst außer der Arbeit bei sich und in der Arbeit außer sich. Zu Hause [= bei sich] ist er, wenn er nicht arbeitet, und wenn er arbeitet, ist er nicht zu Hause [= nicht bei sich] ...

Es kommt daher zum Resultat, daß der Mensch (der Arbeiter) nur mehr in seinen tierischen Funktionen, Essen, Trinken und Zeugen, höchstens noch Wohnung, Schmuck ... sich als freitätig fühlt und in seinen menschlichen Funktionen [d. i. vor allem in seiner Arbeit] nur mehr als Tier. Das Tierische wird das Menschliche und das Menschliche das Tierische. (MEGA 1, 3, 85f.)

Jede Selbstentfremdung des Menschen von sich und der Natur erscheint in dem Verhältnis, welches er sich und der Natur zu anderen, von ihm unterschiedenen Menschen gibt. (MEGA 1, 3, 91)

5. Die Folge der Entfremdung ist das Privateigentum

Marx stellt sich die Frage, was die ökonomisch bedingte Weiterentwicklung der Entfremdung zustande bringt, fragt also nach ihren Folgen. Er sieht in der privaten, die gesellschaftliche Aneignung ausschließenden Eigentumsentstehung die Folge der Entfremdung. Das Habenwollen zerbricht das harmonische und ungestörte Verhältnis zu Gesellschaft, Natur und Arbeit und bringt damit den Menschen in die Situation der Selbstentfremdung.

Das Privateigentum ist ... das Produkt, das Resultat, die notwendige Konsequenz der entäußerten Arbeit, des äußerlichen Verhältnisses des Arbeiters zu der Natur und zu sich selbst. Das Privateigentum ergibt sich also durch Analyse aus dem Begriff der entfremdeten Arbeit, d. i. des entäußerten Menschen, der entfremdeten Arbeit, des entfremdeten Lebens, des entfremdeten Menschen. (MEGA 1, 3, 91)

Wie wir aus dem Begriff der entfremdeten entäußerten Arbeit den Begriff des Privateigentums durch Analyse gefunden haben, so können mit Hilfe dieser beiden Faktoren alle nationalökonomischen Kategorien entwickelt werden, und wir werden in jeder Kategorie, wie z. B. dem Schacher, der Konkurrenz, dem Kapital, dem Geld, nur einen bestimmten und entwickelten Ausdruck dieser ersten Grundlagen wiederfinden. (MEGA 1, 3, 93)

Die Aneignung [des Privateigentums] erscheint als Entfremdung, als Entäußerung, und die Entäußerung als Aneignung, die Entfremdung als die wahre Einbürgerung . . . Das Privateigentum, als der materielle, resümierte Ausdruck der entäußerten Arbeit, umfaßt beide Verhältnisse, das Verhältnis des Arbeiters zur Arbeit und zum Produkt seiner Arbeit und zum Nichtarbeiter und das Verhältnis des Nichtarbeiters zum Arbeiter und dem Produkt seiner Arbeit. (MEGA 1, 3, 93 f.)

Wie ursprünglich das Geld oder aufgehäufte Arbeit als Voraussetzung *vor* dem Austausch mit freier Arbeit erschien (die scheinbare Selbständigkeit des objektiven Moments des Kapitals gegen die Arbeit aber aufgehoben wurde, und die objektivierte Arbeit, die sich im Wert verselbständigt, nach allen Seiten als Produkt fremder Arbeit, das entfremdete Produkt der Arbeit selbst erschien), so jetzt erscheint das Kapitel erst seiner Zirkulation vorausgesetzt . . . so daß es selbständig und gleichgültig, auch ohne diesen Prozeß [der Zirkulation] existierte. (Grundrisse, 532)

6. Die Selbstentfremdung in der Religion

Für den religiösen Menschen spielt die Religion eine ähnliche Rolle wie für den ökonomischen Menschen das Privateigentum: sie ist (Grund und) Folge der Entfremdung.

Es zeigt sich bei der Analyse dieses Begriffs [Privateigentum], daß, wenn das Privateigentum als Grund, als Ursache der entäußerten Arbeit erscheint, es vielmehr eine Konsequenz derselben ist, wie auch die Götter ursprünglich nicht die Ursache, sondern die Wirkung der menschlichen Verstandesverwirrung sind. Später schlägt dieses Verhältnis in Wechselwirkung um. (MEGA 1, 3, 91 f.)

Das Christentum ist der sublime Gedanke des Judentums, das Judentum ist die gemeine Nutzanwendung des Christentums, aber diese Nutzanwendung konnte erst zu einer allgemeinen werden, nachdem das Christentum als die fertige Religion die Selbstentfremdung des Menschen von sich und der Natur *theoretisch* vollendet hatte. (MEW 1, 376)

Das Fundament der irreligiösen Kritik ist: Der Mensch macht die Religion, die Religion macht nicht den Menschen. Und zwar ist die Religion das Selbstbewußtsein und das Selbstgefühl des Menschen, der sich selbst entweder noch nicht erworben oder schon wieder verloren hat. (MEW 1, 378)

7. Aufhebung der Entfremdung im Kommunismus

Der Kommunismus bedeutete das Ende der (überkommenen) Religion und des Privateigentums. Er hebt somit die Ursachen (und die Folgen) der Entfremdung auf und mit ihnen die Entfremdung selbst (vgl. »Kommunismus«).

Da also mit ihm [dem Gedanken] die wirkliche Entfremdung des menschlichen Lebens bleibt und eine um so größere Entfremdung bleibt, je mehr man ein Bewußtsein über sie als eine solche hat ... so ist also nur durch den ins Werk gesetzten Kommunismus [die Aufhebung der Entfremdung] zu vollbringen. (MEGA 1, 3, 134)

Der Kommunismus als positive Aufhebung des Privateigentums als menschlicher Selbstentfremdung und darum als wirkliche Aneignung des menschlichen Wesens durch und für den Menschen; darum als vollständige, bewußt und innerhalb des ganzen Reichtums der bisherigen Entwicklung gewordene Rückkehr des Menschen für sich als eines gesellschaftlichen, d. h. menschlichen Menschen. Dieser Kommunismus ist als vollendeter Naturalismus = Humanismus, als vollendeter Humanismus = Naturalismus, er ist die wahrhafte Auflösung des Widerstreits zwischen dem Menschen mit der Natur und mit dem Menschen, die wahre Auflösung des Streits zwischen Existenz und Wesen, zwischen Vergegenständlichung und Selbstbestätigung, zwischen Freiheit und Notwendigkeit, zwischen Individuum und Gattung. Er ist das aufgelöste Rätsel der Geschichte und weiß sich als diese Lösung. (MEGA 1, 3, 114)

B. THESEN

1. Entfremdet ist eine menschliche Sache dann, wenn sie von ihren humanen dialektischen Bezügen abstrahiert wird, einen Eigenwert und eine Eigenständigkeit erhält und sich in der Tendenz, den Eigenstand zu wahren, gegen den Menschen richtet.
2. In der entfremdeten Arbeit ist das Verhältnis des Menschen zum Prozeß der Arbeit wie zum Produkt seiner Arbeit gestört. Die Arbeit (und ihr Produkt) erhält Warenform (und damit einen abstrakten, vom Menschen abgezogenen Wert – Tauschwert) und wird somit versachlicht.

3. Die Versachlichung der menschlichen Arbeit ist die Voraussetzung dafür, daß man an ihr Eigentum erwerben kann. Dieses Eigentum an fremder Arbeit nennt Marx *Kapital* (MEGA 1, 3, 52).

4. Je mehr das zwischenmenschliche Verhältnis durch (abstrakte) Sachwerte reguliert und bestimmt wird, um so mehr wird die Menschenwelt entwertet.

5. Das Produkt der Arbeit tritt dem Menschen, wenn es Warenform angenommen hat, als Sache entgegen. Es kann so zu einer vom Menschen unabhängigen Macht werden, die das Verhalten des Menschen bestimmt und reguliert. Ohnmächtig steht der Mensch der von ihm geschaffenen Sachenwelt gegenüber, die zunehmend beginnt, Herrschaft über ihn auszuüben.

6. Auch der Kapitaleigner (der »durch sein Kapital arbeitet«) ist seiner Arbeit entfremdet, insofern er eine vom konkreten Menschen abgezogene Ware schafft: den Lohnarbeiter.

7. Innerhalb der Entfremdung ist die Arbeit sachorientiert (und nicht gesellschaftlich) geteilt, d. h. die Teilung der Arbeit kommt zustande, indem der Arbeiter in Ausbildung und Vollzug seiner Arbeit seine Arbeitskraft nach Marktgesetzen orientiert (und nicht die individuelle Entfaltung als obersten Wert der Arbeitswahl und des Arbeitsvollzugs setzen kann).

8. Entfremdete Arbeitsteilung besorgt nicht den Sozialisierungscharakter der Arbeit (als produktive Interaktion von Menschen verstanden). Sie ist klassenbildend, spaltet die Gesellschaft und ruiniert damit den humanen Charakter der Arbeit.

9. Die entfremdete Arbeit verkehrt die wahren Beziehungen, indem sie das Gattungsleben (das sozialisierte, vergesellschaftete Leben) zum Mittel und nicht zum Zweck der menschlichen Interaktion macht.

10. Die Beziehung zwischen Personen stellt sich endlich vor als eine Beziehung zwischen Sachen. Da der Mensch nur in einer humanen (nicht versachlichten) Relation zur Gesellschaft Mensch sein kann, bedeutet die Versachlichung seiner sozialen Bezüge ein Verkrüppeln seines Menschseins – endlich wird er selbst für sich in der Arbeit zur Sache.

11. Je mehr der Mensch nach außen orientiert arbeitet, je mehr er

von ihm abgelöste Sachen schafft, um so ärmer wird seine innere Welt. Der aufklärerische Versuch, die »Kultur« als Versöhnungsinstanz zwischen Natur und Mensch zu stellen, ist gescheitert, wo die »Kultur« zur gegenständlichen Sache geworden ist, ein Geschöpf mit Selbstwert.

12. Die entfremdete Arbeit schafft eine Situation, in der der Mensch nicht bei sich, sondern bei der Sache ist. Diese Sachbezüge verhindern, daß er sich bei seiner Arbeit selbst realisiert und sich somit in und mit ihr wohl fühlt. Er arbeitet nicht, um sich selbst zu realisieren in und durch die Arbeit, sondern er arbeitet, um sich außerhalb der Arbeit Freiheitsräume zu schaffen, in denen er bei sich sein kann und sich selbst zu realisieren vermag. Das ist insofern unmenschlich, als die Arbeit als produktive Interaktion zwischen und von Menschen zuallererst das Menschsein (als gesellschaftliches und natürliches) begründet (alle anderen Formen sind sekundär – oft gar nicht einmal typisch menschlich, sondern tierisch).

13. In und mit der entfremdeten Arbeit verliert der Mensch seine Kreativität, weil er nur Sachen produziert, weil nur ein Teil seiner Vermögen (dazu zählen vor allem auch die gesellschaftlichen) realisiert werden.

14. Das Privateigentum ist die Folge der entfremdeten Situation des Menschen:

● weil der Mensch sich selbst nicht hat, versucht er sich in der Sache zu finden,

● weil er sich in der gesellschaftlichen Welt nicht geborgen weiß, sucht er im Privateigentum ein Schutzäquivalent, das ihm die Gesellschaft nicht geben kann,

● weil er die Natur nicht mehr versteht, sondern sie ihm zunehmend unheimlich wird, da er ihr als einzelner und nicht als Gesellschaftswesen begegnet, versucht er sie sich für sich selbst anzueignen.

15. Die Entfremdung kann nur beseitigt werden, wenn man ihre Folgen beseitigt. Wird privater Besitz (vor allem auch an fremder Arbeit) unmöglich, hat das diese Folgen:

● Niemand ist mehr daran interessiert die Arbeit(skraft) als

Ware zu behandeln (damit ist die Voraussetzung geschaffen, sie in ihre ursprüngliche Funktion und Würde wieder einzusetzen).

● Das Verhältnis des Menschen zu seiner Arbeit, zu Gesellschaft, zu Natur und damit schließlich auch zu sich selbst ist nicht mehr warenorientiert, ist nicht mehr versachlicht, sondern ist eine humane Kategorie.

● Der Mensch kann sich sein Wesen aneignen (seinen Entwurf realisieren), es gibt keine sozialen Spannungen mehr, weil keine antagonistischen Klassen, keinen »Kampf« also mehr zwischen Mensch und Mensch, zwischen Mensch und Gesellschaft, zwischen Mensch und Natur. Der Mensch ist mit sich selbst identisch geworden, mit sich selbst versöhnt. Diese Folge ist jedoch von Marx nicht unbedingt als geschichtliches Ereignis verstanden worden, sondern als geschichtlicher Prozeß, den der Mensch niemals zu Ende bringt. Die Beseitigung der ökonomischen Entfremdung ist jedoch zwingende Voraussetzung für das Ingangkommen des historischen Prozesses. Diesen Prozeß nennt Marx Kommunismus.

16. Es gibt Entfremdungstypen, die nicht durch den Marxschen Mechanismus besorgt werden. Hierher gehören u. a.[5]

a) Die Machtlosigkeit als Entfremdung
Individuen oder Gruppen sind nicht in der Lage, ihre Vorstellungen in der sozialen Welt durchzusetzen. Hierher gehört die Ohnmacht der Proletarier vor der Aneignung der Produktionsmittel durch das Kapital (Marx) ebenso wie die Ohnmacht der Menschen (als Individuen oder Gruppen) vor der Macht der Bürokratie, die die »sachlichen Betriebsmittel« in die Hände der Mächtigen in Wirtschaft, Verwaltung, Heer ... legt *(M. Weber)*. Diese Form der Entfremdung ist von zahlreichen Autoren abgehandelt worden: In der konkreten Massengesellschaft (sei sie marktwirtschaftlich oder in Form der zentralen Planwirtschaft organisiert) wird es dem Individuum und frei gebildeten Gruppen zunehmend schwerer gemacht, politische oder ökonomische Entwicklungen zu kontrollieren.

b) Die Sinnlosigkeit als Entfremdung

Dem Individuum wird es zunehmend erschwert herauszufinden, woran es glauben kann oder soll, oder welche Konsequenzen aus einer bestimmten Handlungsweise folgen. Es wird ihm damit unmöglich gemacht, rational zu planen, Entschlüsse sinnvoll auf Zukunft auszurichten. Diese Situation wurde von *E. Fromm* und *K. Mannheim* beschrieben. *Mannheim* nahm eine Schwächung der substantiellen Rationalität an, d. i. die Fähigkeit, »in einer gegebenen Situation, auf Grund eigener Einsicht in die Zusammenhänge vernünftig zu handeln«, da die »Welt« in funktionaler-technischer Rationalität nicht zu durchschauende Zwänge ausübt.

c) Die Normenlosigkeit als Entfremdung

In dieser Welt fehlen dem Individuum oft als verbindlich angesehene Regeln des sozialen Verhaltens. *E. Durkheim* und *R. K. Merton* beschrieben diesen Zustand als Anomie. »Normenlosigkeit« bezeichnet eine Situation, in der das Individuum nicht mehr zureichend sicher durch gesellschaftliche Regeln kontrolliert ist, in der sich das Sozialgefüge auflöst, so daß das Individuum nicht mehr von ihm getragen wird. In dieser Situation können zunehmend mehr Individuen ihre individuellen Ziele nur erreichen, wenn sie gegen die Regeln der Gesellschaft verstoßen. Hierher gehört auch die Untersuchung *S. Freuds* über die Schwächung des Über-Ich.

d) Die Isolierung als Entfremdung

»Isolierung« beschreibt eine Situation, in der einzelne Individuen oder Gruppen (Subkulturen …) sich von den zentralen Normen und Wertvorstellungen der Gesellschaft lösen und sie nicht mehr anerkennen. Es ist heute zureichend gesichert, daß revolutionäre Bewegungen oft aus der Isolierung einer Gruppe hervorgehen, die sich in der Isolierung neue Normen schafft und revolutionär durchsetzt.

e) Die Selbstentfremdung

E. Fromm beschrieb den Zustand der Selbstentfremdung in lockerer Anlehnung an Marx als einen Zustand, in dem die Person sich als einen Fremden empfindet. *C. W. Mills* und *D. Ries-*

mann benutzten diesen Begriff, um zu zeigen, daß der moderne Massenmensch

● sich an anderen Menschen orientiert (Ich-Schwäche),
● andere zu manipulieren versucht und deshalb auch
● sich selbst manipuliert (Manipulation ist Verhaltensbeeinflussung zu fremden Nutzen).

Im Zusammenspiel von Manipulieren und Manipuliertwerden verkümmert das Gefühl für Autonomie, das Individuum veräußert und veräußerlicht sich (ähnlich auch Marx).

f) Das Wissen und Bewußtsein, in und durch die Arbeit entfremdet zu werden, ist dem Menschen des 20. Jahrhunderts weitgehend abhanden gekommen. Das spricht aber nicht gegen die Tatsache der Entfremdung. Im fehlenden Wissen und Bewußtsein, entfremdet zu sein, stirbt der revolutionäre Elan (man weiß gar nicht mehr, warum eigentlich die bestehende ökonomische Ordnung »schlecht« ist). Die Ursache dieser »totalen Entfremdung« *(H. Marcuse)* ist die Bindung des Individuums an Sachen (Leistung und Konsum), in dem es seine Scheinerfüllung findet. Insofern es sich an Sachen orientiert und mit Sachen zufrieden ist, wird die von Marx behauptete Entfremdungssituation, in der das Individuum nicht mehr human, sondern sachvermittelt seine Beziehungen zu Natur, Gesellschaft, Arbeit ... aufbaut, bis ins Extrem verstärkt. Das Individuum wird sich selbst zur Sache – und leidet nicht mehr darunter. Wenn heute von Konsumterror und Leistungsterror gesprochen wird, ist damit weniger gemeint, daß man in der Gesellschaft aufgrund äußerer Zwänge zu Leistung und Konsum angehalten wird, sondern aufgrund innerer Zwänge. Das Individuum findet sich in der vergegenständlichten Leistung und im sachlichen Konsum, weil es sich sonst nirgendwo finden kann. Wie der Marxschen Entfremdung kann man auch dieser Theorie von der »totalen Entfremdung« nicht einen erheblichen Wahrheitsgehalt absprechen. Nur eine Ideologie, nach der die Zufriedenheit höchstens ökonomisches Ziel ist, wird sich mit totaler Entfremdung abfinden können. Viele Denominationen der »Neuen Linken« haben sich zum primären Ziel gesetzt, die Ent-

fremdung in der Situation der totalen Entfremdung wieder be-
wußtzumachen (Wecken des Bewußtseins für Konsum- und
Leistungsterror, der Selbstentfremdung in einer Welt, in der Sa-
chenwerte die höchsten sind . . .).

g) Die Entfremdungen in einer »sozialistischen Gesellschaft«
(zentrale Planwirtschaft) sind andere als in der »kapitalistischen«, doch keineswegs geringer. Vor allem die Selbstentfremdung ist keineswegs aufgehoben, sondern verstärkt worden[6].

C. EINWÄNDE

Man wird viele Aspekte der Marxschen Entfremdungslehre akzeptieren können. Das bedeutet jedoch nicht, daß sie auch in Einzelheiten richtig ist. Die folgenden Bedenken werden geäußert, weil der
Verfasser der Ansicht ist, daß die Entfremdungslehre Marxens vieles einseitig und schief sieht, nicht aber, daß sie radikal falsch ist.

1. Marx beschreibt in der Entfremdungslehre den Zustand des Fa-
   brikarbeiters seiner Zeit weitgehend zutreffend. Der psychologische, wenn auch nicht der philosophische Vordergrund der Entfremdungslehre ist die Ökonomie und die Gesellschaft der Mitte
   des 19. Jahrhunderts.
2. Marx ist der Auffassung, daß der Mensch durch eigenes Tun (die
   den Prozeß des Kommunismus in Gang setzende soziale Revolution) sich von allen Entfremdungen (und nicht nur den ökonomischen) wird befreien können. Das ist eine prophetische Behauptung, die jedes Beweises entbehrt und nur als aufklärerischer Optimismus des 19. Jahrhunderts verständlich ist. Wir wissen heute
   zuverlässig, daß der Mensch – unabhängig von der sozialen Verfaßtheit und unabhängig von den ökonomischen Bedingungen –
   auch den Trieb besitzt, sich selbst nicht zu verwirklichen (Destrudo). Die Selbsterlösung des Menschen ist dem Menschen,
   wie er ist, nicht möglich. So wie er ist, ist er, unabhängig von jeder

gesellschaftlichen Verfaßtheit, mit sich, Natur, Gesellschaft, Geschichte . . . unversöhnt.

3. Die Arbeit wird von Marx überbewertet in ihrer Rolle für die Selbstrealisation des Menschen (Menschwerdung des Menschen durch den Menschen). Man kann mit wenigstens ebensolchem Recht den Menschen bestimmen als ein Wesen, das in der Lage ist, in der Dialektik mit Natur und Gesellschaft Handlungen zu tätigen, die keinen handlungsfremden Zweck haben (»Spielen«). Das Spiel ist ebenso eine Tätigkeit des Menschen, durch die er sein Menschsein in allen seinen Dimensionen realisieren kann, wie die Arbeit.

4. Der Mensch ist zwar der höchste Zweck für den Menschen, nicht aber sein höchstes Ziel (dieses ist welttranszendent – es wird von den Religionen »Gott« genannt). Marx macht den Menschen zum höchsten Ziel des Menschen und verkennt, daß dieser Zielverweis immer wieder nur auf ein unversöhntes Wesen deutet, das die Unversöhntheit niemals aufheben kann.

5. Marx interpretiert in seinem Kulturpessimismus die Lage des Menschen in seiner Welt falsch. Zwar ist auch der Kulturoptimismus des 19. Jahrhunderts falsch, insofern er glaubte, daß die Kultur den Menschen mit der Natur versöhnen könnte. Ebenso falsch ist es aber auch, anzunehmen, daß die produktive Arbeit, das Schaffen von Kultur, den Menschen wesentlich innerlich verarmen *müsse*. Es ist nicht die vom Menschen geschaffene Kulturwelt, die den Menschen verarmen läßt in seinen humanen Dimensionen, sondern die falsch orientierte Arbeit. Durch die Entfremdung muß jedoch die Arbeit nicht schon so total fehlorientiert sein, daß sie nicht auch in Einzelleistungen die Versöhnung von Natur und Mensch näherbringen könnte.

Anmerkungen:

1 Eine ausführlichere Darstellung der Entfremdungsproblematik einschließlich historischer Überlegungen habe ich in dem Buch »Vor uns
die Hoffnung« gegeben (vgl. R. Lay, Vor uns die Hoffnung, Olten
1974, 150–207).

2 P. Gross und O. Rammstedt, Entfremdung, in: Lexikon zur Soziologie,
Opladen 1973, 165.

3 Entfremdung, in: MLWdPh I, 289.

4 Ebd., 292 f.

5 Vgl. M. Seeman, On the Meaning of Alienation, in: American Sociolo-
gical Review 26 (1961), 784–787.

6 Zur Entfremdung in den »sozialistischen Ländern« vgl. R. Lay, Vor uns
die Hoffnung, Olten 1974, 190–197.

X. KOMMUNISMUS

A. Darstellung

Historisches

Der Kommunismus hat im Reich des utopischen Träumens schon früh (Platon) seinen Ort gefunden[1]. Marx und Engels wußten sich in einer langen Tradition, stellten sich aber zugleich gegen sie.

Der moderne Sozialismus ist seinem Inhalte nach zunächst das Erzeugnis der Anschauung, einerseits der in der modernen Gesellschaft herrschenden Klassengegensätze von Besitzenden und Besitzlosen, Lohnarbeitern und Bourgeois, andererseits der in der Produktion herrschenden Anarchie. Aber seiner theoretischen Form nach erscheint er anfänglich als eine weitergetriebene, angeblich konsequentere Fortführung der von den großen französischen Aufklärern des 18. Jahrhunderts aufgestellten Grundsätze. Wie jede neue Theorie, mußte er zunächst anknüpfen an das vorgefundene Gedankenmaterial, sosehr auch seine Wurzel in den ökonomischen Tatsachen lag. (MEW 20, 16; E)

Wir müssen uns also, um den Kommunismus von Marx und Engels zu verstehen, ein wenig in der Geschichte des Kommunismus umsehen.

1. Der utopische Kommunismus[2]

Marx und Engels kennen folgende Formen des utopischen Kommunismus:

a) Utopische Schilderungen idealer Gesellschaftszustände im 16. und 17. Jahrhundert

Thomas Morus (1478–1535) stellt vor dem Hintergrund der sozialen und politischen Gegensätze in England, die zum Aufstieg des Bürgertums führten, in seinem Buch »Vom besten Zustand des Staates oder von der neuen Insel Utopia« (1516) ein Sozialgebilde vor,

● in dem alle zur Arbeit verpflichtet sind,
● in dem es keine Armut, keinen Luxus und kein Privateigentum gibt,
● in dem jeder die Möglichkeit hat, die Annehmlichkeiten des Lebens zu genießen und seine geistigen Bedürfnisse zu befriedigen,

- in dem jede Religion toleriert wird, die den Utopiern nicht schadet,
- in dem die Arbeit, die Erziehung und die Güterverteilung vom Staat organisiert werden,

Thomas Campanella (1568–1639) entwickelte vor dem Hintergrund des Kampfes der plebeischen Schichten in Kalabrien um ein menschenwürdiges Dasein (1623) in seinem Buch »Der Sonnenstaat« ein utopisches Sozialgebilde, in dem

- alles Gemeinbesitz ist (auch die Frauen),
- die Verteilung der Güter in den Händen der Behörden liegt,
- die Selbstsucht durch die Liebe zur Gesellschaft überwunden ist.

Manche Ideen Campanellas wurden in den »Jesuitenreduktionen« (staatsfreien Sozialgebilden) im Südamerika des 17. Jahrhunderts erfolgreich realisiert.

Denis de Vairasse stellt in seinem Werk »Geschichte der Sevaramben« (1679) unter dem Eindruck der Verelendung der Landbevölkerung in Frankreich, der Stagnation der industriellen Entwicklung, der Auswirkung der Kriegspolitik Ludwigs XIV. . . . eine Gesellschaftsutopie vor, in der er

- den Kommunismus als eine den Eigenschaften des Menschen entsprechende natürliche Ordnung vorstellt,
- die Arbeit in Produktionsgenossenschaften von etwa 1000 Personen (Ostmasien nannte er diese Kommunen) organisiert wird,
- die Ländereien und andere Quellen des Reichtums dem Staat gehören.

Nur wenig aber wissen die utopischen Kommunisten darüber zu sagen, wie ihre Gemeinwesen zustande kamen.

b) Kommunistische Theorie im Frankreich des 18. Jahrhunderts

Sie entstand, als im Bürgertum Spannungen auftraten, die die Ablösung der Monarchie und der feudalen Ökonomie vorbereiteten.

Von besonderer Bedeutung war das »Testament« des Landgeistlichen *Jean Meslier* (1664–1729), das obschon von vielen Autoren behandelt (Voltaire, Maréchal, Holbach) erst 1864 im vollen Wortlaut veröffentlicht wurde. Meslier vertrat folgende Thesen:

- alle Menschen sind von Natur aus gleich,
- die bestehende Ordnung ist moralisch verwerflich und muß durch eine kommunistische abgelöst werden,
- eine Religion, die den Unterschied zwischen arm und reich stabilisiert, muß überwunden werden.

Morrely gab 1755 einen »Code de la nature« heraus, in dem er behauptet:

- die kommunistische Ordnung ist die ursprüngliche und der menschlichen Natur am besten angepaßt,
- in der Gesellschaftsordnung der Gegensätze erhält der Mensch das zureichende Wissen, um die Vorzüge der ursprünglichen kommunistischen Ordnung zu erkennen,
- die Wiederbegründung dieser Ordnung ist eine Forderung der Vernunft.

Bei ihm finden sich zum ersten Mal historische Entwicklung und Kommunismus miteinander verbunden.

Der katholische Mönch *Léger-Marie Deschamps* (1716–1774) entwickelte in seinem Buch »La Vérité ou le vrai Système« (1770), das erst 1865 veröffentlicht wurde, eine Folge von Thesen, denen wir – modifiziert – bei Marx und Engels wiederbegegnen:

- der Mensch hat das natürliche Bedürfnis, sich mit anderen zu vereinigen,
- vom Zustand der Wildheit gelangt der Mensch in den der Ungleichheit und von diesem in den, da alle eine nützliche Arbeit verrichten und in dem es kein Privateigentum gibt.
- der durch Gewalt geschaffene zweite Zustand wird von der Religion legitimiert,
- die kommunistische Idee ergreift auch Menschen, die man fürs erste kaum für Sympathisanten des Systems halten würde.

Am Vorabend der Revolution von 1789 erschien *Boissels* »Catéchisme du genre humain«. Hier zeichnen sich die ersten Versuche ab, den Kommunismus aus der Theorie in die Praxis zu übersetzen. Er macht praktische Vorschläge, wie man aus der bestehenden in die kommunistische Ordnung gelangen könne.

c) Das erste Auftreten einer agierenden kommunistischen Partei
Mit *François Noel Babeuf* (genannt Gracchus) (1760–1797) probte die kommunistische Theorie zum erstenmal den Ernstfall. In seiner Zeitung »Le Tribun du Peuple« entwickelte er seine Theorie der »Republik der Reichen«, in der alles Privateigentum abgeschafft werden sollte. 1796 versuchte er in der »Verschwörung der Gleichen« einen Umsturzversuch gegen die Revolutionsregierung. Der Staatsstreich schlug fehl. Im folgenden Jahr wurde er mit einigen seiner Mitverschwörer hingerichtet. Babeuf machte als erster den Klassenantagonismus zur Grundlage seiner revolutionären Theorie und Praxis. Zudem verband er utopischen Kommunismus mit dem

französischen Materialismus (vgl. MEW 2, 138 und 140). Marx kritisierte:

Die »Verschwörung des Babeuf« . . . zeigt, wie diese Republikaner aus der geschichtlichen »Bewegung« die Einsicht schöpften, daß mit der Beseitigung der sozialen Frage von Fürstentum und Republik auch noch keine einzige »soziale Frage« im Sinne des Proletariats gelöst sei. (MEW 4, 341)

Ab jetzt findet der utopische Kommunismus das Interesse Engels':

Wer sich einigermaßen eingehend mit dem modernen Sozialismus beschäftigt, der muß auch die »überwundenen Standpunkte« der Bewegung kennenlernen. (MEW 21, 328)

d) Der kritisch-utopische Sozialismus

Die Lehren aus dem Fehlschlagen der Revolution Babeufs zu ziehen, unternahmen die Vertreter des französischen und deutschen kritisch-utopischen Sozialismus.

François-Marie-Charles Fourier (1772–1837) entwickelte einen utopischen Entwurf, in dem es ihm darum ging, soziale Gegensätze, Anarchie und Konkurrenzkampf zu überwinden. Seine Ansichten lassen sich etwa so zusammenfassen:

● Die Menschheit durchlief vier Perioden, von denen die jeweils folgende von der vorhergehenden bestimmt war.
● Die erste ist die der Wildheit, die gekennzeichnet ist durch einen spontanen Urkommunismus (hierher wohl die Engelssche Urgesellschaft).
● Die zweite ist die des Patriarchats, die gekennzeichnet ist durch kleine Industrie und unmittelbare Tauschwirtschaft.
● Die dritte ist die der Barbarei, die gekennzeichnet ist durch mittlere Industrie und Handel.
● Die vierte ist die der Zivilisation, die gekennzeichnet ist durch die große Industrie und die bestehende bürgerliche Ordnung.
● Die vierte Periode muß durch eine fünfte abgelöst werden, in der
 – die Reichen nicht mehr auf Kosten der Armen leben,
 – der Konkurrenzkampf durch eine genossenschaftliche Form der Gütererzeugung und Güterverteilung abgelöst wird. Die Wirtschaftsgemeinschaften (Familistères) umfassen etwa 300 Familien, die sich zu Genossenschaftsgebieten (Phalanstères) zusammenschließen. Diese sind autonom und miteinander locker assoziiert. Sie sind keine politischen Gemeinschaften.

Engels, in vielem von der Theorie Fouriers angetan, lobt dessen Thesen:

- Da jedes Individuum eine Neigung . . . für eine ganz bestimmte Art von Arbeit habe, müsse die Summe der Neigungen aller Individuen im großen ganzen eine ausreichende Kraft darstellen, um die Bedürfnisse aller zu befriedigen.
- Er beweist ferner, daß Arbeit und Vergnügen identisch sind, und zeigt die Vernunftwidrigkeit der gegenwärtigen Gesellschaftsordnung, die beide voneinander trennt.
- Es ist außerdem Fouriers Verdienst, die Vorteile, oder besser gesagt die Notwendigkeit des Zusammenschlusses gezeigt zu haben.

Kritisch bemerkt er:

Es gibt jedoch im Fourierismus eine sehr schwerwiegende Inkonsequenz, und zwar die Beibehaltung des Privateigentums. In seinen Phalanstères oder genossenschaftlichen Gemeinden gibt es Reiche und Arme, Kapitalisten und Arbeiter. Das Eigentum aller Mitglieder wird in einen gemeinsamen Fundus eingebracht, das Unternehmen betreibt Handel . . . und der Ertrag wird unter die Mitglieder verteilt: ein Teil als Arbeitslohn, ein zweiter Teil für Fachkenntnis und Begabung, ein dritter als Verzinsung des Kapitals. (MEW 1, 483 f.)

Claude-Henri de Rouvroy, Comte de *Saint-Simon* (1760–1825), entwickelte eine Revolutionstheorie, nach der die Grundlage aller Revolutionen

- die Emanzipation der Produzenten über die materiellen Güter,
- die Überwindung der der Gewalt entspringenden ökonomischen und politischen Vormachtstellung der herrschenden Schichten,
- die Beseitigung der Ausbeutung, des Konkurrenzkampfes und des Krieges

sei. Nachdrücklich betont er, daß die von ihm erstrebte soziale Ordnung erst erreicht sei, wenn die bestehende Eigentumsordnung beseitigt werde, durch die »die Ausbeutung des Menschen durch den Menschen« fortbestehe. Engels verstand Saint-Simon neben Hegel als universellsten Kopf seiner Zeit. (MEW 20, 23 und 316; 25, 619)

Engels lobt an Saint-Simon:

Die Französische Revolution . . . als einen Klassenkampf zwischen Adel, Bürgertum und Besitzlosen aufzufassen, war im Jahr 1802 eine höchst geniale Entdeckung. 1816 erklärt er die Politik für die Wissenschaft der Produktion und sagt voraus das gänzliche Aufgehen der Politik in der Ökonomie. (MEW 20, 241)

Kritisch merkt er jedoch an:

Ihm [Saint-Simon] gelang es, eine Sekte und sogar einige Niederlassungen [in Nordamerika] zu gründen, doch führte beides zu keinem Erfolg . . . Die Eigentümlichkeiten und Verschrobenheiten der Saint-Simonisten fielen sehr bald dem Witz und der Satire der Franzosen zum Opfer . . . Es gab außerdem . . . andere Gründe für das Mißlingen der Saint-Simonschen Einrichtungen; sämtliche Doktrinen dieser Partei waren in den Nebel unverständlicher Mystik eingehüllt, die anfangs die Aufmerksamkeit der Leute erregen mochte, aber schließlich ihre Erwartungen enttäuschen mußte. Ihre ökonomischen Prinzipien waren ebenfalls nicht unanfechtbar; der Anteil eines Mitglieds ihrer Gemeinden sollte bei der Verteilung der Produkte erstens nach der Menge der von ihm geleisteten Arbeit und zweitens nach der Größe des von ihm gezeigten Talents bemessen werden. Auf dieses Prinzip hat ein deutscher Republikaner, Börne [Ludwig Börne (1786 bis 1837), Anhänger eines christlichen Sozialismus], mit Recht geantwortet, daß Talent, statt belohnt zu werden, eher als natürliche Begünstigung angesehen und daher von dem Anteil der Begabten ein Abzug vorgenommen werden sollte, um die Gleichheit wieder herzustellen. (MEW 1, 482)

Der englische Industrielle *Robert Owen* (1771–1858) versuchte sich in praktischem Sozialismus: Er verkürzte die Arbeitszeit, erhöhte die Löhne und gründete für die Arbeiterkinder Musterschulen – so wollte er die durch die Industrie entstandenen Gegensätze aufheben (helfen). Doch bald darauf tat er den Schritt vom bürgerlichen Philanthropen zum utopischen Sozialisten. Das war der Wendepunkt in seinem Leben. (MEW 1, 244 f.) Seine theoretische Ablehnung des Kapitalismus stützte sich auf die Nationalökonomie Ricardos (MEW 24, 20). Er vertrat u. a. folgende Thesen:

- Der Profit der Unternehmer wird durch die Arbeit der Arbeiter geschaffen, er muß ihnen aber auch gehören.
- Drei Hindernisse stellen sich der gesellschaftlichen Reform entgegen: das Privateigentum, die Religion und gegenwärtige Form der Ehe.
- Auf der Grundlage genossenschaftlicher Arbeit sind industrielle Gemeinden zu schaffen, in denen Arbeit und Eigentum gleich verteilt sind.

Unter dem Einfluß Owens organisierte sich in England die »Assoziation aller Klassen und Nationen«, deren Mitglieder sich seit 1839 *Sozialisten* nannten. Owen selbst verfaßte 1841 eine Kampfschrift »What is Socialism?«, in der er eine Abgrenzung des Sozialismus gegen den Kommunismus versuchte.

Engels lobte Owens verschiedentlich:

Alle gesellschaftlichen Bewegungen, alle wirklichen Fortschritte, die in England im Interesse der Arbeiter zustande gekommen, knüpfen sich an den Namen Owen. So setzte er 1819, nach fünfjähriger Anstrengung, das erste Gesetz zur Beschränkung der Weiber- und Kinderarbeit in den Fabriken durch . . . (MEW 19, 200)

Der Sozialismus ging von Owen, einem Fabrikanten, aus und verfährt deshalb, weil er der Sache nach über den Gegensatz von Bourgeoisie und Proletariat hinausgeht, in seiner Form dennoch mit vieler Nachsicht gegen die Bourgeoisie und vieler Ungerechtigkeit gegen das Proletariat. (MEW 2, 451 f.)

Hätte Herr Dühring [Eugen Karl Dühring (1833–1921), entwickelte in der Auseinandersetzung mit Marxens »Kapital« einen eigenen Sozialismus] Owens »Book of the New Moral World« auch nur in der Hand gehabt, so hätte er darin nicht nur den allerentschiedensten Kommunismus, mit gleicher Arbeitspflicht und gleichem Anrecht am Produkt . . . ausgesprochen gefunden, sondern auch die vollständige Ausarbeitung des Gebäudes für die kommunistische Gemeinde der Zukunft. (MEW 20, 247)

Ausführlich beschreibt Engels den Versuch Owens, die kommunistische Kolonie in New Harmony in Indiana (USA) zu begründen. (MEW 2, 531)

e) Das Wiederaufleben einer proletarischen Bewegung nach der Französischen Revolution von 1830

Nachdem die Arbeiter sich nach der Revolution von 1830 von dem Bürgertum um die Früchte ihres revolutionären Bemühens geprellt sahen, begannen sie die Ideen Babeufs wieder aufzugreifen. Nach dem Arbeiteraufstand von Lyon (1834) bildeten sich die ersten revolutionären Geheimgesellschaften (Société des Familles, Société des Saisons, 1834 gründeten deutsche Emigranten den Geheimbund der Geächteten, aus dem 1836 der »Bund der Gerechten« hervorging). Am 1. Juli 1840 fand in Paris die erste Kundgebung der kommunistischen Arbeiterbewegung statt (Bankett von Belleville).

Seitdem ist das Wort »*Kommunismus*« verbreitet. Engels schreibt über diese Geheimbünde:

Sie hatten vor, aus der Welt eine Arbeitergemeinschaft zu machen und dabei jede Verfeinerung der Kultur, Wissenschaft, schönen Künste ... als unnützen, gefährlichen und aristokratischen Luxus abzutun; ein Vorurteil, das sich mit Notwendigkeit aus ihrer völligen Unkenntnis der Geschichte und der politischen Ökonomie ergab. (MEW 1, 485)

Dennoch ging auf Initiative von Marx und Engels aus dem »Bund der Gerechten« 1847 der *Bund der Kommunisten* hervor, eine Organisation wandernder Handwerkgesellen und emigrierter Intellektueller in London. In ihm sah Engels

die erste revolutionäre, selbständige proletarische Partei, die auf dem Boden des wissenschaftlichen Sozialismus stand. (MEW 14, 438)

Engels hat diesem »Bund der Kommunisten« eine eigene Abhandlung gewidmet. (MEW 21, 206–224)

Von besonderer Bedeutung für die Übernahme kommunistischer Gedanken durch die französischen Arbeiter war vor allem die Schrift *Etienne Cabets* (1788–1856) »Voyage en Icarie« (1839). Der Ikarische Kommunismus stellte u. a. folgende Forderungen auf:

● Allgemeine Assoziationen sind zu gründen, in denen Arme und Reiche zusammenarbeiten.
● Durch hohe Besteuerung des Kapitals und der Erbschaften soll die Lage der Arbeiter verbessert werden, das Eigentum dezimiert und endlich eine kommunistische Ordnung geschaffen werden.
● Der Kommunismus wird alle Hemmnisse beseitigen, die einer schnellen Entwicklung der Technik und steigendem Lebensstandard aller entgegenstehen.

Da er seine Vorstellungen in Frankreich nicht realisieren konnte, ging er 1848 nach Amerika, um dort ikarische Mustergesellschaften zu gründen. Aber dieser Versuch schlug fehl. Schon 1851 kehrte Cabet wieder nach Frankreich zurück. Mit ihm begann dennoch »die öffentliche Laufbahn des Kommunismus«[3].

Der deutsche Schneidergeselle *Christian Wilhelm Weitling* (1808 bis 1871), Mitglied des Bundes der Gerechten, begründete nach Engels den deutschen Kommunismus. (MEW 1, 490) Er wollte eine christliche geld- und eigentumslose Gesellschaft auf der Grundlage einer zentralen Produktions- und Konsumtionsplanung, in der nicht mehr regiert, sondern nur mehr verwaltet werde, gründen. Im Gegensatz zu Cabet, wollte er den Kommunismus nicht gewaltlos, sondern über einen revolutionären Bund des Proletariats herbeiführen. Engels meint zu Weitling, den er übrigens durchaus schätzte (vgl. MEW 1, 490f.):

Die deutschen Kommunisten konnten daher die Basis ihres Systems nur aus den Verhältnissen des Standes nehmen, aus dem sie hervorgingen. Daß daher das einzige existierende deutsche kommunistische System eine Reproduktion der französischen Ideen innerhalb der durch die kleinen Handwerkerverhältnisse beschränkten Anschauungsweise war, ist ganz natürlich. (MEW 3, 449)

Karl Marx schrieb:

Was den Bildungsstand oder die Bildungsfähigkeit der deutschen Arbeiter im allgemeinen betrifft, so erinnere ich an Weitlings geniale Schriften, die in theoretischer Hinsicht oft selbst über Proudhon [*Pierre Joseph Proudhon* (1809–1865), begründete nach marxistischer Auffassung einen kleinbürgerlichen Anarchismus. Ihm wird das Wort »Eigentum ist Diebstahl« zugeschrieben] hinausgehen, sosehr sie in der Ausführung nachstehen. Wo hätte die Bourgeoisie – ihre Philosophen und Schriftgelehrten eingerechnet – ein ähnliches Werk wie Weitlings »Garantien der Harmonie und Freiheit« in bezug auf die Emanzipation der Bourgeoisie – die politische Emanzipation – aufzuweisen? (MEW 1, 404f.)

Kommunisten waren auch die Deutschen *Moses Hess* [(1812–1875) Mitbegründer und wie Marx Mitarbeiter der »Rheinischen Zeitung«, ein Hauptvertreter des »wahren Sozialismus«, der später Anhänger Lasalles wurde], *Arnold Ruge* [(1802–1880) Mitherausgeber – wie Marx – der »Deutsch-Französischen Jahrbücher«, der 1866 zur nationalliberalen Partei abschwenkte], *Georg Herwegh* (1817–1875) . . . Von besonderer Bedeutung waren die Schriften des Moses Hess, der als erster der »modernen« Kommunisten, dem Kommunismus eine philosophische Grundlage zu geben suchte. Er gewann großen Einfluß auf deutsche Intellektuelle. Auch Engels wurde von ihm für den Kommunismus geworben.

1844 gründete Hess zusammen mit *Anastasius Grün* (1806–1876) und *Alexander Jung* (1799–1884) einen kommunistischen Klub, aus dem wenige Jahre später die Gruppe der »Wahren Sozialisten« hervorging. Gegen die »Wahren Sozialisten« polemisierten Marx und Engels:

Dieser »wahre Sozialismus« ist . . . weiter nichts als die Verklärung des proletarischen Kommunismus und der ihm mehr oder minder verwandten Parteien und Sekten Frankreichs und Englands im Himmel des deutschen Geistes und . . . des deutschen Gemütes. Der wahre Sozialismus, der auf der »Wissenschaft« zu beruhen vorgibt, ist vor allem selbst wieder eine esoterische Wissenschaft . . . Dies ist um so leichter, als der wahre Sozialismus, dem es nicht mehr um die wirklichen Menschen, sondern um »*den* Menschen« zu tun ist, alle revolutionäre Leidenschaft verloren hat und an ihrer Stelle allgemeine Menschenliebe proklamiert. Er wendet sich somit nicht an die Proletarier, sondern an die beiden zahlreichen Menschenklassen Deutschlands, an die Kleinbürger und ihre philanthropischen Illusionen und an die Ideologien eben dieser Kleinbürger. (MEW 3, 442 f.)

K. Marx sprach 1847 schon vom utopischen Sozialismus und Kommunismus. (MEW 4, 143) Im folgenden Jahr definierte er dann:

In unseren Augen sind diejenigen Utopisten, welche politische Formen von ihrer gesellschaftlichen Unterlage trennen und sie als allgemeine, abstrakte Dogmen hinstellen. (MEW 4, 513)

Engels bestimmte den utopischen Sozialismus so:

Die Utopisten . . . waren Utopisten, weil sie nichts anderes sein konnten zu einer Zeit, wo die kapitalistische Produktion noch so wenig entwickelt war. Sie waren genötigt, sich die Elemente einer neuen Gesellschaft aus dem Kopf zu konstruieren, weil diese Elemente in der alten Gesellschaft selbst noch nicht allgemein sichtbar hervortraten; sie waren beschränkt für die Grundzüge ihres Neuaufbaus auf den Appell an die Vernunft, weil sie eben noch nicht an die gleichzeitige Geschichte appellieren konnten. (MEW 20, 247)

Systematisches

Wenn wir nach diesem historischen Abriß versuchen wollen, zu definieren, was »Kommunismus« meint, ergeben sich erhebliche Schwierigkeiten. Der Begriff ist extrem verwaschen.
Zunächst bezeichnet er Vorstellungen, Bewegungen, Zustände, in denen das Privateigentum abgeschafft ist, die Produktionsmittel in Gemeineigentum überführt sind, der Konsum auf der Grundlage gemeinschaftlicher Lebensführung und allgemeiner Gütergemeinschaft geregelt ist[3].

Das MLWdPh bestimmt Kommunismus so[4]:

- Ökonomische Gesellschaftsformationen, die auf dem gesellschaftlichen Eigentum an den Produktionsmitteln beruhen und planmäßig, bewußt entwickelt werden.
- Wissenschaftliche Theorie des Befreiungskampfes der Arbeiterklasse und des Übergangs vom Kapitalismus zum Kommunismus.
- Inbegriff der revolutionären, marxistisch-leninistischen Arbeiterbewegung.

Der Kommunismus Marxens ist trotz seiner Kritik am utopischen Kommunismus von all den Strömungen und Gedanken der Vergangenheit nicht unbeeinflußt.

Ähnlich wie Hess begann er mit einer philosophischen Begründung des Kommunismus. Aber er war nicht Kommunist von Anfang an. Zunächst sah er die Mängel der bestehenden kommunistischen Systeme. Und so begann er (1843) mit einer lebhaften Kritik an seinen Geistesahnen:

So ist namentlich der *Kommunismus* eine dogmatische Abstraktion, wobei ich aber nicht irgendeinen eingebildeten und möglichen, sondern den wirklich existierenden Kommunismus, wie ihn Cabet, Weitling . . . lehren, im Sinn habe. Dieser Kommunismus ist selbst nur eine aparte, von seinem Gegensatz, dem Privatwesen, infizierte Erscheinung des humanistischen Prinzips. Aufhebung des Privateigentums und Kommunismus sind daher keineswegs identisch, und der Kommunismus hat andere sozialistische Lehren . . . nicht zufällig, sondern notwendig sich gegenüber entstehen sehen, weil er selbst nur eine besondere, einseitige Verwirklichung des sozialistischen Prinzips ist. (MEW 1, 344)

Ein Jahr später (1844) bekennt er sich jedoch offen zum Kommunismus:

Der Kommunismus . . . ist der positive Ausdruck des aufgehobenen Privateigentums, zunächst das allgemeine Privateigentum. Indem er dieses Verhältnis in seiner Allgemeinheit faßt, ist er

- in seiner *ersten* Gestalt nur eine Verallgemeinerung und Vollendung desselben; als solche zeigt er sich in doppelter Gestalt: Einmal ist die Herrschaft des *sachlichen* Eigentums so groß ihm gegenüber, daß er *alles* vernichten will, was nicht fähig ist, als Privateigentum von allen besessen zu werden . . . Der physische, unmittelbare Besitz gilt ihm als einziger Zweck des Lebens und Daseins; die Bestimmung des *Arbeiters* wird

112

nicht aufgehoben, sondern auf alle Menschen ausgedehnt; das Verhältnis des Privateigentums bleibt das Verhältnis der Gemeinschaft zur Sachenwelt . . .

Die Gemeinschaft ist nur eine Gemeinschaft der Arbeit und die Gleichheit des Salärs, den das gemeinschaftliche Kapital, die Gemeinschaft als der allgemeine Kapitalist, auszahlt . . .

Die erste positive Aufhebung des Privateigentums, der *rohe* Kommunismus, ist also nur eine *Erscheinungsform* von der Niedertracht des Privateigentums, das sich als das positive Gemeinwesen setzen will.

- Der Kommunismus
  a) noch politischer Natur, demokratisch oder despotisch;
  b) mit Aufhebung des Staates, aber zugleich noch unvollendetem und immer noch mit dem Privateigentum, d. h. der Entfremdung des Menschen, affiziertem Wesen.

  In beiden Formen weiß sich der Kommunismus schon als Reintegration oder Rückkehr des Menschen in sich, als Aufhebung der menschlichen Selbstentfremdung, aber indem er das positive Wesen des Privateigentums noch nicht erfaßt hat und ebensowenig die *menschliche* Natur des Bedürfnisses verstanden hat, ist er auch noch von demselben befangen und infiziert. Er hat zwar seinen Begriff erfaßt, aber noch nicht sein Wesen.

- Der Kommunismus als positive Aufhebung des Privateigentums als menschlicher Selbstentfremdung und darum als wirkliche Aneignung des menschlichen Wesens durch und für den Menschen; darum als vollständige, bewußt und innerhalb des ganzen Reichtums der bisherigen Entwicklung gewordene Rückkehr des Menschen für sich als eines gesellschaftlichen, d. h. menschlichen Menschen.

  Dieser Kommunismus ist als vollendeter Naturalismus = Humanismus, als vollendeter Humanismus = Naturalismus, er ist die *wahrhafte* Auflösung des Widerstreits zwischen dem Menschen und mit der Natur . . . Er ist das aufgelöste Rätsel der Geschichte und weiß sich als diese Lösung. (MEGA 1, 3, 111–114)

Wie das Privateigentum nur der sinnliche Ausdruck davon ist, daß der Mensch zugleich gegenständlich für sich wird . . . so ist die positive Aufhebung des Privateigentums . . . nicht nur im Sinne des unmittelbaren, einseitigen Genusses zu fassen, nicht nur im Sinne des *Besitzens,* im Sinne des *Habens.* Der Mensch eignet sich sein allseitiges Wesen auf eine allseitige Art an, also als ein *totaler Mensch.* (MEGA 1, 3, 117 f.)

Der Kommunismus ist die notwendige Gestalt und das energische Prinzip der nächsten Zukunft, aber der Kommunismus ist *nicht* als solcher das *Ziel* der menschlichen Entwicklung – die Gestalt der menschlichen Gesellschaft. (MEGA 1, 3, 126)

Um das wirkliche Privateigentum aufzuheben, dazu gehört eine wirkliche kommunistische Aktion. Die Geschichte wird sie bringen, und jene Bewegung . . . wird in der Wirklichkeit einen sehr rauhen und weitläufigen Prozeß durchmachen. (MEGA 1, 3, 134)

Atheismus, Kommunismus sind keine Flucht, keine Abstraktion . . . Sie sind vielmehr erst das wirkliche Werden, die wirklich für den Menschen gewordene Verwirklichung seines Wesens und seines Wesens als eines wirklichen. (MEGA 1, 3, 167)

Mit den »Ökonomisch-philosophischen Manuskripten« aus dem Jahr 1844 ist für Marx die theoretische Entwicklung zum Kommunismus, seine Theorie über den Kommunismus weitgehend abgeschlossen. Was kommt sind allenfalls Korrekturen und Weiterungen mehr beschreibender Art. So betont er in der »Deutschen Ideologie« (1845/46):

Der Kommunismus ist für uns nicht ein *Zustand*, der hergestellt werden soll, ein *Ideal*, wonach die Wirklichkeit sich zu richten haben [wird]. Wir nennen Kommunismus die *wirkliche* Bewegung, welche den jetzigen Zustand aufhebt. (MEW 3, 35)

In derselben Schrift versucht er auch den utopischen Entwurf des »totalen Menschen« zu konkretisieren. Er zeichnet ein Gemälde, das noch nicht von der revolutionären Praxis geprüft ist:

Sowie nämlich die Arbeit verteilt zu werden anfängt, hat jeder einen bestimmten . . . Kreis der Tätigkeit, der ihm aufgedrängt wird, aus dem er nicht heraus kann; er ist Jäger, Fischer, Hirt oder kritischer Kritiker und muß es bleiben, wenn er nicht die Mittel zum Leben verlieren will – während in der kommunistischen Gesellschaft, wo jeder nicht einen ausschließlichen Kreis der Tätigkeit hat, sondern sich in jedem beliebigen Zweige ausbilden kann, die Gesellschaft die allgemeine Produktion regelt und mir eben dadurch möglich macht, heute dies, morgen jenes zu tun, morgens zu jagen, nachmittags zu fischen, abends Viehzucht zu treiben, nach dem Essen zu kritisieren, wie ich gerade Lust habe, ohne je Jäger, Fischer, Hirt oder Kritiker zu werden. (MEW 3, 33)

Ein solches kommunistisches »Paradies« setzt voraus, daß es nicht zu »kommunistischen Staaten« kommt, die solange notwendig sind, als es noch »kapitalistische Staaten« gibt, um das kommunistische Gemeinwesen auf politischer Ebene zu stützen.

Der Kommunismus ist empirisch nur als die Tat der herrschenden Völker »auf einmal« und gleichzeitig möglich, was die universelle Entwicklung der Produktivkraft und den mit ihm zusammenhängenden Weltverkehr voraussetzt. (MEW 3, 35)

Hier nennt er auch die Weise, wie sich Kommunismus realisieren läßt:

In Wirklichkeit und für den *praktischen* Materialisten, d. h. Kommunisten [handelt es sich darum] . . ., die bestehende Welt zu revolutionieren, die vorgefundenen Dinge praktisch anzugreifen und zu verändern. (MEW 3, 42)

Am Vorabend der Revolution von 1848 glaubt Marx den Zeitpunkt gekommen, den Kommunismus zu realisieren. In dem von *K. von Rotteck* und *K. Th. Welcker* 1846 herausgegebenen Staatslexikon wird der Kommunismus als »drohendes Gespenst« vorgestellt. Im Kommunistischen Manifest (verfaßt um die Jahreswende 1847/48) heißt es:

Ein Gespenst geht um in Europa – das Gespenst des Kommunismus. Alle Mächte des alten Europa haben sich zu einer heiligen Hetzjagd gegen dies Gespenst verbündet, der Papst und der Zar, Metternich und Guizot, französische Radikale und deutsche Polizisten . . . Der Kommunismus wird bereits von allen europäischen Mächten als eine Macht anerkannt. (MEW 4, 461)

Endlich wird das Programm des Kommunismus allgemeinverständlich dargelegt:

Die Kommunisten unterscheiden sich von den übrigen proletarischen Parteien nur dadurch, daß sie einerseits in den verschiedenen nationalen Kämpfen der Proletarier die gemeinsamen, von der Nationalität unabhängigen Interessen des gesamten Proletariats hervorheben und zur Geltung bringen, andererseits dadurch, daß sie in den verschiedenen Entwicklungsstufen, welche der Kampf zwischen Proletariat und Bourgeoisie durchläuft, stets das Interesse der Gesamtbewegung vertreten . . .
Der nächste Zweck der Kommunisten ist derselbe wie der aller übrigen proletarischen Parteien: Bildung des Proletariats zur Klasse, Sturz der Bourgeoisieherrschaft, Eroberung der politischen Macht durch das Proletariat . . .
Was den Kommunismus auszeichnet, ist nicht die Abschaffung des Eigentums überhaupt, sondern die Abschaffung des bürgerlichen Eigentums. (MEW 4, 474f.)

Kommunisten, das sind nach dem Verständnis Marxens Menschen, die die menschliche Gesellschaft durch Aufhebung der kapitalistischen Ökonomie, mittels der Beseitigung des bürgerlichen Eigentums, zum Kommunismus hinführen wollen und werden. Der Kapitalismus ist letzte Zeit der Klassengegensätze. In ihm verschärfen sie sich in so radikaler Weise, daß sie sich selbst (im Kommunismus) aufheben. Nach dem Kapitalismus ist der Sozialismus die einzige Möglichkeit.

Nach dem Scheitern der Revolution von 1848, die bürgerlich blieb und in keiner Phase proletarisch war, und nach dem Scheitern des ersten Versuchs ein kommunistisches Gemeinwesen in Paris durch Revolution zu begründen (1871) hat Marx seine Kommunismustheorie modifiziert.

Gegen das Scheitern der Pariser Kommune stellt er fest, daß dadurch nicht demonstriert worden sei, der Kommunismus sei unmöglich, unmöglich sei vielmehr die »Fortdauer des jetzigen Systems«. (MEW 17, 343) Fortan unterscheidet er zwei Phasen der kommunistischen Gesellschaft:

Aber diese Mißstände [bei gleicher Leistung enthalten die Produzenten verschiedene Entlohnung] sind unvermeidbar in der ersten Phase der kommunistischen Gesellschaft, wie sie eben aus der kapitalistischen Gesellschaft nach langen Geburtswehen hervorgegangen ist . . .

In einer höheren Phase der kommunistischen Gesellschaft, nachdem die knechtende Unterordnung der Individuen unter die Teilung der Arbeit, damit auch der Gegensatz geistiger und körperlicher Arbeit verschwunden ist; nachdem die Arbeit nicht nur Mittel zum Leben, sondern selbst das erste Lebensbedürfnis geworden; nachdem mit der allseitigen Entwicklung der Individuen auch ihre Produktivkräfte gewachsen und alle Springquellen des genossenschaftlichen Reichtums voller fließen – erst dann kann der enge bürgerliche Rechtshorizont ganz überschritten werden und die Gesellschaft auf ihre Fahne schreiben: Jeder nach seinen Fähigkeiten, jedem nach seinen Bedürfnissen! (MEW 19, 21)

Die erste Phase, von vielen marxistischen Theoretikern heute [wie schon im 19. Jahrhundert] Sozialismus (vgl. »Sozialismus«) genannt, wird von Marx als politische Übergangsperiode bezeichnet:

Zwischen der kapitalistischen und der kommunistischen Gesellschaft liegt die Periode der revolutionären Umwandlung der einen in die andere. Der entspricht auch eine politische Übergangsperiode, deren Staat nichts anderes sein kann als die revolutionäre Diktatur des Proletariats. (MEW 19, 28)

Im Ostkommunismus wird der Sozialismus heute kaum mehr als reine Übergangsphase gewertet. So meint *W. Ulbricht*: Der Sozialismus ist

nicht eine kurzfristige Übergangsphase in der Entwicklung der Gesellschaft, sondern eine relativ selbständige sozialökonomische Formation in der historischen Epoche des Übergangs vom Kapitalismus zum Kommunismus im Weltmaßstab. Früher war es üblich, besonders ausgehend von Marx' Bemerkungen zum Gothaer Programm [die wir vorstehend aufgezeichnet haben], den Sozialismus nur als Übergangsphase anzusehen, in der sich die Gesellschaft von den ›Muttermalen‹ des Kapitalismus frei machen und die materiellen und geistigen Voraussetzungen für die zweite Phase des Kommunismus schaffen muß. Es wurde wenig beachtet, daß der Sozialismus sich auf seiner eigenen Grundlage entwickelt[5].

Gemeinhin ist man der Ansicht, daß der Kommunismus Hand in Hand gehe mit der »Aufhebung des Staates«. (MEGA 1, 5, 532) Vor allem Engels war der Ansicht, daß der Staat in der kommunistischen Gesellschaft aufgehoben werde (MEW 20, 261), daß er absterbe (MEW 20, 262). Wir werden über diesen Aspekt des Kommunismus im Abschnitt über den »Staat« zu berichten haben.

Die Unterscheidung zwischen Kommunismus und Sozialismus ist nicht immer leicht. Marx und Engels schienen nach dem Zeugnis Engels' schon Schwierigkeiten gehabt zu haben, als es um die Benennung ihres »Manifests« ging. Engels meint:

Und doch hätten wir es, als es geschrieben wurde, nicht ein *sozialistisches* Manifest nennen können. Unter Sozialisten verstand man 1847 einerseits die Anhänger der verschiedenen utopistischen Systeme: die Owenisten in England, die Fourieristen in Frankreich, die beide bereits zu bloßen, allmählich aussterbenden Sekten zusammengeschrumpft waren; andererseits die mannigfaltigsten sozialen Quacksalber ... Der Sozialismus war, auf dem Kontinent wenigstens, »salonfähig«; der Kommunismus war das gerade Gegenteil. Und da wir von allem Anfang an der Meinung waren, daß »die Emanzipation der Arbeiterklasse das Werk der Arbeiterklasse selbst sein muß«, so konnte kein Zweifel darüber bestehen, welchen der beiden Namen wir wählen mußten. Ja mehr noch, auch seitdem ist es uns nie in den Sinn gekommen, uns von ihm loszusagen. (MEW 4, 580f.)

Wir wollen Sozialismus und Kommunismus wie folgt unterscheiden:

»Kommunismus« sei die Bezeichnung für eine Weltanschauung, für eine Bewegung, deren Ziel es ist, über die Errichtung eines Gemeinwesens ohne (entfremdetes und entfremdendes) Privateigentum den Menschen mit Gesellschaft und Natur zu versöhnen[7]. *Utopisch* ist solcher Kommunismus, wenn keine Strategien angegeben werden, wie dieser Zustand erreicht werden kann, oder wenn die angegebenen Strategien offenbar unzureichend oder falsch sind, oder von einem falschen Menschenbild ausgehen, bzw. ein Menschenbild zugrunde legen, das nicht realisiert und nicht realisierbar ist.

»Sozialismus« sei dagegen eine Weise der Produktion und Distribution, in der diese gesellschaftlich geregelt werden aufgrund des gesellschaftlichen Eigentums an Produktionsmitteln. Sozialismus ist also die Form einer Ökonomie. *Utopisch* sei dieser Sozialismus wieder genannt, wenn er, obschon inhaltlich ausgeführt, nicht zeigen kann, daß diese Inhalte zwingend aus einer bestehenden Wirtschaftsform entwickelt werden können. Obschon also jede kommunistische Gesellschaft sozialistische Ökonomie besitzt, folgt nicht umgekehrt, daß jede sozialistische Ökonomie zum Kommunismus führt, oder gar Kommunismus ist. Grundsätzlich ist daran festzuhalten, daß es verschiedene Formen des Sozialismus geben kann, bestimmt durch die verschiedenen ideologischen Grundlagen (christlich, marxistisch, buddhistisch, islamisch . . .) und Zielvorstellungen allgemein gesellschaftlicher Art.

Den marxistischen Begriff »wissenschaftlicher Sozialismus« werden wir vermeiden, weil man nur ungenau von »wissenschaftlicher Ökonomie« sprechen kann. Sie kann wissenschaftlich begründet sein (ist es aber – wie gezeigt werden wird – im Marxismus nicht). Marxismus ist eine Weltanschauung – und das hat mit Wissenschaft nicht unmittelbar etwas zu tun, ist vielmehr ein Apriori zu jeder Wissenschaft. In Weltanschauungen können mehr oder weniger wissenschaftliche Momente eingehen, damit wird sie aber nicht schon zu einer wissenschaftlichen.

B. THESEN

1. Der Marxsche Kommunismus ist inhaltlich in fast allen seinen Teilen historisch vorgegeben. Marx hat ihm nur eine eigene philosophische Begründung gegeben (Dialektik, Naturalismus).

2. Der Kommunismus ist die positive Aufhebung des Privateigentums (oder der Ausdruck dieser Aufhebung). »Positiv« ist die Aufhebung als sie nicht nur die Negation des Privateigentums (als Negation verstanden) ist, sondern eine Position besagt (MEGA 1, 3, 134; 167), nämlich die des menschlichen Wesens. »Aufhebung« ist die Überwindung in eine höhere Stufe, insofern

   ● nur das entfremdende (= bürgerliche = kapitalistische) Privateigentum beseitigt werden soll,
   ● das Eigentum als sozialistisches seine volle Bedeutung, erlangt.

3. Der Kommunismus ist die Aufhebung der Gegensätze

   ● zwischen Klassen,
   ● zwischen Existenz (dem bestehenden Zustand) und dem Wesen (der menschlichen vollen Selbstrealisation im »totalen Menschen«),
   ● zwischen Vergegenständlichung (= Verdinglichung, Versachlichung) und Selbstbestätigung (realisierter Selbstvollzug) des Menschen,
   ● zwischen Freiheit und Notwendigkeit,
   ● zwischen Individuum (das für sich haben will) und Gattung.

4. Der Kommunismus ist nicht das Ziel der menschlichen Entwicklung. Wie dieses aussieht, darüber weiß Marx nichts zu sagen.

5. Kommunismus ist kein Zustand und kein Ideal, sondern eine Bewegung, und unterliegt als solche den Gesetzen der aufhebenden Dialektik.

6. Kommunismus beseitigt neben der entfremdeten Arbeit auch die entfremdende Arbeitsteilung (in der der Mensch sich nicht voll realisieren kann).

7. Kommunismus ist aber auch die Strategie, den bislang genannten Kommunismus zu verwirklichen.

8. Der Kommunismus kennt zwei Phasen: die der Diktatur des Proletariats (mit staatskapitalistischen Zügen, leistungsbezogener Entlohnung, Teilung der Arbeit . . .) und die des realisierten Kommunismus, in dem jeder nach seinen Bedürfnissen (die zu seiner Selbstrealisation nötig sind) gewertet (u. a. auch entlohnt) wird.

C. Einwände

1. Der Kommunismus marxscher Prägung ist bislang noch niemals realisiert worden. Alle Versuche, ihn ins Werk zu setzen, sind gescheitert. Versuche der Realisation sind bislang immer inhuman ausgegangen. Der humanistische Anspruch des Kommunismus scheint (abstrakt) utopisch zu sein.
2. Die Eigentumslosigkeit des Kommunismus kann sich nicht als der menschlichen Natur entsprechend ausweisen. Schon Aristoteles antwortete auf die Forderung Platons nach (partiellem) Kommunismus:

> Selbst wenn dies der Idealzustand der Gesellschaft ist, ist noch nicht erwiesen, daß er erreicht wird, wenn *alle* dasselbe mein und dein nennen . . . Dies »alle« hat nämlich einen doppelten Sinn: Einmal kann gemeint sein »jeder einzelne«, dann könnte schon eher geschehen, was Platon möchte: denn dann wird jeder denselben Jungen für seinen Sohn, dieselbe Frau für seine Gattin und alles andere für seines halten. Doch in praxi wird das anders aussehen: Sie werden alles als Gemeingut ansehen, für das niemand verantwortlich ist . . . Was den meisten gehört, wird nicht sorgfältig behandelt, das Gemeingut nur, insofern es den einzelnen angeht. Das übrige wird vernachlässigt werden. Zwei Umstände sind es, die den Menschen sorgen und lieben lassen: das Eigentum und das Erhoffte[6].

Aristoteles hat in diesen Zeilen die Schwierigkeit der kommunistischen Ökonomie richtig erkannt. Die Versuche, Kommunismus zu praktizieren, haben stets zur asozialen Vernachlässigung des Gemeineigentums geführt, insofern sich nicht jeder für alles, mit dem er umgeht, zureichend verantwortlich fühlen *kann*.

Dennoch besteht Marxens Forderung zurecht, vom Haben und Besitzen abzulassen, insofern es entfremdet ist und entfremdend wirkt. Dieser Effekt tritt aber nur dann ein, wenn ein Individuum vom Gehabten gehabt und vom Besessenen besessen wird. Gegen diese inhumanisierenden und inhumanen Zustände hätte Marx aber nur die Kritik des Christentums am entfremdeten Privateigentum übernehmen müssen.

3. Für Marx ist das Proletariat der Träger der revolutionären Überwindung der bestehenden (entfremdeten und entfremdenden) Ordnung. Das ist es noch niemals gewesen und kann es auch nicht sein (vgl. »Proletariat«). Die Träger der revolutionären Gedanken, die Entwickler einer brauchbaren revolutionären Strategie waren stets nicht systemintegrierte Intellektuelle (wie etwa Marx selbst). Die »Masse« ist allenfalls Erfüllungsgehilfe.

4. Daß der Kommunismus die zentralen humanen Gegensätze beseitigen wird, ist unbewiesene Behauptung. Er wird bestenfalls die bestehenden beseitigen, um dafür neue einzubringen. Der »kommunistische Mensch« ist eben kein versöhnter Mensch (mit Welt, Gesellschaft, sich selbst). Die Unversöhntheit liegt nicht – wie Marx meint – im menschlichen Sein (seiner Existenz), sondern auch und vor allem in seinem Wesen.

5. Insofern der Kommunismus von einem Menschen handelt, den es nicht geben kann, ist er abstrakte Utopie.

6. Kommunismus hat sich – bei den zögernden Ansätzen, ihn auch nur in der ersten Stufe zu realisieren – als dogmatisches System gegeben. Er ist keine Bewegung, sondern ein System von Dogmen und dogmatischen Zwängen.

7. Daß der Kommunismus die aus der Negation der Negation hervorgehende Position sei, ist unbewiesene Annahme. Er bleibt als strategisches Instrument in der Entwicklung der Menschheit der Negation der Dialektik unterworfen, besitzt als Bewegung selbst negative Elemente und kann somit kaum als endgültige Position bezeichnet werden.

8. Die Diktatur des Proletariats ist ein sehr stabiler Zustand. Wie

alle Diktaturen ist er dazu verurteilt, inhuman zu sein und starke Tendenzen zur Selbsterhaltung zu entwickeln. Die Stabilität des Systems läßt sich wohl nur durch Kräfte von außen (Krieg) oder von innen (Bürgerkrieg, Revolution) überwinden. Wie jede Diktatur erzeugt er antagonistische Klassen, die vielleicht nicht mehr ökonomisch einander entgegen sind, so doch um so stärker ideologisch. Die Diktatur des Proletariats trägt den Keim seiner Überwindung in sich (wie alle Diktaturen der Weltgeschichte) und diese Überwindung muß keineswegs in einen Kommunismus zweiter Stufe münden. Vieles spricht vielmehr dafür, daß die Menschen unter der Diktatur auch die Ideologie der Diktatur überwinden wollen und werden – und damit jeden marxistischen Kommunismus.

9. Der Kommunismus kann nur »funktionieren«, wenn sich das Bewußtsein der Vielen kommunistisch umbildet. Eine solche Umbildung ist aber – wenn das Bewußtsein bewußt gewordenes Sein ist – nicht möglich, denn woher sollten die Inhalte des neuen Bewußtseins kommen? Sie sind immer utopisch – und damit nach dem Verdikt Marxens ideologisch (an Wirklichkeit vorbei). Sie sind zudem stets nur negativ auf die Negation des Bestehenden aus. Die Negation der bestehenden Übel ist ein Aufruf zur Revolution – auch in einer kommunistischen Gesellschaft (vor allem der der ersten Stufe).

10. Kommunismus heißt also Tagträumen – und darin unterscheidet sich der Marxens nicht von dem seiner utopischen Geistesahnen. Der Anspruch der Wissenschaftlichkeit, den Marxens Kommunismus erhebt, kann er allenfalls aus seiner Methode beziehen, nicht aber aus seinem Inhalt. Darin ähnelt er der Alchimie und der Astrologie.

Anmerkungen:

1 Vgl. zur Geschichte des kommunistisch-utopischen Gedanken R. Lay, Vor uns die Hoffnung, Olten 1974, 52–56.
2 Vgl. Utopischer Sozialismus und Kommunismus, in: MLWdPH 3, 1008–1018.
3 Vgl. E. Oberländer, Kommunismus, in: MiSV/Grundbegriffe 2, 109f.
4 Sozialismus und Kommunismus, in: MLWdPh 3, 997.
5 Ebd.
6 Politik II, 2 (61b; 62b).
7 Engels gibt dem Kommunismus folgende Bestimmung: »Der Kommunismus ist keine Doktrin, sondern eine *Bewegung*; er geht nicht von Prinzipien, sondern von Tatsachen aus. Die Kommunisten haben nicht diese oder jene Philosophie, sondern die ganze bisherige Geschichte und speziell ihre gegenwärtigen tatsächlichen Resultate in den zivilisierten Ländern zur Voraussetzung. Der Kommunismus ist hervorgegangen aus der großen Industrie und ihren Folgen, also des Weltmarktes, aus der damit gegebenen ungehemmten Konkurrenz, aus den immer gewaltsameren und allgemeineren Handelskrisen . . . aus der Erzeugung des Proletariats und der Konzentration des Kapitals, aus dem daraus folgenden Klassenkampfe zwischen Proletariat und Bourgeoisie. Der Kommunismus, soweit er theoretisch ist, ist der theoretische Ausdruck der Stellung des Proletariats in diesem Kampfe und die theoretische Zusammenfassung der Bedingungen der Befreiung des Proletariats.« (MEW 4, 321f.)

XI. SOZIALISMUS

A. DARSTELLUNG

Der Begriff »Sozialismus« ist fast ebenso verschwommen wie der Begriff »Kommunismus«. Er ist wie dieser mit allzuviel Tradition beladen.

1753 nennt *Anselm Desing* (1699–1772) die Vertreter zeitgenössischer Naturrechtslehren, die eine »natürliche Geselligkeit des Menschen« annahmen, *Sozialisten*. Der antibourgeoise Wortgebrauch kam zuerst in Frankreich (1831) und England (1873) auf. Im modernen Sinn wird »Sozialismus« erstmalig zur Charakterisierung der Anhänger Robert Owens verwendet. Der erste, der klar Kommunismus von Sozialismus unterschied, scheint *Heinrich Dietzel* gewesen zu sein, der 1893 diejenigen Sozialisten nennt, die das Sozialprinzip dem Individualprinzip überordneten und im Individuum ein bloß dienendes Mittel für die Zwecke der Gesellschaft sehen. Kommunisten dagegen seien die Theoretiker, für die das Individuum oberster Zweck und die gesellschaftliche Ordnung bloßes Mittel sei [1].

I. Fetscher definiert »Sozialismus« als Bedeutung einer Lehre »und eine dem Boden der bürgerlichen Gesellschaft entwachsende Bewegung, die sich eine Neuordnung des menschlichen Zusammenlebens auf der Basis des Gemeineigentums zum Ziel gesetzt hat« [2].

C. Rülcker bestimmt: Sozialismus ist eine Gesellschaftsordnung, die aus dem Kapitalismus sich entwickelt, jedoch noch in vielen Beziehungen dem System, aus dem sie entstand, verhaftet ist. Zwar organisiert die schon klassenlose Gesellschaft ihre ökonomischen und sozialen Beziehungen bewußt, aber der noch unentwickelte Bewußtseinstand der in ihr organisierten Produzenten bedingt ein Festhalten am Leistungsprinzip beim Arbeitsentgelt und ein Vorherrschen der Warenproduktion. Sozialismus kann auch die Gesamtheit der sozialen Ideen und Bewegungen bezeichnen, die eine Transformation des Kapitalismus in den Sozialismus anstreben [3].

Ganz im Sinne des Ostmarxismus bestimmt das von W. *Eichhorn* u. a. herausgegebene »Wörterbuch der marxistisch-leninistischen Soziologie« den (wissenschaftlichen) Sozialismus als:

a) Die Theorie des Marxismus-Leninismus als umfassende und einheitliche philosophische, ökonomische, soziale und politische Begründung des Kampfes der Arbeiterklasse und ihrer Partei für die revolutionäre Umgestaltung der Gesellschaft, für die Schaffung des Sozialismus und Kommunismus.

b) Einer der Bestandteile der Theorie des Marxismus-Leninismus. Im engeren Sinne umfaßt der wissenschaftliche Sozialismus . . . die Lehre vom Klassenkampf der Arbeiterklasse und ihre Strategie und Taktik, von der sozialistischen Revolution und vom sozialistischen Staat, von der proletarischen Partei . . . vom Aufbau des Sozialismus und Kommunismus [4].

K. Marx verwendet den Begriff »Sozialismus« relativ selten. Ausdrücklich taucht er aber schon zu einer Zeit auf, da man unter »Sozialismus« manche Richtungen des utopischen Kommunismus verstand. Er schreibt 1844:

Nicht nur der Reichtum, auch die Armut des Menschen enthält gleichmäßig – unter Voraussetzung des Sozialismus – eine menschliche und daher gesellschaftliche Bedeutung. Sie ist das passive Band, welches den Menschen den größten Reichtum, den anderen Menschen, als Bedürfnis empfinden läßt. (MEGA 1, 3, 123 f.)

Unter »Kommunismus« versteht er zunächst »eine besondere, einseitige Verwirklichung des sozialistischen Prinzips« (MEW 1, 344) Im folgenden wollen wir die Vorstellungen Marxens über die kommende Gesellschaftsordnung vorzustellen versuchen, insoweit er sie im »Kapital« artikuliert. Da sie sich deutlich von den Vorstellungen des Kommunismus in den frühen Schriften abheben, seien sie hier im Kapitel über »Sozialismus« behandelt, obschon Marx diesen Terminus ausschließlich nur noch für den utopischen Sozialismus reserviert.

1. Produktionsverhältnisse

Im Sozialismus wird die Arbeit vergesellschaftet in einem Verein freier Menschen, die als Warenproduzenten auftreten, geleistet.

Stellen wir uns . . . einen Verein freier Menschen vor, die mit gemeinschaftlichen Produktionsmitteln arbeiten und ihre vielen individuellen Arbeitskräfte selbstbewußt als eine gesellschaftliche Arbeitskraft verausgaben . . . Das Gesamtprodukt des Vereins ist ein gesellschaftliches Produkt. Ein Teil dieses Produkts dient wieder als Produktionsmittel. Es bleibt gesellschaftlich. Aber ein anderer Teil wird als Lebensmittel von den Vereinsgliedern verzehrt. Er muß daher unter sie verteilt werden. Die Art der Verteilung wird wechseln mit der besonderen Art des gesellschaftlichen Produktionsorganismus selbst und der entsprechenden geschichtlichen Entwicklungshöhe der Produzenten.

Für eine Gesellschaft von Warenproduzenten, deren allgemeines gesellschaftliches Produktionsverhältnis darin besteht, sich zu ihren Produkten als Waren, also als Werten, zu verhalten und in dieser sachlichen Form ihre Privatarbeiten aufeinander zu beziehen als gleiche menschliche Arbeit, ist das Christentum mit seinem Kultus des abstrakten Menschen die entsprechendste Religionsform . . . Die Gestalt des gesellschaftlichen Lebensprozesses, d. h. des materiellen Produktionsprozesses, streift nur ihren mystischen Nebelschleier ab, sobald sie als Produkt frei vergesellschafteter Menschen unter deren bewußter planmäßiger Kontrolle steht. Dazu ist jedoch eine materielle Grundlage der Gesellschaft erheischt oder eine Reihe materieller Existenzbedingungen, welche selbst wieder das naturwüchsige Produkt einer langen und qualvollen Entwicklungsgeschichte sind. (MEW 23, 92–94)

Die Verminderung des in die Ware eingehenden Gesamtarbeitsquantums scheint . . . das wesentliche Kennzeichen gesteigerter Produktivkraft der Arbeit zu sein, gleichgültig unter welchen gesellschaftlichen Bedingungen produziert wird. In einer Gesellschaft, worin die Produzenten ihre Produktion nach einem voraus entworfenen Plan regeln . . . würde die Produktivität der Arbeit . . . unbedingt nach diesem Maßstab gemessen. (MEW 25, 271)

[Es] bleibt, nach Aufhebung der kapitalistischen Produktionsweise aber mit Beibehaltung gesellschaftlicher Produktion, die Wertbestimmung vorherrschend in dem Sinn, daß die Regelung der Arbeitszeit und die Verteilung der gesellschaftlichen Arbeit unter die verschiedenen Produktionsgruppen . . . wesentlicher denn je wird. (MEW 25, 859)

Soweit sie [die Arbeit des Managers] aus der Form der Arbeit als gesellschaftlicher hervorgeht, aus der Kombination und Kooperation vieler zu einem gemeinsamen Resultat, ist sie ganz ebenso unabhängig vom Kapital, wie diese Form selbst, sobald sie die kapitalistische Hülle gesprengt hat. (MEW 25, 400)

2. Eigentum

Im Sozialismus ist nicht jede Form von Eigentum unmöglich, sondern nur solches, das den Besitz und die Ausbeutung fremder Arbeitskraft ermöglicht.

Die aus der kapitalistischen Produktionsweise hervorgehende kapitalistische Aneignungsweise, daher das kapitalistische Privateigentum, ist die erste Negation des *individuellen,* auf eigene Arbeit gegründeten Privateigentums. Aber die kapitalistische Produktion erzeugt mit der Notwendigkeit eines Naturprozesses ihre eigene Negation. Es ist die Negation der Negation. Diese stellt nicht das Privateigentum wieder her, wohl aber das individuelle Eigentum auf Grundlage der Errungenschaft der kapitalistischen Ära: der Kooperation und des Gemeinbesitzes der Erde und der durch die Arbeit selbst produzierten Produktionsmittel. (MEW 23, 791)
Vom Standpunkt einer höheren ökonomischen Gesellschaftsformation wird das Privateigentum einzelnen Individuen am Erdball ganz so abgeschmackt erscheinen wie das Privateigentum eines Menschen an einem andern Menschen. Selbst eine Gesellschaft . . ., ja alle gleichzeitigen Gesellschaften zusammengenommen, sind nicht Eigentümer der Erde. Sie sind nur ihre Besitzer, ihre Nutznießer, und haben sie als [gute Familienväter] den nachfolgenden Generationen verbessert zu hinterlassen. (MEW 25, 784)

3. Arbeit

Intensität und Produktivkraft der Arbeit gegeben, ist der zur materiellen Produktion notwendige Teil des gesellschaftlichen Arbeitstages um so kürzer, der für freie, geistige und gesellschaftliche Betätigung der Individuen eroberte Zeitteil um so größer, je gleichmäßiger die Arbeit unter alle werkfähigen Glieder der Gesellschaft verteilt ist, je weniger eine Gesellschaftsschicht die Naturnotwendigkeit der Arbeit von sich selbst ab- und einer anderen Schicht zuwälzen kann. (MEW 23, 552)
Mehrarbeit überhaupt, als Arbeit über das Maß der gegebenen Bedürfnisse hinaus, muß immer bleiben . . . Ein bestimmtes Quantum Mehrarbeit ist, erheischt durch die Assekuranz gegen Zufälle, durch die notwendige, der Entwicklung der Bedürfnisse und dem Fortschritt der Bevölkerung entsprechende, progressive Ausdehnung des Reproduktionsprozesses, was vom kapitalistischen Standpunkt aus Akkumulation heißt. [Sie schafft] die materiellen Mittel und den Keim zu Verhältnissen, die in einer höheren Form der Gesellschaft erlauben, diese Mehrarbeit zu verbinden mit einer größeren Beschränkung der der materiellen Arbeit überhaupt gewidmeten Zeit. (MEW 25, 827)

Es ist dies [der Assekkuranzfond] auch der einzige Teil des Mehrwerts und des Mehrprodukts, also der Mehrarbeit, der außer dem Teil, der zur Akkumulation, also zur Erweiterung des Reproduktionsprozesses dient, auch nach Aufhebung der kapitalistischen Produktionsweise fortexistieren müßte. (MEW 25, 855; vgl. auch 883)

4. Voraussetzungen

Die Entwicklung der Produktivkräfte der gesellschaftlichen Arbeit ist die historische Aufgabe und Berechtigung des Kapitals. Eben damit schafft es unbewußt die materiellen Bedingungen einer höheren Produktionsform. (MEW 25, 269)

Der Widerspruch zwischen der allgemeinen gesellschaftlichen Macht, zu der sich das Kapital gestaltet, und der Privatmacht der einzelnen Kapitalisten über diese gesellschaftlichen Produktionsbedingungen entwickelt sich immer schreiender und schließt die Auflösung dieses Verhältnisses ein, indem sie zugleich die Herausarbeitung der Produktionsbedingungen zu allgemeinen, gemeinschaftlichen, gesellschaftlichen Produktionsbedingungen einschließt. (MEW 25, 274)

Die kapitalistischen Aktienunternehmungen sind ebensosehr wie die Kooperativfabriken [in denen die Arbeiter als Assoziation ihr eigener Kapitalist sind, d. h. die Produktionsmittel zur Verwertung ihrer eigenen Arbeit verwenden] als Übergangsformen aus der kapitalistischen Produktionsweise in die assoziierte zu betrachten, nur daß in den einen der Gegensatz negativ und in den anderen positiv aufgehoben ist. (MEW 25, 456)

Als Fanatiker der Verwertung des Werts zwingt er [der Kapitalist] rücksichtslos die Menschheit zur Produktion um der Produktion willen, daher zu einer Entwicklung der gesellschaftlichen Produktivkräfte und zur Schöpfung von materiellen Produktionsbedingungen, welche allein die reale Basis einer höheren Gesellschaftsform bilden können, deren Grundprinzip die volle und freie Entwicklung jedes Individuums ist. (MEW 23, 618)

Diese kurze Übersicht mag genügend deutlich machen, wie sich Marx das sozialistische Gemeinwesen und seine Ökonomie vorstellt. Es ist deutlich verschieden von den kommunistischen Träumen des jungen Marx.

Doch auch Engels machte sich ziemlich deutliche Vorstellungen vom Sozialismus. Sie seien im folgenden ebenso kurz referiert:

Der moderne Sozialismus ist seinem Inhalte nach zunächst das Erzeugnis der Anschauung, einerseits der in der modernen Gesellschaft herrschenden Klassengegensätze von Besitzenden und Besitzlosen, Lohnarbeitern und Bourgeois, andererseits der in der Produktion herrschenden Anarchie. (MEW 20, 16)

Was die bürgerliche Demokratie von 1848 nicht fertigbringen konnte, eben weil sie bürgerlich war und nicht proletarisch, nämlich den arbeitenden Massen einen Willen geben, dessen Inhalt ihrer Klassenlage entspricht – das wird der Sozialismus unfehlbar erwirken. Und das bedeutet die Sprengung des Militarismus und mit ihm aller stehenden Armeen von innen heraus. (MEW 20, 158 f.)

Der moderne Sozialismus ist weiter nichts als der Gedankenreflex dieses tatsächlichen Konflikts [zwischen Produktivkräften und Produktionsweise], seine ideelle Rückspiegelung in den Köpfen zunächst der Klasse, die direkt unter ihm leidet, der Arbeiterklasse. (MEW 20, 250)

Der Widerspruch zwischen gesellschaftlicher Produktion und kapitalistischer Aneignung reproduziert sich als Gegensatz zwischen der Organisation der Produktion in der einzelnen Fabrik und der *Anarchie der Produktion* in der ganzen Gesellschaft . . . und es sind wieder die Proletariermassen, die schließlich der Produktionsanarchie ein Ende machen werden. Es ist die treibende Kraft der sozialen Produktionsanarchie, die die unendliche Vervollkommnungsfähigkeit der Maschinen der großen Industrie in ein Zwangsgebot verwandelt für jeden einzelnen industriellen Kapitalisten, seine Maschinerie mehr und mehr zu vervollkommnen, bei Strafe des Untergangs. (MEW 20, 255)

Mit der Besitzergreifung der Produktionsmittel durch die Gesellschaft ist die Warenproduktion beseitigt und damit die Herrschaft des Produkts über den Produzenten. Die *Anarchie* innerhalb der gesellschaftlichen Produktion wird ersetzt durch planmäßige bewußte Organisation. (MEW 20, 264)

Diese weltbefreiende Tat durchzuführen, ist der geschichtliche Beruf des modernen Proletariats. Ihre geschichtlichen Bedingungen und damit ihre Natur selbst zu ergründen, und so der zur Aktion berufenen, heute unterdrückten Klasse die Bedingungen und die Natur ihrer eigenen Aktion zum Bewußtsein zu bringen, ist die Aufgabe des theoretischen Ausdrucks der proletarischen Bewegung, des wissenschaftlichen Sozialismus. (MEW 20, 265)

Indem sich die Gesellschaft zur Herrin der sämtlichen Produktionsmittel macht, um sie gesellschaftlich planmäßig zu verwenden, vernichtet sie die bisherige Knechtung der Menschen unter ihre eignen Produktionsmittel. Die Gesellschaft kann sich selbstredend nicht befreien, ohne daß jeder einzelne befreit wird. Die alte Produktionsweise muß also von Grund aus umgewälzt werden, und namentlich muß die alte *Teilung der Arbeit* verschwinden. An ihre Stelle muß eine Organisation der Produktion treten . . . (MEW 20, 273)

Sobald die Gesellschaft sich in den Besitz der Produktionsmittel setzt und sie in unmittelbarer Vergesellschaftung zur Produktion verwendet, wird die Arbeit eines jeden . . . von vornherein und direkt gesellschaftliche Arbeit. Die in einem Produkt steckende Menge gesellschaftlicher Arbeit braucht dann nicht erst auf einem Umweg festgestellt zu werden; die tägliche Erfahrung zeigt direkt an, wieviel davon im Durchschnitt nötig ist . . . Die Gesellschaft schreibt also . . . den Produkten auch keine Werte zu. (MEW 20, 288)

Der wirkliche Inhalt der proletarischen *Gleichheitsforderung* [ist] die Forderung der Abschaffung der Klassen. Jede Gleichheitsforderung, die darüber hinausgeht, verläuft notwendig ins Absurde. (MEW 20, 99)

In seinem »Katechismus des Kommunismus«, auf Anregung des im Juni 1847 gegründeten »Bundes der Kommunisten« von Engels verfaßt (als Vorläufer des Kommunistischen Manifests), hatte er den Sozialismus noch rundweg abgelehnt (MEW 4, 377–379). Erst als das Wort vom utopischen Geschmack befreit worden war, gebrauchte er es ganz unbesorgt zur Kennzeichnung der kommenden ökonomischen Gesellschaftsform. Im Gegensatz zu Marx versteht er den Sozialismus jedoch eher als Theorie denn als Praxis.

B. Thesen

1. »Sozialismus« wird von Marx im Zusammenhang von mensch-lich-gesellschaftlich gelesen. Nach Engels ist er ein Gedankenreflex des Konflikts zwischen Produktivkräften und Produktionsweise in den Köpfen des Proletariats, der dazu führen wird, die Klassengesellschaft aufzuheben.

2. Der Sozialismus wird realisiert in einer freien Assoziation freier Menschen (vgl. auch Grundrisse, 717), in deren Händen die Produktionsmittel liegen.

3. Im Sozialismus ist das Warenverhältnis zu den Produkten der Arbeit aufgehoben, d. h. die Menschen verhalten sich gegen-

über den Produkten ihrer Arbeit nicht wie gegen Waren (mit einem abstrakten Tauschwert), sondern wie gegen Güter (mit konkretem Gebrauchswert).

4. Die Kontrolle über Produktion wie über Distribution wird von den assoziierten Produzenten übernommen (geplant).

5. Das Management wird sich in den Dienst der freien Produzenten stellen, es wird ein Teil (Disposition) der Produzenten und ist nur dem Gemeinwohl verpflichtet.

6. Im Sozialismus wird das kapitalistische Privateigentum, als Grundlage der kapitalistischen Ausbeutung, aufgehoben, nicht jedoch das auf Arbeit beruhende individuelle Eigentum.

7. Im Sozialismus ist Mehrarbeit notwendig. Sie dient – monetarisiert – zur Bildung von notwendigen Rücklagen, zur gesellschaftlichen notwendigen Investition (die durch wachsende Bevölkerung, wachsenden Wohlstand ... nötig werden wird) sowie zur Bedarfsdeckung der öffentlichen Hand (Einrichten von Krankenhäusern, Kindergärten ..., Versorgung der aus dem Produktionsprozeß ausgeschiedenen Alten und Kranken ...)

8. Voraussetzung für die Bildung des Sozialismus ist eine kapitalistische Entwicklung der Produktionsmittel, die zu einer Überproduktion (im kapitalistischen System) führt.

9. Die großen Kapitalgesellschaften, in denen schon weitgehend die Produktionsmittel von den Produzenten (Arbeiter und Management) verwaltet und gelenkt werden, sind ein Übergang zur sozialistischen Wirtschaftsordnung.

10. Der Sozialismus wird die totale Anarchie (bezogen auf die gesamte Volkswirtschaft) bei partieller Rationalität (bezogen auf den Einzelbetrieb) aufheben und zu einer vollständigen Rationalität der Produktion und der Distribution führen.

Anm.: Von manchen Marxisten wird als Beispiel für Teilrationalität bei Gesamtirrationalität der EG-Agrarmarkt angeführt. So vernünftig es ist, den Produzenten (Bauern) Mindestpreise zu garantieren, so unvernünftig ist es, den Verbraucherpreis nicht gleichzeitig festzusetzen. So kommt es notwendig zum totalen Chaos. Partielle Rationalität durch gesellschaftlich festgesetzte Erzeugerpreise führt zur gesamtwirtschaftlichen Irrationalität.

11. Träger des Sozialismus ist das moderne Proletariat (vgl. »Räte«).

C. Einwände

1. Es kann nicht gezeigt werden, daß eine freie Assoziation von Produzenten die Planung der Produktion und Distribution auch nur einigermaßen zureichend in einer hochindustrialisierten Gesellschaft wird leisten können[5]. Schon die zentrale Planwirtschaft hat da ihre Schwierigkeiten.
2. Es ist fraglich, ob eine solche Assoziation Marktmechanismen so außer Kraft setzen kann, daß das Produkt der Arbeit nicht doch Warenform (mit Tauschwert) erhält.
3. Es ist kaum deutlich zu machen, wie individuelles Eigentum nicht doch wieder (eventuell versteckt) zu Privateigentum werden kann.
4. Es kann nicht bewiesen werden, daß das Management gesamtwirtschaftliche Interessen vor betriebswirtschaftliche (des eigenen Betriebes) stellt.
5. Es ist äußerst unwahrscheinlich, daß die Verteilung des (monetarisierten) Mehrprodukts in Lohn, Reserven, Investitionen und öffentliche Abgaben (Steuern) durch die freie Entscheidung der Produzenten unter Rücksicht des optimalen Gesamtnutzens geschieht und nicht private oder betriebliche Interessen dominieren.
6. Es ist fraglich, ob die Anarchie des freien Markts nicht die kleinstmögliche ist. Durch Planung in Produktion und Verteilung kann zwar permanente Überproduktion und dauernde Unterproduktion eines Artikels verhindert werden, doch können sich durch Fehleinschätzungen des vermutlichen Bedarfs, Fehlplanungen bei mangelnder Übersicht vor allem im Investitionsbereich zu zeitweisen Fehlproduktionen addieren, die das Maß der Irrationalität erheblich vergrößern. Mit rationaler Planung allein ist noch nicht ein planvolles und sinnvolles Funktionieren einer Wirtschaft gewährleistet.
7. Es ist fraglich, ob das Proletariat (= lohnabhängigen Arbeiter) zureichend geschult ist, um einen Sozialismus Marxscher Prägung zu realisieren.
8. Die Behauptung, auf den Kapitalismus folge zwingend ein So-

zialismus marxistischer Spielart, ist nicht zu beweisen. Es könnte die Nachfolgeökonomie zum Kapitalismus auch nichtsozialistisch sein. Wenn sie aber sozialistisch wäre, ist zu fragen, ob der Marxismus der einzige ist, der das zukünftige ökonomische Modell theoretisch beherrscht. Die Theorie einer Ökonomie ist bislang immer der Praxis *gefolgt* und niemals ihr vorausgegangen. Marxismus ist aber Prophetie über den künftigen Zustand der Ökonomie – und als solcher der Scharlatanerie verdächtig.

9. Bislang sind alle Versuche, ein sozialistisches System marxistischer Prägung einzuführen, gescheitert.

10. Es ist nicht zu beweisen, daß der Sozialismus wesentlich eine Gesellschaftsform ist, in der die volle und freie Entwicklung des Individuums gewährleistet ist. Es dürfte sich hier um eine Verwechselung zwischen Ideologie, Gesellschaftsform und Wirtschaftssystem handeln, die zu dem genannten Fehlschluß führt.

Anmerkungen:

1   Zeitschrift für Literatur und Geschichte der Staatswissenschaften 1 (1893), 3.
2   Sozialismus, in: MiSV/Grundbegriffe 3, 220.
3   Sozialismus, in: Lexikon zur Soziologie, Opladen ²1973, 624.
4   Sozialismus, in: Wörterbuch der marxistisch-leninistischen Soziologie, Opladen ²1971, 409.
5   Engels behauptet: »In der kommunistischen Gesellschaft wird es ein leichtes sein, sowohl die Produktion wie Konsumtion zu kennen. Da man weiß, wieviel ein einzelner im Durchschnitt braucht, so ist es leicht zu berechnen, wieviel von einer gewissen Anzahl Individuen gebraucht wird, und da die Produktion alsdann nicht mehr in den Händen einzelner Privaterwerber, sondern in den Händen der Gemeinde und ihrer Verwaltung ist, so ist es eine Kleinigkeit, die Produktion nach den Bedürfnissen zu regeln.« (MEW 2, 539) Daß es in der Praxis kaum so funktioniert, wird schon ein Student der Nationalökonomie des ersten Semesters begreifen. Was ein einzelner im Durchschnitt braucht, läßt sich allenfalls statistisch *nach* erfülltem Bedürfnis berechnen, niemals aber im vorhinein bezogen auf ein Individuum.

XII. SOZIALE REVOLUTION

Für den Marxismus steht es außer Frage, daß es nur eine Strategie gibt, von einer niederen in eine qualitativ höhere ökonomische und gesellschaftliche Form zu gelangen: die Revolution.

Das Wort »Revolution« ist in seiner politischen Bedeutung und gesprochen im sozialen Interesse eine Schöpfung der Neuzeit. Sicherlich ist die Geschichte der Revolutionen fast ebenso lang wie die institutionalisierter politischer Herrschaft, doch kam die Revolution erst mit der Französischen (1789) zu ihrer Theorie und damit zu ihrem reflektierten Bewußtsein.

In der Theorie der Revolution heute finden wir folgende Merkmale mehr oder weniger deutlich ausgeprägt:

- der schnelle und gewaltsame – oft auch gewalttätige – Umbruch von Staats- und Rechtsverhältnissen,
- eine soziale Massenbewegung, die sich zumeist in Formen gewalttätiger Widerstandshandlungen ankündigt, und
- eine programmatische Idee zur Verbesserung der sozialen und/oder politischen Verhältnisse.

Revolutionen unterscheiden sich also deutlich von

- Arbeitskämpfen
- Staatsstreichen
- Aufständen
- Bürgerkriegen

Nicht gemeint sind mit dem Wort »Revolution« Bewegungen ökonomischer oder wissenschaftlicher Art wie

- technische
- industrielle
- wissenschaftliche »Revolutionen«.

Gemeint sind vielmehr soziale und politische Revolutionen.

Politisch ist eine Revolution, die vorwiegend (mitunter auch ausschließlich) tiefgreifende Veränderungen im politischen System bewirkt oder wenigstens beabsichtigt. Ist die politische Revolution erfolgreich (bei nicht erfolgreichen Revolutionen spricht man geeignet von Revolten), übernehmen die politischen Vertreter einer bislang beherrschten Gruppe die politische Gewalt im Gemeinwesen oder bestimmen sie doch. Ferner bilden sie die politische Verfaßtheit gemäß ihren eigenen politischen Bedürfnissen und Vorstellungen um. Nicht selten gehen politische Revolutionen Wandlungen im ökonomischen System voraus.

Sozial ist eine Revolution, die überwiegend oder ausschließlich erhebliche Veränderungen im Sozialgefüge einer Gesellschaft bezweckt oder bewirkt bzw. bewirken soll. Soziale Revolutionen, die die bürgerliche Eigentumsordnung zugunsten einer sozialistischen verändern wollen, werden *sozialistische* Revolutionen genannt.

Die meisten Staaten Europas sind Ergebnisse solcher politischen und/oder sozialen Revolutionen.

Da allen Revolutionen gemeinsam ist, daß an ihrem Ende eine neue Qualität menschlichen Seins und Bewußtseins steht, könnte man – mit einigen Neomarxisten – definieren: Revolution ist eine qualitative Veränderung des gesellschaftlichen Seins und Bewußtseins. Wir werden jedoch zeigen, daß diese Definition nicht die Intention des Marxismus richtig wiedergibt: Sie verharmlost die revolutionäre Aktion und den revolutionären Willen. Eine so definierte Revolution ist gänzlich unspezifisch und völlig wertneutral. Gegen solche qualitativen Veränderungen in Sein und Bewußtsein wird niemand etwas einwenden können, wenn sie nur zu einer »besseren« Qualität führen, denn das gesellschaftliche Sein (das konkrete Gemeinwesen in seiner politischen und ökonomischen Verfaßtheit) soll sich hin zum Humaneren entwickeln. Doch die Theorie der Begründer des Marxismus ist nicht ganz so harmlos.

A. DARSTELLUNG

Wir wollen nun die Revolutionstheorie Marxens und Engels' vorstellen. Da in diesem Punkt der Theorie keine erheblichen Gegensätze bestehen, werden wir beider Ansichten gemischt vortragen.

1. Die Voraussetzungen zur proletarischen (sozialistischen, kommunistischen) Revolution

Die Voraussetzungen der sozialistischen Revolution sind

a) ökonomischer und
b) klassenspezifischer Art

Die sozialistische Revolution setzt eine ökonomische Krise voraus. (MEW 22, 510)
Worin besteht diese Krise und was verursacht sie?

Mit den materiellen Bedingungen und der gesellschaftlichen Kombination des Produktionsprozesses reift sie [die Maschinerie] die Widersprüche und Antagonismen seiner kapitalistischen Form, daher gleichzeitig die Bildungsmomente einer neuen und die Umwälzungsmomente der alten Gesellschaft. (MEW 23, 526; M)
Sobald dieser Umwandlungsprozeß [des Privateigentums in kapitalistisches Privateigentum] nach Tiefe und Umfang die alte Gesellschaft zersetzt hat, sobald die Arbeiter in Proletarier, ihre Arbeitsbedingungen in Kapital verwandelt sind, sobald die kapitalistische Produktionsweise auf eigenen Füßen steht, gewinnt die weitere Vergesellschaftung der Arbeit und weitere Verwandlung der Erde und anderer *Produktionsmittel* in *gesellschaftlich ausgebeutete*, also *gemeinschaftliche Produktionsmittel,* daher die weitere Expropriation der Privateigentümer, eine neue Form. Was jetzt zu expropriieren ist, ist nicht länger der selbstwirtschaftende Arbeiter, sondern der viele Arbeiter exploitierende [ausbeutende] Kapitalist. (MEW 23, 790; M)
Die vorgefundenen Lebensbedingungen der verschiedenen Generationen entscheiden auch, ob die periodisch in der Geschichte wiederkehrende revolutionäre Erschütterung stark genug sein wird oder nicht, die Basis alles Bestehenden umzuwerfen, und wenn diese materiellen Elemente einer totalen Umwälzung, nämlich einerseits die vorhandenen Produktivkräfte, andererseits die Bildung einer revolutionären Masse, die nicht nur gegen einzelne Bedingungen der bisherigen Gesellschaft, sondern gegen die bisherige »Lebensproduktion« selbst, die »Gesamttätigkeit«, worauf sie basierte, revolutioniert – nicht vorhanden sind, so ist es ganz gleichgültig für die praktische Entwicklung, ob die *Idee* dieser Umwälzung schon hundertmal ausgesprochen ist – wie die Geschichte des Kommunismus dies beweist [gegen die Feuerbachsche Theorie der Revolution]. (MEW 3, 38f.)
Die Proletarier [müssen], um persönlich zur Geltung zu kommen, ihre eigene bisherige Existenzbedingung, die zugleich die der ganzen bisherigen Gesellschaft ist, die Arbeit, aufheben. Sie befinden sich daher auch im di-

rekten Gegensatz zu der Form, in der die Individuen der Gesellschaft sich bisher einen Gesamtausdruck gaben, zum Staat, und müssen den *Staat* stürzen, um ihre Persönlichkeit durchzusetzen. (MEW 3, 77)

Bei der Gemeinschaft der revolutionären Proletarier . . ., die ihre und aller Gesellschaftsmitglieder Existenzbedingungen unter ihre Kontrolle nehmen, ist es . . . [so]: an ihr nehmen die *Individuen* als Individuen Anteil. (MEW 3, 74 f.)

Wir haben gezeigt, daß die gegenwärtigen Individuen das Privateigentum aufheben *müssen,* weil die Produktivkräfte und die Verkehrsformen sich soweit entwickelt haben, daß sie unter der Herrschaft des Privateigentums zu Destruktivkräften geworden sind, und weil der Gegensatz der Klassen auf seine höchste Spitze getrieben ist. (MEW 3, 424)

Eine unterdrückte Klasse ist die Lebensbedingung jeder auf den Klassengegensatz begründeten Gesellschaft. Die Befreiung der unterdrückten Klasse schließt also notwendigerweise die Schaffung einer neuen Gesellschaft ein. Soll die unterdrückte Klasse sich befreien können, so muß eine Stufe erreicht sein, auf der die bereits erworbenen Produktivkräfte und die geltenden gesellschaftlichen Einrichtungen nicht mehr nebeneinander bestehen können. Von allen Produktionsinstrumenten ist die größte *Produktivkraft die revolutionäre Klasse* selbst. Die Organisation der revolutionären Elemente als Klasse setzt die fertige Existenz aller Produktivkräfte voraus, die sich überhaupt im Schoß der alten Gesellschaft entfalten konnten. (MEW 4, 181; M)

In den Krisen kommt der Widerspruch zwischen gesellschaftlicher Produktion und kapitalistischer Aneignung zum gewaltsamen Ausbruch. Der Warenumlauf ist momentan vernichtet: das Zirkulationsmittel, das Geld, wird Zirkulationshindernis; alle Gesetze der Warenproduktion und Warenzirkulation werden auf den Kopf gestellt. Die ökonomische Kollision hat ihren Höhepunkt erreicht: *Die Produktionsweise rebelliert gegen die Austauschweise.* (MEW 19, 219; E)

Die revolutionierende Klasse tritt von vornherein, schon weil sie einer Klasse gegenübersteht, nicht als Klasse, sondern als *Vertreterin der ganzen Gesellschaft* auf, sie erscheint als die ganze Masse der Gesellschaft gegenüber der einzigen herrschenden Klasse. (MEW 3, 47 f.)

2. Politische Revolution und proletarische (soziale) Revolution

Die bürgerlichen Revolutionen waren ausschließlich politische Revolutionen. Erst die proletarische ist *soziale* und politische Revolution zugleich.

Stürzt . . . das Proletariat die *politische* Herrschaft der Bourgeoisie, so wird sein Sieg nur vorübergehend, nur ein Moment im Dienst der bürgerlichen Revolution selbst sein, wie anno 1794, solang im Lauf der Geschichte, in ihrer »Bewegung«, die materiellen Bedingungen noch nicht geschaffen sind, die die Abschaffung der bürgerlichen Produktionsweise und darum auch den definitiven Sturz der politischen Bourgeoisieherrschaft notwendig machen. (MEW 4, 338 f.; M)

Die *politische* Revolution, welche diese Herrschermacht [Feudalsystem] stürzte und die Staatsangelegenheiten zu Volksangelegenheiten erhob, welche den politischen Staat als allgemeine Angelegenheit, d. h. als wirklichen Staat konstituierte, zerschlug notwendig alle Stände, Korporationen, Innungen, Privilegien, die ebenso viele Ausdrücke der Trennung des Volkes von seinem Gemeinwesen waren. Die *politische* Revolution hob damit den politischen Charakter der bürgerlichen Gesellschaft auf. Sie zerschlug die bürgerliche Gesellschaft in ihre einfachen Bestandteile, einerseits in die Individuen, andererseits in die materiellen und geistigen Elemente, welche den Lebensinhalt, die bürgerliche Situation dieser Individuen bilden. Sie entfesselte den politischen Geist. (MEW 1, 288; M) Die *politische* Revolution löst das bürgerliche Leben in seine Bestandteile auf, ohne diese Bestandteile selbst zu revolutionieren und der Kritik zu unterwerfen. (MEW 1, 369; M)

Man muß gestehen, daß Deutschland einen ebenso klassischen Beruf zur *sozialen* Revolution besitzt, wie es zur *politischen* unfähig ist. (MEW 1, 405; M) Eine »*soziale*« Revolution mit einer politischen Seele ist entweder ein zusammengesetzter Unsinn, wenn der »Preuße« unter »sozialer« Revolution eine »soziale« Revolution im Gegensatz zu einer politischen versteht, und nichtsdestoweniger der sozialen Revolution statt einer sozialen eine politische Seele verleiht. Oder eine »soziale Revolution mit einer politischen Seele« ist nichts als eine Paraphrase von dem, was man sonst eine »politische Revolution« oder eine »Revolution schlechthin« nannte. Jede Revolution löst die alte Gesellschaft auf; insofern ist sie *sozial*. Jede Revolution stürzt die alte Gewalt; insofern ist sie *politisch*. (MEW 1, 408 f.; M)

Von dieser gewaltsamen Revolution [Sturz der adeligen und industriellen Aristokratie] hält . . . die Engländer [ihre] eigentümliche Achtung vor dem Gesetz zurück . . . Die Revolution wird keine *politische*, sondern eine *soziale* sein. (MEW 1, 460; E) Die *soziale* Revolution in England hat diese . . . Aufhebung des Feudalsystems so weit entwickelt, daß die Krise, die den christlichen Weltzustand vernichten wird, nicht mehr fern sein kann. (MEW 1, 557; E)

Die früheren Klassen, die sich die Herrschaft eroberten, suchten ihre schon erworbene Lebensstellung zu sichern, indem sie die ganze Gesellschaft den Bedingungen ihres Erwerbs unterwarfen. Die Proletarier können sich die gesellschaftlichen Produktivkräfte nur erobern, indem sie ihre eigene bisherige Aneignungsweise und damit die ganze bisherige Aneignungsweise abschaffen. Die Proletarier haben nichts von dem Ihrigen zu sichern, sie haben alle bisherigen Privatsicherheiten und Privatversicherungen zu zerstören. (MEW 4, 472)

Empirisch begründet ist es, daß durch den Umsturz des bestehenden gesellschaftlichen Zustandes durch die *kommunistische* Revolution . . . und die damit identische Aufhebung des Privateigentums diese . . . mysteriöse Macht aufgelöst wird und alsdann die Befreiung jedes einzelnen Individuums in demselben Maße durchgesetzt wird, in dem die Geschichte sich vollständig in Weltgeschichte verwandelt. (MEW 3, 37)

In allen bisherigen Revolutionen [blieb] die Art der Tätigkeit stets unangetastet . . . und es wird sich nur um eine andere Distribution dieser Tätigkeit, um eine neue Verteilung der Arbeit an andere Personen handeln, während die *kommunistische* Revolution sich gegen die bisherige Art der Tätigkeit richtet, die Arbeit beseitigt und die Herrschaft aller Klassen mit den Klassen selbst aufhebt, weil sie durch die Klasse bewirkt wird, die in der Gesellschaft für keine Klasse mehr gilt, nicht als Klasse anerkannt wird, schon der Ausdruck der Auflösung aller Klassen, Nationalitäten . . . innerhalb der jetzigen Gesellschaft ist. (MEW 3, 69f.)

3. Voraussetzungen, Verlauf und Ziel der sozialistischen Revolution

Eine der Voraussetzungen der Revolution ist die Ausbildung des revolutionären Bewußtseins. Da das herrschende Bewußtsein von der herrschenden Klasse gebildet wird, ist nicht ganz deutlich, wie sich Marx das Entstehen des neuen Bewußtseins vorstellt. Klarer sind dagegen seine Vorstellungen über den Verlauf und das Ziel der Revolution. Es wird eine Weltrevolution sein müssen, wenn die Revolutionsziele realisiert werden sollen.

Die Gedanken der herrschenden Klasse sind in jeder Epoche die herrschenden Gedanken, d. h. die Klasse, welche die herrschende materielle Macht der Gesellschaft ist, ist zugleich ihre herrschende geistige Macht. Die Klasse, die die Mittel zur materiellen Produktion zu ihrer Verfügung hat, disponiert damit zugleich über die Mittel der geistigen Produktion. (MEW 3, 46)

Die Waffe der Kritik kann allerdings die *Kritik der Waffen* nicht ersetzen, die materielle Gewalt muß gestürzt werden durch materielle Gewalt, allein auch die Theorie wird zur materiellen Gewalt, sobald sie die Massen ergreift. Die Theorie ist fähig, die Massen zu ergreifen, sobald sie ad hominem demonstriert, und sie demonstriert ad hominem, sobald sie radikal wird. Radikal sein, ist die Sache an der Wurzel fassen. Die Wurzel für den Menschen ist aber der Mensch selbst. (MEW 1, 385; M)

Die Revolutionen bedürfen ... eines passiven Elements, einer materiellen Grundlage. Die Theorie wird in einem Volke nur immer so weit verwirklicht, als sie die Verwirklichung seiner Bedürfnisse ist. Wird nun dem ungeheuren Zwiespalt zwischen den Forderungen des deutschen Gedankens und den Antworten der deutschen Wirklichkeit derselbe Zwiespalt der bürgerlichen Gesellschaft mit dem Staat und mit sich selbst entsprechen? Werden die theoretischen Bedürfnisse unmittelbar praktische Bedürfnisse sein? Es genügt nicht, daß der Gedanke zur Verwirklichung drängt, die Wirklichkeit muß sich selbst zum Gedanken drängen. (MEW 1, 386; M)

Wenn alle inneren Bedingungen erfüllt sind, wird der deutsche Auferstehungstag verkündet werden durch das Schmettern des gallischen Hahns. (MEW 1, 391; M)

In Wirklichkeit trug sich die Sache natürlich so zu, daß die Menschen sich jedesmal so weit befreiten, als nicht ihr *Ideal* vom Menschen, sondern die existierenden Produktivkräfte ihnen vorschrieben und erlaubten. Allen bisherigen Befreiungen lagen indes beschränkte Produktivkräfte zugrunde ... So hat die Gesellschaft *bisher* sich immer innerhalb eines Gegensatzes entwickelt, der bei den Alten der Gegensatz von Freien und Sklaven, im Mittelalter der von Adel und Leibeigenen, in der neueren Zeit der von Bourgeoisie und Proletariat ist. (MEW 3, 417)

Proletarische Revolution, Auflösung der Widersprüche: Das Proletariat ergreift die öffentliche Gewalt und verwandelt kraft dieser Gewalt die den Händen der Bourgeoisie entgleitenden gesellschaftlichen Produktionsmittel in öffentliches Eigentum. Durch diesen Akt befreit es die Produktionsmittel von ihrer bisherigen Kapitaleigenschaft und gibt ihrem gesellschaftlichen Charakter volle Freiheit, sich durchzusetzen. Eine gesellschaftliche Produktion nach vorherbestimmtem Plan wird nunmehr möglich. (MEW 19, 228; E)

Daß die *bisherigen Revolutionen* innerhalb der Teilung der Arbeit zu neuen politischen Einrichtungen führen mußten, geht aus dem oben gegen Feuerbach Gesagten hervor; daß die *kommunistische* Revolution, die die Teilung der Arbeit aufhebt, die politischen Einrichtungen schließlich beseitigt, geht ebenfalls daraus hervor; und daß die *kommunistische* Revolution sich nicht nach den »gesellschaftlichen Einrichtungen erfinderischer sozialer Talente« richten wird, sondern nach den Produktivkräften, geht endlich auch daraus hervor. (MEW 3, 364)

Inzwischen ist der Gegensatz zwischen Proletariat und Bourgeoisie ein Kampf von Klasse gegen Klasse, ein Kampf, der auf seinen höchsten Ausdruck gebracht, eine *totale* Revolution bedeutet. Braucht man sich übrigens zu wundern, daß eine auf dem Klassengegensatz begründete Gesellschaft auf den brutalen Widerspruch hinausläuft, auf den Zusammenstoß Mann gegen Mann als letzte Lösung? Man sage nicht, daß die gesellschaftliche Bewegung die politische ausschließt. Es gibt keine politische Bewegung, die nicht gleichzeitig auch eine gesellschaftliche wäre. Nur bei einer Ordnung der Dinge, wo es keine Klassen und keinen Klassengegensatz gibt, werden die *gesellschaftlichen Evolutionen* aufhören, politische Revolutionen zu sein. (MEW 4, 182; M)

Die *kommunistische* Revolution wird daher keine bloß nationale, sie wird eine in allen zivilisierten Ländern, d. h. wenigstens in England, Amerika, Frankreich und Deutschland gleichzeitig vor sich gehende Revolution sein. (MEW 4, 374; E)

Damit die Völker sich wirklich vereinigen können, muß ihr Interesse ein gemeinschaftliches sein. Damit ihr Interesse gemeinschaftlich sein könne, müssen die jetzigen Eigentumsverhältnisse abgeschafft sein, denn die jetzigen Eigentumsverhältnisse bedingen eine Exploitation [Ausbeutung] der Völker unter sich: die jetzigen Eigentumsverhältnisse abzuschaffen, das ist nur das Interesse der arbeitenden Klasse. Sie allein hat auch die Mittel dazu. Der Sieg des Proletariats über die Bourgeoisie ist zugleich der Sieg über die nationalen und industriellen Konflikte, die heutzutage die verschiedenen Völker feindlich einander gegenüberstellen. Der Sieg des Proletariats über die Bourgeoisie ist darum zugleich das Befreiungssignal aller unterdrückten Nationen. (MEW 4, 416; M)

4. Reformen und Revolution

Deutlich wendet sich Engels gegen die Ansicht, man könne die sozialen Mißstände ausschließlich mit willkürlichen Reformen beseitigen. Zwar entwickelt sich der Kommunismus auch – letztlich aber wird er nur durch Revolutionen herbeigeführt werden können[1]. Revolutionen sind also ein notwendiges Übel.

Herr Heinzen [*Karl Heinzen* (1809–1880), republikanischer Publizist; arbeitete auch für die »Rheinische Zeitung«] verspricht auch soziale Reformen . . . Und was sind das für Reformen? Es sind solche, wie die Kommunisten sie selbst vorschlagen als *Vorbereitung* zur Abschaffung des Privateigentums ... Alle Maßregeln zur Beschränkung der Konkurrenz, der Anhäufung großer Kapitalien in den Händen einzelner, alle Beschränkung oder Aufhebung des Erbrechts, alle Organisation der Arbeit von Staats wegen ... alle diese Maßnahmen sind als *revolutionäre* Maßregeln nicht nur möglich, sondern sogar nötig ... Sie sind möglich als Vorbereitungen, vorübergehende Zwischenstufen für die Abschaffung des Privateigentums, aber auch nichts anderes. (MEW 4, 313; E) Kurz: Bei den Kommunisten haben diese Maßregeln Sinn und Verstand, weil sie nicht als willkürliche Maßregeln aufgefaßt werden, sondern als Resultate, die sich aus der Entwicklung der Industrie, des Ackerbaus, des Handels, der Kommunikation, aus der Entwicklung des hiervon abhängigen Klassenkampfes zwischen Bourgeoisie und Proletariat von selbst notwendig ergeben werden; die sich ergeben werden nicht als definitive Maßregeln, sondern als vorübergehende, aus dem vorübergehenden Kampfe der Klassen selbst entspringende *mesures de salut public.* (MEW 4, 314 f.; E)

Der französischen Nation scheint im gegenwärtigen Stadium der Menschheitsgeschichte die Rolle bestimmt, alle politischen Entwicklungsformen zu durchlaufen und vom rein Politischen ausgehend zu dem Punkt zu kommen, wo alle Völker, alle verschiedenen Wege beim *Kommunismus* angelangen müssen. Die französische Revolution war der Ursprung der Demokratie in Europa. *Demokratie* ist ... ein Widerspruch in sich, eine Unwahrheit, im Grunde nichts als Heuchelei. *Politische Freiheit* ist Scheinfreiheit, die schlimmste Art von Sklaverei, der Schein der Freiheit und deshalb die schlimmste Knechtschaft ... Heuchelei kann keinen Bestand haben, der in ihr verborgene Widerspruch muß zutage treten; entweder richtige Sklaverei, das heißt unverhüllter Despotismus, oder echte Freiheit und echte Gleichheit, das heißt Kommunismus. (MEW 1, 481; E)

Es wäre zu wünschen, daß dies [die Aufhebung des Privateigentums auf friedlichem Wege] geschehen könnte, und die Kommunisten wären gewiß die letzten, die sich dagegen auflehnen würden. Die Kommunisten wissen zu gut, daß alle Verschwörungen nicht nur nutzlos, sondern sogar schädlich sind. Sie wissen zu gut, daß Revolutionen nicht absichtlich oder willkürlich gemacht werden, sondern daß sie überall und zu jeder Zeit die notwendige Folge von Umständen waren, welche von dem Willen und der Leitung einzelner Parteien und ganzer Klassen durchaus unabhängig sind. (MEW 4, 372; E)

Sowohl zur massenhaften Erzeugung des kommunistischen Bewußtseins wie zur Durchsetzung der Sache selbst [ist] eine massenhafte Veränderung der Menschen nötig ..., die nur in einer praktischen Bewegung, in einer

Revolution vor sich gehen kann; die Revolution [ist] nicht nur nötig, weil die herrschende Klasse auf keine andere Weise gestürzt werden kann, sondern auch, weil die stürzende Klasse nur in einer Revolution dahin kommen kann, sich den ganzen alten Dreck vom Halse zu schaffen und zu einer neuen Begründung der Gesellschaft befähigt zu werden. (MEW 3, 70)

Exkurs: Permanente Revolution

Selten nur ging Marx auf das Thema der permanenten Revolution ein:

In den Momenten seines besonderen Selbstgefühls sucht das politische Leben seine Voraussetzung, die bürgerliche Gesellschaft und ihre Elemente, zu erdrücken und sich als das wirkliche, widerspruchslose Gattungsleben des Menschen zu konstituieren. Es vermag dies indes nur durch gewaltsamen Widerspruch gegen seine eigenen Lebensbedingungen, nur indem es die *Revolution* für *permanent* erklärt, und das politische Drama endet daher ebenso notwendig mit der Wiederherstellung der Religion, des Privateigentums, aller Elemente der bürgerlichen Gesellschaft, wie der Krieg mit Frieden endet. (MEW 1, 357)

Die positive Ausdeutung der »Revolution in Permanenz« geht auf *Trotzki* zurück. Er verstand sie zunächst in Übereinstimmung mit *Lenin* als »permanenten Prozeß der internationalen Revolution«. Mit dieser Theorie geriet er mit *Stalin* in Konflikt, der dem »Sieg des Sozialismus in einem Land« den unbedingten Vorrang einräumt (StW 6, 331 ff.).

Heute wird der Begriff »permanente Revolution« vor allem in Hinsicht auf die Vorgänge in China genannt. *Mao Tse-tung* schrieb noch 1937:

Wir sind Verfechter der Theorie des Hinüberwachsens der [demokratischen in die sozialistische] Revolution, wir sind keine Anhänger der trotzkistischen Theorie der permanenten Revolution. Wir sind der Meinung, daß wir zum Sozialismus gelangen werden, nachdem alle notwendigen Entwicklungsstufen der demokratischen Republik durchlaufen sind[2].

Die Gründe, die Mao dazu führten, in einem »sozialistischen« Land erneut zur Revolution zu rufen, sind mannigfaltiger innerer und äußerer Art. Hier sind zu nennen[3]:

● Die Sozialisierung der Industrie rief keine sozialistische Gesinnung der Stadtbevölkerung hervor. Um diesen Mangel abzustel-

len, rief Mao zunächst die Bewegung »Laßt hundert Blumen nebeneinander blühen! Laßt hundert Schulen miteinander streiten«
ins Leben. Doch diese Bewegung endete mit einem politischen
Desaster, insofern nur die Systemkritik wachgerufen wurde.

● Der *Große Sprung nach vorne* und die *Volkskommunen* endeten
in einem wirtschaftlichen Fiasko und führten zur gesellschafts-
politischen Konfusion.

● Es hatte sich eine neue Herrschaftsgruppe gebildet, die bürgerliche Vorstellungen übernahm – vor allem, um ihre gewonnenen
Positionen zu schützen.

● Die Opposition lehnte Maos antisowjetischen Kurs ab.

So verkündete am 8. 8. 1966 das 11. Plenum des 8. ZK den Beschluß
über die »Große proletarische Kulturrevoltuion«. Ausgangspunkt
für diese Aktion war die These Maos, daß der Klassenkampf in der
sozialistischen Gesellschaft fortdauere und sich daher ein permanenter Auftrag herleite, sich ständig gegen bürgerliches Gedankengut revolutionär zur Wehr zu setzen. Die wichtigsten Gedanken der
Großen Kulturrevolution waren:

● Die Bourgeoisie ist zwar gestürzt, doch entsteht sie immer neu
und versucht,

  die alten Ideen, die alte Kultur, die alten Sitten und Gebräuche der Aus-
  beuterklassen zu verwenden, um die Massen zu korrumpieren, ihre
  Herzen zu gewinnen und eine Restauration mit allen Kräften herbeizuführen.

● Das Proletariat antwortet mit der Schaffung einer neuen Kultur,
gegenwärtig aber kämpft es »gegen Leute in Machtpositionen,
die einen kapitalistischen Weg gehen«. Kampfmittel sollten
Wandzeitungen, große Debatten, nicht aber Gewalt sein.

● Der Ausgang der Kulturrevolution hängt davon ab, »ob die Parteiführung es wagt, . . . kühn die Massen zu mobilisieren«.

● Während der Kulturrevolution müssen sich die Massen selbst befreien. Es ist falsch, an ihrer statt zu handeln. Die neuen Organisationsformen sind die Gruppen, Komitees und Kongresse der
Kulturrevolution, die nach dem Wahlsystem der Pariser Kommune (vgl. »Räte«) ermittelt werden sollen und jederzeit kritisiert werden dürfen.

● Die Ausbildung der Schüler und Studenten muß verkürzt und verbessert werden, so daß sie neben ihrem Studium auch Arbeit in der Industrie und Landwirtschaft leisten können. Damit soll die Ausbildung eines klassenbildenden Elitebewußtseins verhindert werden.

Die Revolutionskomitees konnten jedoch den Zwiespalt zwischen Massen und den neuen Herrschern nicht vollkommen überwinden (teilweise wurde er nur verschleiert). Nicht die Massenorganisationen übernahmen die Führung, sondern die Militärs. Eine neue Kulturrevolution war damit grundgelegt.

B. Thesen

1. Revolution, das heißt für den Kommunisten, »die vorgefundenen Dinge praktisch anzugreifen und zu verändern«. (MEW 3, 42)
2. Die sozialistische Revolution ist nur möglich, wenn die vorhandenen Produktivkräfte nicht mehr mit den Produktionsbedingungen in Einklang zu bringen sind. Sie müssen zu Destruktivkräften geworden sein.
3. Die sozialistische Revolution ist nur durchzusetzen, wenn sie von einer Gemeinschaft revolutionärer Proletarier getragen wird, die die Masse der Bevölkerung ausmachen.
4. Die Gemeinschaft der revolutionären Proletarier handelt für alle Individuen – und zu deren Nutzen.
5. Die sozialistische Revolution besorgt nicht nur eine qualitativ andere Gesellschaft (wie das die früheren Revolutionen getan haben), sondern eine *neue* Gesellschaft.
6. Die sozialistische Revolution ist soziale und politische Revolution zugleich. Als politische stürzt sie den Staat. Mit dem Staat hebt sie die politische Herrschaft des Menschen über den Menschen auf. (Vgl. »Staat«)
7. Die sozialistische Revolution hebt das (bürgerliche) Privateigentum auf, und beseitigt so die Grundlage für alle ökonomisch bedingten Entfremdungen.

145

8. Das revolutionäre Bewußtsein entsteht gegen das herrschende Bewußtsein, indem es die herrschenden Zustände als Negation erkennt und negiert.
Die sozialistische Revolution ist stets verbunden mit der Anwendung materieller Gewalt.

9. Theorien können jedoch in revolutionäre Praxis umschlagen, wenn sie von der Masse ergriffen werden – sie werden von der Masse ergriffen, wenn sie für die Menschen sind.

10. Die revolutionäre Aktion ist nur möglich, wenn sie die Befriedigung eines Bedürfnisses der Vielen ist. Es genügt nicht, wenn eine Idee zur Verwirklichung drängt.

11. Nicht Ideale vom Menschen bestimmten den Umfang der Revolution und ihr Ausmaß, sondern der Stand der Entwicklung der Produktivkräfte.

12. Die sozialistische Revolution begründet den Sozialismus. (Produktionsmittel werden öffentliches Eigentum, die gesellschaftliche Produktion geschieht nach Plan . . .)

13. Die sozialistische Revolution ist, weil sie auf totalen Klassengegensätzen beruht, total. Gibt es keine (antagonistischen) Klassen mehr, kann die Evolution ohne politische Revolution verlaufen (d. h. evolutiv oder als reine soziale Revolution).

14. Die sozialistische Revolution muß annähernd gleichzeitig in allen hochkapitalisierten Ländern vor sich gehen (Weltrevolution). Ihr Träger ist das internationale Proletariat. Deshalb: »Proletarier aller Länder vereinigt euch!« (MEW 4, 493)

15. Reformen sind kein Ersatz für die sozialistische Revolution. Sie sind allenfalls erzwungene Zwischenstufen zwischen Kapitalismus und Sozialismus.

16. Die sozialistische Revolution ist ein zwingend notwendiges Übel. Sie wird von der historischen Situation erzwungen.

17. Die sozialistische Revolution ist zwingend nötig, weil
    ● die herrschende Klasse auf keine andere Weise gestürzt werden und
    ● nur so der Gesellschaft der ganze institutionelle Dreck der Vergangenheit vom Hals geschafft werden kann.

18. Permanente Revolutionen bringen nichts ein als Restauration des Alten.

19. Die bürgerliche Demokratie mit ihrer Scheinfreiheit und Scheingleichheit ist nur als Übergangsform möglich.

C. EINWÄNDE

1. Bislang hat noch keine Revolution die von Marx und Engels gestellten Bedingungen für eine »sozialistische« erfüllt, da entweder das notwendige Maß der Entwicklung der Produktivkräfte fehlte, oder aber sich das Proletariat noch nicht zu einer Klasse zusammengefunden hatte, die stark genug gewesen wäre, allein (d. h. vor allem ohne fremde politische Hilfe von außen) die bestehende Ordnung zu stürzen. Die pseudosozialistischen Revolutionen waren entweder von Intellektuellen, Berufsrevolutionären oder fremder politischer Gewalt in Gang gesetzt worden.

2. Die pseudosozialistischen Revolutionen haben bisher noch niemals eine neue Gesellschaft zustande gebracht, denn die Veränderung der politischen und ökonomischen Strukturen macht noch keine neue Gesellschaft (dazu gehört vor allem auch eine Veränderung des gesellschaftlichen Bewußtseins, und zwar qualitativer Art).

3. Durch die revolutionäre Beseitigung des Privateigentums ist noch niemals der Zustand der Freiheit von ökonomischen Entfremdungen erreicht worden, der gerade die »neue Gesellschaft« charakterisieren soll.

4. Die Behauptung, die sozialistische Revolution setze die Kritik der Waffen und den Kampf Mann gegen Mann voraus, dürfte richtig sein. Damit sind aber widerlegt:

● François *Babeuf*, der eine bloß soziale Revolution wollte zur Herstellung einer wirklichen Gleichheit (und nicht nur einer rechtlichen Gleichstellung).

● Wilhelm *Weitling*, der mit seiner sozialen Revolution »nicht den Personen den Krieg machen [will], sondern dem Eigentum«.

Wir können also die sozialistische Revolution definieren als einen eruptiven Wandel, der die institutionellen, rechtlichen und personellen Zusammenhänge mit der vorhergehénden Epoche mit Waffengewalt unterbricht.

Die sozialistische Revolution ist also

- stets gewalttätig (Chalmer Jahnson). Eine »revolution by consent« (Crane Brinton) oder eine Machtergreifung mit den Mitteln der Legalität sind also keine sozialistischen Revolutionen.
- Kein evolutionärer Prozeß (d. h. keine langsame Anpassung von Institutionen und Lebensformen an veränderte menschliche Lebensbedingungen, Umweltsituationen, technischen Fortschritt . . .), dieser kann zwar zu einer neuen gesellschaftlichen Qualität führen, ist aber keine Revolution.
- Keine Reform (d. h. eine Menge von gesellschaftlichen Veränderungen, die aus dem Bewußtsein entspringen, daß gesellschaftliche Änderungen nötig sind, verbunden mit dem Willen, das Erreichte zu bewahren).

Revolutionen wie Reformen werden (aufgrund von Notwendigkeiten) *gemacht,* evolutionäre Entwicklungen *geschehen.* Diese Behauptung ist im Marxismus nicht ganz unbestritten, denn die marxistische Theorie schwankt zwischen der Behauptung, daß Revolutionen von Menschen gemacht werden und der, daß sie aus historischer Notwendigkeit geschehen, hin und her.

Ein Blick in die Geschichte zeigt, daß der gesellschaftliche Fortschritt oft genug evolutionär mit Hilfe von Reformen geschah. Der Übergang von idealen Typus »Sklavenhaltergesellschaft« zu dem »feudalistische Gesellschaft« und von hier aus zur »kapitalistischen Gesellschaft« geschah durchaus evolutiv im Laufe langer Jahrhunderte. Die soziale Revolution ist also bare Illusion – es gab nur immer soziale Evolution. Daß in die soziale Evolution nicht selten Revolutionen politischen Typs eingestreut waren, die auf der Herrschaftsebene die sozialen Fortschritte einholen wollten, ist allerdings nicht zu leugnen. Doch brachten diese politischen Revolutionen meist einen sozialen Rückschritt mit sich.

Das Wissen um die »Plastizität der menschlichen Natur« (E. Mandel) erlaubt uns die Annahme, daß der Träger des wirklichen sozialen Fortschritts evolutionär ist. Die Theorie von der Notwendigkeit sozialer Revolutionen ist also pessimistisch grundorientiert. Die Praxis sozialer Revolutionen hat noch niemals deren Notwendigkeit beweisen oder gar demonstrieren können, daß durch sie ein erheblich und langdauernder sozialer Fortschritt erreicht werden konnte.

5. Doch auch konkrete politische Herrschaftsverhältnisse wurden oft genug evolutiv überwunden (so der Übergang von der Monarchie zur bürgerlichen Demokratie in Form der konstitutionellen Monarchie), vor allem stets dann, wenn mit ihnen eine alte Qualität des *sozialen Bewußtseins* aufgehoben wurde. Eine qualitative Veränderung des *sozialen Bewußtseins* setzt stets eine Bewußtseinsänderung der Massen voraus, die nur evolutiv geschehen kann (von Marx partiell zugegeben, wenn er die Bildung eines massenhaften proletarischen Bewußtseins als Grundlage der sozialistischen Revolution behauptet).

6. Auslöser und Motor einer Revolution (wenn auch nicht ihre Träger) waren stets nur einige wenige.

7. Politische Revolutionen haben selten einer Gesellschaft »den ganzen alten Dreck vom Halse geschafft« – das geht immer sehr langsam vor sich. Zumeist wurde der Dreck nur aufgewirbelt, sichtbar gemacht, und so wurden die eigentlichen Probleme vernebelt. Der alte Dreck wurde nicht selten wieder zum Bodensatz der »neuen Herrschaftsschicht«.

8. Evolutionen verändern zunächst einmal das Bewußtsein. Ihre Voraussetzung ist verändertes Bewußtsein. Über die massenhafte Veränderung des Bewußtseins ändern sie endlich das gesellschaftliche Sein (insofern sozial über Reformen, insofern politisch mitunter über Revolutionen). Da das menschliche gesellschaftliche Sein *stets* übler dran ist als das Bewußtsein, sollte man zunächst das Bewußtsein zu ändern suchen. Hier ist die Heimat und der legitime Ort der *Ideale*, hier die Prüfungsinstanz, ob die Ideale realisierbar sind, hier der Ort der Solidarisierung der Vielen, der zu einer Neuformation der Gesellschaft vonnöten ist. Die Diskrepanz zwischen Produktivkräften und Produktionsbedingungen besorgt zunächst ein verändertes Bewußtsein. Daß sie zwingend revolutionär (und nicht auch

evolutionär durch eingelagerte von der Situation erzwungene Reformen) behoben wird, ist eine schlichte Behauptung ohne nötigenden Beweis.

Die Aussage G. W. F. Hegels:

Die theoretische Arbeit, überzeuge ich mich täglich mehr, bringt mehr zustande in der Welt als die praktische; ist erst das Reich der Vorstellungen revolutioniert, so hält die Wirklichkeit nicht aus [4],

ist historisch weitgehend richtig. Tatsächlich ist alles Große und Neue in der Weltgeschichte zuerst gedacht worden, ehe es wirklich wurde. Steht das Ideal mit der Realität in Konflikt, siegt *auf lange Zeit gesehen* das Ideal, wenn es nur genügend verbreitet ist.

Die *effektive* Ausrichtung an Bewußtseinsinhalten (Idealen etwa) ist allemal besser als die an einem stets miserablen Sein. Nicht daß man sich mit dem Ungenügen des Seins vor dem Anspruch des Bewußtseins abzufinden habe, doch gilt es Strategien zu finden, Ideale in Realität zu übersetzen – und das ist ebenfalls Aufgabe des Bewußtseins, das niemals vom Sein produziert, niemals bloßes Abbild des Seins ist, sondern Protestaktion, tätige Negation gegen das Sein. Brechen wir also eine Lanze für das alles Sein transzendierende und transformierende Bewußtsein. *Positive* Normen auch für das Zukünftig lassen sich nur aus Idealen beziehen – allenfalls *negative* (Normen wie es *nicht* sein soll) aus dem Sein. Es vermeldet uns zumeist nur, wie es nicht sein soll, wenn wir es hin auf Veränderung, qualitative gar, von Gesellschaft befragen.

9. Die Wirklichkeit (= das, was wirkt) sind allemal Ideale gewesen. Selbst der Marxismus lehrt das Ideal vom »totalen Menschen« (MEGA 1, 3, 118) und vom »Reich der Freiheit« (MEW 20, 264; 25, 828) und wurde nur durch seinen prophetischen Anspruch attraktiv und wirksam. Die Zukunft liegt immer im Noch-nicht-Sein – und ihre Ideale ebenfalls.

Es war weder der bloße *Protest* gegenüber herrschenden Mißständen (die Negation des Negativen), der jemals eine Bewegung groß machte, selbst nicht der tätige Protest, wenn das *Nachher* leer blieb. »Kommunismus« ist also entweder ein Leerterm (weil nicht mit positiven Inhalten besetzt, nur die Negation der Negation kennend) oder ein *bloß* utopischer (der nicht weiß, wie man exakt von der Negation in die Position gerät). Und beides ist nicht sonderlich geeignet, Sein zum besseren zu wenden. Wie sehr das letzte Ziel des Marxismus leer bleibt, haben schon Marx und Engels erkannt. So schreibt Engels in seiner Feuerbachschrift:

Eine vollkommene Gesellschaft, ein vollkommener »Staat«, sind Dinge, die nur in der Phantasie bestehen können. (MEW 21, 267)

Und Marx meint:

Der Kommunismus ist nicht als solcher Ziel der menschlichen Entwicklung und die Gestalt der menschlichen Gesellschaft. (MEGA 1, 3, 126)

Über das endliche Danach kann und will der Marxismus keine Rechenschaft ablegen. Darüber können auch die zahlreichen positiven Aussagen über den Sozialismus nicht hinwegtäuschen. Wenn er also die Revolution als *das* strategische Instrument zur Verbesserung des Seins fordert, sieht diese Forderung verzweifelt nach Revolution um der Revolution willen aus. Daß Engels die Revolution um des Individuums willen behauptet, ist eher Bauernfängerei, als aus dem Wesen der sozialistischen Revolution gefolgert. Die Behauptung des nur revolutionär zu bewerkstelligenden Sozialismus muß zeigen können, wie es mit und nach dem Sozialismus weitergeht, sonst wird Sozialismus zum baren Selbstzweck.

Die Aufhebung der Negativitäten einer Gesellschaft ließe sich sehr viel besser besorgen durch gezielte Reformen, die von dem Wissen um den menschlichen Endzustand (wie er etwa vom Christentum gelehrt wird) geleitet werden, als durch Revolutionen, die im Greifen in die Zukunft recht kurzatmig werden. Auch der Kapitalismus ist gewiß nicht unsterblich und wird daher mit Sicherheit von einer anderen ökonomisch-gesellschaftlichen Struktur abgelöst werden. Da der Marxismus die einzige Ideologie ist, die behauptet zu wissen, was nachher kommt, und wie man ins Nachher heineingelangt, gilt es bei den aufgezeigten Mängeln nach Alternativen zum Marxismus zu suchen. Es gilt also, eine Ideologie zu schaffen, die – wissend um das endgültige Ziel der humanen Entwicklung – dieses Ziel gerichtet und orientiert an den Mängeln (auch den verborgenen), diese über Reformen aufzuheben versucht.

Sehr richtig lesen wir im »Kommunistischen Manifest«:

Ein Teil der Bourgeoisie wünscht den sozialen Mißständen abzuhelfen, um den Bestand der bürgerlichen Gesellschaft zu sichern. (MEW 4, 488)

Doch warum genügt Marx nicht das Abschaffen der bestehenden Mißstände, das früher oder später zur Überwindung des Kapitalismus führen würde. Ihm geht es doch auch um nichts anderes – wie er sagt. Und daß die Intention des Bürgertums – die Sicherung der eigenen Gesellschaftsordnung – verwerflich sei, läßt sich kaum behaupten, wenn das Bürgertum und solange das Bürgertum reformwillig und reformfähig ist. Sucht doch auch der Sozialismus seine Gesellschaftsordnung zu sichern. Zudem wird das bürgerliche Reformwerk schon den Motor der Evolution in Gang halten, um nach dem Kapitalismus eine neue – und zwar bessere – Gesellschaftsordnung zu begründen. Selbst, wenn das den Reformern nicht bewußt sein sollte.

10. Die Idee, die bloße, macht ebensowenig einen Revolutionär, wie eine revolutionäre Theorie. Wie fast alle Neomarxisten zugeben, ist die Idee des Sozialismus und noch viel weniger die des Kommunismus durch »sozialistische« Revolutionen irgendwo und irgendwann verwirklicht worden, so daß beide noch Traumgestalten geblieben sind. Man stellt sich allenfalls die Frage, ob der westliche Staatsmonopolkapitalismus oder die zentrale Planwirtschaft des Ostens *schneller* zu einer sozialistischen Gesellschaftsordnung führen werden, ohne diese Frage definitiv beantworten zu können. Die Träumer aber und Theoretiker waren allemal schlechte Revolutionäre, allenfalls gaben sie Anstöße zu nützlichen Reformen. So hat der Marxismus zu einer Reihe von nützlichen Reformen im Kapitalismus geführt, der sich durch diese Reformen (und andere) als recht schmiegsam und anpassungsfähig an die gegenwärtige Situation erwiesen hat.

Das »theoretische Defizit« der »bürgerlichen Gesellschaft« ist zweifelsfrei erheblich (seit der Liberalismus des 19. Jahrunderts einen kummervollen Tod gestorben ist, den kaum jemand bedauert) und betrüblich. Aber die bloße Theoriendiskussion sollte niemals dazu verführen, dieses Defizit aus fremden (marxistischen) Quellen zu beheben, wie es einige christliche Seelsorger versuchen oder auch einige Sozialdemokraten. Sie wollen zumeist eine Revolution, die den laufenden Motor repariert – und das ist schlichtweg Unsinn.

Die konkreten ökonomischen Prozesse gehorchen so komplizierten Regelmechanismen, daß wir sie nicht einmal andeutungsweise durchschauen, geschweige denn massiv (revolutionär) in sie eingreifen könnten, ohne sie zu erstören. Die psychologischen Variablen der Ökonomie sind nicht einmal zureichend bekannt, geschweige denn vollständig zu regulieren oder zu manipulieren. Die marxistische Spätkapitalismustheorie scheitert notwendig vor diesen Mechanismen – ist also kaum sonderlich attraktiv, konkrete ökonomische Prozesse zu erklären oder gar zu steuern. Wir müssen uns damit abzufinden versuchen, daß die Theorie stets hinter der Wirklichkeit zurücksteht. Eine Theorie, die der Wirklichkeit – wie der Marxismus – vorauszugreifen versucht, ist mit Sicherheit noch unzulänglicher.

Als Revolutionäre eignen sich also nicht Theoretiker, sondern Illusionäre und Phantasten oder aber – und das ist noch ärgerlicher – pubertät-ungeduldige aggressionsgestimmte Menschen, die keine zureichenden Strategien entwickeln *können*, um ihre politischen und sozialen Konflikte nicht-destruktiv zu lösen. Voraussetzung jeder Revolution (auch der sozialistischen) waren – im Gegensatz zur reformgulierten Evolution – noch niemals positive Ideale, sondern aggressive Proteste – und sie künden immer von Unreife und sozialer und politischer Unfähigkeit. Das gilt auch für Marx und Engels, die jedes Bemühen, das ihrer *Theorie* zuwider lief, mit beißendem Spott und Hohn, mit aggressiv-besetzten Schmähungen beantworteten. Ideen und Ideale dienen Revolutionären oft nur als Vorwand und als Etikette, um Mitläufer zu gewinnen, allenfalls noch als Entschuldigung für eigenes gewalttätiges Vorgehen, das ihre Unfähigkeit zur konstruktiven Problemlösung erkennen läßt.

11. Der Versuch des Marxismus, Revolutionen als *notwendige* Folgen sozio-ökonomischer Prozesse zu beweisen, ist gescheitert, denn diese sind allenfalls hinreichende, niemals aber notwendige Bedingungen für Revolutionen. Aus der Disproportion, dem Widerspruch zwischen Produktivkräften und Produktionsbedingungen, folgt keineswegs die *Notwendigkeit* (sondern bestenfalls die Möglichkeit) von Revolutionen. Notwendig sind in solchen Situationen Reformen, die nach und nach einen evolutiven Prozeß anzeigen und begleiten (ihn gar besorgen), der eine bestimmte Form der Produktionsverhältnisse zu überwinden hilft. Nur wenn Reformen ausbleiben, die die Produktionsverhältnisse erträglich an die Produktivkräfte anpassen, kann sich der evolutive Druck so stauen, daß es zu Revolutionen kommt. So hat Engels sein relatives Recht, wenn er schreibt:

daß jeder revolutionären Erschütterung ein gesellschaftliches Bedürfnis zugrunde liegen muß, dessen Befriedigung durch überlebte Einrichtungen verhindert wird. (MEW 8, 5).

Nun kann aber nicht leicht gezeigt werden, daß der »Kapitalismus« nicht anpassungfähig genug wäre, um neue Produktionsverhältnisse zu schaffen, und so zu einer »überlebten Einrichtung« zu werden. Das Gegenteil ist der Fall: Entgegen den Erwartungen Marxens hat sich der Kapitalismus als sehr anpassungsfähig erwiesen. Er hat neue Produktionsverhältnisse geschaffen auch ohne vom Privateigentum zu lassen (das ist nach Marxscher Theorie zwar nicht möglich, tatsächlich aber geschehen). Die Produktionsverhältnisse sind heute besser an die Produktivkräfte adaptiert als zu Marxens Zeiten. Das zeigt das zunehmende Schwinden des proletarischen Bewußtseins und des revolutionären Willens in vielen OECD-Ländern.
Dieses Faktum ist einer der Gründe, der die Neomarxisten bewog, sich vieler Einzelheiten der Marxschen Kapitalismuskritik zu entledigen und neue Wege zu suchen.

12. Menschliche Gesellschaften werden nicht, wie die marxistische Revolutionstheorie es wahrhaben möchte, *primär* (d. h. unter primärer Zielrichtung auf diese Gesellschaften), sondern *sekundär* (unter primärer Zielrichtung auf die Gesellschaftsmit-

glieder) geändert. Es kommt darauf an, zunächst die Menschen zu ändern – und das ist vor allem und zunächst eine Änderung des Bewußtseins –, ehe eine Gesellschaft geändert werden kann.

Einerseits ist Gesellschaft nur zu ändern, wenn man die Mehrzahl ihrer Mitglieder ändert (etwa zu humanerem Handeln veranlaßt). Andererseits sind Menschen nicht zu ändern, indem man »die Gesellschaft« ändert, denn die Gesellschaft besteht aus Menschen, aus Individuen. Eine ideale Gesellschaft mit asozialen Mitgliedern besteht allenfalls als Traum, als Utopie im Kopfe, niemals aber in Wirklichkeit. Um die Gesellschaft (was immer auch das sein mag) zu ändern, gilt es also zunächst einmal die Vielzahl ihrer Mitglieder zu ändern, dann ändert sich die Gesellschaft schon »wie von selbst«. Der Mensch ist eben nicht – wie Marx meint – nur »ein Ensemble der gesellschaftlichen Verhältnisse« (MEW 3, 6), sondern kann sich über die gesellschaftlichen Verhältnisse erheben, und sie im Erheben aufheben.

Es ist sehr viel leichter Revolutionen zu machen, als sich selbst von den gesellschaftlichen Zwängen *sittlich* zu lösen.

Doch sei zugegeben, daß bestimmte intensive Rückkoppelungsmechanismen bestehen zwischen der Qualität der Gesellschaft und der *Disposition* des Individuums. In einer menschlichen Gesellschaft ist der Einzelne besser disponiert zu menschlichem, sozialem Handeln, denn in einer unmenschlichen. Aber man sollte nicht Dispositionen mit Fakten verwechseln. Diese Verwechslung liegt oft den Entschuldigungen und Erklärungen von Verbrechern und Revolutionären zugrunde.

Es ist eine Torheit (und eine unmenschliche dazu), zunächst die Anderen ändern zu wollen (etwa durch eine Revolution), um sich dann selbst in seinem Bewußtsein (über das revolutionär veränderte Sein) an den besseren Zustand anzupassen.

13. Wie kommt es aber dann, daß so viele – und nicht die dümmsten – jungen Menschen von Revolution träumen?

Da ist zunächst einmal das Erfahren des Ungenügens der bestehenden Wirtschafts- und Gesellschaftsordnung zu nennen, die in der Tat in vielem gegenüber den Idealen junger Menschen zurücksteht. Diese Mängel sind objektiv vorhanden (so z. B. Ent-

fremdungen verschiedenster Art, Orientierungslosigkeit, Fehl-
orientierung, Manipulationen . . .).

Da ist zum andern zu sagen, daß es keine geschlossene Theorie
gibt, die es erlaubte, die Mängel auf einmal zu beheben – außer
dem Marxismus. Da ist drittens zu nennen, die Ungeduld junger Menschen, mit dem Mangel leben zu müssen, ohne etwas
dagegen tun zu können.

Und endlich muß gesagt werden, daß sicher auch die »vaterlose
Gesellschaft« (A. Mitscherlich) dazu beiträgt, daß die Söhne,
die sich nicht mehr an ihren Vätern »reiben« und im Gegensatz
zu ihnen sich profilieren können, sich an der »Gesellschaft«, ihren ökonomischen, sozialen und politischen Instanzen reiben
werden und müssen, um zu sich selbst zu finden.

Das revolutionäre Bewußtsein, der revolutionäre Wille so vieler
akademischer Bürgersöhne und -töchter ist nicht selten ein Anzeichen später Adoleszenz, die den Konflikt braucht, um die eigenen Kräfte zu messen, um das eigene Selbstwertgefühl zu
steigern, um den eigenen Ort in der Gesellschaft zu finden, um
Ideale zu entwickeln und zu realisieren, die nicht mit denen der
Väter (auch nicht mit denen des »Übervaters« Gesellschaft)
identisch sind. Man sollte lernen, so manchen revolutionären
Tatendrang entwicklungspsychologisch zu interpretieren und
zu akzeptieren. Er hat nur da seine Grenzen, wo dem jungen
Menschen, der Gesellschaft irreparable Schäden drohen.

Doch sollten wir uns gleichzeitig davor hüten, den voll ange-
paßten Menschen zu wollen. Wir wünschen den kritischen
Analytiker, den tatkräftigen Reformer, Menschen, die bereit
und in der Lage sind, die bestehenden Übelstände human aufzuheben.

Wir urteilen hier nicht über Menschen, die in eifernder Ungeduld bestehende Mißstände nicht in zäher Kleinarbeit überwinden wollen, weil sie es – ohnmächtig wie sie oft sind – nicht
können. Wir verurteilen auch nicht Menschen, die – in ihrer
Not allein gelassen – gegen diese Not rebellieren, weil sie keinen
anderen Ausweg mehr sehen. Zumeist sind Revolutionäre Menschen guten Willens, die an der konkreten Gesellschaft, in der
sie leben müssen, scheiterten.

Wir wollen auch keineswegs denen recht geben, die allabendlich im Lehnstuhl sitzen und auf Revolutionäre schimpfen, ohne Ersatzstrategien anzubieten und sich um deren Realisation zu mühen. Wir geben durchaus all denen recht, die sich nicht zufrieden wissen mit dem Bestehenden, und denen, die in der Erkenntnis der Mängel des Bestehenden ihre Kraft einsetzen für ein besseres, menschliches Morgen. Es ist unser aller Aufgabe, die utopischen Tagträume der Revolutionäre mit humanen Strategien zu realisieren.

14. Die Ablehnung der permanenten Revolution durch Marx und vielen seiner Folgern scheint unangebracht zu sein, wenn man schon die Revolution als legitimes Mittel der Veränderung – vielleicht gar als einziges – behauptet. Auch in »sozialistischen Gesellschaften« wird es immer, solange der Marxismus mit anderen Ideologien konkurriert, die in der Übertragung in die Ökonomie erfolgreicher sind, Sympathisanten für diese Ideologie geben. Nur ein permanenter revolutionärer Prozeß wird solche Verkrustungen der Herrschaftsstrukturen, nur solche »Rückfälle« in altes Denken aufheben können.

Doch ist zu bedenken, daß die faktische »permanente Revolution« Maos ihrer Theorie nach eher eine reformerische Evolution ist, denn eine Revolution. Man vermißt an ihr alle Merkmale, die einer marxistischen Revolution wesentlich sind (Eigentum als Destruktivkraft, Anwendung von äußerer Gewalt . . .).

15. Die Behauptung, daß das kapitalistische System in der Phase der bürgerlichen Demokratie nur Unfreiheit und Ungleichheit schaffe und daher nur eine Zwischenphase der gesellschaftlichen Entwicklung sein könne, ist von Engels nicht bewiesen worden. Sicherlich wird unter dem Schein der Freiheit und Gleichheit in diesen Sozialgebilden viel Schindluder getrieben und ist die »Freiheit zu tun und zu lassen, was man will, solange es keinem anderen schadet« keine Freiheit (es sei denn die eines läufigen Hundes) und die Gleichheit vor dem Gesetz noch keine soziale und humane Gleichheit, doch sind diese Freiheit und Gleichheit die Spielräume, in denen allein sich wirkliche Freiheit (d. i. die Freiheit, sich selbst zu verwirklichen) und Gleichheit (d. i. die Gleichheit der Chancen, sich selbst zu verwirkli-

chen) realisieren kann. Man kann zwar in einem Käfig und in Ketten frei sein, doch kaum die Freiheit realisieren. Die sog. sozialistischen Staaten fordern zwar die wirkliche Freiheit, die wirkliche Gleichheit, geben aber zugleich keinen Spielraum, sie zu realisieren.

Anmerkungen:

1 Das gilt zumindest für die kontinentaleuropäischen Länder. Am 15. 9. 1872 erklärte Marx: »Wir wissen, daß man die Institutionen, die Sitten und die Traditionen der verschiedenen Länder berücksichtigen muß, und wir leugnen nicht, daß es Länder gibt, wie Amerika, England, und wenn mir eure Institutionen besser bekannt wären, würde ich vielleicht noch Holland hinzufügen, wo die Arbeiter auf friedlichem Wege zu ihrem Ziel gelangen können. Wenn das wahr ist, müssen wir auch anerkennen, daß in den meisten Ländern des Kontinents der Hebel unserer Revolutionen die Gewalt sein muß; die Gewalt ist es, an die man eines Tages appellieren muß, um die Herrschaft der Arbeit zu errichten.« (MEW 18, 160)
   Und 1891 schreibt Engels: »Man kann sich vorstellen, die alte Gesellschaft könne friedlich in die neue hineinwachsen in Ländern, wo die Volksvertretung alle Macht in sich konzentriert, wo man verfassungsmäßig tun kann, was man will, sobald man die Majorität des Volkes hinter sich hat: in demokratischen Republiken wie Frankreich und Amerika, in Monarchien wie England . . .« (MEW 22, 234). »Wenn etwas feststeht, so ist es dies, daß unsere Partei und die Arbeiterklasse nur zur Herrschaft kommen kann unter der Form der demokratischen Republik. Diese ist sogar die spezifische Form für die Diktatur des Proletariats, wie schon die große französische Revolution gezeigt hat.« (MEW 22, 235)
   Doch ist bemerkenswert, daß – sieht man einmal von Chile unter S. Allende ab – noch niemals eine »sozialistische Revolution« demokratisch durchgesetzt wurde. Es sieht so aus, als wenn die Arbeiter (die Lohnabhängigen), die doch die Mehrzahl der Wähler stellen in den modernen Demokratien auch Kontinentaleuropas, gar keine Diktatur des Proletariats wollen.
2 Mao Tse-tung, Ausgewählte Werke I, Peking 1968, 342.
3 Vgl. G. Erler und C. D. Kernig, Kulturrevolution, in MiSV/Politik 3, 190–198.
4 Briefe, ed. Hoffmeister I, 253.

Bei einem Protest . . .

... platzt dem einen der Kragen, dem anderen der Wechsel, mitunter manchem beides. Das Wort Wechsel wiederum läßt den einen an Wild denken, den andern wild werden. Das hängt vom Standpunkt und vom Kontostand ab.

Und so schätzt der eine die Bank in den Anlagen, der andere die Anlagen in der Bank. Aber es ist nicht ausgeschlossen, daß in diesem Falle viele beides zu schätzen wissen.

XIII. STAAT

A. DARSTELLUNG

In der gegenwärtigen Debatte um die politische Verfaßtheit der kommunistischen Gesellschaft spielt die Frage, ob diese Gesellschaft alle Merkmale der Staatlichkeit verlieren wird, eine wichtige Rolle. Die Vorstellung von der staatsfreien kommunistischen Zukunft ist eindeutig nicht von Marx, sondern von Engels formuliert worden. Sie wurde von Marx jedoch nicht beanstandet. Nach der Theorie Marxens und Engels sollte im Regelfall dem staatsfreien Zustand ein Zustand staatlicher Verfaßtheit mit einer Diktatur des Proletariats vorausgehen.

1. Die Aufhebung des Staates

Je mächtiger der Staat, desto politischer daher ein Land ist, um so weniger ist es geneigt, im *Prinzip des Staats,* also in der jetzigen Einrichtung der Gesellschaft, deren tätiger, selbstbewußter und offizieller Ausdruck der Staat ist, den Grund der sozialen Gebrechen zu suchen und ihr allgemeines Prinzip zu begreifen . . . Selbst die radikalen und revolutionären Politiker suchen den Grund des Übels nicht im Wesen des Staats, sondern in einer bestimmten Staatsform, an deren Stelle sie eine andere Staatsform setzen wollen. (MEW 1, 401 f.; M)

Als Programm einer anzufertigenden wissenschaftlichen Untersuchung notierte sich Marx (vermutlich 1845):

»Der Kampf um die Aufhebung des Staats und der bürgerlichen Gesellschaft.« (MEGA 1, 3, 532)

Engels dachte da radikaler:

Indem er [der Staat] endlich tatsächlich Repräsentant der ganzen Gesellschaft wird, macht er sich selbst überflüssig . . . Die Besitzergreifung der Produktionsmittel im Namen der Gesellschaft ist zugleich sein letzter selbständiger Akt als Staat. Ein Eingreifen einer Staatsgewalt in gesellschaftliche Verhältnisse wird auf einem Gebiet nach dem anderen überflüssig und schläft dann von selbst ein. An die Stelle der Regierung über Personen tritt die Verwaltung von Sachen und die Leitung von Produktionsprozessen.

Der Staat wird nicht »abgeschafft«, er stirbt ab . . . Hieran ist . . . die Forderung der sogenannten Anarchisten [zu messen], der Staat solle von heute auf morgen abgeschafft werden. (MEW 20, 261 f.)

August Bebel (1840–1913) vertrat gegen *Ferdinand Lassalle* (der für einen freien Staat mit sozialistischer Gesellschaftsform eintrat) die Zielvorstellung von einer staatsfreien Gesellschaft. Unter Berufung auf Engels nannte er den Staat ein historisches Produkt ökonomischer, durch das Privateigentum an Produktionsmitteln geschaffener Klassengegensätze, der mit deren Beseitigung verschwinden werde. An seine Stelle werde eine »alle Tätigkeitsbereiche der Gesellschaft« umfassende Verwaltung treten, die zentral den gesamten Produktions- und Distributionsprozeß lenke: »eine Zentralverwaltung – wohlgemerkt keine Regierung als Machtfaktor mit herrschender Gewalt, sondern nur ein ausführendes Verwaltungsgremium[1].«

Auch *Karl Kautsky* (1854–1938) übernahm die Engelssche These vom absterbenden Staat:

Das sozialistische Gemeinwesen der Zukunft wird ebensowenig ein Staat sein, als ein Gens, eine Marktgenossenschaft, eine Familie ein Staat ist[2].

Die zukünftige kommunistische Gesellschaft sei ein einziger riesiger industrieller Betrieb mit geplanter Produktion und Distribution. Gegen Engels und Bebels Vorstellungen behauptete er dieses System jedoch als eine auf Zwängen beruhende kommunistische Wirtschaftsgesellschaft (ohne freie Wahl des Arbeitsplatzes):

Nicht die Freiheit der Arbeit, sondern die Befreiung von der Arbeit, wie sie das Maschinenwesen in einer sozialistischen Gesellschaft in weitgehendem Maße ermöglicht, wird der Menschheit die Freiheit des Lebens bringen, die Freiheit künstlerischer und wissenschaftlicher Betätigung, die Freiheit des edelsten Genusses[3].

In der deutschen Sozialdemokratie gab es jedoch auch andere Stimmen. So lehnte *Eduard Bernstein* (1850–1932) alles utopische Denken als unwissenschaftlich ab. Diese Vorstellungen wurden von *Edmund Fischer* aufgegriffen:

Der Kommunismus als ein Zustand mit einem allen Gesellschaftsmitgliedern gemeinsamen Besitz und der völligen wirtschaftlichen Gleichheit ist bisher *nur* als ein gesellschaftliches *Ideal* in Erscheinung getreten. Mit diesem Ideal ist aber das des modernen Sozialismus nicht mehr identisch . . .

Der moderne Sozialismus ist keine Sache der Zukunft, sondern der Gegenwart. Und sozialistische Formen sind in ihren Anfängen bereits da[4].

Diese Haltung ist in der deutschen Sozialdemokratie bislang vorherrschend geblieben.

Michael Bakunin (1814–1876), anfangs begeisterter Anhänger Marxens, später – nach der Kehre Marxens zur Theorie vom Staat mit einer Diktatur des Proletariats – sein entschiedener Gegner, vertrat einen kollektivistischen Flügel des Anarchismus ideologisch und praktisch. Er wollte ein Rätesystem einführen, in dem anstelle des Staates freie industrielle und landwirtschaftliche Assoziationen auf Grundlage der Vergesellschaftung der Produktionsmittel treten sollten. Die Art der Verteilung sollte im Belieben der Assoziation stehen. Als im Oktober 1880 der »kommunistische Anarchismus« verkündet wurde, fand er in *Peter Kropotkin* (1842–1921) seinen bedeutendsten Theoretiker. Er wollte vollständige Gütergemeinschaft ohne politische Herrschaft des Menschen über den Menschen:

Unser Kommunismus ist nicht derjenige der Phalansterien, noch derjenige der Autoritäten deutscher Theoretiker. Er ist der anarchische Kommunismus, der Kommunismus ohne Regierung – derjenige freier Menschen[5].

Nach *Lenin* ist der Staat im Absterben begriffen:

Das Leben, die Revolution hat ... schon praktisch, wenn auch nur in schwach entwickelter Form, in Keimform eben diesen neuen »Staat« geschaffen, der kein Staat im eigentlichen Sinne des Wortes ist ... Der Staat im eigentlichen Sinne ist die Machtausübung über die Massen durch Formationen bewaffneter Menschen, die vom Volke getrennt sind. [1917] (WW 24, 71)

Engels empfiehlt Bebel, das ganze Gerede vom Staat überhaupt fallenzulassen, das Wort »Staat« gänzlich aus dem Programm zu entfernen und es durch das Wort »Gemeinwesen« zu ersetzen; Engels erklärt sogar, die Kommune sei kein Staat im eigentlichen Sinne mehr gewesen. Marx spricht dagegen sogar von einem »zukünftigen Staatswesen der kommunistischen Gesellschaft«, d. h. er erkennt scheinbar die Notwendigkeit des Staates selbst im Kommunismus an. Eine derartige Auffassung wäre jedoch grundfalsch. Eine nähere Betrachtung ergibt, daß sich die Ansichten von Marx und die von Engels durchaus decken, der erwähnte Ausdruck von Marx bezieht sich doch gerade auf dieses absterbende Staatswesen. [1917] (WW 25, 471)

Nach der Machtergreifung der Bolschewiki in Rußland formuliert er jedoch schon vorsichtiger:

Gerade jetzt können wir sagen, daß wir wirklich eine Organisation der Staatsmacht besitzen, die klar den Übergang zur völligen Aufhebung jeder Staatsmacht, jedes Staates zeigt. Das wird möglich werden, wenn es keine Spur von Ausbeutung mehr geben wird, d. h. in der sozialistischen Gesellschaft. [1918] (WW 26, 466)

Solange nationale und staatliche Unterschiede zwischen den Völkern und Ländern bestehen – diese Unterschiede werden sich aber noch sehr, sehr lange sogar nach Verwirklichung der Diktatur des Proletariats im Weltmaßstab erhalten –, erfordert die Einheitlichkeit der internationalen Taktik der kommunistischen Arbeiterbewegung aller Länder nicht die Beseitigung der Mannigfaltigkeit, nicht die Aufhebung der nationalen Unterschiede, sondern eine solche Anwendung der grundlegenden Prinzipien des Kommunismus (Sowjetmacht und Diktatur des Proletariats), bei der diese Prinzipien im einzelnen richtig modifiziert und den nationalen und nationalstaatlichen Verschiedenheiten richtig angepaßt, auf sie richtig angewandt werden. [1920] (WW 31, 79)

Nach dem Zusammenbruch des Rätesystems in der Sowjetunion infolge des Kronstädter Aufstandes (1921), setzte Lenin an deren Stelle die »Neue ökonomische Politik«:

Der Übergang zum Kommunismus ist *auch* über den *Staatskapitalismus* möglich, wenn die Macht im Staat in den Händen der Arbeiterklasse liegt. Genau das ist »gegenwärtig bei uns der Fall« . . . Langsam, mit Unterbrechungen, mit zeitweiligen Schritten nach rückwärts steigen wir auf der Linie des *Staatskapitalismus* empor. Und das ist die Linie, die uns vorwärts führt, zum Sozialismus und zum Kommunismus (als der höchsten Stufe des Sozialismus). [1922] (WW 33, 391)

Der Enthusiasmus und der Traum vom nahen kommunistischen Sozialgebilde ist also in wenigen Jahren Lenin abhanden gekommen. Konfrontiert mit der harten ökonomischen und politischen Wirklichkeit, steckt er seine Ziele immer weiter zurück. Der durch die »Neue ökonomische Politik« eingeführte Staatskapitalismus wird als der Weg der Sowjetunion zum Sozialismus beschrieben, der noch lange auf sich warten lassen wird. Ein Wort aus der Rätezeit (1918–1921) kündigt schon die lange Dauer dieses Weges an:

Erst dann [können wir] dazu übergehen, vermittels dieser Produktionsverbände die Arbeitsteilung unter den Menschen aufzuheben und allseitig entwickelte und allseitig geschulte Menschen, die *alles* machen können, zu erziehen, zu unterweisen und heranzubilden. Dahin steuert der Kommunismus, dahin muß und wird er gelangen, aber erst nach einer langen Reihe von Jahren. [1920] (WW 31, 34f.)

Die Generation, die jetzt [1920] 15 Jahre alt ist, wird die kommunistische Gesellschaft erleben und selber die Gesellschaft aufbauen. Und sie muß wissen, daß ihre ganze Lebensaufgabe im Aufbau dieser Gesellschaft besteht. (WW 31, 289)

Es war *N. I. Bucharin* (1888–1938), der sich als einziger der Sowjetführer näher mit der kommunistischen Zukunft befaßte (sieht man einmal von wenigen Äußerungen Chruschtschows ab):

Das statistische Zentralbüro rechnet aus, wie viele Stiefel, Beinkleider, Wurst, Wichse, Weizen, Leinwand ... im Laufe des Jahres produziert werden muß; es rechnet aus, welche Zahl von Genossen dazu auf den Feldern, in den Wurstfabriken, in den großen öffentlichen Schneiderwerkstätten arbeiten müssen, und entsprechender Weise werden nun die Arbeitshände verteilt[6].

Das würde die Ablösung des Leninschen Staatskapitalismus zugunsten einer *zentralen Planwirtschaft,* die prinzipiell ohne Staat auskommen kann, bedeuten.

2. Die Diktatur des Proletariats

Obschon der Begriff »Diktatur des Proletariats« erst seit 1850 ausdrücklich erwähnt wird, begegnen wir der Sache schon seit 1847. Vermutlich wurde das Wort erstmals von *Auguste Blanqui* (1805–1881) 1837 gebraucht. Doch seinen politischen Sinn erhielt es erst mit Marx und Engels.

Sie [die sozialistische Revolution] wird vor allen Dingen direkt ... oder indirekt die politische Herrschaft des Proletariats herstellen. (MEW 4, 372; E)
Der nächste Zweck der Kommunisten ist derselbe wie der aller übrigen proletarischen Parteien: Bildung des Proletariats zur Klasse, Sturz der Bourgeoisieherrschaft, Eroberung der politischen Macht durch die Proletarier. (MEW 4, 474)
Dieser Sozialismus ist die Permanenzerklärung der Revolution[7], die Klassendiktatur des Proletariats als notwendiger Durchgangspunkt zur Abschaffung der Klassenunterschiede überhaupt ..., zur Abschaffung sämtlicher Beziehungen, die diesen Produktionsverhältnissen entsprechen, zur

Umwälzung sämtlicher Ideen, die aus diesen gesellschaftlichen Beziehungen hervorgehen. (MEW 7, 89f.; M)

Am 5. März 1872 schrieb Marx in einem Brief an J. Weydenmeyer, es sei nicht sein Verdienst, den Klassenkampf entdeckt zu haben, sondern deutlich gemacht zu haben,

daß der Klassenkampf notwendig zur *Diktatur des Proletariats* führt. [Eine Diktatur], die selbst nur den Übergang zur Aufhebung aller Klassen und zu einer klassenlosen Gesellschaft bildet. (MEW 28, 508)

Zwischen der kapitalistischen und der kommunistischen Gesellschaft liegt die Periode der revolutionären Umwandlung der einen in die andere. Der entspricht eine politische Übergangsperiode, deren Staat nichts anderes sein kann als die revolutionäre *Diktatur des Proletariats.* (MEW 19, 28; M)

Der deutsche Philister ist neuerdings wieder in heilsamen Schrecken geraten bei dem Wort Diktatur des Proletariats. Nun gut ihr Herrn, wollt ihr wissen, wie diese Diktatur aussieht? Seht euch die Pariser Kommune an. Das war die Diktatur des Proletariats. (MEW 22, 199; E)

Nach dem Tod von Engels und Marx begann die Diskussion über die »Diktatur des Proletariats«. Die deutsche Sozialdemokratie lehnte das Wort ziemlich einmütig ab. So wandte sich *Eduard Bernstein* (1899) dagegen:

Die Phrase von Diktatur des Proletariats [ist nicht] zu einer Zeit festzuhalten, wo an allen möglichen Orten Vertreter der Sozialdemokratie sich praktisch auf den Boden der parlamentarischen Arbeit, der zahlengerechten Volksvertretung und der Volksgesetzgebung stellen, die aller Diktatur widersprechen. [Die Diktatur des Proletariats ist] heute so überlebt, daß sie mit der Wirklichkeit nur dadurch zu vereinen ist, daß man das Wort Diktatur seiner faktischen Bedeutung entkleidet und ihm irgendwelchen abgeschwächten Sinn beilegt[8].

Die Bolschewiki betrachteten die Oktoberrevolution in Rußland (1917) als Realisierung der Diktatur des Proletariats und sahen in ihr einen Kerngedanken des Marxismus. So schrieb Lenin:

Ein Marxist ist nur, wer die Anerkennung des Klassenkampfes auf die Anerkennung der Diktatur des Proletariats erstreckt. (WW 25, 424)

Zugleich aber begann ein erheblicher Begriffswandel. Vor der Oktoberrevolution sah Lenin in der Diktatur des Proletariats in Anlehnung an Engels und seine Interpretation der Pariser Kommune, ein Gebilde ohne stehendes Heer, ohne eine gegen das Volk gerichtete Polizei, ohne eine über das Volk gestellte Beamtenschaft. (WW 24, 32)

Nach der Revolution bestimmte er:

Die revolutionäre Diktatur des Proletariats ist eine Macht, die erobert wurde und aufrechterhalten wird durch die Gewalt des Proletariats gegenüber der Bourgeoisie, eine Macht, die *an keine Gesetze gebunden* ist. (WW 28, 234)

In der ganzen Welt kann es heute keine andere von den Werktätigen und dem Proletariat an ihrer Spitze unterstützte Macht geben als die Sowjetmacht, als die Diktatur des Proletariats. Diese Diktatur setzt die schonungslos harte, schnelle und entschiedene Gewaltanwendung voraus, um den Widerstand der Ausbeuter, der Kapitalisten, Gutsbesitzer und ihrer Handlanger zu brechen.

Wer das nicht verstanden hat, der ist kein Revolutionär, den muß man seines Postens als Führer oder Ratgeber des Proletariats entheben. (WW 29, 377)

Obschon dieser Text die Vormachtstellung der Sowjetunion andeutet und die Ideologie von der Moskauer Zentrale aller sozialistischen Bewegungen begründen half, war Lenin durchaus der Meinung:

Sowjetrepubliken in Ländern auf höherer Kulturstufe, mit größerem Gewicht und Einfluß des Proletariats haben alle Aussichten, Rußland zu überholen, sobald sie den Weg der Diktatur des Proletariats einschlagen. (WW 29, 300)

Gegen diese Interpretation Lenins von der Diktatur des Proletariats polemisierte *Karl Kautsky.* Der Formel »Diktatur des Proletariats« diene lediglich dazu den *Zustand zwischen* Kapitalismus und Sozialismus zu charakterisieren, nicht aber dazu, eine *Parteiendiktatur* zu rechtfertigen. Im Namen der Diktatur des Proletariats appellierte *Rosa Luxemburg,* Presse- und Versammlungsfreiheit zu gewähren:

Freiheit nur für die Anhänger der Regierung, nur für die Mitglieder einer Partei – mögen sie noch so zahlreich sein – ist keine Freiheit. Freiheit ist immer Freiheit des anders Denkenden [9].

Ohne allgemeine Wahlen, ungehemmte Presse- und Versammlungsfreiheit, freien Meinungskampf erstirbt das Leben in jeder öffentlichen Institution, wird zum Scheinleben, in der Bürokratie allein das tägliche Element bleibt . . . Das öffentliche Leben schläft allmählich ein, einige Dutzend Par-

teiführer von unerschöpflicher Energie und grenzenlosem Idealismus diri-
gieren und regieren, unter ihnen leitet in Wirklichkeit ein Dutzend hervor-
ragender Köpfe, und eine Elite der Arbeiterschaft wird von Zeit zu Zeit zu
Versammlungen aufgeboten, um den Reden der Führer Beifall zu klat-
schen, vorgelegten Resolutionen einstimmig zuzustimmen, im Grunde also
eine Cliquenwirtschaft – eine Diktatur allerdings, aber nicht die Diktatur
des Proletariats, sondern die Diktatur einer Handvoll Politiker [10].

Diese scharfe Kritik, die heute kaum besser formuliert werden
könnte, brachte Rosa Luxemburg nicht die Sympathien der Moskauer Zentrale ein. Obschon sie 1917 mit Liebknecht den Spartakusbund und 1918 die Kommunistische Partei Deutschlands gründete, war ihr Verhältnis zur Zentrale kaum jemals ungetrübt. *Stalin*
wurde erst zum Gründer der eigentlichen Zentrale. Die KPdSU
wurde zur Avantgarde und zum Symbol der Diktatur des Proletariats in aller Welt. Damit war sie jeder Kritik entzogen. In der Verfassung der Sowjetunion von 1936 taucht der Begriff »Diktatur des
Proletariats« nicht mehr auf, er wurde durch »sozialistischer Staat
der Arbeiter und Bauern« ersetzt. Ende 1948 wurde endlich die
Volksdemokratie, die anstelle der Diktatur des Proletariats die
Macht ausübe, behauptet (Pravda vom 27. 12. 1948). Sie sei die Diktatur des Proletariats ohne Räteform. In der Pravda vom 27. 4. 1949
heißt es:

Auf diese Weise ist durch die historische Erfahrung bewiesen, daß die Diktatur des Proletariats in zwei Formen besteht: in Form der Sowjets (Räte)
und in der Form der Volksdemokratie [11].

B. Thesen

1. Der Grund der sozialen Gebrechen ist das Prinzip des Staates.
2. In der sozialistischen Gesellschaft stirbt der Staat (langsam) ab.
3. An Stelle des Staates treten Räteverfassung (vgl. »Räte«)
   und/oder die Diktatur des Proletariats.
4. Die Diktatur des Proletariats ist nur die (politische) Herrschaftsform in der Übergangsphase zum Sozialismus (oder die des So-

zialismus als Übergangsphase vom Kapitalismus zum Kommunismus).

5. Die Pariser Kommune gilt als Beispiel für den Versuch der Errichtung der Diktatur des Proletariats.
6. »Diktatur des Proletariats« ist der »Ausdruck des Klasseninhalts und der staatlichen Natur der Macht der Arbeiterklasse«[12].
7. »Die höchste Entwicklung der Staatsmacht [dient] zur Vorbereitung der Bedingungen für das Absterben der Staatsmacht.« (Stalin, WW 12, 323)
8. »Unvermeidlich geworden ist die Umwandlung der Gewerkschaften in Staatsorgane, unvermeidlich ihre Verschmelzung mit den Organen der Staatsmacht.« (Lenin, WW 28, 436)

C. Einwände

1. Die These von dem Absterben des Staates beruht auf einer Staatsauffassung, nach der der Staat Überbau der ökonomischen Basis der Klassengesellschaft ist. Wo es keine Klassen gab (Urgesellschaft), und wenn es keine Klassen geben wird (Kommunismus) ist der Staat überflüssig und stirbt, weil funktionslos, ab. Obschon diese Staatstheorie vermutlich falsch ist, gibt es keine einfachere. Im allg. werden im Bereich des Nicht-Sozialismus die klassischen Staatstheorien durch Funktionsbeschreibungen ersetzt: So hat der Staat unter anderem die Funktionen

● Schutz der Gesellschafts- und Wirtschaftsordnung aufgrund einer Legitimation, die aus einer Pluralität von Weltanschauungen geschöpft ist.
● Schutz der Eigentumsrechte und der Ordnungsfunktion von Verträgen.
● Schutz der persönlichen Freiheit und der Rechte der Bürger.
● Schutz gegen Machtmißbrauch.
● Sicherung der Gesellschaft gegen innere und äußere Feinde.
● Sicherung der materiellen Voraussetzungen für die zureichende Bildung und Ausbildung, der Versorgung der Alten,

Kranken und Erwerbsunfähigen. Da einige dieser Funktionen in jeder gesellschaftlichen Form der Produktion auftreten (unabhängig sind von Produktivkräften und Produktionsverhältnissen, sondern einzig und allein bedingt sind durch die komplexe Struktur des menschlichen Beisammens), ist es unwahrscheinlich, daß eine politische Zentrale einmal überflüssig werden wird.

2. Dabei beobachten wir in den nicht-sozialistischen Ländern folgende politischen und ökonomischen Tendenzen:

● Die Staatsmacht wird schwächer.

● Der politische und makroökonomische Einfluß des Kapitals nimmt ab.

● Der mikro- wie makroökonomische und politische Einfluß der Arbeiterorganisationen (Gewerkschaften) steigt (so ist es in manchen OECD-Ländern nicht mehr möglich, gegen den Willen der Gewerkschaften gesetzgeberisch tätig zu werden).

● Der mikroökonomische Einfluß des Faktors Disposition im Produktionsprozeß wächst. Dieser Faktor ist jedoch makroökonomisch wegen mangelnder Organisation recht ohnmächtig. Wegen der mangelnden makroökonomischen Macht fehlt auch die politische weitgehend.

● Der Staat wird zunehmend abhängig von der (Lage der) Ökonomie, so daß ein ökonomischer Zusammenbruch den Bestand des Staates in seiner konkreten Verfaßtheit gefährdet. Deshalb greift der Staat zunehmend mehr in die ökonomischen Abläufe ein (durch Steuerpolitik, Fiskalpolitik, Wirtschaftspolitik . . .) und schützt zunehmend mehr den Bestand der großen ökonomischen Gesellschaften (Verstaatlichung, Entstaatlichung, Subventionen, Rüstungsproduktion, öffentliche Aufträge, Sicherung von Auslandsanlagen, Garantie bei Kapitalexporten . . .). Diesen Zustand nennen die marxistischen Theoretiker »Staatsmonopolkapitalismus« (vgl. »Spätkapitalismus«).

● Diese Verflechtungen einerseits und andererseits der Versuch der Gewerkschaften, in diesen Verflechtungsprozeß einzugreifen (z. B. durch gewerkschaftliche Mitbestimmung in den

Aufsichtsräten der AGen), *kann* zu einem Gewerkschaftsstaat führen, der der »Diktatur des Proletariats« eine neue Variante hinzufügt.

- Gegen diese Tendenzen zum Gewerkschaftsstaat (und der damit verbundenen »Diktatur des Proletariats«) gibt es meines Erachtens nur eine Alternative, die Bildung einer Assoziation des Faktors Disposition im Arbeitsprozeß. Diese Assoziation hätte folgende Aufgaben:
  - Die demokratische Legitimation der Gewerkschaften. [Während die nicht-marxistischen Staatsgebilde funktional legitimiert sind durch den Antagonismus von Regierungsparteien und Oppositionsparteien in der Legislative, fehlt den Gewerkschaften solche funktionale Legitimation, sie ist wohl kaum anders zu erreichen als durch die Begründung einer Assoziation der anderen Gruppe der Produzenten (der Disposition), der mit ähnlicher ökonomischer Macht – und mittels ihrer auch politischer Macht – ausgestattet ist wie die Gewerkschaften und ihnen durch seine antagonistische Funktion funktionale Legitimation im Herrschaftsgeschäft verleiht.]
  - Die organisierte und zentral gesteuerte Einflußnahme auf das ökonomische Geschehen (und mittels diesem auch auf das politische), die sonst zunehmend ausschließlich von den Gewerkschaften (im ökonomischen Bereich) ausgeübt wird.
  - Die Kontrolle des Kapitals und Mitbestimmung bei den gesetzgeberischen Prozessen, die die Interessen der Ökonomie mittelbar und unmittelbar berühren.
  - Die Solidarisierung der Unternehmensleitungen auf nationaler und internationaler Ebene gegen inner- und außenpolitische Gefährdung. [Der Schlachtruf der Gewerkschaften »Alle Räder stehen still, wenn dein starker Arm es will« gilt auch für den Faktor Disposition im Produktionsprozeß. Auch er ist – organisiert – durchaus fähig zum Streik – auch in politischer Absicht, wenn es um den Bestand des Gemeinwohls geht.]

Bei der wachsenden Schwäche des »Kapitals« [so sind faktisch

»Aktien« kaum mehr verbriefte Rechte am Gesamtunternehmen, sondern nur noch verbriefte Rechte am ausgeschütteten Gewinn (die Aktie ist zu einer Industrieobligation mit wechselndem Zinsertrag geworden)], ist damit zu rechnen, daß unter dem Druck der Gewerkschaften der Gesetzgeber diesen Zustand legalisiert. In diesem Fall wäre es konsequent, den Aufsichtsrat etwa einer AG nicht mehr mit den (formell) gewählten Vertretern des Kapitals zu besetzen, sondern von drei Gruppen: 1. Vertretern der Parteien (politische Gruppe), 2. Vertretern der Arbeiter und 3. Vertretern der Disposition (ökonomische Gruppe). Wegen der makroökonomischen Folgen der Entscheidungen des Aufsichtsrats großer Betriebe wird es nicht ausbleiben, daß die Gruppen zwei und drei nicht nur mit Betriebsmitgliedern besetzt werden. Hier bieten sich Gewerkschaften (als Ausdruck der assoziierten Arbeiter) und der Assoziation der Disposition (des Managements) an. Anzustreben wäre eine Drittelparität der drei Gruppen. Damit wäre verhindert:

- die Ausbildung eines Gewerkschaftsstaats,
- die Ausbildung einer »Diktatur des Proletariats« (und des Sozialismus).

Zugegeben sei, daß dieses Denkmodell möglicherweise nicht mit dem Art. 14 GG übereinstimmt. Zugegeben sei auch, daß eine solche Verfassung der Ökonomie nicht mehr kapitalistisch ist. Aber sie ist auch nicht sozialistisch (im marxistischen Verständnis des Wortes). Ich sehe in diesem Modell die einzig mögliche Alternative zum Gewerkschaftsstaat und zum Sozialismus marxscher Prägung.

Anmerkungen:

1 Stenographische Berichte über die Verhandlungen des deutschen Reichstages, 8. Legislaturperiode, 2. Session 1892/93 II, Berlin 1893, 458.
2 Neue Zeit, 9, 2 (1890), 751.
3 Das Erfurter Programm (1892) [11]1912, 175.
4 Sozialistische Monatshefte 14 (1910), 364–369.

5 Der Wohlstand für alle, Zürich 1896, 42.
6 Das Programm der Kommunisten (1918), Berlin 1919, 16.
7 Gemeint ist hier, daß die Klassenkämpfe in Frankreich (1848–1850) von der bürgerlichen Revolution in Form der Permanenz der Revolution in die sozialistische übergehen müßten.
8 Die Voraussetzungen des Sozialismus und die Aufgaben der Sozialdemokratie, 1899, 127.
9 Die russische Revolution (1918), Frankfurt 1963, 109.
10 Ebd., 113.
11 Vgl. zu diesem Kapitel: E. Oberländer, Kommunismus, in: MiSV/Grundbegriffe 2, 115–127. W. Leonhard, Diktatur des Proletariats, in: MiSV/Grundbegriffe 1, 90–92.

XIV. RÄTE

Die Frage nach der Herrschaftsform nach gelungener sozialistischer
Revolution wird von Ost- und Westmarxisten nicht selten verschieden beantwortet. Während die Ostmarxisten zumeist die
»Diktatur des Proletariats« in Form der Parteiendiktatur [sei es
nach dem Schema der »Volksrepublik«, sei es nach dem der
»Parteienräte« (so in der SU)] befürworten und zu realisieren hof-
fen, so wollen die Westmarxisten zumeist – insofern sie nicht, wie
etwa die DKP von der Moskauer Zentrale gesteuert werden – ein
Modell der Räterepublik verwirklichen, in der nicht die Partei, sondern die assoziierten Produzenten an der Basis der Rätehierarchie
stehen. Hierher sind die meisten Neomarxisten zu rechnen – aber
auch einige Altmarxisten im Bereich der IV. (trotzkistischen) Internationale.

Marx und Engels haben sich um die Verfaßtheit (die politische und
ökonomische) der Diktatur des Proletariats wenig Gedanken gemacht. Sie sprechen zumeist nur von der »Assoziation freier Produzenten« und entwerfen recht allgemein gehaltene und kaum zu rea-
lisierende Theorien über die Regelung von Produktion und Distribution durch diese Assoziation. Der klassische Text über diese Assoziation findet sich bei K. Marx:

Es bedarf keines besonderen Scharfsinns, um zu begreifen, daß ausgehend . . . von der aus der Auflösung der Leibeigenschaft hervorgegangenen
freien Arbeit, oder Lohnarbeit, die Maschinen im Gegensatz zur lebendigen Arbeit, als ihr fremdes Eigentum und feindliche Macht gegenüber allein
entstehen können; d. h., daß sie ihr als Kapital gegenübertreten müssen.
Ebenso leicht ist es aber einzusehen, daß die Maschinen nicht aufhören
werden, Agenten der gesellschaftlichen Produktion zu sein, sobald sie . . .
Eigentum der assoziierten Arbeiter werden. Im ersten Fall ist aber ihre Distribution, d. h., daß sie dem Arbeiter nicht gehören, ebensosehr Bedingung der auf der Lohnarbeit gegründeten Produktionsweise. Im zweiten
Fall würde die veränderte Distribution ausgehen von einer veränderten,

erst durch den geschichtlichen Prozeß entstandenen neuen Grundlage der Produktion. (»Grundrisse«, 717)

Als Musterbeispiel einer solchen Assoziation freier Produzenten im Rahmen der Diktatur des Proletariats dient Marx und Engels die Verfassung der Pariser Kommune von 1871.

Exkurs: Die Pariser Kommune von 1871

Am 18. 3. 1871 rebellierten die Pariser Arbeiterschaft und die Nationalgarde gegen die Nationalversammlung. Die Nationalgarde bildete schon im Februar ein unter radikalem Einfluß stehendes *Zentralkomitee* [Jakobiner, Anhänger des *Louis Auguste Blanqui* (1805–1881; wurde im März 1871 ideologisches führendes Mitglied der Kommune, aber noch im gleichen Monat verhaftet)]. Dieses beschloß unverzüglich – am 26. 3. – Wahlen zu einem Kommunalrat durchzuführen, um seine Vorstellungen von einer vollständigen Umwälzung der gesellschaftlichen und politischen Verfassung Frankreichs auf der Basis einer Föderation autonomer Gemeinden (gleich ähnlichen Bewegungen in Lyon, Saint-Etienne, Marseille . . .) zu realisieren. Dieser Kommunalrat gab sich auf seiner konstituierenden Sitzung den Namen »Kommune«. Nach dem 4. September 1870 bildete sich das »Zentralkomitee der zwanzig Arrondissements«, das unter dem Einfluß von Anhängern *Pierre-Joseph Proudhons* [(1809–1865) Soziologe und Ökonom, von den Marxisten zu den »Kleinbürgern« gerechnet] und der I. Internationale, eine auf direkter Demokratie beruhende kommunistische Autonomie forderte. Der *Kommunalrat* (Rat der Kommune) setzte sich zu mehr als zwei Dritteln aus Kleinbürgern zusammen (Rechnungsbeamte, Ärzte, Juristen, Publizisten . . .). Aus der Gruppe der Sozialisten standen allenfalls der Ungar *L. Frankel* und *E. Vaillant* in einiger Verbindung zu Marx und seinen Anhängern. Aufgrund der heterogenen Zusammensetzung des Rats konkurrierten vor allem drei politische Richtungen miteinander:

● die orthodoxen Kommunisten aus der Schule Robespierres, die eine Kommune nach dem Vorbild der Diktatur von 1793 erstrebten,

● die Anhänger Proudhons, mit der Zielsetzung eines lockeren kommunalen Föderalismus,

● die Kleinbürger mit dem Wunsch nach munizipaler Autonomie.

In der »Proklamation an das französische Volk« (19. 4.) wurde als verfassungspolitische Forderung aufgestellt:

Die absolute Autonomie der Kommune, die für alle Ortschaften Frankreichs gelten muß und jeder Gemeinde die Unverletzlichkeit ihrer Rechte verbürgt, sowie jedem Franzosen die volle Ausübung seiner Fähigkeiten und Fertigkeiten als Mensch, Bürger und Arbeiter.

Die Autonomie der Kommune findet ihre Beschränkung nur im gleichen Recht auf Autonomie aller anderen dem Vertrag beigetretenen Kommunen, deren Zusammenschluß die französische Einheit verbürgen wird[1].

Hinter diesen Zielsetzungen traten die sozialen deutlich zurück; sie dienten allein der Stabilisierung des Gemeinwesens:

● Verbot der Nachtarbeit in den Bäckereien,
● Enteignung stillgelegter Fabriken,
● Kürzung der Beamtengehälter,
● Planung von Produktionsgenossenschaften.

Die Eigentumsordnung blieb unangetastet.

Marx und Engels sahen in der Kommune drei ihrer Ziele verwirklicht:

● die verstärkte Teilnahme von Arbeitern und Arbeitervertretern an der Staatsführung,
● eine durch allgemeine Wahlen gebildete Körperschaft, die *zugleich* legislative und exekutive Gewalt ausübt,
● die Entpolitisierung von Polizei und Heer, sowie die Absetzbarkeit der Beamten und deren Bezahlung in Höhe eines Arbeiterlohns[2].

Nachdem schon im Mai 1871 die Regierungstruppen begannen, die Kommune in blutigen Straßenkämpfen niederzuwerfen – die Soldaten der Kommune waren schlecht geführt und ausgerüstet –, unternahmen es Marx und Engels, die Kommune zum Musterbeispiel einer »Diktatur des Proletariats« hoch zu stilisieren. Das aber war sie nicht, und erst recht war sie nicht sozialistisch im marxistischen Sinn des Wortes.

Marx schrieb über die Kommune:

Das erste Dekret der Kommune war . . . die Unterdrückung des stehenden Heeres und seine Ersetzung durch das bewaffnete Volk. Die Kommune bildete sich aus den durch allgemeines Stimmrecht in den verschiedenen Bezirken von Paris gewählten Stadträten. Sie waren verantwortlich und jederzeit absetzbar. Ihre Mehrzahl bestand selbstredend aus Arbeitern oder anerkannten Vertretern der Arbeiterklasse [falsch]. Die Kommune sollte nicht eine parlamentarische, sondern eine arbeitende Körperschaft sein, vollziehend und gesetzgebend zu gleicher Zeit ... Von den Mitgliedern der Kommune an abwärts, mußte der öffentliche Dienst für *Arbeiterlohn* besorgt werden. (MEW 17, 338 f.)

Die Arbeiterklasse kann nicht die fertige Staatsmaschinerie einfach in Besitz nehmen und diese für ihre eigenen Zwecke in Bewegung setzen. (MEW 17, 336)

Die Kommune sollte daher als Hebel dienen, um die ökonomischen Grundlagen umzustürzen, auf denen der Bestand der Klassen und damit der Klassenherrschaft ruht ... Jawohl, meine Herrn, die Kommune wollte jedes Klasseneigentum abschaffen, das die Arbeit der vielen in den Reichtum der wenigen verwandelt. Sie beabsichtigte die Enteignung der Enteigner [falsch] ... Aber dies ist der Kommunismus, der »unmögliche« Kommunismus! (MEW 17, 342 f.)

Und doch war dies die erste Revolution, in der die Arbeiterklasse offen anerkannt wurde als die einzige Klasse, die noch einer gesellschaftlichen Initiative fähig war [falsch]. (MEW 17, 344)

Und Engels schrieb:

1871 hatte die große Industrie selbst in Paris ... schon so sehr aufgehört, ein Ausnahmefall zu sein, daß [das] bei weitem wichtigste Dekret der Kommune eine Organisation der großen Industrie und sogar der Manufaktur anordnete, die nicht nur auf der Assoziation der Arbeiter in jeder Fabrik beruhen, sondern auch alle diese Genossenschaften zu einem großen Verband vereinigen sollte; kurz, eine Organisation, die ... schließlich auf den Kommunismus, also auf das direkte Gegenteil der Proudhonschen Lehre hinauslaufen mußte ... Die Kommune mußte gleich von vornherein anerkennen, daß die Arbeiterklasse, einmal zur Herrschaft gekommen, nicht fortwirtschaften konnte mit der alten Staatsmaschinerie; daß diese Arbeiterklasse ... einerseits alle die alte, bisher gegen sie selbst ausgenutzte Unterdrückungsmaschinerie beseitigen, andererseits sich sichern müsse gegen ihre eigenen Abgeordneten und Beamten, indem sie diese, ohne alle Ausnahme, für jederzeit absetzbar erklärte. (MEW 17, 623)

Gegen die in allen bisherigen Staaten unumgängliche Verwandlung des Staats und der Staatsorgane aus Dienern der Gesellschaft in Herrn der Gesellschaft wandte die Kommune zwei unfehlbare Mittel an:

Erstens besetzte sie alle Stellen, verwaltende, richtende, lehrende, durch Wahl nach allgemeinem Stimmrecht der Beteiligten, und zwar auf jederzeitigen Widerruf durch dieselben Beteiligten.

Und zweitens zahlte sie für alle Dienste, hohe wie niedrige, nur den Lohn, den andere Arbeiter empfingen. (MEW 17, 624)

Die deutsche Sozialdemokratie hat sich niemals von der Pariser Kommune so faszinieren lassen wie Marx, obschon sie nach 1890 unter dem Einfluß *K. Kautskys* den Marxismus offiziell rezipierte. Für sie war die Zeit der Putsche und Verschwörungen, der Aufstände und Revolutionen vorbei, wie Engels 1895 bestätigte:

Mit dieser erfolgreichen Benutzung des allgemeinen Stimmrechts war aber eine ganz neue Kampfweise des Proletariats in Wirksamkeit getreten, und diese bildete sich rasch weiter aus. Man fand, daß die Staatseinrichtungen, in denen die Hand der Bourgeoisie sich organisiert, vermittels deren die Arbeiterklasse diese selben Staatseinrichtungen bekämpfen kann. (MEW 22, 519)

In der Vorstellung der Begründer des Marxismus sieht also die sozialistische Gesellschaft so aus:

1. Freie Assoziationen von Arbeitern bestimmen die Produktion und Distribution der erzeugten »Waren«.
2. Die politische Gestalt liegt in der Hand von Arbeiterräten, die mit imperativen Mandat ausgestattet, frei gewählt werden und jederzeit abberufen werden können.
3. Das Privateigentum ist abgeschafft (und mit ihm auch die Arbeitsteilung).
4. Die Räte entscheiden über die Verteilung des erwirtschafteten Sozialprodukts (Lohn, Steuern, Investitionen).
5. Neben den aus den Betrieben gewählten Räten gibt es von den Stadtvierteln gewählte (politische) Räte.
6. Alle Beamten (in Politik und Ökonomie) können jederzeit abberufen werden und erhalten dieselbe Entlohnung wie die Arbeiter.
7. Die freien Assoziationen arbeiten genossenschaftlich zusammen, ohne reglementierte Bindung von oben. Es besteht keine Konkurrenzsituation zwischen ihnen.
8. Auf längere Sicht gesehen, bedeutet die Räteverfassung eine Steigerung des Sozialprodukts.

9. Das Berufsheer wird durch ein Volksheer ersetzt.
10. Die bestehende politische Ordnung muß zur Durchsetzung einer Räteverfassung abgeschafft werden (dies kann auch – so Engels nach 1895 – durch Benutzung der bürgerlich-demokratischen Institutionen geschehen).

Nach diesem Exkurs in die Geschichte kehren wir wieder ins Heute zurück. Heute[3] unterscheidet man drei Typen von Räten:

● Als Organe betrieblicher Mitbestimmung oder Selbstorganisation,
● als Revolutionsausschüsse,
● als politische Vertretungskörperschaften.

Die ersten Räte, die sich als solche bezeichneten, waren die »Sowjets (= Räte) der Arbeiterdeputierten« der russischen Revolution von 1905. Sie waren überbetriebliche Streikkomitees, die für ökonomische und – später – für allgemeinpolitische Reformen und Änderungen eintraten. Sie waren überwiegend parteilos. Nur einer hatte überregionale Bedeutung: der Petersburger Arbeitersowjet.
Nach der Februarrevolution von 1917 entstanden in ganz Rußland bald Arbeiter- und Soldatenräte, als Organe der revolutionären Demokratie. Sie schlossen sich locker zum »Allrussischen Kongreß der Arbeiter- und Soldatenräte« zusammen. Bis zum Herbst 1917 überwogen in den Räten Sozialisten und Sozialdemokraten (Menschewiki).
Nach der Oktoberrevolution 1917 verwandelten sich die Arbeiter-, Soldaten- und Bauernräte zu Organen der staatlichen Macht. Sie riefen die »Russische sozialistische Sowjetrepublik« aus, nachdem die Bolschewiki die Vormacht erreicht hatten. Daneben bestand die Kommunistische Partei, die auf ihre Vorrangstellung pochte. Nach dem Kronstädter Aufstand (März 1921) siegte die Partei über die Rätebewegung. Anstelle der »Diktatur der Räte« trat die »Diktatur der Partei«. Heute kündet nur noch der Name »UdSSR« von der Rätevergangenheit der Sowjetunion.
Die deutschen Arbeiter- und Soldatenräte (1918–1919) verstanden sich, ohne von den russischen abhängig zu sein, als Revolutionsausschüsse, stimmten aber in ihrer Mehrheit im Dezember 1918 für die Einführung eines parlamentarischen Systems in Deutschland. Erst

im Frühjahr 1919 traten proletarisch-klassenkämpferische Zielvorstellungen in den Vordergrund und es kam unter dem Einfluß der USPD (Unabhängige Sozialdemokratische Partei Deutschlands) und der KPD zur Ausbildung einer sozialistischen Räteideologie. Unter ihrem Einfluß verlagerte sich der Schwerpunkt der Rätebewegung, nachdem ihre politischen Ziele und Organisationen niedergeschlagen worden waren, auf die *Betriebsräte* (mit dem Ziel der Sozialisierung). So kam es denn, daß die Rätebewegung in der Weimarer Zeit ohne sonderliche Auswirkungen blieb, sieht man einmal vom Betriebsrätegesetz vom 4. 2. 1920 ab.

Erst die revolutionären Ereignisse in Polen und Ungarn von 1956 machten den Rätegedanken wieder aktuell. Er entwickelte sich in etwa entsprechend zu den Geschehnissen in Rußland 1905, wurde aber bald niedergeschlagen zugunsten der volksdemokratischen Verfassung. Eine Sonderentwicklung machte der Rätegedanke in Jugoslawien durch.

Exkurs: Räte in Jugoslawien

Die jugoslawischen Theoretiker der Arbeiterselbstverwaltung sahen schon zwischen 1918 und 1920 in den in der Sowjetunion gefallenen Entscheidungen zugunsten eines Staatskapitalismus den Grund für die Fehlentwicklungen des sozialistischen Systems in einen Staatssozialismus. Als auf die Initiative von *M. Djilas* und *E. Kardelj* in Jugoslawien 1950 die Arbeiterselbstverwaltung eingeführt wurde, wollte man aus den Mängeln der Abläufe in der Sowjetunion lernen. Das jugoslawische Rätesystem hat gegenüber dem sozialistischen folgende Abweichungen:

1. Die Arbeiterassoziationen kamen nicht durch die Initiative der Arbeiter zustande, sondern wurden von oben dekretiert.
2. Zwischen den Betrieben besteht ein (marktwirtschaftliches) Konkurrenzverhältnis, das zu sehr ungleicher Bezahlung führt (je nach Leistungskraft des Betriebs).
3. Der Direktor ist von der freien Abberufbarkeit durch die Betriebsmitglieder ausgenommen. (Die übrigen Rätemitglieder werden auf acht Jahre gewählt, dabei sind zwei Drittel der Mitglieder neu zu wählen. Dieses Rotationsprinzip der Eliten soll das Konkurrenzprinzip der Eliten aufheben). Die Räte stehen nicht unter dem Anspruch eines imperativen Mandats.

4. Es gibt keinen Minderheitenschutz (das ist allerdings ein Mangel aller direkten Demokratien). Ein Arbeiter, der seinen Arbeitsplatz verliert, verliert zugleich sein Anrecht auf betriebliche Leistungen (Wohnung . . .).
5. Die Bezahlung der leitenden Angestellten ist nicht gleich der der Arbeiter (sondern oft um ein dreifaches höher).
6. Die Steuern werden von politischen Instanzen festgesetzt.
7. Der »Bund der Kommunisten« hat gegenüber der Räteordnung seine Führungsrolle durchgesetzt.
8. Die Beseitigung des Privateigentums (an Produktionsmitteln) führte weder zur Aufhebung der entfremdeten Arbeitsteilung noch der entfremdeten Warenform der Produkte menschlicher Arbeit.

Für die an der schnellen ökonomischen Entwicklung des Landes Interessierten stellen die Arbeiterräte eher einen Störfaktor dar. Für die Vertreter einer Marx-Proudhonschen Assoziation freier Arbeiter, stellt jedoch eine solche Kosten-Nutzenrechnung einen Rückfall in kapitalistische Denkschemata dar, in denen der Nutzen allein als ökonomischer errechnet werde. Die politischen Systemkritiker bezweifeln, daß sich ohne politische Freiheit und Garantie freier gesellschaftlicher Betätigung (auch Parteienbildung) überhaupt eine sozialistische Arbeiterselbstverwaltung durchführen lasse.
Man kann also kaum das in Jugoslawien bestehende Rätesystem als sozialistisch bezeichnen – es ist ein Mittelding zwischen Kapitalismus (zwischenbetrieblicher Konkurrenz) und Sozialismus (kein Privateigentum an Produktionsmitteln).
Die Neue Linke hat in Deutschland das politische Interesse an den Räten wieder belebt. Die Unzufriedenheit am bürgerlichen Parlamentarismus hat die Rätestruktur als Alternative zum Parlamentarismus entwickelt und dabei einige theoretische Arbeiten hervorgebracht, die jedoch kaum über die Gedanken der Rätediskussion um 1920 hinausgehen[4]. Die meisten modelltheoretisch vorgetragenen Gedanken zum Rätesystem gehen dabei von der Auffassung aus, daß

● ein Rätesystem ohne sozialistische Wirtschaftsordnung nicht möglich ist,

- die Kompetenzen der gesellschaftlichen Basisgruppen gegenüber den zentralen Verwaltungs- und Entscheidungsgremien erheblich erweitert werden müssen,
- die sozialpsychologischen Voraussetzungen für eine Aufhebung der Entfremdung des Bürgers von seinen Institutionen nur durch einen langen Bildungsprozeß möglich ist, der revolutionäre Praxis miteinschließt,
- die partielle Einführung des Rätesystems (im ökonomischen Raum) eine (vorübergehende) Senkung des Lebensstandards auf einen Stand von vor etwa 15 Jahren bedeuten würde, die jedoch durch eine human verantwortete Kosten-Nutzen-Rechnung gedeckt würde.

Die Kritiker des Rätesystems in Deutschland verweisen zumeist darauf, daß

- die Räte nicht in der Lage seien, leistungsfähige Organisationsformen herauszubilden, die für ein zureichendes Funktionieren der Wirtschaft in einer Räteverfassung unerläßlich seien[5],
- der pluralistische und der totalitäre Demokratiebegriff miteinander unvereinbar seien (ersterem entspreche die repräsentativ-demokratische Verfassung –, letzterem ein plebiszitäres direkt-demokratisches System)[6],
- das Rätesystem mit dem Grundgesetz der Bundesrepublik Deutschland nicht vereinbar sei[7].

B. Thesen

1. Die Räteverfassung ist eine an sich wertneutrale und nicht an marxistische Ideologie zu bindende Organisation politischer und ökonomischer Strukturen. Auch ein Christ etwa kann sie durchaus bejahen.

   An der Basis eines ökonomischen *Rätesystems* stehen Betriebszellen (d. s. übersichtliche Produktionsgruppen, die im Team in eigener organisatorischer Regie ein Produkt oder Teilprodukt herstellen). Jede Zelle muß transparent bleiben für einen Mitgliederwechsel. – Die Zelle wählt einen Betriebsrat. Die Menge aller Betriebsräte eines Betriebes bildet den Betriebsrat (im engeren Sinne). Die Mitglieder des Betriebsrats wählen aus ihrer Mitte einen Branchenrat . . . Über drei oder vier Rätestufen wird der oberste ökonomische Rat einer Region (Land, Staat . . .) von der nächsttieferen Ratsstufe gewählt.

Analog werden die politischen Räte aufgestellt. An die Stelle der Zelle tritt das »Stadtviertel«.

Grundsätzlich wäre es möglich, eine politische Räteverfassung ohne ökonomische (und umgekehrt) aufzubauen.

● Die ökonomische Räteverfassung bedeutet eine Demokratisierung der Wirtschaft.

● Nach marxistischer Theorie (und nicht nur nach dieser) setzt eine ökonomische Räteverfassung eine hochkapitalistische Überproduktionsgesellschaft zu ihrer Verwirklichung voraus (Absinken des Sozialprodukts).

● Parteien (im politischen) und Gewerkschaften wie Arbeitgeberverbände (im ökonomischen Bereich) werden überflüssig.

● Insofern nur Entscheidungsvollmachten nach oben (auf die jeweils höhere Ratsstufe) delegiert werden, die auf einer unteren nicht sinnvoll realisiert werden können, geht also alle »Macht« und Autorität von unten (»vom Volke«) aus.

● Investitionsentscheidungen werden vom Betriebsrat in Kooperation mit den entsprechenden politischen Räten getroffen; Betriebsneugründungen vom Branchenrat.

● Wer die öffentlichen Abgaben bestimmt, ist offen (vom obersten politischen Rat in Kooperation mit dem obersten ökonomischen Rat?).

Die Räte

● besitzen ein imperatives Mandat, dessen Inhalt von der sie wählenden Gruppe festgelegt wird,

● können jederzeit von dem sie wählenden Gremium abgerufen werden,

● unterliegen dem Rotationsprinzip der Eliten,

● erhalten eine Vergütung, die von dem Verdienst eines Arbeiters nicht wesentlich unterschieden ist.

Marx und Engels sehen in einer Räteorganisation eine legitime Ausdrucks- und Organisationsform der »Diktatur des Proletariats«.

3. Ob sie in der Parteiendiktatur der Ostblockländer eine legitime Organisationsform der Diktatur des Proletariats gesehen hätten, läßt sich bezweifeln. Der Staatskapitalismus dieser Länder wäre sicherlich abgelehnt worden (vgl. MEW 3, 342).
4. Die sozialistisch-marxistische Räteverfassung ist noch nirgendwo realisiert worden (sieht man einmal von der Rußlands in der unmittelbaren nachrevolutionären Phase ab).

C. Einwände

1. Die mikroökonomischen Interessen könnten in einer Räteverfassung die makroökonomischen so überwuchern, daß eine funktionierende Volkswirtschaft nicht möglich zu sein scheint.
2. Die Abberufbarkeit verbunden mit imperativem Mandat bringt ein Moment des Chaos in die ökonomische und politische Hierarchie, das kaum aufgefangen werden kann.
3. Die Aufhebung des Privateigentums sichert, wie die Ansätze zur Räteverfassung in Jugoslawien und die zentrale Planwirtschaft der Volksdemokratien zeigen, keineswegs die Überwindung der wesentlichen ökonomischen Entfremdungen: die Arbeitsteilung bleibt bestehen, die Produkte behalten Warencharakter . . .
4. Das Ideal der gleichen Entlohnung wird dem verschiedenen Einsatz und den verschiedenen Verantwortungen nicht gerecht (obschon man Einsatz und Verantwortungsbewußtsein nicht kaufen kann).
5. Mit dem Fehlen der Konkurrenzsituation droht die ökonomische Entwicklung gehemmt zu werden.
6. Aus den stets gescheiterten Versuchen, ein Rätemodell zu realisieren, kann man schließen, daß es zur Zeit nicht realisiert werden kann.

Anmerkungen:

1 H. Mommsen, Pariser Kommune, in: MiSV/Geschichte 3, 309.

2 W. Leonhard, Diktatur des Proletariats, in: MiSV/Grundbegriffe 1, 88.

3 O. Anweiler, Rätebewegung, in: MiSV/Geschichte 4, 74–87.

4 Vgl. u. a. D. Schneider und R. Kuda, Arbeiterräte in der Novemberre-volution, Frankfurt 1968; W. Gottschalch, Parlamentarismus und Rätedemokratie, Berlin 1968; B. Rabehl, Bemerkungen zum Problem der Rätedemokratie in der hochindustrialisierten Gesellschaft, in: Berliner Zeitschrift für Politologie 9 (1968), 14–21; U. Bermbach, Ansätze zu einer Kritik des Rätesystems, in: Berliner Zeitschrift für Politologie 9 (1968), 21–31.

5 G. A. Ritter, »Direkte Demokratie« und Rätewesen in Geschichte und Theorie, in: E. K. Scheuch (Hrsg.), Die Wiedertäufer der Wohlstandsgesellschaft, Köln 1968, 188–216.

6 E. Fraenkel, Die repräsentative und die plebiszitäre Komponente im demokratischen Verfassungsstaat, Tübingen 1958.

7 Einige Autoren vertreten jedoch auch die Verfassungsentsprechung eines Rätesystems, so P. von Oertzen.

XV. ARBEITSTEILUNG

Die Aufhebung der Arbeitsteilung ist ein erheblicher Punkt sozialistischer Utopie – und zugleich am skeptischsten betrachtet worden.
Zumindest für eine hochindustrialisierte Gesellschaft scheint die
teilige Arbeit unverzichtbar zu sein.

A. DARSTELLUNG

Die Arbeitsteilung ist für Marx ein Ausdruck der Entfremdung:

Die *Teilung der Arbeit* ist der nationalökonomische Ausdruck von der Gesellschaftlichkeit der Arbeit innerhalb der Entfremdung. Oder, da die Arbeit nur ein Ausdruck der menschlichen Tätigkeit innerhalb der Entäußerung, der Lebensäußerung als Lebensentäußerung ist, so ist auch die *Teilung der Arbeit* nichts anderes als das entfremdete, entäußerte Setzen der
menschlichen Tätigkeit als einer realen Gattungstätigkeit oder der Tätigkeit
des Menschen als Gattungswesen. (MEGA 1, 3, 139)

Er unterscheidet verschiedene Typen der Arbeitsteilung (vgl. MEW
23, 56 f.):

1. Die natürliche Arbeitsteilung aufgrund von Alter, Geschlecht ...
2. Die gesellschaftliche Arbeitsteilung:

   ● im allgemeinen: Hierher gehört die Teilung der gesellschaftlich notwendigen Arbeit in Zweige (Industrie, Landwirtschaft, Handel, Verkehr ...)
   ● im besonderen: Hierher gehört die Differenzierung innerhalb
   der Wirtschaftszweige in Produktionszweige (so innerhalb
   der Industrie: Bergbau, Maschinenbau, Textilindustrie ...)
   ● im einzelnen: Hierher gehört die Differenzierung innerhalb
   einer Produktionseinheit (innerbetriebliche Arbeitsteilung).

Im einzelnen führt er hierzu aus:

Die verschiedenen Arbeiten, welche diese Produkte [Produkte der Familienarbeit] erzeugen, Ackerbau, Viehzucht, Spinnen, Weben, Schneiderei . . . sind in ihrer Naturalform gesellschaftliche Funktionen, weil Funktionen der Familie, die ihre eigene, naturwüchsige Teilung der Arbeit besitzt so gut wie die Warenproduktion. Geschlechts- und Altersunterschiede wie die mit dem Wechsel der Jahreszeiten wechselnden Naturbedingungen der Arbeit regeln ihre Verteilung innerhalb der Familie und die Arbeitszeit der einzelnen Familienmitglieder. (MEW 23, 92)

Innerhalb einer Familie, weiter entwickelt eines Stammes, entspringt eine naturwüchsige Teilung der Arbeit aus den Geschlechts- und Altersverschiedenheiten, also auf rein physiologischer Grundlage, die mit der Ausdehnung des Gemeinwesens, der Zunahme der Bevölkerung und namentlich dem Konflikt zwischen verschiedenen Stämmen und der Unterjochung eines Stammes durch den anderen ihr Material ausweitet. (MEW 23, 372)

Mit der Teilung der Arbeit . . ., welche ihrerseits wieder auf der naturwüchsigen Teilung in der Familie und der Trennung der Gesellschaft in einzelne, einander entgegengesetzte Familien beruht, ist zu gleicher Zeit auch die Verteilung, und zwar die ungleiche, sowohl quantitative wie qualitative Verteilung der Arbeit und ihrer Produkte gegeben, also das Eigentum, das in der Familie, wo die Frau und die Kinder die Sklaven des Mannes sind, schon seinen Keim, seine erste Form hat. (MEW 3, 32)

In der Gesamtheit der verschiedenen Gebrauchswerte oder Warenkörper erscheint eine Gesamtheit ebenso mannigfaltiger . . . verschiedener nützlicher Arbeiten – eine *gesellschaftliche Teilung der Arbeit.* Sie ist die Existenzbedingung der Warenproduktion, obgleich Warenproduktion nicht umgekehrt die Existenzbedingung gesellschaftlicher Arbeitsteilung. (MEW 23, 56)

Was von der manufakturmäßigen Teilung der Arbeit im Inneren der Werkstatt, gilt von der Teilung der Arbeit im Inneren der Gesellschaft. (MEW 23, 509)

Trotz der zahlreichen Analogien jedoch und der Zusammenhänge zwischen der *Teilung der Arbeit im Inneren der Gesellschaft* und der *Teilung innerhalb einer Werkstatt* sind beide nicht nur graduell, sondern wesentlich unterschieden . . . Was charakterisiert die *manufakturmäßige Teilung der Arbeit?* Daß der Teilarbeiter keine Ware produziert. Erst das gemeinsame Produkt der Teilarbeiter verwandelt sich in Ware. Die *Teilung der Arbeit im Inneren der Gesellschaft* ist vermittelt durch den Kauf und Verkauf der Produkte verschiedener Arbeitszweige, der Zusammenhang der Teilarbeiten in der Manufaktur durch den Verkauf verschiedener Arbeitskräfte an denselben Kapitalisten, der sie als kombinierte Arbeitskraft verwendet. Die *manufakturmäßige Teilung der Arbeit* unterstellt Konzentration der Produktionsmittel in der Hand eines Kapitalisten, die *gesellschaftliche Teilung der Arbeit* Zersplitterung der Produktionsmittel unter viele voneinander unabhängige Warenproduzenten. (MEW 23, 375 f.)

Neben dieser systematischen Teilung der Arbeit kennen Marx und Engels auch das historische Problem der Teilung der Arbeit. Sie unterscheiden:

1) Die Teilung der Arbeit in der Urgesellschaft in Ackerbauern und Viehzüchter. Sie erhöhte die Produktivität, besorgte Formen des Austausches, förderte die Einführung von Geld als abstraktem Tauschmittel, war die Basis zur Einrichtung des Privateigentums (und damit der Bildung von Klassen und Staaten).

2) Die Teilung der Arbeit in Landwirtschaft und Handwerk. Es entstand die Produktion für den Markt (die Arbeitsprodukte erhielten Warencharakter mit Tauschwert). Es entstand die Ware-Geld-Beziehung.

3) Die Teilung der Arbeit zwischen Produktion und Handel. Sie begründete das Aufkommen von Dienstleistungen, die Trennung von vorwiegend körperlicher und vorwiegend geistiger Arbeit, die Differenzierung von Arbeit und Organisation der Arbeit (Planung und Leitung). Die Deformierung der arbeitenden Persönlichkeit wurde perfekt.

Marx und Engels schreiben dazu:
Die Grundlage aller entwickelten und durch Warenaustausch vermittelten Teilung der Arbeit ist die Scheidung von Stadt und Land. Man kann sagen, daß die ganze ökonomische Geschichte der Gesellschaft sich in der Bewegung dieses Gegensatzes resümiert. (MEW 23, 373; M)
Die Teilung der Arbeit verwandelt das Arbeitsprodukt in Ware und macht dadurch seine Verwandlung in Geld notwendig. (MEW 23, 122; M)
Die größte Teilung der materiellen und geistigen Arbeit ist die Trennung von Stadt und Land . . . Mit der Stadt ist zugleich die Notwendigkeit der Administration, der Polizei, der Steuern . . . kurz des Gemeinwesens und damit der Politik überhaupt gegeben. (MEW 3, 50)
Die Teilung der Arbeit war in den Städten zwischen den einzelnen Zünften noch ganz naturwüchsig und in den Zünften selbst zwischen den einzelnen Arbeitern gar nicht durchgeführt. Jeder Arbeiter mußte in einem ganzen Kreis von Arbeiten bewandert sein, mußte alles machen können, was mit seinen Werkzeugen zu machen war. (MEW 3, 52)

Die verschiedenen Entwicklungsstufen der Teilung der Arbeit sind ebensoviel verschiedene Formen des Eigentums; d. h. die jedesmalige Stufe der Teilung der Arbeit bestimmt auch die Verhältnisse der Individuen zueinander in Beziehung auf das Material, Instrument und Produkt der Arbeit. (MEW 3, 22)

Die Teilung der Arbeit . . . äußert sich nun auch in der herrschenden Klasse als Teilung der geistigen und materiellen Arbeit, so daß innerhalb dieser Klasse der eine Teil als die Denker dieser Klasse auftritt, während die anderen sich zu diesen Gedanken und Illusionen mehr passiv und rezeptiv verhalten, weil sie in Wirklichkeit die aktiven Mitglieder dieser Klasse sind und weniger Zeit dazu haben, sich Illusionen und Gedanken über sich selbst zu machen. (MEW 3, 46f.)

Gleich die erste große Arbeitsteilung, die Scheidung von Stadt und Land, verurteilte die Landbevölkerung zu jahrtausendelanger Verdummung und die Städter zur Knechtung eines jeden unter sein Einzelhandwerk. Sie vernichtete die Grundlage der geistigen Entwicklung der einen und der körperlichen der anderen . . . Diese Verkümmerung des Menschen wächst im selben Maße wie die Arbeitsteilung, die ihre höchste Entwicklung in der Manufaktur erreicht . . . Die Utopisten waren bereits vollständig im reinen über die Wirkungen der Teilung der Arbeit, über die Verkümmerung einerseits des Arbeiters, andererseits der Arbeitstätigkeit selbst, die auf lebenslängliche, einförmige, mechanische Wiederholung eines und desselben Aktes beschränkt wird. (MEW 20, 271f.; E)

Das Detailgeschick des individuellen, entleerten Maschinenarbeiters verschwindet als ein winzig Nebending vor der Wissenschaft, den ungeheueren Naturkräften und der gesellschaftlichen Massenarbeit, die im Maschinensystem verkörpert sind und mit ihm die Macht des »Meisters« bilden. (MEW 23, 446; M)

Arbeit als bloße *Dienstleistung* zur Befriedigung von unmittelbaren Bedürfnissen hat gar nichts mit dem Kapital zu tun, da es sie nicht sucht . . . Indem der eine der Kontrahenten dem anderen nicht als Kapitalist gegenübersteht, kann diese Leistung des Dienens nicht unter die Kategorie der produktiven Arbeit fallen. Von der Hure bis zum Papst gibt es eine Masse solchen Gesindels. (Grundrisse, 183)

Die Teilung der Arbeit ist der Grund von Privateigentum (MEW 3, 22), von Kastenwesen (MEW 3, 39) und von Klassen (MEW 19, 225). Mit der Beseitigung von Privateigentum, Kasten und Klassen ist der Teilung der Arbeit auch ihre Grundlage entzogen. So meinen Marx und Engels:

Die Verwandlung der persönlichen Mächte (Verhältnisse) in sachliche durch die Teilung der Arbeit kann nicht dadurch wieder aufgehoben werden, daß man sich die allgemeine Vorstellung davon aus dem Kopfe schlägt, sondern nur dadurch, daß die Individuen diese sachlichen Mächte wieder unter sich subsumieren und die Teilung der Arbeit aufheben. (MEW 3, 74)

Die Existenz der Klassen ist hervorgegangen aus der Teilung der Arbeit, und die Teilung der Arbeit in ihrer bisherigen Weise fällt [mit der Aufhebung der Klassen] gänzlich weg ... Es geht hieraus hervor, daß der Gegensatz zwischen Stadt und Land ebenfalls verschwinden wird. Der Betrieb des Ackerbaues und der Industrie durch dieselben Menschen, statt durch zwei verschiedene Klassen, ist schon aus ganz materiellen Ursachen eine notwendige Bedingung der kommunistischen Assoziation. (MEW 4, 375 f.; E)

Indem sich die Gesellschaft zur Herrin der sämtlichen Produktionsmittel macht, um sie gesellschaftlich planmäßig zu verwenden, vernichtet sie die bisherige Knechtung der Menschen unter ihre eigenen Produktionsmittel. Die Gesellschaft kann sich selbstredend nicht befreien, ohne daß jeder einzelne befreit wird. Die alte Produktionsweise muß also von Grund auf umgewälzt werden, und namentlich muß die alte Teilung der Arbeit verschwinden. An ihre Stelle muß eine *Organisation der Produktion* treten. (MEW 20, 273; E)

Statt einer Teilung der Arbeit, die in dem Austausch von Tauschwerten sich notwendig erzeugt, fände eine *Organisation der Arbeit* statt, die den Anteil des einzelnen an der gemeinschaftlichen Konsumtion zur Folge hat. (Grundrisse, 89)

In einer höheren Phase der kommunistischen Gesellschaft, nachdem die knechtende Unterordnung der Individuen unter die Teilung der Arbeit, damit auch der Gegensatz geistiger und körperlicher Arbeit verschwunden ist, nachdem die Arbeit nicht nur Mittel zum Leben, sondern selbst das erste Lebensbedürfnis geworden ... erst dann kann der enge bürgerliche Rechtshorizont ganz überschritten werden und die Gesellschaft auf ihre Fahne schreiben: Jeder nach seinen Fähigkeiten, jedem nach seinen Bedürfnissen! (MEW 19, 21; M)

Die Erziehung wird die jungen Leute das ganze System der Produktion rasch durchmachen lassen können, sie wird sie in Stand setzen, der Reihe nach von einem zum anderen Produktionszweig überzugehen, je nachdem die Bedürfnisse der Gesellschaft oder ihre eigenen Neigungen sie dazu veranlassen. Sie wird ihnen also den einseitigen Charakter nehmen, den die jetzige Teilung der Arbeit einem jeden einzelnen aufdrückt. Auf diese Weise wird die kommunistisch organisierte Gesellschaft ihren Mitgliedern Gelegenheit geben, ihre allseitig entwickelten Anlagen allseitig zu betätigen. Damit aber verschwinden notwendig auch die verschiedenen Klassen. (MEW 4, 376; E)

In der sozialistischen Wirklichkeit sah dann alles ganz anders aus. Da weder die erwartete proletarische Arbeitsmoral noch die gesteigerte Arbeitsbereitschaft [mit Ausnahme vielleicht der Subbotniks (vgl. Lenin, WW 30, 273)] wirklich wurden, blieb nichts anderes übrig, als Arbeitszwang, Arbeitsnormen und Arbeitskontrolle in einer Weise einzuführen, die im Kapitalismus nicht mehr durchzusetzen wären. So konnte denn *Lenin* in einem Anfall von Frömmigkeit sprechen: »Gebe Gott, daß unsere Kinder, vielleicht aber auch erst unsere Enkel die Errichtung des Sozialismus bei uns erleben.« (WW 30, 189) So wird auch verständlich, daß Lenin das Wort »Arbeitsteilung« tunlichst vermeidet. In systematischer Absicht gebraucht er es im Marxschen Sinne nur einmal. (WW 3, 25–27) *Stalin* brach dann offen mit Marx. Er schrieb:

Es ist notwendig, auch einige andere Begriffe über Bord zu werfen, die dem »Kapital« entnommen sind[1].

Weiter unten schreibt er:

Manche Genossen behaupten, daß mit der Zeit nicht nur der wesentliche Unterschied zwischen Industrie und Landwirtschaft, zwischen körperlicher und geistiger Arbeit verschwinde, sondern daß sogar *jeglicher* Unterschied zwischen ihnen verschwinde. Das stimmt nicht. Die Beseitigung des wesentlichen Unterschieds zwischen Industrie und Landwirtschaft kann nicht zur Beseitigung jeglichen Unterschieds zwischen ihnen führen. Irgendein Unterschied, wenn auch kein wesentlicher, wird angesichts der Verschiedenheit der Arbeitsbedingungen in der Industrie und Landwirtschaft unbedingt bestehen bleiben. Dasselbe muß über den Unterschied zwischen geistiger und körperlicher Arbeit gesagt werden. Der wesentliche Unterschied zwischen ihnen im Sinne der großen Ungleichheit im kulturell-technischen Niveau wird unbedingt verschwinden. Aber irgendein Unterschied, wenn auch kein wesentlicher, wird dennoch bestehen bleiben, und sei es nur darum, weil die Arbeitsbedingungen des leitenden Personals der Betriebe und die Arbeitsbedingungen der Arbeiter nicht die gleichen sind[2].

Was aber wesentliche und unwesentliche Unterschiede sind, darüber schweigt sich Stalin aus. Daß ein- und derselbe Arbeiter einmal in der unmittelbaren Produktion, ein anderes Mal in der Disposition und Leitung arbeitet, wie es vermutlich Marx vorschwebte und wie es von vielen Marxisten gefordert wird (so auch E. Mandel), ist ihm wirklichkeitsfremde Utopie.

Der 22. Parteitag der KPdSU (1961) ist deutlich von der Position Stalins abgerückt. Im Parteiprogramm der KPdSU heißt es:

Im Kommunismus wird es keine Klassen geben, werden die sozialen, ökonomischen, kulturellen und die Lebensweise betreffenden Unterschiede zwischen Stadt und Land verschwinden. Das Dorf erreicht in bezug auf die Produktivkräfte und den Charakter der Arbeit, die Formen der Produktionsverhältnisse, die Lebensverhältnisse und den Wohlstand der Bevölkerung das Niveau der Stadt. Mit dem Sieg des Kommunismus werden die geistige und die körperliche Arbeit in der Produktionsbetätigung der Menschen organisch miteinander verschmelzen. Die Intelligenz wird aufhören, eine besondere soziale Schicht zu sein, die körperlich Arbeitenden werden kulturell und technisch das Niveau der Geistesschaffenden erreichen. Somit macht der Kommunismus der Teilung der Gesellschaft in Klassen und soziale Schichten ein Ende [3].

Doch auch dieses Parteiprogramm bleibt weit hinter den Marxschen Erwartungen zurück. Es ist nicht mehr die Rede von der Aufhebung der Arbeitsteilung, sondern nur mehr von einer Teilung der Gesellschaft in Klassen, die enden wird. Die Arbeitsteilung wird fortbestehen, und nur einige daraus folgende Konsequenzen werden abgebaut werden.

D. Ogurzow versucht in seinem Beitrag »Entfremdung« in der Sowjetenzyklopädie dem Problem der Arbeitsteilung in einer sozialistischen Gesellschaft beizukommen, indem er zwischen Spezialisierung und Professionalisierung unterscheidet. Die Spezialisierung sei in jeder technischen Produktion notwendig, nicht aber die Professionalisierung, in der der Arbeiter nur bestimmte Funktionen ausüben darf und somit nur einen Teil seiner Fähigkeiten und Anlagen entwickelt. Dunkel bleibt jedoch in diesem – durchaus beachtenswerten – Beitrag, wie sich spezialisierende und professionalisierende Arbeitsteilung voneinander unterscheiden. Vermutlich steht er unter dem Eindruck der Kritik *E. Durkheims* am marxistischen Modell der Arbeitsteilung, der den Begriff soziologisch und nicht ideologisch faßte.

B. Thesen

1. Die Teilung der Arbeit ist Folge und Ergebnis des gestörten naturalistisch-dialektischen Vierecks (Marxens). Die durch das Privateigentum besorgte Entfremdung (= Störung zwischen den Polen des dialektischen Vierecks: Arbeit – Natur – Gesellschaft – Individuum) hat die Arbeitsteilung zur logischen und historischen Folge. Arbeitsteilung ist für Marx immer Ausdruck des gestörten »Stoffwechsels des Menschen mit der Natur«.

2. Die *naturwüchsige Arbeitsteilung*, bedingt durch Alter und Geschlecht der Arbeitenden, aber auch durch regionale und jahreszeitliche Gegebenheiten, ist dann nicht abzulehnen, wenn sie nicht zur Sklaverei von Frau und Kindern unter der Herrschaft des Mannes führt.

3. Mit der Teilung der Arbeit, die nicht nur innerfamiliär, sondern zwischenfamiliär erfolgt, beginnt der Austausch mit qualitativ und quantitativ unterschiedlicher Bewertung der geteilten Arbeit.

4. Der Marxschen Theorie der Arbeitsteilung liegt das Schema: Arbeitsteilung – Tausch – Abhängigkeit – Vertrag zugrunde, das seinen Ursprung hat im utilitaristisch-darwinistischen Verständnis des Wesens des Vertrags, der sich durch die Arbeitsteilung ergibt. Er hat eine seiner Quellen in den Vorstellungen *Herbert Spencers* (1820–1903).

5. Mit *Adam Smith* (1723–1790) ist Marx der Meinung, daß die Arbeitsteilung ein entscheidendes Moment bei der Bildung des Volksvermögens bildet, da sie wachsende Produktivität bedeutet.

6. Die *gesellschaftliche Arbeitsteilung* ist die Bedingung für die Produktion von Waren (Produkten mit einem von dem Produkt selbst abgezogenen Tauschwert).

7. Die Grundlage für die gesellschaftliche Arbeitsteilung ist die Scheidung von Stadt und Land. Sie fällt zusammen mit der Bildung der Städte.

8. Den verschiedenen Formen der Arbeitsteilung entsprechen ver-

schiedene Arten des Privateigentums (und damit der Produktionsverhältnisse) und Klassen.

9. Die weitere Arbeitsteilung führt zur Aufspaltung der Tätigkeiten in

- Produzenten und Händler,
- Produzenten und Disponenten (Manager, Leiter, Planer),
- Produzenten und Dienstleistende,
- körperliche und geistige Arbeit.

Ferner werden die unmittelbaren Produzenten durch die fortschreitende Arbeitsteilung zur eintönigen Arbeit verurteilt (»Fließbandarbeit« als Beispiel).

10. In der sozialistischen Gesellschaft entfällt die Störung des naturalistischen Vierecks, weil der Faktor »Privateigentum« entfällt. Damit gibt es auch keine entfremdende Arbeitsteilung mehr.

11. Damit entfällt auch die Unterscheidung von Stadt und Land im Produktionsprozeß sowie die Unterscheidung von geistiger und körperlicher Arbeit, weil alle fähig sind, die eine wie die andere Arbeit zu verrichten und den Arbeitsplatz suchen können, der dem gesellschaftlichen Charakter ihrer Arbeit am besten entspricht (d. h. den gesellschaftlichen Bedürfnissen) und der ihnen größtmögliche Selbstverwirklichung verspricht. Ein häufiges Wechseln der Arbeitsart ist anzustreben, um eine allseitige Entwicklung zu erreichen.

12. Die dazu notwendigen Bildungs- und Ausbildungsvoraussetzungen werden von der sozialistischen Gesellschaft geschaffen.

13. An die Stelle der Teilung der Arbeit wird dann eine Organisation der Arbeit treten, in der die frei assoziierten Produzenten selbst ihre Arbeitszuteilung und Arbeitsart regeln.

C. Einwände

1. Die Marxsche Theorie von arbeitsteiliger Gesellschaft, in dem das gesellschaftliche Zusammen und die Regelung der Arbeitsorganisation sozialdarwinistisch geregt wird, gilt heute als falsch.

   In der Tat bedeutet dies, daß die Betätigung des Menschen sich im Zusammenhang mit den gegenseitigen Rollenerwartungen, die zu allgemein kuturellen Normen entwickelt werden, vollzieht. Vertragliche Beziehungen bilden nur einen bestimmten Typ einer kulturellen Situation, und die Arbeitsteilung entsteht in Form einer spezifischen Rollendifferenzierung, d. h. Rollendifferenzierung auf der Basis einer rational orientierten produktiven Aktivität . . . Wir können die Arbeitsteilung als ein ökologisches oder »subsoziales« Phänomen behandeln [für Marx war sie ein soziales]. Als solches bezieht sie sich auf jene Form der Rollendifferenzierung, die im Verlauf der Durchführung ausschließlich produktions-orientierter Aufgaben aus der unmittelbaren, direkten Anpassung an die physische Umgebung hervorgeht[4].

2. Die falsche Interpretation des Wesens der Arbeitsteilung führte notwendig zum Fehlschlagen aller Versuche, sie aufzuheben. Vor allem ist sie nicht an die Bildung von Privateigentum gebunden. Marx vermutet also irrtümlich:

   Eben darin, daß Teilung der Arbeit und Austausch Gestaltungen des Privateigentums sind, eben darin liegt der doppelte Beweis, sowohl daß das menschliche Leben zu seiner Verwirklichung des Privateigentums bedurfte, wie andererseits, daß es jetzt der Aufhebung des Privateigentums bedarf. (MEGA 1, 3, 144)

3. Es ist eine unrichtige Vermutung, daß den verschiedenen Typen der Arbeitsteilung verschiedene Formen des Privateigentums entsprechen. Die Typen des Eigentums haben sich in der kapitalistischen Gesellschaft sehr viel stärker verändert (etwa durch die Bildung von Aktiengesellschaften, Produktionsgenossenschaften . . .) als die Arbeitsteilung. Diese ist vielmehr ausschließlich abhängig vom Stand der technischen und organisationswissenschaftlichen Entwicklung. Die geteilte Arbeit gehört eher zu den Produktivkräften als zu den Produktionsbedingungen.

4. Die Tendenz geht keineswegs, wie Marx fälschlich vermutete,

dahin, daß die Arbeit in einer arbeitsteiligen Gesellschaft immer eintöniger werde. Heute dürfte die Arbeit – auch an den Maschinen – weniger eintönig sein als vor hundert Jahren.

5. Die größere Mobilität der Arbeitskräfte ist auch ein Ziel der kapitalistischen Produktionsweise geworden. Sie ist abhängig von besserer und umfassenderer Ausbildung der Arbeiter. Heute ist die aufgrund besserer Ausbildung mögliche Mobilität in den kapitalistischen Staaten größer als in den sogenannten sozialistischen.

6. Die Organisation der Arbeit im innerbetrieblichen Rahmen widerspricht keineswegs einer kapitalistischen Wirtschaftsordnung. Sie ist hier – ansatzhaft – besser realisiert als in Wirtschaftsordnungen ohne Privateigentum.

Anmerkungen:

1 Ökonomische Probleme des Sozialismus in der UdSSR, Berlin [4]1953, 18. Vgl. C. D. Kernig, Arbeit, in: MiSV/Ökonomie, 1, 74.
2 Ebd., 29f.
3 Programm und Statut der KPdSU, Berlin 1961, 60.
4 S. H. Udy, Arbeitsteilung, in: Wörterbuch der Soziologie I, Frankfurt 1972, 47.

XVI. UTOPIE

Der Marxismus greift im Denken über das Sein hinaus. Er siedelt im Noch-nicht-Sein und fühlt sich wohl im Land Utopia, im Nirgendwo. Das gilt vor allem für den Westmarxismus, der sich weitgehend, vor allem insofern neomarxistisch, nicht mit den marxistischen Realisationen im Osten abfindet, sondern zu seinen heftigsten Kritikern geworden ist. Dafür beschimpfen die Altmarxisten vor allem des Ostens die Neomarxisten – in guter Marxscher Tradition – als kleinbürgerliche Abweichler.

Jede Religion kennt das Ausgreifen in die Zukunft, siedelt *auch* im Zukünftigen, weil sie darum weiß, daß der Mensch erst zum menschlichen Menschen wird in seiner Hoffnung. Der Marxismus hat da manches von den klassischen Religionen seiner Zeit und seines Denkraums übernommen – und wurde so zur »Pseudoreligion« zu einer Art »Religionsersatz«, der Wege weisen will ins Reich Nirgendwo, obschon im Land der Zukunft keine Wegweiser stehen.

Vom Christentum entlehnte der Marxismus die Rede vom »Reich«. Zwar polemisierte er gegen die christliche Vorstellung vom Gottesreich, das gegenwärtig und zukünftig zugleich, das Endziel der Menschheit und des Menschen auf seiner Wanderschaft durchs Gegenwärtig vorgibt (MEGA 1, 2, 226; MEW 3, 40 . . .), doch machte er sich die christliche Lehre vom Reich der Freiheit, von *Joachim von Fiore* (1145–1205) entwickelt, als der Kundschaft vom kommenden Reich des Geistes, verbal zu eigen. In diesem Reich der Freiheit siedelt der »totale Mensch« (MEGA 1, 3, 118). Es liegt jenseits des Kommunismus (MEGA 1, 3, 126), es sei denn man verstehe den Kommunismus nicht als irgendwie geartetes ökonomisches System, sondern als Bewegung der Menschheitsgeschichte hin auf ihr endgültiges Ziel, das sie niemals ganz wird erreichen können (transzendentaler Kommunismus).

Engels meint zum »Reich der Freiheit«:

Mit der Besitzergreifung der Produktionsmittel durch die Gesellschaft ist die Warenproduktion beseitigt und damit die Herrschaft des Produkts über die Produzenten.
Die Anarchie innerhalb der gesellschaftlichen Produktion wird ersetzt durch planmäßige bewußte Organisation.
Der Kampf ums Einzeldasein hört auf . . .
Der Umkreis der die Menschen umgebenden Lebensbedingungen, der die Menschen bis jetzt beherrschte, tritt jetzt unter die Herrschaft und Kontrolle der Menschen, die nun zum ersten Male bewußte, wirkliche Herren der Natur, weil und indem sie Herrn ihrer eigenen Vergesellschaftung werden. Die Gesetze ihres eigenen gesellschaftlichen Tuns, die ihnen bisher als fremde, sie beherrschende Naturgesetze gegenüberstanden, werden dann von den Menschen mit voller Sachkenntnis angewandt und damit beherrscht . . .
Die objektiven, fremden Mächte, die bisher die Geschichte beherrschten, treten unter die Kontrolle der Menschen selbst. Erst von da an werden die Menschen ihre Geschichte mit vollem Bewußtsein selbst machen, erst von da an werden die von ihnen in Bewegung gesetzten gesellschaftlichen Ursachen vorwiegend und in stets steigendem Maße auch die von ihnen gewollten Wirkungen haben.
Es ist der Sprung der Menschheit aus dem Reich der Notwendigkeit in das *Reich der Freiheit*. (MEW 20, 264; vgl. MEW 19, 226)

Karl Marx schreibt ähnlich:

Das *Reich der Freiheit* beginnt in der Tat erst da, wo das Arbeiten, das durch Not und äußere Zweckmäßigkeit bestimmt ist, aufhört; es liegt also der Natur der Sache nach jenseits der Sphäre der eigentlichen materiellen Produktion. Wie der Wilde mit der Natur ringen muß, um seine Bedürfnisse zu befriedigen, um sein Leben zu erhalten und zu reproduzieren, so muß es der Zivilisierte, und er muß es *in allen Gesellschaftsformen* und unter allen möglichen Produktionsweisen.
Mit seiner Entwicklung erweitert sich das *Reich der Naturnotwendigkeit,* wie die Bedürfnisse; aber zugleich erweitern sich die Produktivkräfte, die diese befriedigen. Die Freiheit in diesem Gebiet kann nur darin bestehen, daß der vergesellschaftete Mensch, die *assoziierten Produzenten,* diesen ihren *Stoffwechsel mit der Natur* rationell regeln, unter ihre gemeinschaftli-

che Kontrolle bringen, statt von ihm als von einer blinden Macht beherrscht zu werden; ihn mit dem geringsten Kraftaufwand und unter den ihrer menschlichen Natur würdigsten und adäquatesten Bedingungen vollziehen. Aber es bleibt dies immer ein *Reich der Notwendigkeit.*
Jenseits desselben beginnt die menschliche Kraftentwicklung, die sich als Selbstzweck gilt, das wahre *Reich der Freiheit,* das aber nur auf jenem *Reich der Notwendigkeit* als seiner Basis aufblühen kann. Die Verkürzung des Arbeitstags ist die Grundbedingung. (MEW 25, 828)

Wie malt sich Marx dieses Reich der Freiheit aus? Uns liegen zwei Berichte vor. Der erste (aus dem Jahre 1845) ist noch recht emphatisch, der zweite (aus dem Jahre 1867) ist schon sehr viel nüchterner:

In der kommunistischen Gesellschaft, wo jeder nicht einen ausschließlichen Kreis der Tätigkeit hat, sondern sich in jedem beliebigen Zweig ausbilden kann, [regelt] . . . die Gesellschaft die allgemeine Produktion . . . und [macht] mir eben dadurch möglich . . ., heute dies, morgen jenes zu tun, morgens zu jagen, nachmittags zu fischen, abends Viehzucht zu treiben, nach dem Essen zu kritisieren, wie ich gerade Lust habe, ohne je Jäger, Fischer, Hirt oder Kritiker zu werden. (MEW 3, 33)
Da die [von Marx kritisierte] politische Ökonomie Robinsonaden liebt, erscheine zuerst *Robinson* auf seiner Insel. Bescheiden, wie er von Haus aus ist, hat er doch verschiedenartige Bedürfnisse zu befriedigen und muß daher nützliche Arbeiten verschiedener Art verrichten, Werkzeuge machen, Möbel fabrizieren, Lama zähmen, fischen, jagen . . . Vom Beten u. dgl. sprechen wir hier nicht, da unser Robinson daran sein Vergnügen findet und derartige Tätigkeit als Erholung betrachtet. Trotz der Verschiedenheit seiner produktiven Funktionen weiß er, daß sie nur verschiedene Betätigungsformen desselben Robinson, also nur verschiedene Weisen menschlicher Arbeit sind. Die Not selbst zwingt ihn, seine Zeit genau zwischen seinen verschiedenen Funktionen zu verteilen . . .
Stellen wir uns . . . einen *Verein freier Menschen* vor, die mit gemeinschaftlichen Produktionsmitteln arbeiten und ihre vielen individuellen Arbeitskräfte selbstbewußt als *eine* gesellschaftliche Arbeitskraft verausgaben. Alle Bestimmungen von Robinsons Arbeit wiederholen sich hier, nur gesellschaftlich statt individuell. Alle Produkte Robinsons waren sein ausschließlich persönliches Produkt und daher unmittelbar Gebrauchsgegenstände [und nicht Waren] für ihn. Das Gesamtprodukt des Vereins ist ein gesellschaftliches Produkt . . . Nur zur Parallele mit der Warenproduktion setzen wir voraus, der Anteil jedes Produzenten an den Lebensmitteln sei bestimmt durch seine Arbeitszeit. Die Arbeitszeit würde also eine doppelte

Rolle spielen. Ihre gesellschaftliche planmäßige Verteilung regelt die richtige Proportion der verschiedenen Arbeitsfunktionen zu den verschiedenen Bedürfnissen. Andrerseits dient die Arbeitszeit zugleich als Maß des individuellen Anteils des Produzenten an der Gemeinarbeit und daher auch an dem individuell verzehrbaren Teil des Gemeinprodukts. Die gesellschaftlichen Beziehungen der Menschen zu ihren Arbeiten und ihren Arbeitsprodukten bleiben hier durchsichtig einfach in der Produktion sowohl als auch in der Distribution. (MEW 23, 90–93)

B. Thesen

1. Der Marxismus ist ein utopisches System über zukünftige ökonomische Zustände (vgl. »Sozialismus«, »Kommunismus«), in denen der Mensch sich zur vollen Realisation seines Wesens entfaltet.
2. Dieser Entfaltungsprozeß bestimmt sowohl die ökonomisch-anthropologische Basis als auch den ideologischen Überbau. Die Freiheit von äußeren Zwängen (von der Warenproduktion, von arbeitsteiliger Arbeit, von politischer Gewalt . . .) bedingt ein größtmögliches Maß von innerer Freiheit.
3. Der zukünftige Zustand kann also – als Einheit von Basis und Überbau, die nicht mehr antinomisch-dialektisch aufeinander bezogen sind, sondern in dialektischer Harmonie miteinander sich weiterevolvieren – als Reich der Freiheit (von Entfremdungen, von Ausbeutung, von Zwängen des Menschen am Menschen) bezeichnet werden.
4. Damit dieses Reich der Freiheit zustande kommt, müssen

   ● alle Produktionsmittel in Gemeineigentum überführt werden,
   ● die ökonomische und gesellschaftliche Anarchie durch bewußte Regelung der ökonomischen und gesellschaftlichen Prozesse abgelöst werden, die dadurch beherrschbar werden (und nicht mehr Herrscher sind),
   ● die Gesetze der Geschichte und Geschichtsabläufe erkannt und dadurch beherrscht werden,

- die Arbeiten nicht mehr durch Not und äußere Zweckmäßigkeit gefordert sein (sondern allein der Selbstverwirklichung dienen),
- die Produktivkräfte sich erheblich vergrößern,
- die vergesellschafteten Menschen ihren Stoffwechsel mit der
  Natur verantwortungsbewußt rationell regeln und kontrollieren.

5. Im Reich der Freiheit sind alle ökonomisch bedingten Entfremdungen aufgehoben (Reich der Freiheit von Entfremdungen).
6. Sozialismus und Kommunismus sind nur Etappen auf dem Weg
   zum Reich der Freiheit (von Entfremdungen und Ausbeutung
   der Natur wie des Menschen).
7. Im Reich der Freiheit bleiben die Naturnotwendigkeiten erhalten (MEW 8, 110f.; 20, 106), sie werden aber erkannt und beherrscht. Die Freiheit besteht in der Einsicht in diese Notwendigkeiten und ihrer richtigen Verwendung (Reich der Freiheit
   von nicht durchschauten Entfremdungen und Zwängen).
8. Die Altmarxisten vermeiden das Wort vom »Reich der Freiheit«, da es ihnen als kleinbürgerlich utopisch gilt.
9. Die Anziehungskraft des Neumarxismus besteht zum guten
   Teil in seinem utopischen Wollen. Hier spielt das Reich der
   Freiheit eine nicht unbedeutende Rolle.
10. Der Begriff »Reich der Freiheit« ist christlicher Herkunft und
    meint hier die Befreiung von jeglicher Form der Knechtschaft.

C. Einwände

1. Da die Theorie vom Reich der Freiheit Elemente der Theorien
   über Kommunismus, Sozialismus, Revolution, Basis und Überbau in sich enthält, gilt auch für sie das dort kritisch Vermerkte.
2. Die marxistische Utopie vom Reich der Freiheit ist abstrakt.

Anm.: Man unterscheidet zumeist konkrete von abstrakter Utopie.
Abstrakt ist eine Utopie, wenn sie vom konkreten Menschen und seinen
Möglichkeiten absieht. Insbesondere verzichtet sie

- auf eine exakte Analyse des gegenwärtigen Seins und Bewußtseins, um in dieser die Inhalte der Utopie als realisierbar zu beweisen,
- auf den Aufweis einer zureichenden Strategie, die vom jetzigen Zustand sicher in den utopischen führen kann.

Abstrakte Utopien sind Wunschträume, die sehr oft als Fluchtreaktionen von Menschen geträumt werden, die mit den Widernissen ihrer Welt nicht fertig werden. Sie bauen sich Wolkenkuckucksheime, um wenigstens in einem solchen Refugium ungestört und ohne Konflikte leben zu können. Die Konstrukteure abstrakter Utopien sind fast alle psychisch labil gewesen, einige waren auch paranoid (wahnkrank).

Die konkrete Utopie dagegen geht vom konkreten Menschen nach Sein und Bewußtsein aus. Insbesondere versucht sie erfolgreich den Aufweis, daß

- ihre Inhalte nicht den menschlichen Möglichkeiten, Fähigkeiten, Dispositionen widersprechen, sondern vielmehr in ihnen angelegt sind,
- ihre Strategien erfolgreich sein werden.

Die großen konkreten Utopien (etwa die des Christentums) haben das Angesicht der Erde verändert.

Mitunter kann eine Utopie, die zur Zeit ihrer Entwicklung abstrakt war, durch die veränderten Bedingungen im Sein und Bewußtsein der Menschen konkret werden.

Die marxistische Utopie geht von einem Menschenbild aus, das naturwissenschaftlich falsch ist. Die Destrudo (Zerstörungstrieb) im Menschen ist ihm wesentlich eigen und nicht durch gesellschaftlich günstige Konstellationen radikal zu beseitigen. Die Vergesellschaftung des Menschen kann zudem nicht den tief wurzelnden Egoismus, der immer wieder nach Privateigentum streben läßt, wenn dessen Besitz nützlich zu sein scheint, aufheben. Ferner ist die marxistische Strategie (Revolution) kaum geeignet, ein Reich der Freiheit zu begründen, denn Gewalt wird stets Gewalt evozieren. Auch läßt es sich niemals zeigen, was eigentlich am Ausgang einer Revolution stehen wird. Endlich sind die von Marx ausgemalten Inhalte über das Leben im Reich der Freiheit in einer hochindustrialisierten Gesellschaft mit nötigender Organisation der Arbeit durch äußere Instanzen (geschehe sie nun über Marktmechanismen oder über demokratisch-gesellschaftliche Planung) unbestritten abstrakt utopisch.

3. Die marxistische Utopie führt zu Zwängen.

Die Konstruktion Marxens geht aus von einer »geschlossenen Gesellschaft« (K. Popper) und führt in eine solche. Geschlossen ist eine Gesellschaft, wenn sie nicht mehr offen ist für die Pluralität der analytischen, strategischen, zielsetzenden Gedanken. In einer solchen geschlossenen Gesellschaft werden Andersdenkende starken Zwängen unterworfen (vgl. die Inquisitionszeit des Christentums), um sie unter das verbindliche Ziel, das es mit verbindlich ausgemachten Strategien zu erreichen gilt, zu zwingen. Der Zwang zum Glück ist aber mit Freiheit kaum vereinbar – und bedeutet zumeist das Ende jeden Glücks. Manches in der marxistischen Praxis erinnert an die »Schöne neue Welt« *A. Huxleys* oder an »1984« *G. Orwells*. Eine absolute Utopie ohne das starke Regulativ der Toleranz, wie das Christentum sie als Ausdruck der Liebesforderung kennt, wird wohl stets unmenschlich anfangen und enden.

4. Alle Versuche, die Marxsche Utopie zu verwirklichen, sind gescheitert. Das spricht gegen ihre Realisierungsmöglichkeit. Da sind die (wohl auch abstrakten) Utopien der Marxschen Geistesahnen noch besser daran gewesen: Ihnen gelang zumeist eine wenigstens ansatzhafte humane Realisation.

XVII. FÜHRUNG UND ELITE

Das Problem von Führung und Elite ist im Marxismus bestimmt durch die Frage, wer die sozialistische Gesellschaftsordnung herbeiführt, und wer in ihr die Führung übernimmt. Anfangs beschränken sich Marx und Engels nur auf sehr verschwommene Aussagen, nach denen das Proletariat (als Klasse, dann als Partei) die Führung übernimmt. Als der Sozialismus sich mit *Lenin* in Rußland mit staatlicher Macht ausstattete, blieb zwar die alte Frage noch erhalten, aber es stellten sich zugleich neue:

1. Sollte es vor allem eine kollektive oder eine individuelle Führung geben?
2. Welche Eigenschaften müssen den individuellen Führer auszeichnen?
3. Gibt es außer der ideologischen auch eine Leistungselite?
4. Wie kann man verhindern, daß individuelle Führung zum Machtmißbrauch ausartet (Rotation der Eliten statt Konkurrenz der Eliten)?

A. DARSTELLUNG

1. Wer führt die sozialistische Bewegung?

Die Organisation der Proletarier zur *Klasse,* und damit zu einer politischen *Partei* . . . ersteht immer wieder, stärker, fester mächtiger. Sie erzwingt die Anerkennung einzelner Interessen der Arbeiter in Gesetzesform, indem sie die Spaltungen der Bourgeoisie unter sich benutzt. (MEW 4, 471)

Der nächste Zweck der Kommunisten ist derselbe wie der aller übrigen politischen Parteien: Bildung des Proletariats zur *Klasse,* Sturz der Bourgeoisieherrschaft, Eroberung der politischen Macht durch das Proletariat. (MEW 4, 474)

Mit der Behandlung der heutigen Produktivkräfte nach ihrer endlich erkannten Natur tritt an die Stelle der gesellschaftlichen Produktionsanarchie eine gesellschaftlich-planmäßige *Regelung* der Produktion nach den Bedürfnissen der Gesamtheit wie des einzelnen . . . Das Proletariat ergreift die Staatsgewalt und verwandelt die Produktionsmittel zunächst in *Staatseigentum*. Aber damit hebt es sich selbst als Proletariat, damit hebt es alle Klassenunterschiede und Klassengegensätze auf, und damit auch den Staat als Staat. (MEW 20, 261; E)

Gegen die von Marx und Engels behauptete Starrheit der Klassen nimmt *Lenin* eine Mobilität der Klassen an:

Schon allein die Fragestellung: »Diktatur der Partei *oder* Diktatur der Klasse? – Diktatur der Führer *oder* Diktatur der Massen?« zeugt von einer ganz unglaublichen und uferlosen Begriffsverwirrung . . . Jedermann weiß, daß die Massen sich in *Klassen* teilen; daß man Massen und Klassen nur dann einander gegenüberstellen kann, wenn man die überwiegende Mehrheit schlechthin, nicht gegliedert nach der sozialen Ordnung der Produktion, den Kategorien gegenüberstellt, die in der sozialen Ordnung der Produktion eine besondere Stellung einnehmen; daß die Klassen gewöhnlich und in den meisten Fällen, wenigstens in den modernen zivilisierten Ländern, von politischen *Parteien geführt* werden; daß die politischen Parteien in der Regel von *mehr oder minder stabilen Gruppen* der Autoritativsten, Einflußreichsten, Erfahrensten, die auf verantwortungsvollsten Posten gestellt werden, die man *Führer* nennt. (WW 31, 26)

Lenin behauptet also die Führung der Massen durch eine Partei, und die Führung einer Partei durch Führer. Die Trennung der Parteien von den Massen ist eines der Charakteristika der bürgerlichen Epoche. (WW 31, 27)

Klar behauptet er die Führungsrolle der *Klasse:*

Die Herrschaft der Bourgeoisie stürzen kann nur das Proletariat als besondere *Klasse*, deren wirtschaftliche Existenzbedingungen es darauf vorbereiten, ihm die Möglichkeit und die Kraft geben, diesen Sturz zu vollbringen . . . Die Lehre vom Klassenkampf, von Marx auf die Frage des Staates und der sozialistischen Revolution angewandt, führt notwendig zur Anerkennung der *politischen Herrschaft* des Proletariats, seiner Diktatur, d. h. einer mit niemand geteilten und unmittelbar auf die bewaffnete Gewalt der Massen stützende Macht. Der Sturz der Bourgeoisie ist nur zu verwirklichen durch die Erhebung des Proletariats zur *herrschenden Klasse*, die fähig ist, den unvermeidlichen, verzweifelten Widerstand der Bourgeoisie niederzuhalten und für die Neuordnung der Wirtschaft *alle* werktätigen und ausgebeuteten Massen zu organisieren . . . Durch die Erziehung der Arbeiter*par-*

tei erzieht der Marxismus die Avantgarde des Proletariats, die fähig ist, die Macht zu ergreifen und das ganze Volk zum Sozialismus zu *führen*, die neue Ordnung zu *leiten* und zu *organisieren*. (WW 25, 416)

Wenn wir sagen, daß nicht eine Partei die Kanditaturen aufstellt und die Leitung innehat, sondern die Gewerkschaften selbst, so klingt das sehr demokratisch, man kann damit vielleicht Stimmen fangen, obzwar nicht auf lange. Damit richtet man jedoch die Diktatur des Proletariats zugrunde . . . Um zu *regieren*, braucht man eine Armee von gestählten Revolutionären, von Kommunisten. Diese Armee gibt es, ihr Name ist *Partei*. (WW 32, 48)

Doch der Mißbrauch der Macht ist damit nicht schon vermieden. So sah es *G. von Lukács* (1885–1971) als gegeben an,

daß die Elite sich den Massen gegenüber, die sie angeblich vertritt, weitgehend selbständig macht[1].

L. Trotzki war der Ansicht, daß die Bürokratie (als neue Klasse)
● das Proletariat expropriiert habe und
● seine sozialen Eroberungen mit ihren Methoden verteidige[2].

2. Kollektive oder individuelle Führung?

Während Marx und Engels offensichtlich einer kollektiven Führung durch die proletarischen Massen oder eine proletarische Partei anstrebten, begann bald in der Sowjetunion ein Streit um die optimale Führungsgruppe. *Lenin* schrieb:

Die Masse muß das Recht haben, sich verantwortliche Führer zu *wählen*. Die Masse muß das Recht haben, sie abzusetzen, die Masse muß das Recht haben, jeden kleinsten Schritt ihrer Tätigkeit zu kennen und zu kontrollieren. Die Masse muß das Recht haben, ausnahmslos alle Arbeiter aus ihrer Mitte mit Exekutivfunktionen zu betrauen. Das bedeutet jedoch keineswegs, daß der Prozeß der kollektiven Arbeit ohne eine bestimmte Leitung, ohne eine genaue Festlegung der Verantwortung des *Leiters*, ohne strengste Ordnung, hergestellt durch den einheitlichen Willen des *Leiters*, bleiben kann. (WW 27, 202)

Diese Verbindung von Rätegedanken mit autoritativer Führung war in der SU für einige Zeit maßgebend.

Die widerspruchslose Unterordnung unter einen einheitlichen Willen ist für den Erfolg der Prozesse der Arbeit, die nach dem Typus der maschinellen Großindustrie organisiert wird, unbedingt notwendig . . . Heute aber fordert . . . dieselbe Revolution, eben im Interesse ihrer Entwicklung und Festigung, eben im Interesse des Sozialismus, die unbedingte Unterordnung der Massen unter einen einheitlichen Willen der Leiter des Arbeitsprozesses. (WW 27, 260)

Auch der 9. Parteitag der KPR betonte (1941) die Rolle der Einzelleitung:

Die wirkliche Durchführung (von oben bis unten) des wiederholt verkündeten Prinzips der festen Verantwortung einer bestimmten Person für eine bestimmte Arbeit ist in jedem Falle eine notwendige Voraussetzung für die Verbesserung der Wirtschaftsorganisation und des Wachstums der Industrie. Das *kollegiale Prinzip* muß, soweit es bei der Beratung oder Beschlußfassung eine gewisse Rolle spielt, bei der Ausführung dem *individuellen Prinzip* den Platz einräumen. Die Tauglichkeit einer jeden Organisation ist danach zu bemessen, wie streng in ihr die Verteilung der Pflichten, der Funktionen und der Verantwortung durchgeführt ist[3].

Ebenso setzte sich Stalin für das Prinzip der individuellen Leitung ein:

Unerträglich werden auch die Verstöße gegen das Prinzip der individuellen Leitung in den Betrieben. Die Arbeiter klagen immer wieder: »Es gibt keinen Verantwortlichen im Betrieb«, »Es herrscht keine Ordnung in der Arbeit«. Es darf nicht länger geduldet werden, daß unsere Betriebe sich aus Produktionsorganismen in Parlamente verwandeln. Unsere Partei- und Gewerkschaftsorganisationen müssen endlich begreifen, daß wir ohne Sicherung der individuellen Leitung und ohne Einführung einer strengen Verantwortlichkeit für den Gang der Arbeit die ... Aufgaben nicht lösen können. (WW 12, 291)

Nach Stalins Tod begann man sich jedoch wieder auf das Prinzip der kollektiven Leitung zu besinnen. 1961 wurde in das Statut der KPdSU die Notiz aufgenommen:

Mit den Leninschen Prinzipien des Parteilebens sind der Personenkult und die mit ihm zusammenhängenden Verstöße gegen die *Kollektivität der Leitung,* gegen die innerparteiliche Demokratie und die sozialistische Gesetzlichkeit unvereinbar[4].

3. Die Eigenschaften, die den individuellen Führer auszeichnen müssen

Die Notwendigkeit der Führung wurde auch von Marx und Engels anerkannt. Doch über die Eigenschaften, die den Leiter legitimieren, schwiegen sie sich aus.

Alle unmittelbar gesellschaftliche oder gemeinschaftliche Arbeit auf größerem Maßstab bedarf mehr oder minder einer Direktion, welche die Harmonie der individuellen Tätigkeit vermittelt und die allgemeinen Funktionen vollzieht, die aus der Bewegung des produktiven Gesamtkörpers im Unterschied von der Bewegung seiner selbständigen Organe entspringen. (MEW 23, 350)

Lenin fordert folgende Eigenschaften für die Leiter:
Sie müssen Menschen sein:

die die Aufgaben der sozialdemokratischen Arbeiterbewegung ganz klar erkennen und zum beharrlichen Kampf gegen das gegenwärtige politische Regime entschlossen sind,

sie [müssen] ... die sozialistischen Kenntnisse und die revolutionären Erfahrungen, die sich die russische revolutionäre Intelligenz aus den Lehren vieler Jahrzehnte erarbeitet hat, vereinigen

mit der Kenntnis des Arbeitermilieus und

mit der den fortgeschrittenen Arbeitern eigenen Fähigkeit, unter den Massen zu agitieren und sie zu führen. (WW 4, 359)

Nach Erringung der Macht wird die Fähigkeit zur ideologischen Elitearbeit abgelöst von der zur produktiven. Von der neuen Elite wird gefordert[5]:

a) Die Fähigkeit zu Objektivität. Sie müssen die objektiven Gesetzmäßigkeiten kennen und beherrschen, nach denen sich eine Gesellschaft entwickelt. Hier sind Subjektivismus und Spontaneität mit der sozialistischen Gesellschaftsordnung nicht vereinbar.

b) Die Fähigkeit zur Konkretheit. Sie müssen in der Lage sein, eine konkrete Analyse der gegenwärtigen Situation aufgrund einwandfreier Information über den Zustand eines Objekts durchzuführen. Informationsquellen bietet die Statistik. Ihre richtige Verwendung setzt aber den engen Kontakt mit den breiten Massen voraus (Prinzip der Volksverbundenheit). Lenin meint:

wir können nur dann regieren, wenn wir richtig zum Ausdruck bringen, was das Volk erkennt. (WW 33, 292)

c) Die Fähigkeit zur Effizienz, das Optimum zu erreichen. Die menschlichen, materiellen und finanziellen Ressourcen sind so einzusetzen, daß ein optimaler Effekt erzielt wird. Dazu ist eine wissenschaftlich begründete Organisation Voraussetzung.

d) Die Fähigkeit, das Hauptkettenglied (die Hauptaufgabe) zu erkennen. In der Vielzahl komplexer Aufgaben, die nicht alle gleichgewichtig sind, muß die wesentliche schnell und sicher erkannt werden. Die Lösung der Hauptaufgabe ist der Schlüssel zur Lösung aller anderen Aufgaben. Lenin schreibt:

> Es genügt nicht, Revolutionär und Anhänger des Sozialismus oder Kommunist überhaupt zu sein. Man muß es verstehen, in jedem Augenblick jenes besondere Kettenglied zu finden, das mit aller Kraft angepackt werden muß, um die ganze Kette zu halten und den Übergang zum nächsten Kettenglied mit fester Hand vorzubereiten, wobei die Reihenfolge der Glieder, ihre Form, ihre Verkettung, ihr Unterschied voneinander in der historischen Kette der Ereignisse nicht so einfach und nicht so simpel sind wie in einer gewöhnlichen, von einem Schmied hergestellten Kette. (WW 27, 265)

e) Die Fähigkeit zur Zusammenarbeit. Bei Beratung und Beschlußfassung muß man die Meinung der Betroffenen und Ausführenden kennen, obschon die Ausführung von einem einzelnen verantwortet werden muß. Dazu ist es nötig, kollegial mit seinen Mitarbeitern zusammenarbeiten zu können.

Über die Realisierung dieser Prinzipien kam es in der SU zu einer Schwächung der Bedeutung der ideologischen Eliten zugunsten von Leistungseliten. Neue Titel wurden erfunden: »Held der Arbeit«, »Überspezialist« ..., die davon zeugen, wie sehr die Verschiebung des Elitegedankens in der SU (und entsprechend in allen an der SU orientierten Ländern) wirksam wurde. Die Konzessionen an das Leistungsprinzip sind nicht zu übersehen[6].

4. Wie kann der Machtmißbrauch der Eliten verhindert werden?

Um den Machtmißbrauch durch Eliten zu verhindern, kann man grundsätzlich zwei Strategien anwenden: entweder man besorgt eine starke *Konkurrenz* der Eliten, so daß über Konkurrenzmechanismen Personen und Personengruppen, die ihre Macht mißbrauchen, aus der Elite ausscheiden, oder man richtet eine *Zirkulation* der Eliten ein, in der nach einiger Zeit die Führungspositionen neu besetzt werden. Das erste Modell (Konkurrenzmodell) – weitgehend im Kapitalismus üblich – verhindert Machtmißbrauch nur auf lange Sicht, dann nämlich, wenn durch Mißbrauch der Macht die Produktion nachläßt. Das zweite Modell (Rotationsmodell) ist dem ersten Anschein nach wirkungsvoller, doch ist mit ihm gegeben, daß sich die Eliten nicht aus den geeignetsten Personen zusammensetzen und der Konkurrenzmechanismus auf die vorelitäre Ebene verlagert wird (jeder versucht die günstigsten Startpositionen zum Aufstieg in die Elite zu erhalten).

Das Rotationsprinzip wird vor allem von den stets Führungsmachtmißbrauch fürchtenden Anarchisten und Syndikalisten bevorzugt. So ließ die Sozialdemokratie im Reichstag vor dem Ersten Weltkrieg (mitunter auch bei Parlamentsdebatten) ihre Fraktionsmitglieder – unabhängig von der Bedeutung der Sache und vom Sachverstand des Redners – nach dem Rotationsprinzip sprechen[7]. Nach der Machtübernahme durch die KPdSU wurde die kollektive Führung mit wechselndem Schicksal propagiert. Das Parteiprogramm der KPdSU lobt die kollektive Führung als ein Instrument zur Sicherung der Zirkulation der Eliten, da sie

einen größeren Zustrom neuer, frischer Parteikräfte in die leitenden Parteiorgane ... sichern und ein richtiges Verhältnis zwischen alten und jungen Kadern ... erzielen[8].

Heute ist vor allem die Räteidee unlösbar mit dem Prinzip der Rotation der Eliten verbunden. Alle Vertreter der Räteverfassung propagieren die größtmögliche Mobilität der Eliten – und die ist nur durch mehr oder wenige mechanische Rotation (Möglichkeit sofortiger Abwahl, Verbot von Wiederwahlen) zu erreichen. Lenin akzeptiert die Räteverfassung ausschließlich für den Kommunismus, für die klassenlose Gesellschaft, die aber (1922) noch nicht erreicht sei. (WW 32, 254)

B. THESEN

1. Die Bourgeoisie (als Klasse) ist zur Führung nicht mehr fähig.

Sie ist unfähig zu herrschen, weil sie unfähig ist, ihrem Sklaven [dem Proletariat] die Existenz selbst innerhalb seiner Sklaverei zu sichern, weil sie gezwungen ist, ihn in eine Lage herabsinken zu lassen, wo sie ihn ernähren muß, statt von ihm ernährt zu werden. (MEW 4, 473)

2. Die neuen Träger der Herrschaft sind die *Massen,* repräsentiert durch die *Klasse* der Proletarier, die ihrerseits repräsentiert wird durch die *Partei* der Proletarier.

3. Die Legitimation der revolutionären-ideologischen Elite besteht in folgenden Eigenschaften (nach Lenin):

- Kenntnis des Arbeitermilieus,
- Fähigkeit unter Massen zu agitieren,
- Fähigkeit mit Massen zu arbeiten,
- Fähigkeit, eng mit Verbündeten zu kooperieren,
- Fähigkeit, die richtige Strategie zu wählen,
- Fähigkeit, die wichtigsten politischen Probleme zu erkennen.

4. Die Legitimation der ökonomischen Elite besteht im Besitz folgender Eigenschaften (nach Lenin):

- Realisierung der Prinzips der Objektivität,
- Realisierung des Prinzips der Konkretheit,
- Realisierung des Prinzips der Volksverbundenheit,
- Realisierung des Prinzips der Effizienz,
- Realisierung des Prinzips der primären Bedeutung,
- Realisierung des Prinzips der Kooperation,
- Realisierung des Prinzips straffer Führung.

5. Die Legitimationsprinzipien Lenins betreffen erststellig einzelne Individuen (erst dann Parteien).

6. Der Machtmißbrauch kann durch Rotation der Eliten verhindert werden (dieses Prinzip galt bei Lenin nur eingeschränkt, unter Stalin gar nicht).

C. Einwände

1. Die Behauptung von Marx und Engels aus dem Jahre 1848, daß die Bourgeoisie zur Leitung der Ökonomie nicht mehr fähig sei, da sie aufgrund ihres Herrschaftsinstrumentars und ihrer Herrschaftslegitimation (Privateigentum) eine zunehmende Verelendung der Arbeiter besorge, so daß diese nicht mehr zur Selbstver-

sorgung fähig seien, war falsch und ist heute mehr denn je falsch.

2. Noch niemals wurde die Herrschaft von einer Klasse oder einer Partei ausgeübt, sondern immer nur von deren (gewählten) Vertretern. Es ist also falsch von (bürgerlicher oder proletarischer) Klassenherrschaft zu sprechen.

3. Das Legitimationsproblem wird allein von den subjektiven Fähigkeiten her angegangen. Die demokratische Wahl als Legitimationsinstrument kommt allenfalls in den Rätekonzeptionen zum Tragen. Die tatsächliche Legitimation der Eliten kommt ausschließlich aus der parteidelegierten politischen Macht (Macht rechtfertigt und legitimiert sich selbst).

4. Ziel der Eliten ist es, möglichst effizient zu wirken (zu agitieren oder zu produzieren). Der Faktor »Mensch« bleibt weitgehend unberücksichtigt. Er tritt nur als »Masse« auf.

5. Der Führungsstil der Elite ist diktatorisch. Irrtümlich wird angenommen, daß dies zur größtmöglichen Effizienz führe. Es besteht jedoch ein andersgearteter Zusammenhang zwischen Leistung und Führung. Er ist abhängig von der Zufriedenheit der Produzenten. Die Funktion zwischen Zufriedenheit und Leistung sieht etwa so aus:

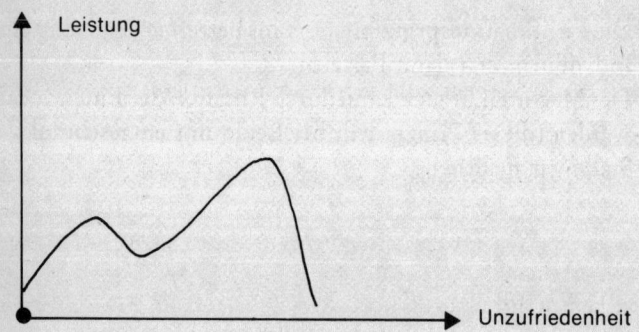

Bei sehr geringer Leistung besteht volle Zufriedenheit. Bei wachsender Unzufriedenheit nimmt die Leistung zunächst zu, dann ab, wächst aber allmählich wieder an, um endlich schnell gegen Null zu sinken. Die menschlichste Form der Leistung wäre mit dem ersten Maximum gegeben. Die sozialistischen Ideologen streben (wie auch manche kapitalistischen Praktiken) das zweite Maximum an, das äußerst labil ist.

6. Die Frage nach der Motivation spielt in der Führungsproblematik keine zureichende Rolle. Es wird vorausgesetzt, daß die Motivation durch die Einsicht in die objektiven Notwendigkeiten gesichert ist. Die materialen Inhalte der Maslowschen Bedürfnispyramide sind nicht praktisch realisiert. Allenfalls werden die nicht-motivierenden Grundbedürfnisse befriedigt.

Zu den physiologischen Bedürfnissen zählen: Nahrung, Lebensraum, Schlaf, Fortpflanzung.
Zu den Sicherheitsbedürfnissen zählt die Sehnsucht nach Geborgenheit und Schutz (Sicherheit des Arbeitsplatzes, des Lebensstandards, Sicherheit in Krankheit und Alter, Sicherheit am Arbeitsplatz).
Zu den Sozialbedürfnissen zählen Zugehörigkeit zu Gruppen, soziale Eingliederung, Leistung.
Selbstachtung und Fremdanerkennung sind die wichtigsten Motivatoren zu humaner Leistung. Die Marxistische »Selbstkritik« ist oft gegen Achtung und Anerkennung gerichtet.
Selbsterfüllung ist mit dem Gefühl verbunden, alles das zu realisieren, zu dem man fähig ist. Der marxistische Kollektivismus verhindert in

211

der Praxis solche Selbsterfüllung, obschon die Marxsche Theorie gerade diesen Gipfel der Pyramide anstrebt.

7. Der Machtmißbrauch ist in einer autoritären Führung sehr viel eher möglich, als in einer kollegialen. Der Zentralismus der sozialistischen Ökonomie wie Politik führt ständig zu Machtmißbrauch und erleichtert ihn. Als Möglichkeit, den Machtmißbrauch zu minimalisieren – ohne Konkurrenz oder Rotation der Eliten – bietet sich das Subsidiaritätsprinzip an, nach dem alle Verantwortung soweit wie möglich und sinnvoll nach unten delegiert wird.

Anmerkungen:

1 Lukács schrieb:
   Die sogenannte neue Elite wird in Wirklichkeit von wenigen anonymen, zumeist im Hintergrund bleibenden Figuren ausgewählt, teilweise wählt sie sich selbst aus, aber ihr Niveau, ihre Verantwortungslosigkeit, ihre Korruption wird auf das Konto der Demokratie, der Massen, die sie – formal – gewählt haben, geschrieben [Aristokratische und demokratische Weltanschauung, in: Werkauswahl II (Schriften zur Ideologie und Politik), Neuwied und Berlin 1967, 413].
   [Es ist gegeben,] daß sich die Elite den Massen gegenüber, die sie vertritt, weitgehend selbständig macht. (Ebd., 412)
2 Verratene Revolution, Zürich 1957, 242.
3 VKP v rezoljucijach i rešenijach s-ezdov, Konferencij i plenumov CK I, 6, Moskau 1941, 332 f.
4 Programm und Statut der KPdSU, angenommen auf dem 22. Parteitag der KPdSU, Berlin 1961, 130.
5 K. von Beyme, Führung, in: MiSV/Politik 1, 310 f.
6 Vgl. K. von Beyme, Elite, in: MiSV/Soziologie, 1, 158.
7 Vgl. K. von Beyme, Führung, a. a. O., 305 f.
8 B. Meissner, Das Parteiprogramm der KPdSU 1903–1961, Köln ³1965, 241.

XVIII. ETHIK

Die marxistische Ethik ist bestimmt von der Behauptung Marxens, daß Moral ein Moment des Überbaus sei. Damit wird sie stark relativiert. So kann dann *Lenin* schreiben:

Natürlich konnten diese Ideen [Willensfreiheit sei eine Tatsache unseres Bewußtseins ...] auf die Soziologie angewandt, nichts weiter als eine Utopie oder eine leere Moral ergeben, die den Kampf der Klassen in der Gesellschaft ignoriert. Man muß deshalb Sombarts [Werner Sombart (1863–1941) forderte eine wirklichkeitsnahe-soziologische Nationalökonomie; war anfangs Anhänger, später Gegner des Marxismus und Kritiker des Liberalismus] Behauptung als richtig anerkennen, daß es »im Marxismus von vorn bis hinten auch nicht ein Gran Ethik« gäbe: in theoretischer Beziehung ordne dieser den »ethischen Standpunkt« dem »Prinzip der Kausalität« unter; in praktischer Beziehung laufe er bei ihm auf den Klassenkampf hinaus. (WW 1, 436)

Ethik ist – marxistisch – eine philosophische Disziplin, die sich mit der Theorie sittlichen Verhaltens befaßt. Dazu gehört die Überprüfung von Moralsystemen, die Erklärung des Entstehens sittlichen Verhaltens und sittlicher Normen, die Untersuchung der Natur sittlicher Ideale und Urteile. Im Gegensatz zur *Moral* (die über konkrete sittliche Inhalte handelt und Normen als verbindlich behauptet) ist die Ethik (formale und historische) Wissenschaft. *Sittlichkeit* ist – marxistisch – die Gesamtheit der Prinzipien oder Normen, die das Verhalten der Menschen untereinander oder zur Klasse bzw. zur Gesellschaft regeln. Normen ergeben sich aus den Bedürfnissen der Gesellschaft und sind vom Typ der Gesellschaft abhängig. *Handlungen* sind sittlich, wenn sie mit den Normen übereinstimmen. Ein *Gesellschaftssystem* ist sittlich, wenn es jenseits der Klasseninteressen Normen aufstellt (Kommunismus). Moralische Überzeugungen, Ansichten und Gefühle bilden das moralische Bewußtsein, das ein Teil des gesellschaftlichen ist[1].

Die Überbaunatur der Moral machen Marx und Engels deutlich, wenn sie schreiben:

Es gibt zudem ewige Wahrheiten wie Freiheit, Gerechtigkeit ..., die allen gesellschaftlichen Zuständen gemeinsam sind. Der Kommunismus aber schafft die ewigen Wahrheiten ab, er schafft die Religion ab, die Moral, statt sie neu zu gestalten, er widerspricht also allen bisherigen geschichtlichen Entwicklungen. (MEW 4, 480)

Dieser Grundgedanke ist von Engels weiter entfaltet worden:

Wenn wir nun aber sehen, daß die drei Klassen der modernen Gesellschaft, die Feudalaristokratie, die Bourgeoisie und das Proletariat jede ihre besondere Moral haben, so können wir daraus nur den Schluß ziehen, daß die Menschen, bewußt oder unbewußt, ihre sittlichen Anschauungen in letzter Instanz aus den praktischen Verhältnissen schöpfen, in denen ihre Klassenlage begründet ist – aus den ökonomischen Verhältnissen, in denen sie produzieren und austauschen.

Aber in den obigen drei Moraltheorien ist doch manches allen dreien gemeinsam – wäre dies nicht wenigstens ein Stück der ein für allemal feststehenden Moral? – Jene Moraltheorien vertreten drei verschiedene Stufen derselben geschichtlichen Entwicklung, haben also einen gemeinsamen geschichtlichen Hintergrund, und schon deshalb notwendig viel Gemeinsames ...

Von dem Augenblick an, wo das Privateigentum an beweglichen Sachen sich entwickelt hatte, mußte allen Gesellschaften, wo dies Privateigentum galt, das Moralgebot gemeinsam sein: Du sollst nicht stehlen. Wird dies Gebot dadurch zum ewigen Moralgebot? Keineswegs. In einer Gesellschaft, wo die Motive zum Stehlen beseitigt sind, wo also auf die Dauer noch höchstens von Geisteskranken gestohlen werden kann, wie würde da der Moralprediger ausgelacht werden, der feierlich die ewige Wahrheit proklamieren wollte: Du sollst nicht stehlen!

Wir weisen demnach eine jede Zumutung zurück, uns irgendwelche Moraldogmatik als ewiges, endgültiges, fernerhin unwandelbares Sittengesetz aufzudrängen, unter dem Vorwand, auch die moralische Welt habe ihre bleibenden Prinzipien, die über der Geschichte und den Völkerverschiedenheiten stehen. Wir behaupten dagegen, alle bisherige Moraltheorie sei das Erzeugnis, in letzter Instanz, der jedesmaligen ökonomischen Gesellschaftslage. Und wie die Gesellschaft sich bisher in Klassengegensätzen bewegte, so war die Moral stets eine Klassenmoral; entweder rechtfertigte sie die Herrschaft und die Interessen der herrschenden Klasse, oder aber sie vertrat, sobald die unterdrückte Klasse mächtig genug wurde, die Empörung gegen diese Herrschaft und die Zukunftsinteressen der Unterdrückten. Daß dabei im ganzen und großen für die Moral sowohl wie für alle anderen Zweige der menschlichen Erkenntnis ein Fortschritt zustande gekommen ist, daran wird nicht gezweifelt. Aber über die Klassenmoral sind wir noch nicht hinaus. (MEW 20, 87 f.)

In gleicher Weise richtet sich Engels gegen Kants »Kategorischen Imperativ«: »Handle nur nach derjenigen Maxime, durch die du zugleich wollen kannst, daß sie ein allgemeines Gesetz werde«, wie den »Glückseligkeitstrieb« Feuerbachs, weil beide Unmögliches fordern. (MEW 21, 281; 288) Zwar hatte Feuerbach geschrieben »In einem Palast denkt man anders als in einer Hütte«[2] und »Wo du vor Hunger, vor Elend keinen Stoff im Leibe hast, da hast du auch in deinem Kopfe, in deinem Sinne und Herzen keinen Stoff zur Moral«[3], doch habe er verabsäumt, die Konsequenzen aus diesen Sätzen zu ziehen. (MEW 21, 286)

Feuerbach stellt diese Forderung [der Gleichberechtigung des Glückseligkeitstriebs anderer] absolut hin, als gültig für alle Zeiten und Umstände ... Es geht der Feuerbachschen Moraltheorie wie allen ihren Vorgängerinnen. Sie ist auf alle Zeiten, alle Völker, alle Zustände zugeschnitten, und eben deswegen ist sie nie und nirgends anwendbar und bleibt der wirklichen Welt gegenüber ebenso ohnmächtig wie Kants kategorischer Imperativ. In Wirklichkeit hat jede Klasse, sogar jede Berufsart ihre eigene Moral und bricht auch diese, wo sie es ungestraft tun kann. (MEW 21, 288 f.)

Engels erläutert seine Theorie von der Relativität der Moral an den Beispielen »Freiheit« (als Voraussetzung aller Moral) und »Gleichheit« (als Forderung der Moral):

Die Vorstellung, daß alle Menschen etwas Gemeinsames haben, und so weit dies Gemeinsame reicht, auch alle gleich sind, ist selbstverständlich uralt. Aber hiervon ganz verschieden ist die moderne Gleichheitsforderung; diese besteht vielmehr darin, aus jener gemeinschaftlichen Eigenschaft des Menschseins, jener Gleichheit der Menschen als Menschen, den Anspruch auf gleiche politische resp. soziale Geltung aller Menschen, oder doch wenigstens aller Bürger eines Staats, oder aller Mitglieder einer Gesellschaft abzuleiten. (MEW 20, 95 f.)

Die Gleichheitsforderung im Munde des Proletariats ... ist entstanden aus der Reaktion gegen die bürgerliche Gleichheitsforderung, zieht mehr oder weniger richtige, weitgehende Forderungen aus dieser, dient als Agitationsmittel, um die Arbeiter mit den eigenen Behauptungen der Kapitalisten gegen die Kapitalisten aufzuregen, und in diesem Fall steht und fällt sie mit der bürgerlichen Gleichheit selbst ... Der *wirkliche Inhalt* der proletarischen Gleichheitsforderung [ist] die Forderung der Abschaffung der Klassen. Jede Gleichheitsforderung, die darüber hinausgeht, verläuft notwendig ins Absurde.

Somit ist die Vorstellung der Gleichheit, sowohl in ihrer bürgerlichen wie in ihrer proletarischen Form, selbst ein geschichtliches Produkt, zu deren Hervorbringung bestimmte geschichtliche Verhältnisse notwendig waren, die selbst wieder eine lange Vorgeschichte voraussetzen. Sie ist also alles, nur keine ewige Wahrheit. (MEW 20, 99)

Man kann nicht gut von Moral und Recht handeln, ohne auf die Frage vom sogenannten freien Willen, von der Zurechnungsfähigkeit des Menschen, von dem Verhältnis von Notwendigkeit und Freiheit zu kommen.

Danach [nach bürgerlichen Vorstellungen] besteht die Freiheit darin, daß die rationelle Einsicht den Menschen nach rechts, die irrationellen Triebe ihn nach links zerren, und bei diesem Parallelogramm der Kräfte die wirkliche Bewegung in der Richtung der Diagonale erfolgt. Die Freiheit wäre also der Durchschnitt zwischen Einsicht und Trieb, Verstand und Unverstand, und ihr Grad wäre bei jedem einzelnen erfahrungsgemäß festzustellen. Freiheit des Willens heißt [nach Ansicht Engels'] daher nichts anderes als die Fähigkeit mit Sachkenntnis entscheiden zu können ... Freiheit besteht also in der auf Erkenntnis der Naturnotwendigkeiten gegründeten Herrschaft über uns selbst und über die äußere Natur; sie ist damit notwendig ein Produkt der geschichtlichen Entwicklung. (MEW 20, 105 f.)

Sobald jedoch der Sozialismus zur Macht gekommen war (oder es zu sein glaubte), sah er sich genötigt, auf die »alten« Moralvorstellungen zurückzugreifen, um – wie vor ihm schon das bürgerliche – sein eigenes System zu stabilisieren. *Lenin* entwickelt nachdrücklich den formalen Rahmen einer »kommunistischen Moral«:

Ich will hier vor allem auf die Frage der kommunistischen Moral eingehen ... Aber gibt es denn eine kommunistische Moral? Gibt es eine kommunistische Sittlichkeit? Natürlich gibt es sie. Oft stellt man die Sache so hin, als ob wir keine eigene Moral hätten, und sehr oft erhebt die Bourgeoisie gegen uns die Beschuldigung, daß wir Kommunisten jede Moral verneinen ... In welchem Sinne verneinen wir die Moral, verneinen wir die Sittlichkeit? In dem Sinne, in dem die Bourgeoisie sie predigte, die diese Sittlichkeit aus Gottes Geboten ableitete ... Jede solche Sittlichkeit, die von einem übernatürlichen, klassenlosen Begriff abgeleitet wird, lehnen wir ab. Wir sagen, daß das ein Betrug ist, daß das ein Schwindel ist, um die Hirne der Arbeiter und Bauern im Interesse der Gutsbesitzer und Kapitalisten zu verkleistern.

Wir sagen, daß unsere Sittlichkeit völlig den Interessen des proletarischen Klassenkampfes untergeordnet ist. Unsere Sittlichkeit ist von den Interessen des proletarischen Klassenkampfes abgeleitet ...

Eben deshalb sagen wir: Für uns gibt es keine Sittlichkeit außerhalb der menschlichen Gesellschaft, das ist Betrug. Für uns ist die Sittlichkeit den Interessen des proletarischen Klassenkampfes untergeordnet. (WW 31, 280 f.)

Sittlich ist, was der Zerstörung der alten Ausbeutergesellschaft und dem Zusammenschluß aller Werktätigen um das Proletariat dient, das eine neue, die kommunistische Gesellschaft aufbaut. Die kommunistische Sittlichkeit ist jene Sittlichkeit, die diesem Kampfe dient und die Werktätigen zusammenschließt gegen jede Ausbeutung, gegen jedes Kleineigentum, denn das Kleineigentum liefert dem einzelnen das aus, was durch die Arbeit der ganzen Gesellschaft geschaffen worden ist. (WW 31, 283)

Insofern die kommunistische Gesellschaft keine Klassen mehr kennt, kann man ihre Moral als »allgemein-menschliche Moral« bezeichnen. Die vorhergehenden Moraltheorien waren nichts als Wegbereiter zu dieser endgültigen Moral. Nach 1950 wurde die *positive* Bedeutung der Sittlichkeit für den Aufbau der sozialistischen Gesellschaft stärker anerkannt. Sie besorgt u. a. das moralische Bewußtsein der Arbeiterklasse. Das Parteiprogramm der KPdSU nennt deshalb 1961 folgende Formen und Artikulationen der Sittlichkeit[4]:

● Treue zur Sache des Kommunismus
● Kollektivismus
● kommunistische Einstellung zur Arbeit
● kommunistische Einstellung zum gesellschaftlichen Eigentum
● sozialistischer Humanismus
● Internationalismus und Patriotismus.

Kollektivismus meint die Solidarität der Arbeiter im Kampf um den Kommunismus, denn der Kommunismus kann nur entstehen, wenn Menschen für ein gemeinsames Ziel und ein gemeinsames Gut im Geiste gegenseitiger Hilfe zusammenarbeiten, nicht aber aufgrund des den Kapitalismus durchherrschenden Individualismus und Egoismus. Er kann ferner nur erreicht werden durch gemeinsame Arbeit an der Entwicklung der Gesellschaft (und der Produktivkräfte).

Humanismus ist die kommunistische Sorge für eine allseitige Entfaltung der menschlichen Persönlichkeit verbunden mit der Einsicht, daß der Mensch für den Menschen höchstes Ziel und höchstes Gut ist[5].

Daneben nennt das Parteiprogramm die grundlegenden Normen menschlicher Sittlichkeit: Ehrlichkeit, Wahrhaftigkeit, Integrität, Achtung vor der Familie, die »von den meisten Menschen seit jeher anerkannt wurden«[6]. Vor allem in Polen, der ČSSR, in Jugoslawien häufen sich die Forderungen nach einem Humanismus, der jeden Menschen, gleich welcher Zeit und Klasse angeht. Hier sprachen *A. Schaff* und *M. Machoveč* ein deutliches Wort. Die Versuche, einen »Sozialismus mit menschlicher Ansicht« zu organisieren, sind jedoch unter dem ideologischen und militärischen Druck der Sowjetunion bislang alle zusammengebrochen.

B. THESEN

1. Die marxistische Ethik ist utilitaristisch.

> Nicht von ungefähr sympathisierte Engels in seiner Jugend mit der »praktischen Philosophie« *Jeremy Benthams* (MEW 2, 455), während Marx ihn als »ein Genie in der bürgerlichen Dummheit« apostrophierte. (MEW 2, 696)

> Für den Sozialismus ist Sittlichkeit eine Qualität menschlicher Handlungen, die eine bestimmte Gesellschaftsform fördern oder hervorbringen.

> Nach *Bentham* ist die höchste Form der Sittlichkeit die Norm, die das größtmögliche Wohlgefallen der größten Zahl von Menschen besorgt. Wird diese Norm nicht angenommen, sind Sanktionen die Folge (es straft das Gesetz, die öffentliche Meinung, Gott).

2. Im Gegensatz zu den klassischen Utilitaristen (*J. Bentham,*

J. St. Mill, H. Sidgwick, G. E. Moore) nennt der Sozialismus aber nicht nur Normen sittlich, sondern auch Produktionsverhältnisse (Kommunismus).

3. Die marxistische Ethik ist relativistisch (d. h. bezogen auf den jeweiligen Stand der ökonomischen Basis). Innerhalb des von der Basis gezogenen Rahmens ist sie jedoch zwingend-dogmatisch.

4. Der höchste Wert der sozialistischen Gesellschaft ist das Hervorbringen des Kommunismus. Diesem Wert sind alle anderen untergeordnet.

5. Die hergeleiteten Normen werden aus der ökonomischen Situation abgeleitet, sie sind nicht – wie nach kapitalistisch-bürgerlicher Theorie – der ökonomischen Situation äußerlich (und werden also nicht als von außen auf diese einwirkend betrachtet). Die Arbeit ist selbst Ort der Sittlichkeit und schafft nicht – wie der Kapitalismus meint – erst Freiheitsräume, sie zu verwirklichen.

6. Der Sozialismus leugnet die Existenz einer »menschlichen Natur«, die unabhängig von der ökonomischen Basis konkrete Strukturen hat, aus denen sich »ewige sittliche Gesetze« herleiten ließen. Seine Ethik ist also relativistisch-funktional und nicht ontologisch begründet.

7. Dennoch akzeptiert er einen sittlichen Fortschritt der Menschheit, der in der kommunistischen Gesellschaft seine Vollendung findet.

8. Begriffe der klassischen Ethik wie »Gewissen«, »Pflicht« ... spielen in der sozialistischen Ethik keine Rolle.

C. Einwände

1. Die utilitaristische sozialistische Ethik ist eine reine Erfolgsethik und übersieht so die Rolle der Motivationen, Beweggründe ... für die sittliche Handlung.

   Die kommunistische Gesellschaft stellt eine Ordnung wahrhafter Kollektivität dar; im Gegensatz dazu ist die alte Gesellschaft in feindliche Klassen mit entgegengesetzten Interessen gespalten. Die marxistisch-leninistische Ethik verlangt, die moralischen Eigenschaften eines Menschen nicht nach seinen Worten, ja nicht einmal nach seinen Beweggründen und Handlungsmotiven zu beurteilen, sondern nach seinen Taten, nach den Ergebnissen seiner Handlungen[7].

Solche Erfolgsethiken stehen auf einer frühen Stufe der ethischen Reflexion, sie sind kaum in der Lage, den sittlichen Charakter einer Handlung, die ja als menschliche immer motiviert sein muß, zu verstehen.

2. Gegenüber utilitaristischen Ethiken wird man die Frage stellen müssen, ob denn *alles* Glück sittlich gut ist, und worin denn eigentlich das größte Glück für den Menschen bestehe. Zur Beantwortung dieser Fragen müssen offensichtlich andere ethisch normierte Inhalte bemüht werden. Zudem ist nicht leicht von der Art der Mittel abzusehen, mit denen dieser Nutzen für eine Gesellschaft (der, wie wir zugeben, in seinem Verständnis des Inhalts teilweise zeitbezogen und zeitbedingt ist) erreicht werden soll. Eine solche utilitaristische Ethik verherrlicht das ethisch problematische Prinzip: »Der Zweck heiligt die Mittel.«

3. Eine relativistische Ethik relativiert notwendig auch die höchsten Handlungsziele. Zu behaupten, daß im Kommunismus der Relativismus aufgehoben sei, widerspricht der Annahme Marxens, der Kommunismus sei nicht das Ziel der Entwicklung der Menschheit. Also ist auch die kommunistische Ethik zu relativieren auf die nachkommunistische Gesellschaft und ihre Formationen.

4. Eine relativistische Ethik erlaubt damit nicht das Ausziehen eines letztverbindlichen Referenzrahmens; eine Verantwortung gegenüber dem letzten Ziel gibt es nicht. Damit sind auch die kommunistischen Ideale nicht letztverbindlich.

5. Es gibt ethische Einsichten, die unabhängig von der Struktur der Basis gelten. So ist es zur Begründung einer *jeden* menschlichen Gesellschaft vonnöten, daß die Regeln: »Du sollst nicht lügen«, »Du sollst nicht morden« ... befolgt werden. Obschon diese Regeln teils anders interpretiert werden können, bleiben sie doch für alle Gesellschaften als sittlich gut geltend. Es gibt also »ewige Normen«.

6. Im Gegensatz zu den christlichen Ethiken gesteht der Marxis-

mus in praxi nicht das Recht auf Irrtum zu. Er ist bei allem Relativismus streng dogmatisch. Das scheint unmenschlich zu sein.

7. Die normengebende Instanz wird ausschließlich im Selbstaußen des Individuums gesehen. Solche externalistische Ethiken verhindern die Ichbildung und fördern eine überstarke Über-Ich-Regulation bzw. Fremdregulation. Eine Selbstverwirklichung ist dann kaum mehr möglich.

8. Für den Marxisten ist zwar der Mensch der höchste Wert für den Menschen, doch verbietet die marxistische Ethik es nicht, den Menschen zum reinen Mittel für überindividuelle Ziele zu machen. Der Mensch wird also rein kollektivistisch betrachtet. Diese Betrachtungsweise führt in praxi zu radikaler Inhumanität.

9. Es gibt gegen die marxistische Annahme bestimmte psychische Strukturen und physische Bedürfnisse, die allen Menschen aller Zeiten gemeinsam sind (Sexualität, Aggressivität), unabhängig von der Struktur der ökonomischen Basis. Diese Bedürfnisse müssen also normiert werden, damit menschliches Zusammenleben grundsätzlich möglich wird. Die Normierung kann sich zwar von Zeit zu Zeit inhaltlich innerhalb erheblicher Grenzen ändern, doch entspricht der »menschlichen Natur« ein *formaler* Normenkatalog, der diese Bedürfnisse in Entsprechung zu den unvergänglichen Strukturen regelt.

10. Grundsätzlich ist zu begrüßen, daß der Marxismus seine Normen immanent aus den gesellschaftlichen Prozessen zieht und der Ökonomie nicht extern gesichertere sittliche Normen aufzwingen möchte. Doch ist die ökonomische Tätigkeit nur ein Aspekt der gesellschaftlichen und der gesellschaftliche auch nur ein Aspekt der menschlichen (wenn diese Aspekte auch nicht streng voneinander zu trennen sind).

11. Wenn die menschliche Arbeit als »Stoffwechsel des Menschen mit der Natur« bezeichnet wird, ergeben sich aus dieser von der ökonomischen Basis unabhängigen Bestimmung Normen für die Gestaltung des Stoffwechsels. Diese sind wenigstens formal formulierbar (so darf sich der Stoffwechsel nicht gegen den Menschen oder gegen die Natur richten – andernfalls ist die Arbeit sittlich nicht gut).

12. Die Sanktionen wegen sittlich-schlechter Handlungen werden ausschließlich von politisch-gesellschaftlichen Instanzen übernommen. Die »Strafe des schlechten Gewissens« spielt keine Rolle. Sowohl die Sanktionsinstanz als auch die Vernachlässigung des Gewissens (d. i. das handlungsfordernde oder handlungsverbietende »Ich«) entsprechen nicht den menschlichen Bedürfnissen.

Anmerkungen:

1 Vgl. R. T. De George, Ethik, in: MiSV/Philosophie 1, 221.

2 Wider den Dualismus von Leib und Seele, Fleisch und Geist, in: WW 10, Berlin 1971, 122 ff.

3 Not meistert alle Gesetze und hebt sie auf, in: Ludwig Feuerbach in seinem Briefwechsel und Nachlaß sowie in seiner Philosophischen Charakterentwicklung, dargestellt von K. Grün, II, Leipzig 1874.

4 Programm und Statut der KPdSU. Angenommen auf dem 22. Parteitag der KPdSU, 17.–31. 10. 1961, Berlin 1964, 113 f.

5 Vgl. R. T. De George, Ethik, a. a. O., 227.

6 Programm und Statur der KPdSU, a. a. O., 114.

7 A. F. Šiškin, Über einige philosophische Probleme der Ethik, in: Voprosi philosofii 19 (1965), 81–91.

2. Teil

ÖKONOMIE DES MARXISMUS

I. PROLETARIAT

Wie fast alle Theorien Marxens kann die Theorie des Proletariats in ihren einzelnen Anteilen auf verschiedene Quellen zurückgeführt werden: der dialektische Aspekt geht auf Hegel (1770–1831) zurück, der utopische auf die Frühsozialisten, die Arbeitswertlehre wurde durch Ricardo (1772–1823) begründet, die Vorstellung vom Klassenbewußtsein von L. von Stein (1815–1870) grundgelegt.

Doch eines ist nur Marx gelungen: er verband eine sozialkritische und dialektisch-historische (qualitative) Betrachtung mit einer quantifizierenden ökonomischen Analyse. Den Philosophen vor Marx fehlte das ökonomische Rüstzeug und den Ökonomen das philosophische, um vor (und auch nach) Marx eine konsistente Theorie des Proletariats zu entwickeln. Er brachte das empirisch zu beobachtende Faktum steigender Löhne, das Sinken des Kapitalzinses, die zunehmende Konzentration des Kapitals bei neuen Unternehmensformen (Aktiengesellschaften, Monopolen) in gesetzmäßige Verbindung mit dem Faktum des wachsenden Proletariats. Er entwickelte eine Theorie der ökonomischen Krisen, die das revolutionäre Tätigwerden des Proletariats bedingen und begünstigen – und zum endlichen Erfolg bringen sollen.

So steht die Lehre Marxens vom Proletariat auf dem Schnittpunkt zweier Theorienkreise: dem sozialkritisch-philosophischen und dem analytisch-ökonomischen.

Wir wollen die Marxsche Theorie vom Proletariat vorstellen im Zusammenhang

1. seiner Lehre von den Klassen,
2. seiner Lehre von der Verelendung (und Ausbeutung),
3. seiner Lehre vom tendentiellen Fall der Profitrate (als ökonomischen Grund für die Bildung eines massenhaften Proletariats und seiner Funktion).

1. Zur Lehre von den Klassen

Der Begriff »Klasse« zur Bedeutung sozialer Gruppen kam im 19. Jahrhundert auf. *François Quesnay* (1694–1774) verwandte vermutlich als erster einen ökonomisch-sozialen Klassenbegriff (1758 unterschied er die Klassen der Landwirte, der Grundeigentümer, der Gewerbetreibenden). *Claude-Henri de Saint-Simon* (1760–1825) betrachtete die französische Revolution (1789) als einen Übergang von einer Dreiklassengesellschaft (Adel, Bürgerliche, Industrielle) zur Zweiklassengesellschaft (Bürgerliche und Industrielle). *Lorenz von Stein* (1815–1890) modifizierte das Zweiklassenmodell (Industrieller, Proletarier). Er schrieb 1842:

Nicht die Industrie, nicht das Kapital, sondern das persönliche und erbliche Eigentum ist es, aus dem zwar die Herrschaft des einen, aber auch die Unfreiheit des anderen hervorgeht. Einmal in diese Richtung hineingetrieben, heften sich daher diese Gedanken fest in dem Geist des *Proletariats*; er wird der Mittelpunkt seines Wissens und Wollens, und so geschieht es, daß jeder Zweifel an Eigentum und Familie allmählich in dem Proletariate der industriellen Gesellschaft seinen mächtigen, allgegenwärtigen und tatbereiten Körper findet[1].

Ähnlich war die Vorstellung vom Arbeiter, der seine Arbeitskraft verkauft, zu Marxens Zeiten schon formuliert. *Jean Baptiste Nothomb* (Mitverfasser der belgischen Verfassung nach der Revolution von 1830) schrieb:

Wir haben zwar den Adel und den Klerus als Machtfaktoren im Staat beseitigt, aber es wird immer zwei Klassen von Menschen geben: eine, welche die Arbeit verkauft, und eine andere, die sie bezahlt[2].

Der Marxsche Klassenbegriff unterschied sich in wenigstens zwei Punkten von den vorhergehenden:

● es ging ihm nicht um die Beschreibung gesellschaftlicher Zustände, sondern um die Erklärung des *Wandels* ganzer Gesellschaftsformen[3],

● das Proletariat ist die letzte Klasse, die ausgebeutet wird, denn es wird einmal eine klassenlose Gesellschaft begründen.

Zunächst versuchte Marx ein Modell zweier gesellschaftlich relevanter Klassen zu entwickeln. So nennt er im »Kommunistischen Manifest« Bourgeois und Proletarier als die beiden antagonistischen Klassen, die den Fortschritt der Gesellschaft im Kampf gegeneinander besorgen. Zu dieser Zeit (1847/48) sieht er die Klassen zwar als ökonomisch relevant an, hat aber noch keine *ökonomische* Theorie zur Hand, die Funktion der Proletarierklasse quantitativ auszumachen (das geschieht erst im »Kapital«).

Von allen Klassen, welche heutezutage der Bourgeoisie gegenüberstehen, ist nur das Proletariat eine wirkliche revolutionäre Klasse. Die übrigen Klassen [die Grundeigentümer, die nicht-industrielle Bourgeoisie, die Kleinbürger] verkommen und gehen unter mit der großen Industrie, das Proletariat ist ihr eigenstes Produkt. (MEW 4, 472)

Zum Kleinbürgertum merkt er 1852 an:

Die Bourgeoisie fühlte jetzt [1849] die Notwendigkeit, mit den demokratischen Kleinbürgern fertig zu werden, wie sie ein Jahr vorher die Notwendigkeit begriffen hatte, mit dem revolutionären Proletariat zu enden. (MEW 8, 142)
Aber der Demokrat, weil er das Kleinbürgertum vertritt, also eine *Übergangsklasse,* worin die Interessen zweier Klassen sich zugleich abstumpfen, dünkt sich über den Klassengegensatz überhaupt erhaben. (MEW 8, 144)
Solange die Herrschaft der Bourgeoisieklasse sich nicht vollständig organisiert, nicht ihren reinen politischen Ausdruck gewonnen hatte, konnte auch der Gegensatz der anderen Klassen nicht rein hervortreten, und wo er hervortrat, nicht die gefährliche Wendung nehmen, die jeden Kampf gegen die Staatsgewalt in einen Kampf gegen das Kapital verwandelt. (MEW 8, 153)
Die ökonomische Entwicklung des Parzelleneigentums hat das Verhältnis der Bauern zu den übrigen Gesellschaftsklassen von Grund aus verkehrt ... Die Bauernklasse war der allgegenwärtige Protest gegen die eben erst gestürzte Grundaristokratie. (MEW 8, 201)

Die Mittelstände (oder Mittelklassen): Kleinbürgertum und Bauern sind jedoch nicht revolutionär im radikalen Sinne:

Sind sie revolutionär, so sind sie es im Hinblick auf den ihnen bevorstehenden Übergang ins Proletariat, so verteidigen sie nicht ihre gegenwärtigen, sondern ihre zukünftigen Interessen. (MEW 4, 472)

1871 versucht er das Zweiklassenmodell durch den Verweis auf die Führung des Proletariats zu retten:

Und doch war dies die erste Revolution [die der Pariser Kommune], in der die Arbeiterklasse offen anerkannt wurde als die einzige Klasse, die noch einer gesellschaftlichen Initiative fähig war; anerkannt selbst durch die große Masse der Pariser Mittelklasse – Kleinhändler, Handwerker, Kaufleute –, die reichen Kapitalisten allein ausgenommen. (MEW 17, 344)

Engels faßte diese Marxsche Theorie von zwei antagonistischen Klassen, einer ausbeutenden und einer ausgebeuteten 1878 in folgenden Sätzen zusammen:

Indem die kapitalistische Produktionsweise mehr und mehr die große Mehrzahl der Bevölkerung in Proletarier verwandelt, schafft sie die Macht, die diese Umwälzung, bei Strafe des Untergangs, zu vollziehen genötigt ist. Indem sie mehr und mehr auf Verwandlung der großen, vergesellschafteten Produktionsmittel in *Staatseigentum* drängt, zeigt sie selbst den Weg an zur Vollziehung dieser Umwälzung. Das Proletariat ergreift die Staatsgewalt und verwandelt die Produktionsmittel zunächst in Staatseigentum ... Aber ... die Verwandlung ... in Staatseigentum hebt die Kapitaleigenschaft der Produktivkräfte [nicht] auf. (MEW 20, 260f.)

Im (unvollendeten) Schlußkapitel des »Kapitals« entwickelte Marx jedoch ein Dreiklassenmodell:

Die Eigentümer von bloßer Arbeitskraft, die Eigentümer von Kapital und die Grundeigentümer, deren respektive Einkommensquellen Arbeitslohn, Profit und Grundrente sind, also Lohnarbeiter, Kapitalisten und Grundeigentümer, bilden die drei großen Klassen der modernen, auf der kapitalistischen Produktionsweise beruhenden Gesellschaft. (MEW 25, 892)

Die ökonomisch-theoretischen Überlegungen, die dem 3. Band des Kapitals zugrunde liegen (Produktionskosten-Theorie), lassen eine Zweiklassentheorie, wie sie noch im 1. Band des Kapitals angenommen wird (dem eine reine Arbeitswerttheorie zugrunde liegt), kaum mehr halten.

Die Anhänger Marxens vertraten zumeist das Zweiklassenmodell, griffen mitunter gar das Dreiklassenmodell heftig an (so N. I. Bucharin[4]). Bucharin unterschied – wie der frühe Marx – zwei grundlegende Klassen: Produktionsmittelbesitzer und Arbeiter. Ferner akzeptierte er Zwischenklassen (Intellektuelle) und Übergangsklassen als Relikte vergangener Gesellschaftsformen (Handwerker, Bauern) und schließlich deklassierte Gruppen (Bettler, Lumpenproletariat)[5].

Lenin bestimmte 1919 die Klassen

als große Menschengruppen, die sich voneinander unterscheiden nach ihrem Platz in einem geschichtlich bestimmten System der gesellschaftlichen Produktion, nach ihrem (größtenteils in Gesetzen fixierten und formulierten) Verhältnis zu den Produktionsmitteln, nach ihrer Rolle in der gesellschaftlichen Organisation der Arbeit und folglich nach der Art der Erlangung und der Größe des Anteils am gesellschaftlichen Reichtum, über den sie verfügen ... [Sie sind] Gruppen von Menschen, von denen die eine sich die Arbeit der anderen aneignen kann infolge der Verschiedenheit ihres Platzes in einem bestimmten System der gesellschaftlichen Wirtschaft. (WW 29, 410)

Indem er die Dorfbourgeoisie (Kulaken) und das Dorfproletariat voneinander schied, versuchte er das Zweiklassenmodell zu retten. Dabei übersah er, wie die meisten Marxadepten, daß auch für Marx Grund und Boden eine ursprüngliche Quelle von Produkten ist. Marx lehnt es ab, die Klassen vom Einkommen her zu unterscheiden, denn dann würden auch Ärzte und Beamte je eine eigene Klasse bilden (MEW 25, 893). Zu einer positiven Bestimmung dessen aber, was eine Klasse ausmacht, kam er nicht mehr.

Für *Max Adler* (1873–1937) war die ökonomische Ausbeutung (wie für den frühen Marx und für Engels) zwar ein Element, das die Klassenbildung begünstigt, nicht aber Klassen hervorruft:

In dem proletarischen Staat wird die Klasse der Bourgeoisie unterdrückt, obwohl sie nicht ökonomisch ausgebeutet werden kann[6].

Lenin sieht in der Sowjetunion die Klassen noch nicht aufgehoben:

Die Klassen sind bestehengeblieben und werden überall nach der Eroberung der Macht durch das Proletariat jahrelang bestehenbleiben ... Die Klassen aufheben, heißt nicht nur die Gutsbesitzer und Kapitalisten davonjagen – das haben wir verhältnismäßig leicht getan –, das heißt auch die kleinen Warenproduzenten beseitigen, diese aber kann man nicht davonjagen, man kann sie nicht unterdrücken, man muß mit ihnen zurechtkommen, man kann (und muß) sie nur durch eine sehr langwierige, langsame, vorsichtige organisatorische Arbeit ummodeln und umerziehen. (WW 31, 29)

L. D. Trotzki sah in der Sowjetunion das Heranwachsen einer neuen Klasse: der Bürokratie, und stellte sogar so etwas wie ein neues Klassenbewußtsein bei ihr fest:

Die Tatsache, daß sie so sorgfältig ihre soziale Physiognomie verbirgt, bezeugt, daß sie das spezifische Bewußtsein der herrschenden »Klasse« besitzt, das allerdings von der Überzeugtheit von ihrem Recht auf Herrschaft noch weit entfernt ist[7].

Die moderne Soziologie und Politikwissenschaft hat sich weitgehend von dem Marxschen Klassenbegriff und Klassenmodell gelöst. Zwar vertreten manche noch eine dichotomische Gegenüberstellung von Klassen, doch werden sie anders gedeutet, als Marx es tat. So schreibt *R. Dahrendorf* (* 1929):

Das tragende Element unserer Definition von Klasse liegt in dem schwierigen und vielschichtigen Problem der Herrschaft[8].

Rein wirtschaftlich determinierte Klassen sind ihm nur »ein Sonderfall des Klassenphänomens«[9].

Häufiger sind schon die Vertreter bloßer Gradiationsschemata, die die Klassen nach Einkommens- und Prestigegruppen teilen (W. L. Warner[10], Th. Veblen[11], L. Reissmann[12]). Viele lehnen den Klassenbegriff als untauglich ab (Th. Geiger[13], R. Linton[14], E. Mayo[15], T. Parsons[16], R. K. Merton[17]).

2. Zur Lehre von der Verelendung

Eine der Gründe für die Verelendung der Massen ist die *Ausbeutung*. »Ausbeutung« tritt für den Marx des »Kapitals« anstelle der »Entfremdung« der frühen Schriften, ohne daß er jemals den Zusammenhang zwischen beiden klar dargestellt hätte.

Hintergrund der Marxschen Theorie von der Ausbeutung ist seine »Arbeitswerttheorie«. Diese Theorie, von *Adam Smith* und *David Ricardo* begründet und ausgeführt, behauptet, daß die Arbeit der einzige Faktor sei, der zusätzliche Werte schaffen kann, und daß der Wert eines Produkts an der Zahl der dafür aufgewandten Arbeitsstunden gemessen werden müsse (vgl. »Arbeitswertlehre«). Die Arbeitskraft wird jedoch nicht nach dem Maß der gearbeiteten Zeit bezahlt, sondern nur nach der Zahl der Arbeitsstunden, die notwendig sind, um Arbeitskraft zu erhalten. Der Kapitalist kauft die Arbeitskosten für die Waren (Maschinen, Rohstoffe), sowie die zur Ware gewordenen Arbeitskräfte, die er beschäftigt. Die Konkurrenz auf dem Arbeitsmarkt verlangt aber vom Arbeiter, daß er seine *ganze* Arbeitskraft an den Kapitalisten verkauft. Da diese größer ist, als zur Produktion der Waren, die zur Erhaltung der Arbeitskraft notwendig sind, gefordert ist, leistet der Arbeiter *Mehrarbeit*. Dieser entspricht der Mehrwert (Arbeitsstunden, für die der Kapitalist nicht wirklich gezahlt hat). Da aber der Arbeitgeber unter den Bedingungen des Privateigentums Eigentümer des ganzen Produkts ist, verkauft er es, und kassiert den Mehrwert. Diesen Mehrwert teilt er mit anderen Mitgliedern der Bourgeoisie (Bankiers, Händlern, Grundbesitzern ...).

Im Gegensatz zu seinen Vorgängern, fragte sich Marx, *warum* ausgebeutet wird. Seine Antwort fand er in der Mehrwerttheorie (vgl. »Mehrwert«).

Jeder Betrieb der Warenproduktion wird zugleich Betrieb der Ausbeutung der Arbeitskraft; aber erst die kapitalistische Warenproduktion wird zu einer epochemachenden Ausbeutungsweise, die in ihrer geschichtlichen Fortentwicklung durch die Organisation des Arbeitsprozesses und die riesenhafte Ausbildung der Technik die ganze ökonomische Struktur der Gesellschaft umwälzt und alle früheren Epochen unvergleichbar übergipfelt. (MEW 24, 42)

Die Erweiterung der Produktionsleiter kann in kleineren Dosen vor sich gehen, indem ein Teil des Mehrwerts zu Verbesserungen angewandt wird, die entweder nur die Produktivkraft der angewandten Arbeit erhöhen oder zugleich erlauben, sie intensiver auszubeuten. (MEW 24, 322)

[So] ergibt sich, daß jeder einzelne Kapitalist, wie die Gesamtheit aller Kapitalisten jeder besonderen Produktionssphäre, in der Exploitation [Ausbeutung] der Gesamtarbeiterklasse durch das Gesamtkapital und in dem Grad dieser Exploitation nicht nur aus allgemeiner Klassensympathie, sondern direkt ökonomisch beteiligt ist, weil, alle anderen Umstände, darunter den Wert des vorgeschossenen konstanten Gesamtkapitals [das ist das Gesamtkapital minus des gesamten Lohnkapitals] als gegeben vorausgesetzt, die Durchschnittsprofitrate [das ist der Quotient aus Mehrwert und Gesamtkapital] abhängt von dem Exploitationsgrad der Gesamtarbeit durch das Gesamtkapital. (MEW 25, 207)

Im selben Verhältnis daher wie sich die kapitalistische Produktion entwikkelt, entwickelt sich die Möglichkeit einer relativ überzähligen Arbeiterbevölkerung, nicht weil die Produktivkraft der gesellschaftlichen Arbeit *abnimmt,* sondern weil sie *zunimmt,* also nicht aus einem absoluten Mißverhältnis zwischen Arbeit und Existenzmitteln oder Mitteln zur Produktion dieser Existenzmittel, sondern aus einem Mißverhältnis, entspringend aus der kapitalistischen Exploitation der Arbeit, dem Mißverhältnis zwischen

dem steigenden Wachstum des Kapitals und seinem relativ abnehmenden
Bedürfnis nach wachsender Bevölkerung. (MEW 25, 232)
Und gleiche Exploitation der Arbeitskraft ist das erste Menschenrecht des
Kapitals. (MEW 23, 309)

Der Ausbeutung entspricht nun die Verelendung der Arbeiter, weil
die kapitalistische Form der Ausbeutung notwendig – über ökonomische Gesetze – zur Verelendung führt.
Auch die Verelendung ist eine notwendige Begleiterscheinung der
kapitalistischen Produktionsweise. Sie wird von Marx also nicht
einfach aus der Erfahrungswelt des 18. und 19. Jahrhunderts empirisch festgestellt, sondern auch theoretisch als zwingende Folge des
Kapitalismus erklärt. Das Marxsche »Gesetz von der kapitalistischen Akkumulation«, nach dem im Kapitalismus die Tendenz besteht, immer größere Kapitalien zu akkumulieren (anzuhäufen),
impliziert u. a. (wie Marx zeigte), daß bei fortschreitender Akkumulation (d. h. bei fortschreitendem Kapitalismus) der Anteil der
Produktionsmittel am Gesamtkapital schneller zunimmt als der
Anteil der Lohnkosten am Gesamtkapital (das konstante Kapital
wächst schneller als das variable). Je höher nun der Grad der »organischen Zusammensetzung« des Kapitals, der verbunden ist mit
wachsender Akkumulation (gemessen als Quotient von konstantem
und variablem Kapital), desto geringer ist die zur Erstellung des
Warenwerts notwendige (gesellschaftliche) Arbeitszeit, um so größer also auch die Produktivität der Arbeit. Damit wird, da die Produktion nicht beliebig (sondern nur im Rahmen des Absetzbaren)
gesteigert werden kann, eine Zahl von Arbeitskräften freigesetzt,
die ihrerseits, über Konkurrenzmechanismen die »industrielle Reservearmee« der Arbeitslosen, das Lohnniveau drückt, und die Beschäftigten zu immer größeren Leistungen zwingt, damit sie ihren
Arbeitsplatz nicht verlieren (Leistungsterror).
Je weiter der Kapitalismus fortschreitet, um so weniger Arbeiter
produzieren zu einem relativ immer geringeren Lohn (geringer in
bezug auf den Verbrauch von konstantem Kapital) immer mehr
Waren. Wenn nun, wie Marx annimmt, die gesamte Produktion
gewinnbringend abgesetzt werden kann, konzentrieren sich in der
Hand der Kapitalisten immer mehr Reichtümer, während sich bei
den Lohnabhängigen (Proletariern) unter dem Druck der Ausbeu-

tung sich das Lohnniveau relativ senkt. Der Anteil am Nationaleinkommen des Anteils der Lohnabhängigen sinkt, während der der Kapitalisten steigt [18].

Die Rationalisierung der Agrikultur einerseits, die diese erst befähigt, gesellschaftlich betrieben zu werden, die Rückführung des Grundeigentums ad absurdum andererseits, dies sind die großen Verdienste der kapitalistischen Produktionsweise. Wie alle ihre anderen historischen Fortschritte, erkaufte sie auch diesen zunächst durch die völlige Verelendung der unmittelbaren Produzenten. (MEW 25, 631)

Einerseits attrahiert also das im Fortgang der Akkumulation gebildete Zuschußkapital, verhältnismäßig zu seiner Größe, weniger und weniger Arbeiter. Andererseits repelliert [= stößt ab] das periodisch in neuer Zusammensetzung reproduzierte alte Kapital mehr und mehr früher von ihm beschäftigte Arbeiter ... Da die Nachfrage nach Arbeit nicht durch den Umfang des Gesamtkapitals, sondern nur durch den seines variablen Bestandteils (Lohnkapital) bestimmt ist, fällt sie also progressiv mit dem Wachstum des Gesamtkapitals, statt ... verhältnismäßig mit ihm zu wachsen. Sie fällt relativ zur Größe des Gesamtkapitals und in beschleunigter Progression mit dem Wachstum dieser Größe. Mit dem Wachstum des Gesamtkapitals *wächst zwar auch sein variabler Bestandteil* ... aber in beständig abnehmender Proportion ... Diese mit dem Wachstum des Gesamtkapitals beschleunigte und rascher als sein eigenes Wachstum beschleunigte relative Abnahme seiner variablen Bestandteile scheint auf der anderen Seite umgekehrt stets rascheres absolutes Wachstum der Arbeiterbevölkerung als das des variablen Kapitals oder ihrer Beschäftigungsmittel. Die kapitalistische Akkumulation produziert vielmehr, und zwar im Verhältnis zu ihrer Energie und zu ihrem Umfang, beständig eine relative, d. h. für die mittleren Verwertungsbedürfnisse des Kapitals überschüssige, daher überflüssige oder Zuschuß-Arbeiterbevölkerung. (MEW 23, 657 f.)

Je größer der gesellschaftliche Reichtum, das funktionierende Kapital, Umfang und Energie seines Wachstums, also auch die absolute Größe des Proletariats und die Produktivkraft seiner Arbeit, desto größer die industrielle Reservearmee ... Die verhältnismäßige Größe der industriellen Reservearmee wächst also mit den Potenzen des Reichtums. Je größer aber die Reservearmee im Verhältnis zur aktiven Arbeiterarmee, desto massenhafter die konsolidierte Überbevölkerung, deren Elend im umgekehrten Verhältnis zu ihrer Arbeitsqual steht. (MEW 23, 673)

In diesem Wachstum der Produktionsmittel ist aber eingeschlossen das Wachstum der Arbeiterbevölkerung, die Schöpfung einer dem Surpluskapital entsprechenden und sogar seine Bedürfnisse im ganzen und großen überflutenden Bevölkerung, und daher Überbevölkerung, von Arbeitern. Ein momentaner Überschuß des Surpluskapitals über die von ihm kommandierte Arbeiterbevölkerung würde in doppelter Weise wirken. Er würde einerseits durch Steigerung des Arbeitslohns, daher Milderung der den Nachwuchs der Arbeiter dezimierenden, vernichtenden Einflüsse und Erleichterung der Heiraten die Arbeiterbevölkerung allmählich vermehren, andererseits aber durch Anwendung der Methoden, die den relativen Mehrwert schaffen (Einführung und Verbesserung von Maschinerie) noch rascher eine künstliche –, relative Überbevölkerung schaffen, die ihrerseits wieder – da in der kapitalistischen Produktion das Elend Bevölkerung erzeugt – das Treibhaus einer wirklichen raschen Vermehrung der Volkszahl ist. (MEW 25, 228)

Im großen und ganzen sind die allgemeinen Bewegungen des Arbeitslohns ausschließlich reguliert durch die Expansion und Kontraktion der industriellen Reservearmee, welche dem Periodenwechsel des industriellen Zyklus entsprechen. (MEW 23, 666)

Je mehr das produktive Kapital wächst, desto mehr dehnt sich die Teilung der Arbeit und die Anwendung der Maschinerie aus. Je mehr sich die Teilung der Arbeit und die Anwendung der Maschinerie ausdehnt, um so mehr dehnt sich die Konkurrenz unter den Arbeitern aus, je mehr zieht sich ihr Salär zusammen [19].

Nur der junge Marx [so etwa im Kommunistischen Manifest (MEW 4, 473)] kennt eine absolute Verarmung des Proletariats, da er die theoretischen Grundlagen der Ausbeutung in der Arbeitswerttheorie noch nicht entwickelt hat. Später sieht er die Verarmung des Proletariats relativ: Der Arbeitslohn steigt nicht in der gleichen Weise wie der Mehrwert.

Dennoch hieße es Marx falsch verstehen, würde man behaupten, die (relative) Verelendung würde bei ihm keine Rolle spielen. So schreibt er 1865 (zwei Jahre vor der Veröffentlichung des 1. Bandes des »Kapitals«):

Diese wenigen Andeutungen werden genügen, um zu zeigen, daß die ganze Entwicklung der modernen Industrie die Waagschale immer mehr zugunsten des Kapitalisten und gegen den Arbeiter neigen muß und daß es folglich die allgemeine Tendenz der kapitalistischen Produktion ist, den durchschnittlichen Lebensstandard nicht zu heben, sondern zu senken oder den Wert der Arbeit mehr oder weniger bis zu seiner *Minimalgrenze* zu drücken. (MEW 16, 151)

3. Der tendenzielle Fall der Profitrate als Grund der Bildung des Proletariats

Wir haben schon gezeigt, daß für Marx die Akkumulation des Kapitals prozessual identisch ist mit der Vermehrung des Proletariats. Wir wollen hier nun, in einem dritten Schritt, aufzuweisen versuchen, daß sie notwendig – in einer formalisierten Darstellung – auf dem Gesetz des tendenziellen Falls der Profitrate beruht. (Vgl. folgendes Kapitel) Dieses Gesetz wird mit der Formel über die absolute Größe der Profitrate verbunden:

$$p' = \frac{m}{c + v}$$

Dabei bedeuten p' = Profitrate, m = Mehrwert, c = konstantes Kapital (Maschinen, Rohstoffe) und v = variables Kapital (Lohnkapital). v + c = C (Gesamtkapital, Anlageintensität).

Da die Anlageintensität wächst – pro Arbeitsplatz also immer mehr Kapital aufgewandt werden muß – muß p' immer kleiner werden. Da nun die Kapitalisten auf jeden Fall versuchen werden, p' konstant zu halten (oder gar zu steigern), muß der Mehrwert (m) in gleicher Weise wie C steigen. Dadurch wird das Verhältnis von bezahlter zu unbezahlter Arbeit für den Arbeiter immer ungünstiger, d. h. der Grad der Ausbeutung wächst. Nun hat aber die Ausbeutung ihre Grenzen (die Arbeiter werden verhungern, Arbeitskämpfe besorgen eine Verkürzung des Arbeitstages und eine Erhöhung des Lohnes), also sinkt, auf lange Sicht gesehen, die Profitrate ab. Zwar nennt Marx noch weitere Techniken, den Fall der Profitrate hinauszuzögern (Herunterdrücken des Arbeitslohns unter seinen Wert, Versuche, die Höhe des konstanten Kapitals zu senken, relative Überbevölkerung mit Senken der Löhne, auswärtigen Handel, die im konstanten Kapital festliegenden Maschinen besser auszunutzen und billiger auf dem Weltmarkt einzukaufen), doch letzten Endes sind auch hier Grenzen gezogen, die zumeist noch früher erreicht werden als die der Exploitation der Arbeitskraft. Das Verschwinden der Profitrate und damit das Ende des Kapitalismus wird hinauszuzögern sein, doch zu vermeiden ist es nicht. Der Kapitalist wird also beitragen zur zunehmenden Verarmung der Massen und damit eine Gruppe schaffen (das Proletariat), das den Kapitalismus exekutieren wird.

Die kapitalistische Produktion strebt beständig, diese ihr immanenten Schranken zu überwinden, aber sie überwindet sie nur durch Mittel, die ihr diese Schranken aufs neue und auf gewaltigerem Maßstab entgegenstellen. (MEW 25, 260)

Die Marxsche Theorie führt also zu fünf Thesen über das Proletariat[20]:

● Es stützt seinen Lebensunterhalt auf Lohnarbeit.
● Es wird zur Mehrzahl der Bevölkerung.
● Es verelendet in steigendem Maß.
● Es bildet ein revolutionäres Bewußtsein aus.
● Dies alles ist durch das allgemeine Gesetz der für den Kapitalismus lebensnotwendigen Akkumulation des Kapitals bedingt, die wieder ihrerseits einen tendenziellen Fall der Profitrate erzwingt.
● Der kapitalistische Produktionsprozeß führt zur Selbstaufhebung. Der Vollstrecker dieser Selbstaufhebung ist das revolutionäre Proletariat.

So kann er schreiben:

Die kapitalistische Produktion erzeugt mit der Notwendigkeit eines Naturprozesses ihre eigene Negation. Es ist die Negation der Negation [des Privateigentums]. (MEW 23, 791)

B. THESEN

1. Das Proletariat bildet sich zur Klasse (und dann zur Partei) aus, wenn die Konkurrenzmechanismen innerhalb des Proletariats (vgl. MEW 4, 470) überwunden sind und die Bourgeoisie sich selbst jenseits der Konkurrenz selbst zu einer Klasse ausgebildet hat.
2. Die Absicht Marxens ist es nicht, Zustände zu beschreiben und zu analysieren, sondern eine Theorie des Proletariats aufzustel-

len, zur Erklärung der Veränderung von Gesellschaftsformen (der kapitalistischen wie der sozialistischen).

3. Das Proletariat ist die letzte Klasse. Ihm folgt – durch es besorgt – eine klassenlose Gesellschaft.

4. Das Proletariat ist die einzige Klasse im Kapitalismus, der revolutionär als Massenbewegung zur Revolution des Kapitalismus fähig ist.

5. Das Proletariat bildet neben der Bourgeoisie die einzige für die Veränderung der Gesellschaft erhebliche Klasse.

6. Alle anderen Klassen sind nur Übergangsklassen, die entweder aus der feudalen Zeit stammen oder den Übergang zum Sozialismus ankündigen.

7. Die »Diktatur des Proletariats« wird zunächst zum Staatskapitalismus führen. So fordert Marx im Kommunistischen Manifest (MEW 4, 481):

● Expropriation des Grundeigentums und Verwendung der Grundrente zu Staatsausgaben,

● starke Progressivsteuer,

● Abschaffung des Erbrechts (zugunsten des Staates),

● Zentralisation des Kredits in den Händen des Staates durch eine Nationalbank mit Staatskapital und ausschließlichem Monopol,

● Zentralisation des Transportwesens in den Händen des Staats,

● Vermehrung der Nationalfabriken, Produktioninstrumente, Urbarmachung ... nach einem gemeinschaftlichen Plan.

Erst dann kann eine sozialistische Gesellschaft begründet werden.

8. Was eine Klasse konstituiert, sind nicht die Einkommensverhältnisse, sondern die Herkunft ihrer Einnahmen (Arbeit, Produktionsmittel, Grund und Boden), also die Besitzverhältnisse.

9. Der Kapitalist eignet sich den Mehrwert (d. h. die kapitalisierte Arbeit des Arbeiters, die ihm nicht als Lohn zufließt) an und besorgt so eine Ausbeutung des Arbeiters.

10. Der Mehrwert steigt mit der Akkumulation des Kapitals.

11. Mit der Akkumulation des Kapitals wird zudem eine zuneh-

mende Vergrößerung der freien Arbeiter (Arbeitslosen) zustande kommen.

13. Der relative Anteil des Arbeiters am von ihm erwirtschafteten Sozialprodukt fällt.

14. Obschon die Profitrate tendenziell sinkt, versucht der Kapitalist, ihr Sinken durch erhöhte Ausbeutung der Arbeitskraft aufzuhalten.

15. Das ist nur beschränkt möglich. Der Kapitalismus wird sich selbst negieren.

C. Einwände

I. Zur Klassentheorie

a) Marx verwechselt ökonomisch Relevantes mit ökonomisch Determiniertem (Max Weber), wenn er von Klassen spricht. Klassen sind zwar ökonomisch relevant, doch nicht durch den Besitz an Produktionsmitteln determiniert. Zur Klasse gehören auch Gleichheit der Lebenschancen und gemeinsame Interessen an Güterbesitz und Einkommensmöglichkeiten.

b) Selbst Soziologen, die weitgehend Marx zu folgen bereit sind, halten seine Behauptung, das Proletariat sei die letzte Klasse, für unbewiesen. Anders als Marx, sehen sie die Klassendifferenzen im Vorkapitalismus begründet. Der Kapitalismus besorgt viel kompliziertere Schichtungen, als sie durch die Annahme zweier antagonistischer Klassen wiedergegeben werden könnten.

c) Nicht die höchste Not ist der Auslöser von revolutionären Eruptionen der unterdrückten Schichten, sondern die Überwindung der Lethargie und günstige äußere Umstände sind sehr viel ausschlaggebender.

d) Die Zweiteilung von Besitzern an Produktionsmitteln und Verkäufern von Arbeitskraft wurde fragwürdig, als sich rechtliches Eigentum und faktische Kontrolle der Produktionsmitteln voneinander trennten.

e) Die Annahme, daß sich ökonomische Macht automatisch in wirtschaftliche Macht ummünze, ist falsch, wie das Beispiel des Faschismus zeigt. Dennoch halten vor allem Trotzkisten an dieser Ansicht fest.

f) In der amerikanischen Gesellschaft gibt es zwar Klassenkämpfe, aber sie lassen sich nicht auf Marxens Zweiklassenschema zurückführen. Eher waren ihre Grundlage Gegensätze zwischen Wirtschaftsgebieten, Religionen, Neuzuwanderern und Altbürgern, Grenz- und Küstenländern, Einzelbauern und Plantagenbesitzern ...

g) Der Klassenkampf des Proletariats setzt nicht eine hochindustrialisierte Gesellschaft voraus, um erfolgreich sein zu können (vgl. die Revolutionen in Rußland 1917).

h) Der Klassenkampfgedanke ist heute hauptsächlich in den schwach-industrialisierten Entwicklungsländern wach, während er in den hochkapitalisierten und hochindustrialisierten Ländern zunehmend schwächer wird.

i) Die Taktik der Moskauer Zentrale während der Maiunruhen 1968 in Paris zeigt, daß die Zentrale selbst gegenüber der Idee des Klassenkampfes in einem hochindustrialisierten Land äußerst skeptisch ist.

II. Zur Ausbeutungstheorie und zum tendenziellen Fall der Profitrate

Da die Thesen zu diesen Theorien Marxens weitgehend in den Rahmen der Ökonomie fallen, werden sie in den folgenden Kapiteln behandelt werden.

Hier sei nur erwähnt, daß nach neueren Auffassungen das Proletariat zur Revolution psychisch unfähig ist.

In Anlehnung an die Untersuchungen *Basil Bernsteins* [21] ergeben sich für die soziale Unterschicht folgende Eigenheiten:

● Sie sozialisiert ihre Kinder zumeist statusorientiert, d. h., das »Wir« spielt eine erhebliche Rolle (gegenüber dem »Du«). Diese Sozialisationsform führt zwar zu erheblichen Solidaritätseffekten, doch hat sie zugleich Folgen, die eine revolutionäre Auflehnung erschweren.

- Das Denken, Wollen und Fühlen ist auf fixe Geleise festgelegt.
- Die Lernfähigkeit und Adaptationsfähigkeit sind eingeschränkt.
- Die Tendenz, an erworbenen Vorstellungen und Meinungen festzuhalten, ist sehr ausgeprägt.
- Eine konservative Haltung überwiegt vor einer radikalen.
- Autorität wird aufgrund abstrakter Prinzipien nicht anerkannt. Die Unterschicht benötigt Führer.

So ist es denn wahrscheinlich, daß eine »Freischwebende Mitte« (Weber), die noch nicht sozial integriert ist und aus den Mittelschichten stammt, zu revolutionärem Bewußtsein und zur revolutionären Tat sehr viel eher geeignet ist, gesellschaftliche Veränderungen herbeizuführen. In der Tat sind es heute eher Schüler und Studenten, die revolutionäre Aktionen auslösen.

Marx hat also vermutlich auf die falsche Karte gesetzt.

Anmerkungen:

1 Der Socialismus und der Communismus des heutigen Frankreichs, Leipzig ²1921, 107.

2 Discussions du congrès national de Belgique 1830–1831, in: E. Huyttens (Hrsg.), I, Brüssel 1844, 425.

3 Vgl. R. Dahrendorf, Soziale Klassen und Klassenkonflikt in der industriellen Gesellschaft, Stuttgart 1957, 17.

4 Theorie des historischen Materialismus, Hamburg 1922, 325 f.

5 Vgl. K. von Beyme, Klassen, Klassenkampf, in: MiSV/Grundbegriffe 2, 50.

6 Die Staatsauffassung des Marxismus (1922), Darmstadt 1964, 86.

7 Die verratene Revolution, Zürich 1936, 133.

8 Soziale Klassen und Klassenkonflikt in der industriellen Gesellschaft, a. a. O., 140.

9 Ebd., 143.

10 Warner differenzierte die Klassenschemata nach geographischen Gesichtspunkten. Darüber hinaus läßt er allgemein eine vage Sechsklassenteilung gelten, die eher Status- und Prestigeschichten sind (vgl. K. von Beyme, Klassen, a. a. O., 66).

11 Veblen verstand die »Klassenanlage« nicht als unausweichliches Schicksal, sondern betonte die Möglichkeit, daß sich das Individuum vor allem durch die conspicious consumption in andere Statusgruppen einreihen könne.

12 Reissmann betont als Symptome der Klasse: Status, Prestige und Macht [Class in American Society, Glencoe (Ill.) 1959, VII].

13 Geiger sah neue Ordnungsformationen aufkommen, die durch die Position der Mittelschichten, die Neuverteilung und Angleichung der Einkommen, durch die Nivellierung der Klassengesellschaft bei den Produktionspartnern und durch die Herrschaft der Experten gekennzeichnet sei. (Klassengesellschaft im Schmelztiegel, 1949).

14 »Der Klassenkampf ist ein besonderes Phänomen, das sich nur in einigen wenigen Gesellschaften und dort als Folge einer komplexen Reihe von Faktoren entwickelt hat, deren wichtigster ein schneller kultureller Wandel ist« (The Study of Man, New York 1936, 110).

15 Majo leugnet, daß Konflikte in einer Gesellschaft notwendig seien. Sie können durch elitäre Geschicklichkeit aufgefangen werden, so daß eine Klassenintegration möglich wird (The Human Problems of Industrial Civilization, Boston ²1946, 177).

16 »Eine soziale Klasse ist ... zu definieren als eine Vielzahl von Verwandtschaftseinheiten, deren Mitglieder, was ihren Status in einem hierarchischen Zusammenhang betrifft, annähernd statusgleich sind« (Soziale Klassen und Klassenkampf im Lichte der neueren soziologischen Theorie, in: Beiträge zur soziologischen Theorie. Neuwied 1964, 213).

17 Merton unterscheidet fünf soziale Verhaltensmuster (Conformity, Innovation, Ritualism, Retreatism, Rebellion) als individuelle Haltungen, die keine Aussage über ein Klassenhandeln zulassen, obschon es unter extremen Bedingungen vorkommen kann, daß eine ganze soziale Schicht eine der fünf Haltungen einnimmt [Social Structure and Anomie, in: Social Theory and Social Structure, Glencoe (Ill.) [2]1957, 140].

18 Vgl. Verelendung, in: MiSV/Grundbegriffe 3, 315 f.

19 W. Hofmann, Einkommentheorie, Berlin [2]1971, 152.

20 Vgl. C. D. Kernig, Proletariat, in: MiSV/Grundbegriffe 3, 166.

21 Vgl. R. Lay, Grundrisse einer komplexen Wissenschaftstheorie I, Frankfurt 1971, 31–35; II, Frankfurt 1973, 124–154.

II. KAPITALISMUS (GRUNDLAGEN)

Das Wort »Kapitalismus« ist zweifelsfrei ein idealtypischer Begriff. Das führte dazu, daß man ihn sehr verschieden interpretierte, unter ihn recht verschiedene Sachverhalte subsumierte. Trotz seiner schwankenden Bedeutung hat er – obschon von manchen Autoren abgelehnt – seinen Platz in der Nationalökonomie und Geschichte gefunden. Einen festen Platz fand er jedoch nur im Denkraum des Marxismus und bei den Autoren, die sich – positiv oder negativ – am Marxismus orientierten.

Nicht begründet ist die recht oberflächliche Vorstellung, die den Kapitalismus mit freiem Markt, freiem Unternehmertum, freier Konkurrenz ... verbindet.

Auch der Begriff »Freie Marktwirtschaft« ist kein Substitut für »Kapitalismus«.

Das MLWdPH definiert:

Kapitalismus ist eine

ökonomische Gesellschaftsformation, die auf dem Privateigentum an den wichtigsten Produktionsmitteln in der Hand der Bourgeoisie und auf der daraus folgenden Ausbeutung der Arbeiterklasse beruht. (II, 553)

A. DARSTELLUNG

Der Kapitalismus ist ein System, in dem das Kapital eine spezifische Rolle im Prozeß der Produktion und Distribution spielt. Diese spezifische Rolle ist für den Marxisten bestimmt durch das Privateigentum an Produktionsmitteln in der Hand der Bourgeoisie.

Wir wollen die Marxsche Theorie des Kapitalismus in drei Punkten vorstellen:

● Was ist Kapital (im Kapitalismus)?
● Was ist Kapitalismus (seine Bestimmung und seine Bedeutung)?
● Was ist seine Theorie (»politische Ökonomie«)?

1. Was ist Kapital?

Das Wort »Kapital« gelangte vermutlich während der Renaissance mit norditalienischen Kaufleuten nach England. Im 16. und 17. Jahrhundert bezeichnete man mit dem Wort die Einlagen verschiedner Gesellschafter in einem gemeinsamen Unternehmen. *David Hume* (1711–1776) verstand unter Kapital eine Geldmenge, die zum Zwecke des Profits investiert wird, und kam damit der heutigen juristischen Vorstellung von der Natur des Kapitals ziemlich nahe. Da er zudem das Kapital im größeren Zusammenhang von Produktion, Zirkulation und Distribution stellte, kann er als erster moderner Nationalökonom angesprochen werden (vgl. Traktat über die menschliche Natur III, 2, 2 ff.). Zudem sah er aber auch im Kapital eine »Verfügbarkeit über Arbeit und Waren«. *Adam Smith's* Kapitalbegriff nahm recht unreflektiert den Wortgebrauch der Kaufleute auf und verstand darunter liquide Mittel und illiquide Sachgüter. Dieser Kapitalbegriff blieb für die klassische Nationalökonomie richtungweisend.

Für *John Stuart Mill* war das Kapital eine rein technologische Kategorie. Marx setzte sich von diesen Verständnissen des Wortes »Kapital« ab, indem er ihm eine gesellschaftskritische wie ökonomische Kategorie sah.

Heute versteht man unter »Kapital« sehr verschiedene Dinge. Zumeist stellen die Kapitaltheorien nur einen Aspekt in den Mittelpunkt, der vom erkenntnisleitenden Interesse (oft gesellschaftskritisch orientiert) des jeweiligen Autors bestimmt ist. Wir stehen historisch etwa vor folgenden Bestimmungen:

a) Kapital ist eine Gütermenge zum Unterhalt der Arbeiter bis zum Verkauf der Produkte *(W. St. Jevons)*.

b) Kapital ist der Bestand an zirkulierender Geldmasse *(E. von Böhm-Bawerk)*.

c) Kapital sind dauerhafte Vermögenswerte mit bestimmter Lebensdauer *(F. A. von Hayeck)*.

d) Kapital ist ein Reifungsprozeß (z. B. von Wald) *(K. Wicksell)*.

e) Kapital ist ein Produktionsfaktor neben Arbeit und Boden (verbreitet im 19. und 20. Jahrhundert bei Marxisten, Grenznutzenstheoretikern ...).

f) Kapital ist eine Einkommensquelle (vertreten von der Produktionsfaktorentheorie mit *Jean-Baptiste Say* und vielen anderen).

Diese Aspekte spielen in der modernen Kapitaltheorie bei wechselnden Akzenten noch eine gewisse Rolle, wenn auch eine Rückkehr auf die Humesche Definition vor allem im kapitalistischen Lager unverkennbar ist.

In Anlehnung an die Klassiker der Nationalökonomie bestimmt Marx schon sehr früh (1844) Kapital als »Privateigentum an den Produkten fremder Arbeit«, als »Regierungsgewalt über die Arbeit und ihre Produkte«, als »aufgespeicherte Arbeit« (MEGA 1, 3, 52)

Wir haben schon gesehen, wie der Nationalökonom Einheit von Arbeit und Kapital auf vielfache Art setzt.

a) Das Kapital ist aufgehäufte Arbeit;
b) die Bestimmung des Kapitals innerhalb der Produktion, teils die Reproduktion des Kapitals mit Gewinn, teils als selbst arbeitendes Instrument – die Maschine ist das unmittelbar mit der Arbeit identisch gesetzte Kapital –, ist produktive Arbeit;
c) der Arbeiter ist ein Kapital;
d) der Arbeitslohn gehört zu den Kosten des Kapitals;
e) in bezug auf den Arbeiter ist die Arbeit die Reproduktion seines Lebenskapitals;
f) in bezug auf den Kapitalisten ein Moment der Tätigkeit seines Kapitals.
g) Endlich unterstellt der Nationalökonom die ursprüngliche Einheit beider als die Einheit von Kapitalist und Arbeiter, dies ist der paradiesische Urzustand. (MEGA 1, 3, 133)

Später unterscheidet er zwischen konstantem und variablem Kapital:

Der Teil des Kapitals ..., der sich in Produktionsmittel, d. h. in Rohmaterial, Hilfsstoffe und Arbeitsmittel umsetzt, verändert seine Wertgröße nicht im Produktionsprozeß. Ich nenne ihn daher konstanten Kapitalteil, oder kürzer: *konstantes Kapital*.

Der in Arbeitskraft umgesetzte Teil des Kapitals verändert dagegen seinen Wert im Produktionsprozeß. Er reproduziert sein eigenes Äquivalent und einen Überschuß darüber, Mehrwert, der selbst wechseln, größer oder kleiner sein kann. Aus einer konstanten Größe verwandelt sich dieser Teil des Kapitals fortwährend in eine variable. Ich nenne ihn daher variablen Kapitalteil, oder kürzer: *variables Kapital*.

Dieselben Kapitalbestandteile, die sich vom Standpunkt des Arbeitsprozesses als objektive und subjektive Faktoren, als Produktionsmittel und Arbeitskraft unterscheiden, unterscheiden sich vom Standpunkt des Verwertungsprozesses als konstantes Kapital und variables Kapital. (MEW 23, 223f.)

Kapitalform hat auch der Mehrwert. Der Mehrwert, formal betrachtet, bildet sich im kapitalistischen Austauschprozeß Geld 1 – Ware – Geld 2; wobei Geld 2 im Betrag größer ist als Geld 1.

Dieses Inkrement [die Differenz von Geld 2 und Geld 1] oder den Überschuß über den ursprünglichen Wert nenne ich – *Mehrwert*. Der ursprünglich vorgeschossene Wert erhält sich daher nicht nur in der Zirkulation, sondern in ihr verändert sich seine *Wertgröße,* setzt seinen Mehrwert zu oder verwertet sich. Und diese Bewegung verwandelt ihn in Kapital. (MEW 23, 165)

Einfacher: Der Mehrwert ist die vom Kapitalisten kapitalisierte Mehrarbeit, d. h., die Arbeit, die über die gesellschaftlich notwendige Arbeitszeit vom Arbeiter geleistet wird, und die sich der Kapitalist kapitalisiert, als Mehrwert aneignet. Er ist die Differenz zwischen Gebrauchswert (Nützlichkeit) und Tauschwert (Warenwert) der Arbeit.

Marx unterscheidet zwischen absolutem und relativem Mehrwert.

Durch Verlängerung des Arbeitstags produzierten Mehrwert nenne ich *absoluten Mehrwert;* den Mehrwert dagegen, der aus Verkürzung der notwendigen Arbeitszeit und entsprechender Veränderung im Größenverhältnis der beiden Bestandteile des Arbeitstages [notwendige Arbeit und Mehrarbeit] entspringt – *relativen Mehrwert.* (MEW 23, 334)

Die Verlängerung des Arbeitstages über den Punkt hinaus, wo der Arbeiter nur ein Äquivalent für den Wert seiner Arbeitskraft produziert hätte, und die Aneignung dieser Mehrarbeit durch das Kapital – das ist die Produktion des *absoluten Mehrwerts.* Sie bildet die allgemeine Grundlage des kapitalistischen Systems und den Ausgangspunkt der Produktion des *relativen Mehrwerts.* Bei dieser ist der Arbeitstag von vornherein in zwei Stücke geteilt: notwendige Arbeit und Mehrarbeit. Um die Mehrarbeit zu verlängern, wird die notwendige Arbeit verkürzt durch Methoden, vermittels deren das Äquivalent des Arbeitslohnes in weniger Zeit produziert wird. (MEW 23, 532)

Von gewissem Gesichtspunkt scheint der Unterschied zwischen absolutem und relativem Mehrwert überhaupt illusorisch. Der relative Mehrwert ist absolut, denn er bedingt absolute Verlängerung des Arbeitstages über die zur Existenz des Arbeiters selbst notwendige Arbeitszeit. Der absolute

Mehrwert ist relativ, denn er bedingt eine Entwicklung der Arbeitsproduktivität, welche erlaubt, die notwendige Arbeitszeit auf einen Teil des Arbeitstages zu beschränken. Faßt man aber die Bewegung des Mehrwerts ins Auge, so verschwindet dieser Schein der Einerleiheit. (MEW 23, 533 f.)

Das konstante Kapital gliedert sich in fixes und zirkulierendes Kapital:

Während seiner [des konstanten Kapitals] ganzen Funktionsdauer bleibt ein Teil seines Wertes stets in ihm fixiert, selbständig gegenüber den Waren, die es produzieren hilft. Durch diese Eigentümlichkeit erhält dieser Teil des konstanten Kapitals die Form: *fixes Kapital*. Alle anderen stofflichen Bestandteile des im Produktionsprozeß vorgeschossenen Kapitals dagegen bilden im Gegensatz dazu: *zirkulierendes* oder flüssiges *Kapital*. (MEW 24, 159)

Wir wollen im Folgenden abkürzen:

C – gesamtes Kapital $\quad$ m – Mehrwert
c – konstantes Kapital $\quad$ v – variables Kapital
c_f – fixes Kapital $\quad\quad$ c_z – zirkulierendes (flüssiges) Kapital.

Über die Natur des Kapitals äußerte sich Marx vor allem in den *Grundrissen*. Er schreibt:

Das Kapital, soweit wir es hier betrachten, als zu unterscheidendes Verhältnis von Wert und Geld, ist das *Kapital im allgemeinen,* d. h., der Inbegriff der Bestimmungen, die den Wert als Kapital von sich als bloßem Wert oder Geld unterscheiden. Wert, Geld, Zirkulation ... Preise ... sind vorausgesetzt, ebenso Arbeit ... Aber wir haben es weder mit einer besonderen Form des Kapitals zu tun, noch mit dem einzelnen Kapital, als unterschieden von anderen einzelnen Kapitalien. Wir wohnen seinem Entstehungsprozeß bei. Dieser *dialektische Entstehungsprozeß* ist nur der ideale Ausdruck der wirklichen Bewegung, worin das Kapital wird. (Grundr., 217) Der historische Prozeß ist nicht das Resultat des Kapitals, sondern Voraussetzung für dasselbe. Durch ihn schiebt sich dann auch der Kapitalist als Zwischenperson (historisch) zwischen Grundeigentum und zwischen Eigentum überhaupt und Arbeit. Von den gemütlichen Einbildungen, wonach der Kapitalist und der Arbeiter Assoziationen schließen ... weiß weder die Geschichte etwas, noch findet sich davon eine Spur in der Begriffsentwicklung des Kapitals ... Die Urbildung des Kapitals geht nicht so vor sich, daß das Kapital aufhäufte ... Lebensmittel und Arbeitsinstrumente und Rohstoffe, kurz, die vom Boden losgelösten und selbst schon mit menschlicher Arbeit verquickten objektiven Bedingungen der Arbeit. Nicht so, daß das Kapital die objektiven Bedingungen der Arbeit schafft.

Sondern seine Umbildung geschieht einfach dadurch, daß der als Geldvermögen existierende Wert durch den historischen Prozeß der Auflösung der alten Produktionsweise befähigt wird, einerseits zu kaufen die objektiven Bedingungen der Arbeit, andererseits die lebendige Arbeit selbst gegen Geld von den frei gewordenen Arbeitern einzutauschen. Alle diese Momente sind vorhanden; ihre Scheidung selbst ist ein historischer Prozeß, ein Auflösungsprozeß und es ist dieser, der das Geld befähigt, sich in Kapital zu verwandeln. (Grundrisse, 405 f.)

Fassen wir zusammen. Für Marx ist Kapital der Besitz an fremder Arbeitskraft und an den Produktionsmitteln, die es erlauben, die Arbeitskraft auszubeuten. Diesen Prozeß der Kapitalbildung hält er für entfremdend (den Arbeiter sich selbst, der Gesellschaft, der Natur ... fremd machend). Die *Grundrisse* (der Rohentwurf zum ersten Band des Kapitals) – 1857/58 verfaßt – stellen ziemlich nahtlos den Übergang zu der Entfremdungstheorie der »Ökonomisch-philosophischen Manuskripte« – 1844 geschrieben – her (vgl. Grundrisse 414, 532, 716 ...). Es wäre also falsch, zwischen dem »philosophischen Marx mit ökonomischem Interesse« (Frühschriften) und dem »ökonomischen Marx mit philosophischem Interesse« (Kritik der politischen Ökonomie der Klassiker) zu scheiden. Unsere zusammenfassende Definition des »Kapitals« könnte der reife Marx ebenso gegeben haben wie der junge.

2. Was ist Kapitalismus?

Bei aller Kritik am Kapitalismus sieht Marx auch dessen positive Seiten. Ohne ihn als Durchgangsstadium ist die Errichtung einer klassenlosen sozialistischen Gesellschaft nicht möglich.
Der Kapitalismus machte das Kapital zu einem Produktionsverhältnis und zum Mittel der Ausbeutung.

Es wird wohl von Sozialisten gesagt, wir brauchen Kapital, aber nicht den Kapitalisten. Dann erscheint das Kapital, als reine Sache, nicht als *Produktionsverhältnis*, das in sich reflektiert, eben der Kapitalist ist. Ich kann das Kapital wohl von diesem einzelnen Kapitalisten scheiden, und es kann auf einen anderen übergehen. Aber indem er das Kapital verliert, verliert er die Eigenschaft, Kapitalist zu sein. Das Kapital ist demnach von dem einzelnen

Kapitalisten trennbar, nicht von *dem* Kapitalisten, der als solcher *dem* Arbeiter gegenübersteht. (Grundrisse, 211)

Hier wird schon deutlich, was Marx mit »Kapitalismus« meint: Es ist die ökonomische (und damit verbunden die politische) Herrschaft des Kapitalisten. Im Kapitalismus beruht das System des Austausches (von Waren ...) auf dem Kapital.

Dieses System des Austausches beruht auf dem Kapital als seiner Grundlage, und, wenn es getrennt von ihm betrachtet wird, wie es sich an der *Oberfläche* selbst zeigt, als selbständiges System, so ist dies bloßer Schein, aber ein notwendiger Schein. Es ist daher jetzt nicht länger zu verwundern, daß das System der Tauschwerte – Austausch von durch die Arbeit gemessenen Äquivalenten – umschlägt oder vielmehr als seinen versteckten Hintergrund, zeigt Aneignung fremder Arbeit ohne Austausch, völlige Trennung von Arbeit und Eigentum. Das Herrschen nämlich ... der Tauschwerte produzierenden Produktion unterstellt fremdes Arbeitsvermögen selbst als Tauschwert –, d. h. Trennung des lebendigen Arbeitsvermögens von seinen objektiven Bedingungen ...; Verhalten zu denselben in einem Wort als *Kapital*. (Grundrisse, 409)

Marx ist also der Auffassung, daß der Arbeiter im Kapitalismus nur seine Arbeitskraft nach den Regeln des Tausches (und des damit ausgemachten und auszumachenden Wertes) verkauft. Dabei tritt der Arbeiter als einzelner dem Kapitalisten entgegen. Erst in der Arbeit selbst kommt es zur Kooperation, die allerdings entfremdet ist, weil Tauschwerte (Sachen) miteinander agieren:

Eigentümer seiner Arbeitskraft ist der Arbeiter, solange er als Verkäufer derselben mit dem Kapitalisten marktet, und er kann nur verkaufen, was er besitzt: seine individuelle, vereinzelte Arbeitskraft. Dies Verhältnis wird in keiner Weise dadurch verändert, daß der Kapitalist 100 Arbeitskräfte statt einer kauft oder mit 100 voneinander unabhängigen Arbeitern Kontrakte schließt statt mit einem einzelnen. Er kann die 100 Arbeiter anwenden, ohne sie kooperieren zu lassen. Der Kapitalist zahlt daher den Wert der 100 selbständigen Arbeitskräfte, aber er zahlt nicht die kombinierte Arbeitskraft der Hundert. Als unabhängige Personen sind die Arbeiter Vereinzelte, die in ein Verhältnis zu demselben Kapital, aber nicht zueinander treten. Ihre Kooperation beginnt erst im Arbeitsprozeß, aber im Arbeitsprozeß haben sie bereits aufgehört, sich selbst zu gehören. Mit dem Eintritt in denselben sind sie dem Kapital einverleibt. Als Kooperierende, als Glieder eines werktätigen Organismus, sind sie selbst nur eine besondere Existenzweise des Kapitals. Die Produktivkraft, die der Arbeiter als gesellschaftlicher Arbeiter entwickelt, ist daher Produktivkraft des Kapitals. Die gesellschaftliche Produktivkraft der Arbeiter entwickelt sich unentgeltlich, sobald die Arbeiter unter bestimmte Bedingungen gestellt sind, und das Kapital stellt sie unter diese Bedingungen. (MEW 23, 352 f.)

Die Gesellschaftlichkeit des arbeitenden Individuums, das sich in und durch die Arbeit vergesellschaftet, solange die Arbeit eine humane Relation ist, ist im Kapitalismus radikal zerstört. Im Kapitalismus kommt die Interaktion nur als Produktionsmittel des Kapitals zustande, Arbeit ist zur Sache mit Tauschwert geworden, eine Sachrelation (wie zwischen Waren) und nicht eine personelle. Damit wird die Assoziation eine äußerliche Angelegenheit, die nicht im Wesen der Arbeit, sondern in dem des (abstrakten) Kapitals liegt. Somit ist die Arbeit total entfremdet.
Wir haben schon verschiedentlich von »Tauschwert« gesprochen. Es ist an der Zeit zu klären, was Marx – in Anlehnung an die klassische Nationalökonomie – darunter versteht.

Exkurs: Gebrauchswert und Tauschwert

Seine Theorie des Tauschwerts entwickelte Marx zunächst im Entgegensatz zu den Thesen des französischen Soziologen und Ökonomen Pierre-Joseph *Proudhons* (1809–1865), dessen Buch »Philosophie de la misère« er seine Schrift »Das Elend der Philosophie« (1847) entgegenstellt (MEW 4, 67 ff.). David *Ricardo* (1772–1823) entwickelt als erster eine Marx brauchbar erscheinende Theorie des Tauschwerts, indem er ihn durch die in einer Ware enthaltene Arbeitszeit bestimmte. Marx übernahm zunächst die Ricardosche Bestimmung, die er für seine Theorie des Arbeitswerts (nach der nur Arbeit neue Werte schafft) brauchte, und verteidigte sie gegen die Einwürfe zeitgenössischer Ökonomen. 1859 schrieb er in seinem Werk »Zur Kritik der politischen Ökonomie«:

Da Ricardo, der Vollender der klassischen politischen Ökonomie, die Bestimmung des Tauschwerts durch die Arbeitszeit am reinsten formuliert und entwickelt hat, konzentriert sich auf ihn natürlich die von ökonomischer Seite erhobene Polemik. Wird dieser Polemik die größtenteils läppische Form abgestreift, so faßt sie sich in folgenden Punkten:
Erstens: Die Arbeit selbst hat Tauschwert, und verschiedene Arbeiten ha-

ben verschiedene Tauschwerte. Es ist ein fehlerhafter Zirkel, Tauschwert zum Maß von Tauschwert zu machen, da der messende Tauschwert selbst wieder des Maßes bedarf. Dieser Einwand löst sich auf in das Problem: die Arbeitszeit als immanentes Maß des Tauschwertes gegeben, auf dieser Grundlage den Arbeitslohn zu entwickeln. Die Lehre von der *Lohnarbeit* gibt die Antwort.

Zweitens: Wenn der Tauschwert eines Produktes gleich ist der in ihm enthaltenen Arbeitszeit, ist der Tauschwert eines Arbeitstages gleich seinem Produkt. Oder der Arbeitslohn muß dem Produkt der Arbeit gleich sein. Nun ist das Gegenteil der Fall. Ergo. Dieser Einwand löst sich auf in das Problem: Wie führt die Produktion auf Basis des durch bloße Arbeitszeit bestimmten Tauschwerts zum Resultat, daß der Tauschwert der Arbeit kleiner ist als der Tauschwert ihres Produkts? Das Problem lösen wir in der Betrachtung des *Kapitals.* [s. u.]

Drittens: Der Marktpreis der Waren fällt unter oder steigt über ihren Tauschwert mit dem wechselnden Verhältnis von Nachfrage und Zufuhr. Der Tauschwert der Waren ist daher durch das Verhältnis von Nachfrage und Zufuhr bestimmt und nicht durch die in ihnen enthaltene Arbeitszeit. In der Tat wird in diesem sonderbaren Schlusse nur die Frage aufgeworfen, wie sich auf Grundlage des Tauschwerts ein von ihm verschiedener Marktpreis entwickelt oder richtiger, wie das Gesetz des Tauschwerts nur in seinem eigenen Gegenteil sich verwirklicht. Dies Problem wird gelöst in der Lehre von der *Konkurrenz.*

Viertens: Der letzte Widerspruch und der scheinbar schlagendste, wenn nicht wie gewöhnlich in der Form wunderlicher Exempel vorgebracht wird: Wenn der Tauschwert nichts ist als die in einer Ware enthaltene Arbeitszeit, wie können Waren, die keine Arbeit enthalten, Tauschwert besitzen, oder in anderen Worten, woher der Tauschwert bloßer Naturkräfte? Dies Problem wird gelöst in der Lehre von der *Grundrente.* (MEW 13, 46–48)

Marx hat also »Kapital«, »Konkurrenz« und »Grundrente« so zu bestimmen, daß die Arbeitswerttheorie zu halten ist. Für das »Kapital« geschah das ansatzweise in »Zur Kritik der Politischen Ökonomie« – durchgeführt wurde die Bestimmung dieser drei Parameter jedoch erst (1867) im »Kapital« bzw. den Vorarbeiten dazu (»Grundrisse«)[1]. Marx selbst schien jedoch mit der Lösung nicht zufrieden zu sein – ein Grund, warum er sich selbst von der Arbeitswertlehre abwandte und (im dritten Band des Kapitals) zu einer Produktionskostentheorie kam.

1859 hat er für das Fallen und Steigen der Preise (abgelöst vom Tauschwert) die Lösung:

Die Preise steigen und fallen also periodisch, weil periodisch zuviel oder zuwenig Geld zirkuliert. (MEW 13, 157)

Wir werden auf diese Aspekte in den folgenden Kapiteln ausführlicher eingehen.

Der von einer Arbeitswerttheorie ausgehende 1. Band des Kapitals kann daher noch recht unbefangen definieren:

Die Nützlichkeit eines Dings macht es zum *Gebrauchswert* ... Der Gebrauchswert verwirklicht sich nur im Gebrauch oder der Konsumtion. Gebrauchswerte bilden den stofflichen Inhalt des Reichtums, welches immer seine gesellschaftliche Form sei. In der von uns zu betrachtenden Gesellschaftsform [dem Kapitalismus] bilden sie zugleich die stofflichen Träger des Tauschwerts.

Der Tauschwert erscheint *zunächst* als das quantitative Verhältnis, die Proportion, worin sich Gebrauchswerte einer Art gegen Gebrauchswerte anderer Art austauschen, ein Verhältnis, das beständig mit Zeit und Ort wechselt. Der Tauschwert *scheint* daher etwas Zufälliges und rein Relatives, ein der Ware innerlicher, immanenter Tauschwert, ... also eine contradictio in adiecto. (MEW 23, 50f.)

Ein Gebrauchswert oder Gut hat ... nur einen *Wert,* weil abstrakt menschliche Arbeit in ihm vergegenständlicht oder materialisiert ist. Wie nun die Größe seines Werts messen? Durch das Quantum der in ihm enthaltenen »wertbildenden Substanz«, der *Arbeit.* Die Quantität der Arbeit selbst mißt sich an ihrer Zeitdauer, und die Arbeitszeit besitzt wieder ihren Maßstab an bestimmten Zeitteilen, wie Stunden, Tag ...

Es könnte scheinen, daß, wenn der Wert einer Ware durch das während ihrer Produktion verausgabte Arbeitsquantum bestimmt ist, je fauler und ungeschickter ein Mann, desto wertvoller seine Ware, weil er desto mehr Zeit zu ihrer Verfertigung braucht. Die Arbeit jedoch, welche die Substanz der Werte bildet, ist gleiche menschliche Arbeit, Verausgabung derselben menschlichen Arbeitskraft. Die gesamte Arbeitskraft der Gesellschaft, die sich in den Werten der Warenwelt darstellt, gilt *hier* als eine und dieselbe menschliche Arbeitskraft, obgleich sie aus zahllosen individuellen Arbeitskräften besteht. Jede dieser individuellen Arbeitskräfte ist dieselbe menschliche Arbeitskraft wie die andere, soweit sie den Charakter einer *gesellschaftlichen Durchschnitts-Arbeitskraft* ... wirkt, also in der Produktion einer Ware auch nur die im Durchschnitt notwendige oder gesellschaftlich notwendige Arbeitszeit braucht. Gesellschaftlich notwendige Arbeitszeit ist Arbeitszeit, erheischt, um irgendeinen Gebrauchswert mit den vorhandenen gesellschaftlich-normalen Produktionsbedingungen und dem gesellschaftlichen Durchschnittsgrad von Geschick und Intensität der Arbeit darzen. (MEW 23, 53)

Marx erweitert also den Begriff »Arbeitszeit« hier um zwei Elemente: 1. um das Element des »Durchschnittlich«. Dafür führt er eine Arbeitspooltheorie ein, in die alle Arbeiter ihre Arbeitskraft, und diese nach Zeit gemessen, einbringen. Dividiert man dann die Summe durch die Zahl der Arbeiter, erhält man die durchschnittliche Arbeitszeit, die in einem Gut realisiert ist. 2. Führt er das Element »Gesellschaftlich notwendig« ein, d. h. die durchschnittliche Arbeitszeit, der durchschnittliche Arbeitsaufwand, der zur Herstellung einer Ware vonnöten ist, ist zu relativieren auf den Stand der Produktionsmittelentwicklung (auch diese wieder durchschnittlich betrachtet).

Wird ein Produkt zur *Ware,* erhält es einen *Tauschwert,* der von dem unmittelbaren Akt der Produktion abgezogen ist – ein Fetisch. Der Tauschwert ist der Wert der Ware in der Relation: Geld–Ware–Geld. Das Produkt hat reine Warenform angenommen, sein Gebrauchswert ist uninteressant, wenn nur vermittels seiner eine Vermehrung des Geldes möglich wird.

Für die Kapitalismustheorie Marxens ist zentral seine Theorie von der Akkumulation des Kapitals. Sie versucht die Frage zu beantworten, wie es denn überhaupt zum Kapitalismus hat kommen können und legt zugleich die ökonomischen Prozesse im Kapitalismus offen.

Exkurs: Die Akkumulation des Kapitals

Marx stellt zwei Fragen zur Akkumulation des Kapitals. 1. Wie kommt es überhaupt zu einer Geldansammlung, die als Kapital wirksam werden kann und 2. wie kommt es dazu, daß Kapital Kapital heckt. Wir wollen hier der ersten Form nachgehen. Die zweite wird von Marx so charakterisiert:

Man hat gesehen, wie Geld in Kapital verwandelt, durch Kapital Mehrwert und aus Mehrwert mehr Kapital gemacht wird. Indes setzt die Akkumulation des Kapitals den Mehrwert, der Mehrwert die kapitalistische P̶̶̶duktion, diese aber das Vorhandensein größerer Massen von Kapital u̶̶̶̶r beitskraft in den Händen von Warenproduzenten voraus. (MEW 2̶̶̶)

Die (sekundäre) Kapitalakkumulation setzt also eine primäre (ursprüngliche) voraus.

Geld und Ware sind nicht von vornherein Kapital, sowenig wie Produktions- und Lebensmittel. Sie bedürfen der Verwandlung in Kapital. Diese Verwandlung selbst kann nur unter bestimmten Umständen vorgehen, die sich dahin zusammenspitzen: Zweierlei sehr verschiedene Sorten von Warenbesitzern müssen sich gegenüber und in Kontakt treten, einerseits Eigner von Geld, Produktions- und Lebensmitteln, denen es gilt, die von ihnen geeignete Wertsumme zu verwerten durch Ankauf fremder Arbeitskraft; andererseits freie Arbeiter, Verkäufer der eigenen Arbeitskraft und daher Verkäufer von Arbeit. Freie Arbeiter in dem Doppelsinn, daß weder sie selbst unmittelbar zu den Produktionsmitteln gehören, wie Sklaven, Leibeigene ..., sie davon vielmehr frei, los und ledig sind. Mit dieser Polarisation des Warenmarktes sind die Grundbedingungen der kapitalistischen Produktion gegeben. Das Kapitalverhältnis setzt die Scheidung zwischen den Arbeitern und dem Eigentum an den Verwirklichungsbedingungen der Arbeit voraus. Sobald die kapitalistische Produktion einmal auf eigenen Füßen steht, erhält sie nicht nur jene Scheidung, sondern reproduziert sie auf stets wachsender Stufenleiter. Der Prozeß, der das Kapitalverhältnis schafft, kann also nichts anderes sein als der Scheidungsprozeß des Arbeiters vom Eigentum an seinen Arbeitsbedingungen, ein Prozeß, der einerseits die gesellschaftlichen Lebens- und Produktionsmittel in Kapital verwandelt, andererseits die unmittelbaren Produzenten in Lohnarbeiter. (MEW 23, 742)

Die freien Arbeiter rekrutieren sich historisch zunächst aus dem arbeitslos gewordenen Landvolk. Auf der anderen Seite begannen die Kleinbetriebe zu Manufakturen zu werden (d. h. sie beschäftigen unter einem Dach sehr verschiedene Arbeiter mit verschiednem Können und Fertigkeiten). Damit wuchs die Integrationskraft solcher Betriebe. Sie stellten Arbeiter ein, die nicht mehr gelernte Handwerker sein mußten. Damit war ein neuer Stand geboren: der des (Hilfs-)Arbeiters. Lohnabhängigkeit gab es schon lange zuvor. Und Proteste gegen diese Lohnabhängigkeit sind so alt wie diese[2].

Das neue war jedoch – wie Marx meint – daß sich ein neuer Typ von Knechtschaft herausbildete, die den Arbeiter an den Kapitalisten fesselte, weil er einerseits nicht über zureichende Fertigkeiten verfügte, um jederzeit seinen Arbeitsplatz wechseln zu können und andererseits ein Überangebot an Arbeitskraft, durch Freiwerden der Arbeitskraft ländlicher Bevölkerung (natürliche Vermehrung, Rationalisierung der Landwirtschaft) entstand. Der Schwerpunkt der Güterproduktion verschob sich vom Land zur Stadt. Hier entstand (nach Ort und Zeit) der Kapitalismus, da es einige Produzenten gab, die Geld genug hatten, fremde Arbeitskraft nach von ihnen gestellten Bedingungen zu kaufen, und die in der Lage waren, auch die Produktionsmittel zur Verfügung zu stellen, um diese Arbeitskraft zu nutzen.

Die durch Auflösung der feudalen Gefolgschaften und durch stoßweise, gewaltsame Expropriation von Grund und Boden Verjagten, dies vogelfreie Proletariat konnte unmöglich ebenso rasch von der aufkommenden Manufaktur absorbiert werden, als es auf die Welt gesetzt ward. (MEW 23, 761)

Marx datiert diesen Prozeß auf das Ende des 15. Jahrhunderts.

Der Raub der Kirchengüter, die fraudulente Veräußerung der Staatsdomänen, der Diebstahl des Gemeindeeigentums, die ursupatorische und mit rücksichtslosem Terrorismus vollzogene Verwandlung von feudalem und Claneigentum in modernes Privateigentum, es waren ebenso viele idyllische Methoden der ursprünglichen Akkumulation. Sie eroberten das Feld für die kapitalistische Agrikultur, einverleibten den Grund und Boden dem Kapital und schufen der städtischen Industrie die nötige Zufuhr von vogelfreiem Proletariat. (MEW 23, 760f.)

Die ursprüngliche Akkumulation des Kapitals ist allerdings ein Prozeß, dessen Anfang nicht historisch exakt auszumachen ist, aber typisch, d. h. die Ökonomie *bestimmend* wurde er erst im 16. oder 17. Jahrhundert. Andererseits ist es kein Prozeß, der abgeschlossen ist. Wenn heute ein Arbeiter mit seinem ersparten Geld eine Aktie oder eine Industrieobligation kauft, wird er dadurch, nimmt man die Definition Marxens streng, schon zum Auch-Kapitalisten: Er beutet aus, obschon er selbst ausgebeutet wird. Die ursprüngliche Akkumulation des Kapitals ist also ein sehr komplexer Prozeß, dessen Ursprünge im Dunkel liegen und der bislang nicht abgeschlossen ist. Das starre Zweiklassenmodell läßt sich da kaum aufrechterhalten. Einmal sind die Klassen dynamisch – es gibt Wechsel von einer Klasse zur anderen (und zwar in beiden Richtungen), zum anderen gibt es eine Zwischenklasse der arbeitenden Auch-Kapitalisten, die zunehmend größer wird und keineswegs nur die oberen Schichten der Lohnabhängigen begreift.

Zugestanden sei allerdings, daß die »ursprüngliche Akkumulation« des Kapitals keine Akkumulation des Kapitals im strengen Sinne ist. Diese wird definiert:

Anwendung von Mehrwert als Kapital oder Rückverwandlung von Mehrwert in Kapital heißt Akkumulation des Kapitals. (MEW 23, 605)

Nach Marx gab sich der Kapitalismus eine ökonomische Theorie. Er nennt sie »Politische Ökonomie« und kritisiert sie unter diesem Titel.

3. Politische Ökonomie als Theorie des Kapitalismus

Der Begriff »Politische Ökonomie« war schon dem Merkantilisten *A. de Montchrestien* (1575–1621) in seinem Werk »Traité de l'économie politique« (1615) bekannt und wurde von den Klassikern häufig verwendet. So gab *D. Ricardo* seinem Hauptwerk den Titel »On the Principles of Political Economy and Taxation« (London 1817). *Marx* verwendet diesen Begriff zur Bezeichnung der nicht-sozialistischen Nationalökonomie. In diesem Sinne konnte Engels definieren:

Die politische Ökonomie, im weitesten Sinne, ist die Wissenschaft von den Gesetzen, welche die Produktion und den Austausch des materiellen Lebensunterhalts in der menschlichen Gesellschaft beherrschen. (MEW 20, 136)

Da die Ökonomie immer nur den ökonomischen Zustand bestimmter Länder und bestimmter Zeiten beschreiben und erklären könne, sei sie wesentlich eine historische Wissenschaft: sie habe es stets mit einer Gesellschaft in einer bestimmten historischen Situation zu tun[3].

Die Klassiker der politischen Ökonomie vertraten zumeist einen wirtschaftspolitischen Liberalismus, der dem Staat einen möglichst geringen Einfluß auf das ökonomische Geschehen einräumen wollte und das Prinzip der freien Konkurrenz rechtfertigte. Marx dagegen erkannte (vermutlich als erster) die unauflösbare Verflechtung wirtschaftlicher und gesellschaftlicher Tatbestände. Hier hat er sicher manches Richtige gesehen. Ökonomie und Gesellschaft (auch politische) sind auf Gedeih und Verderb aneinander gebunden, Mängel des einen bedeuten Mängel des andern (als Ursache und Wirkung). Wenn Marx also die Aufgaben der Ökonomie anders interpretierte (der Zusammenhang von Ökonomie und Gesellschaft und die Wechselbeziehungen zwischen beiden sind ihm wichtig), so übernahm er doch wesentliche Inhalte der klassischen Nationalökonomie, die er aber entsprechend seinem Interesse umformte und neu orientierte. Das gilt vor allem für die Arbeitswertlehre *D. Ricardos*, die Grundlage der Marxschen wurde. Ricardo verstand darunter jedoch eine rein ökonomische Theorie, während sie bei Marx über die Lehre vom Mehrwert zu einer sozialkritischen Theorie wurde.

Auch wenn eine Gesellschaft dem Naturgesetz ihrer Bewegung auf die Spur gekommen ist – und es ist der letzte Endzweck dieses Werks [des »Kapitals«], das ökonomische Bewegungsgesetz der modernen Gesellschaft zu enthüllen –, kann sie naturgemäße Entwicklungsphasen weder überspringen noch wegdekretieren. Aber sie kann die Geburtswehen abkürzen und mildern. (MEW 23, 15f.)

Der Grundwiderspruch des Kapitalismus ist der zwischen Produktivkräften (einer vorwiegend technischen Kategorie) und den Produktionsbedingungen (einer soziologisch-rechtlichen Kategorie). Marx versucht den Grundwiderspruch zwischen den Inhalten beider Kategorien im Hochkapitalismus auszumachen und eine Theorie einer neuen (sozialistischen) Ökonomie als deren Negation zu entwickeln, die mit einer sozialistischen Gesellschaft verbunden ist. Damit dürfte deutlich sein, was Marx an der klassischen Nationalökonomie bemängelt: ihre Abstraktion von den konkreten gesellschaftlichen Verhältnissen. Diese Kritik beginnt schon sehr früh (1844) (MEGA 1, 3, 82 u. ö.):

Die Nationalökonomie, diese Wissenschaft des Reichtums, ist ... zugleich die Wissenschaft des Entsagens, des Darbens, der Ersparung, und sie kommt wirklich dazu, dem Menschen sogar das Bedürfnis einer reinen Luft oder der physischen Bewegung zu ersparen. Diese Wissenschaft der wunderbaren Industrie ist zugleich die Wissenschaft der Askese, und ihr wahres Ideal ist der asketische, aber wuchernde Geizhals und der asketische, aber produzierende Sklave. Ihr moralisches Ideal ist der Arbeiter, der in die Sparkasse einen Teil seines Saläs bringt, und sie hat für diesen ihren Lieblingseinfall sogar eine knechtische Kunst vorgefunden ... (MEGA 1, 3, 129 f.)

Doch auch später noch – wenn auch auf höherem Niveau – setzt sich Marx kritisch von ihr ab:

Die politische Ökonomie hat nun zwar, wenn auch unvollkommen, Wert und Wertgröße analysiert und den in diesen Formen versteckten Inhalt entdeckt. Sie hat niemals auch nur die Frage gestellt, *warum* dieser Inhalt jene Form annimmt, warum sich also die Arbeit im Wert und das Maß der Arbeit durch ihre Zeitdauer in der Wertgröße des Arbeitsprodukts darstellt? Formeln, denen es auf der Stirn geschrieben steht, daß sie einer Gesellschaftsformation angehören, worin der Produktionsprozeß die Menschen, der Mensch noch nicht den Produktionsprozeß bemeistert, gelten ihrem bürgerlichen Bewußtsein für ebenso selbstverständliche Naturnotwendigkeit als die produktive Arbeit selbst. Vorbürgerliche Formen gesellschaftlicher Produktionsorganismen werden daher von ihr behandelt wie etwa von den Kirchenvätern vorchristliche Religionen. (MEW 23, 94–96)

Wie überhaupt bei jeder historischen, sozialen Wissenschaft, ist bei dem Gange der ökonomischen Kategorien immer festzuhalten, daß, wie in der Wirklichkeit, so im Kopf, das Subjekt, hier die moderne bürgerliche Gesellschaft, gegeben ist, und daß die Kategorien daher Daseinsformen, Existenzbestimmungen, oft nur einzelne Seiten dieser bestimmten Gesellschaft, dieses Subjekts, ausdrücken, und daß sie daher auch wissenschaftlich keineswegs da erst anfängt, wo nun von ihr als solcher die Rede ist ... So kam die bürgerliche Ökonomie erst zum Verständnis der feudalen, antiken, orientalen, sobald die Selbstkritik der bürgerlichen Gesellschaft begann. Soweit die bürgerliche Ökonomie nicht mythologisierend sich rein identifiziert mit dem Vergangenen, glich ihre Kritik der früheren, namentlich der feudalen, mit der sie noch direkt zu kämpfen hatte, der Kritik, die das Christentum am Heidentum oder auch der Protestantismus am Katholizismus ausübte. (MEW 13, 637)

Marx will das anders machen: Seine Ökonomie will – vermittels der Technik der Dialektik – nicht das Bestehende legitimieren, sondern kritisieren. Er will versuchen, Ansätze einer Theorie der zukünftigen Ökonomie zu geben. Wir wollen hier drei Bereiche von Positionen skizzieren, um die Stellung der Marxschen Ökonomie im historischen Gesamt deutlicher zu sehen:

● Die Klassiker
● Die individualistischen Marktwirtschaftler
● Die Sozialisten (Auswahl)

I. Die Klassiker

Adam Smith (1723–1790) brachte 1776 sein epochemachendes Werk »An Inquiry Into the Nature and Causes of the Wealth of Nations« heraus. Er griff darin Gedanken *David Humes* (1711–1776), *Adam Fergusons* (1723–1816) und anderer auf. Wir wollen seine Thesen, insofern sie für Marx relevant waren, darstellen:

1. Die Arbeitsteilung besorgt eine Steigerung der Produktivkräfte und ist daher von Nutzen.
2. Ursache der Arbeitsteilung ist der Tauschtrieb des Menschen.
3. Der Eigennutz ist das Band der Tauschgesellschaft.
4. Die Arbeit ist Ursache und Maß der Wertbildung.

Das Wort Wert hat – was wohl zu beachten ist – zweierlei Bedeutung und drückt bald die Brauchbarkeit einer bestimmten Sache, bald die Möglichkeit aus, mittels dieses Besitzes dieser Sache andere Güter zu erlangen. Das eine mag Gebrauchswert (value in use), das andere Tauschwert (value in exchange) genannt werden. (35)[4]

Der wirkliche Preis jedes Dinges, das, was ein Ding den wirklich kostet, der es erlangen will, ist die erforderliche Mühe und Beschwerde, es zu beschaffen. Was eine Sache dem wirklich wert ist, der sie erworben hat und darüber verfügt oder sie gegen irgend etwas anderes vertauschen will, ist die Mühe und Beschwerde, die sie ihm ersparen und dafür anderen Leuten zu verursachen vermag ... Sie [die Güter] enthalten den Wert einer bestimmten Menge Arbeit, die man gegen etwas hingibt, wovon man vermutet, daß es derzeit den Wert einer gleichen Menge [Arbeit] enthalte. Arbeit war der erste Preis, das ursprüngliche Kaufgeld, das für alle Dinge gezahlt wurde. (36 f.)

Ist die Arbeit der wirkliche Maßstab des Tauschwerts aller Waren, so wird dieser Wert doch gemeinhin nicht nach diesem Maßstab geschätzt. Es ist oft schwer, das Verhältnis zwischen zwei verschiednen Quantitäten Arbeit zu ermitteln ... Zwar wird beim Austausch der unterschiedlichen Produkte verschiedner Arbeitsarten gegeneinander auf beide Rücksicht genommen; doch geschieht dies nicht nach einem genauen Maßstab, sondern auf Grund des Feilschens und Handelns auf dem Markte, entsprechend jener *ungefähren Ausgleichung*, die wenngleich nicht exakt, doch hinreichend ist, um die Fortsetzung der Alltagsgeschäfte zu ermöglichen. (38 f.) So kommt es, daß der Tauschwert jeder Ware öfter nach der Quantität des Geldes geschätzt wird, als nach der Arbeit oder einer anderen Ware, die dafür eingetauscht werden kann. (39 f.)

5. Arbeitslohn, Profit und Rente sind Komponenten des Warenwerts.

Der wirkliche Wert aller verschiedenen Bestandteile des Preises sind, wie man beachten sollte, nach der Arbeitsmenge bemessen, die jeder von ihnen, den Beziehern verschiedner Einkommen, kaufen oder sich dienstbar machen kann. Nach Arbeit bemißt sich der Wert nicht nur jenes Teiles des Preises, der selbst wieder in Arbeit[slohn] aufgeht, sondern auch desjenigen, der sich in Rente sowie in Profit auflöst. (63)

Wie der Preis oder Tauschwert jeder einzelnen Ware für sich genommen in dem einen oder anderen oder in allen diesen drei Teilen aufgeht, so muß die Summe der Preise aller Waren, welche das gesamte Jahresprodukt der Arbeit eines jeden Landes bilden, sich in dieselben drei Teile auflösen, und sich zwischen den verschiedenen Bewohnern entweder als Lohn ihrer Arbeit, als Profit ihres Kapitalstocks oder als Rente auf ihr Land aufteilen ... Lohn, Profit und Rente sind die drei ursprünglichen Quellen sowohl aller Einkommen als auch aller Tauschwerte. Jedes andere Einkommen ist letztlich von der einen oder anderen Quelle abgeleitet. (65 f.)

6. Natürlicher Preis und Marktpreis sind voneinander zu scheiden.

Es gibt in jeder Gesellschaft oder einer jeden Gegend einen gewöhnlichen oder Durchschnittssatz sowohl für den Arbeitslohn wie für den Profit ... Diese gewöhnlichen oder Durchschnittssätze kann man für die Zeit oder den Ort, wo sie gemeinhin vorherrschen, die natürlichen Sätze von Arbeitslohn, Profit und Rente nennen.

Wenn der Preis einer Ware weder höher noch niedriger ist, als ausreicht, um die Grundrente, den Arbeitslohn und den Profit des Kapitals ... nach ihrem natürlichen Satze zu bezahlen, so wird die Ware für den Preis, den man ihren natürlichen nennen kann, verkauft.

Die Ware wird dann genau für das gekauft, was sie wert ist, oder, was sie dem, der sie zu Markte bringt, wirklich kostet. Denn obgleich man im gewöhnlichen Sprachgebrauch das, was man den Selbstkostenpreis einer Ware nennt, nicht den Profit des Wiederverkäufers einschließt, so ist dieser doch bei dem Handel offenbar im Verlust, wenn er die Ware zu einem Preis verkauft, der ihm nicht den in seiner Gegend üblichen Profitsatz gewährt. (69 f.)

David Ricardo (1772–1823) veröffentlichte 1817 sein bekanntestes Werk: »On the Principles of Political Economy and Taxation«, in dem er kritisch die Gedanken Smith' weiterentwickelte und fortführte. Auch seine wichtigsten Thesen, insofern für Marx von Bedeutung, sollen hier vorgestellt werden:

1. Die Quellen des Tauschwerts sind Seltenheit und Arbeitsmenge.

Sind Waren nützlich, so leiten sie ihren Tauschwert von zwei Quellen ab: von ihrer Seltenheit und von der Arbeitsmenge, die man zu ihrer Erlangung aufwenden muß ... Wenn wir von Waren, von ihrem Tauschwert und von den Gesetzen sprechen, die ihren relativen Preis bestimmen, so verstehen wir darunter immer nur Waren, deren Menge durch menschliche Arbeitsleistung vermehrt werden kann und auf deren Produktion die Konkurrenz ohne Beschränkung einwirkt. (10 f.)[5]

Ricardos Arbeitswerttheorie ist also von Anfang an mit einer Produktionskostentheorie gekoppelt, wenn er andere Faktoren als die Arbeitszeit einspielen läßt. Das wird deutlich in seiner Monopollehre:

Waren, die monopolisiert sind, schwanken nach dem ... Gesetz: Sie sinken im Verhältnis, wie die Verkäufer ihre Menge vermehren, und steigen im Verhältnis zum Begehr der Käufer. Ihr Preis hat keine notwendige Beziehung zu ihrem natürlichen Wert. Dagegen werden die Preise, die der Konkurrenz unterliegen und deren Menge sich auch in nur mäßigem Umfang vermehren läßt, letztlich nicht vom Stande von Angebot und Nachfrage abhängen, sondern von den vermehrten oder verminderten Kosten ihrer Produktion. (396)

2. Die Profitraten gleichen sich an.

Es sind die Produktionskosten, welche den Preis der Waren letztlich bestimmen müssen; und nicht, wie oftmals gesagt worden ist, die Verhältnisse von Angebot und Nachfrage. Das Verhältnis von Angebot und Nachfrage mag zwar den Marktwert [Marktpreis] einer Ware eine Zeitlang beeinflussen, bis diese in größerer oder geringerer Menge beschafft ist, je nachdem sich die Nachfrage vermehrt oder vermindert haben mag; aber die Wirkung wird nur von vorübergehender Dauer sein. (392)

Nur infolge solcher Schwankungen wird das Kapital genau in der erforderlichen Menge und nicht darüber hinaus auf die Produktion der verschiedenen Waren verteilt, nach denen gerade Bedarf ist. Mit dem Steigen oder Sinken des Preises werden die Profite über ihren allgemeinen Stand gehoben oder unter ihn herabgedrückt; und hierdurch wird das Kapital entweder ermuntert, in eine bestimmte Anlagesphäre einzutreten oder zum Ausscheiden veranlaßt [und das besorgt eine Angleichung der Profite]. (76)

John Stuart Mill (1806–1873) zog aus der Doppelgleisigkeit Ricardos (Arbeitswerttheorie + Produktionskostentheorie) die Konsequenz, daß nur die Produktionskosten den Preis bestimmen. So schreibt er in seinem Hauptwerk »Principles of Political Economy with Some of Their Applications To Social Philosophy« (London 1848):

Der natürliche Wert einiger Dinge ist ein Seltenheitswert; doch werden die meisten Güter natürlicherweise gegeneinander ausgetauscht nach dem Verhältnis ihrer Produktionskosten, oder, wie es bezeichnet werden kann, nach ihrem Kostwert. (702)[6]

Die Produktionskosten bestehen aus mehreren Elementen; von ihnen treten einige ständig und allgemein, andere gelegentlich auf. Die allgemeinen Bestandteile der Produktionskosten sind Arbeitslohn und Kapitalprofit. Die gelegentlichen Elemente sind Steuern sowie etwaige Sonderkosten, die durch den Knappheitswert einiger Güter verursacht sind. (702)

Der vergleichsweise Lohnbetrag hängt nicht davon ab, wie hoch die Löhne an und für sich sind. Hohe Löhne schaffen noch keine hohen Werte, noch niedrige Löhne niedrige Werte.

Ebenso hängt die verhältnismäßige Profitrate nicht von der absoluten Größe der Profite ab; auch schaffen hohe oder niedrige Gewinne nicht hohe oder niedrige Werte. Sie [die Profitrate] hängt zum Teil von der relativen Länge der Zeit ab, während deren das Kapital beschäftigt ist, und zum Teil von der vergleichsweisen Profitrate bei den verschiednen Beschäftigungen. (703)

Doch geht Mill auch von der Produktionskostentheorie ab; er erweitert sie zu einer *Grenzkostentheorie*:

Jede Ware, deren Angebot durch Arbeit und Kapital unbeschränkt vermehrt werden kann, tauscht sich gegen andere Güter proportional zu den Kosten, die notwendig sind, den kostspieligsten Teil des erforderlichen Angebots zu produzieren und auf den Markt zu bringen. Der natürliche

Wert ist synonym mit dem Kostenwert, und der Kostenwert eines Gutes bedeutet den Kostenwert seines kostspieligsten Teiles. (702)

Als Karl Marx sein »Kapital« schrieb, war die Arbeitswertlehre nicht nur zugunsten einer Produktionskostentheorie überwunden, sondern es waren auch schon einige Ansätze zu der moderneren Grenzkostentheorie entwickelt.

II. Die individualistischen Marktwirtschaftler

Die objektivistischen Theorien der Klassiker wurden in der Nationalökonomie des endenden 19. Jahrhunderts durch eine subjektivistische Nutzentheorie verdrängt. Fast gleichzeitig entwickelten *Karl Menger* (1840–1921), *William Stanley Jevons* (1835–1882) und *Léon Walras* (1834–1910) eine Theorie, nach der der Wert der Güter von der subjektiven Nutzenseinschätzung der Verbraucher bestimmt wird. Dieser Nutzen sei beim einzelnen durchaus verschieden. Er nehme bei einem Überangebot deutlich ab. Normierend für den Nutzen sei der *Grenznutzen*, d. h. der Nutzen der letzten Gütereinheit, die der Verbraucher noch besitze. Diese Grenznutzentheorie gelte zumindest für alle Konsumgüter. Ob und in welchem Umfang dieser subjektive Nutzen auch für die Investitionsgüter gelte, wurde verschieden beantwortet (Zurechnungslehre). Die Grenznutzentheorie konnte die Preis*entwicklung* sicherlich besser beschreiben, als die Klassiker es taten. Zur Erklärung der Preis*bildung* hat sie jedoch wenig beigetragen.

Nach *Jevons* drückt die Theorie die Tatsache aus, daß eine Person ihr Einkommen so verteilt, daß der Nutzen der letzten Zuwachsstücke aller verbrauchten Güter ein gleicher wird[7].

Auch der moderne Klassiker der kapitalistischen Wirtschaftstheorie *John Maynard Keynes* (1883–1946) griff die Behauptung an, daß sich in der Marktwirtschaft Angebot und Nachfrage gegenseitig hervorbrächten und sich auf lange Sicht ein nationales und internationales Gleichgewicht einstellen würde (Saysches Theorem). Er verwies darauf, daß Geld aus aus dem Produktionsprozeß hinausfließen könne (Hortung, Geldvernichtung durch Banken, Nonsense-Produktion). Es müsse keineswegs jede Ersparnis zur Investition führen – eine Voraussetzung, die den Klassikern selbstverständlich erschien. Ein ökonomisches Gleichgewicht sei also auch bei Unterbeschäftigung zu erreichen.

Wir wollen hier auf eine ausführlichere Darstellung der marktwirtschaftlichen ökonomischen Theorie verzichten, weil sie für die Entwicklung des Marxismus und seiner Ökonomie ohne Bedeutung blieb. Von Bedeutung war jedoch die Fehlprognose Marxens über die Entwicklung der kapitalistischen Ökonomie:

a) Marx unterschätzte die stabilisierenden Gleichgewichtskräfte der marktwirtschaftlichen Ordnung. Zwar entsprach seine Theorie, nach der der notwendige Austausch des fixen Kapitals zwischen fünf bis zwölf Jahren zu Wirtschaftskrisen führen müsse, einigermaßen der Wirklichkeit, doch blieb es unbewiesen, daß diese Krisen jedesmal verstärkt auftreten.

b) Marx überschätzte den Konzentrationsprozeß der kapitalistischen Ökonomie. Sie ging – vor allem in der Landwirtschaft – sehr viel langsamer vor sich, als Marx prognostizierte.

c) Marx überschätzte die Schnelligkeit der Entwicklung des Proletariats und des proletarischen Bewußtseins. Vor allem die Zunahme der Angestellten war von Marx nicht vorhergesehen worden. Deren Bewußtseinslage ist jedoch zumeist nicht-proletarisch. Die industrielle Reservearmee wuchs langfristig nicht an.

d) Die Gewerkschaften konnten mehr zur sozialen Verbesserung der Lohnabhängigen beitragen, als Marx vermutete. Auch so kam es nur in beschränktem Umfang zur wachsenden Ausbildung revolutionären Bewußtseins.

Die neomarxistische (oder allgemein die nachmarxistische) Kapitalismuskritik wollte sich diese Daten zu eigen machen, um die Grundzüge der Marxschen Kritik und Theorie zu retten.

III. Die Sozialisten (Auswahl)

Rudolf Hilferding (1877–1941) versuchte als einer der ersten die durch die zunehmende Monopolisierung der kapitalistischen Ökonomie entstandene neue Situation marxistisch zu erklären:

Es entsteht aber die Frage, wo die Grenze der Kartellierung eigentlich gegeben ist. Und diese Frage muß dahingehend beantwortet werden, daß es eine absolute Grenze für die Kartellierung nicht gibt. Vielmehr ist eine Tendenz stetiger Ausbreitung der Kartellierung vorhanden [weil Kartelle einen Zusatzprofit bedeuten]. Die unabhängigen Industrien geraten ... immer mehr in Abhängigkeit von kartellierten, um schließlich von ihnen annektiert zu werden. Als Resultat dieses Prozesses ergäbe sich ein *Generalkartell*. Die ganze kapitalistische Produktion wird bewußt geregelt von einer Instanz, die das Ausmaß der Produktion in allen ihren Sphären bestimmt. Dann wird die Preisfestsetzung rein nominell und bedeutet nur mehr die Verteilung des Gesamtprodukts auf die Kartellmagnaten einerseits, auf die Masse aller anderen Gesellschaftsmitglieder andererseits. Der Preis ist dann nicht Resultat einer sachlichen Beziehung, die die Menschen eingegangen sind, sondern eine bloß rechnungsmäßige Art der Zuteilung von Sachen durch Personen an Personen. Das Geld spielt dann keine Rolle. Es kann völlig verschwinden, da es sich ja um Zuteilung von Sachen handelt und nicht um Zuteilung von Werten. Mit der Anarchie der Produktion schwindet der sachliche Schein, schwindet die Wertgegenständlichkeit der Ware, schwindet also das Geld. Das Kartell verteilt das Produkt ... Es ist die bewußt geregelte Gesellschaft in antagonistischer Form. Aber dieser Antagonismus ist Antagonismus der Verteilung [und nicht mehr der Produktion][8].

Dieser Ausblick auf ein Generalkartell, der die sozialistische Ökonomie durch eine Art von Selbstsozialisierung der Privatwirtschaft besorgen soll, hat den Fehler, daß er die zirkulativen (monetären) Vorgänge im Kapitalismus überschätzt.

Neben dieser Theorie der Selbstaufhebung des kapitalistischen Systems versuchte *Hilferding* das Nicht-Zutreffen der Marxschen Prognosen auf zwei Fakten zurückzuführen:

a) Das Bankkapital vergrößert sich zunehmend und erlangt in der Konzentration erheblichen Einfluß auf die Ökonomie, die die Selbstregulationsmechanismen, die Marx annahm, teilweise außer Kraft setzen. Doch ist zu bedenken, daß die monopolisierten Betriebe in der Lage sind, durch Selbstfinanzierung sich weitgehend dem Einfluß des Bankkapitals (teils durch Gründung eigener Banken mit deren Geldschöpfungsmöglichkeiten) zu entziehen. Diese Selbstfinanzierung geschieht über Preisfestlegung.

b) Durch Kapital- und Warenexport in die Kolonien ist es dem Kapital gelungen, neue rentable Profitquellen zu erschließen, so daß der von Marx vorhergesagte Fall der Profitraten aufgehalten werden konnte. Doch hat Hilferding auch diesen Trend maßlos überschätzt: das Elend der Entwicklungsländer heute zeigt, wie wenig das Kapital hier effektiv investierte. Eher haben politische Instanzen durch Rüstungsproduktion, Verwaltungsausgaben, öffentliche Investitionen mit steigender Tendenz dem Kapital wachsenden oder doch gleichbleibenden Profit garantiert.

Rosa Luxemburg (1870–1919) beginnt mit einer Kritik an Marx: [Es ist] ausgeschlossen, daß die Arbeiter und die Kapitalisten selbst das Gesamtprodukt realisieren können. Sie können stets nur das variable Kapital, den verbrauchten Teil des konstanten Kapitals und den konsumierten Teil des Mehrwerts selbst realisieren, auf diese Weise aber nur die Bedingungen für die Erneuerung der Produktion in früherem Umfang sichern. Der zu kapitalisierende Teil des Mehrwerts hingegen kann unmöglich von den Arbeitern und Kapitalisten selbst realisiert werden. Die Realisierung des Mehrwerts zu Zwecken der Akkumulation ist also nur in einer Gesellschaft, die nur aus Arbeitern und Kapitalisten besteht, eine unlösbare Aufgabe. [Diese Voraussetzung aber ist nicht gegeben.] [9]

Der Imperialismus ist der politische Ausdruck des Prozesses der Kapitalakkumulation in ihrem Konkurrenzkampf um die Reste des noch nicht mit Beschlag belegten nichtkapitalistischen Weltmilieus. Geographisch umfaßt dieses Milieu noch die weitesten Gebiete der Erde. Gemessen jedoch an der gewaltigen Masse des bereits akkumulierten Kapitals der alten kapitalistischen Länder ..., gemessen an dem bereits erreichten hohen Grad der Entfaltung der Produktivkräfte des Kapitals, erscheint das seiner Expansion noch verbleibende Feld als ein geringer Rest [10].

Rosa Luxemburg erkennt also, daß das Marxsche Zweiklassenmodell eine starke Vereinfachung ist, die den realen Bedeutungen der Reproduktion des Kapitals nicht gerecht wird. Damit ist aber noch nicht bewiesen, daß eine Reproduktion in rein kapitalistischem Milieu zunehmend unmöglicher wird. Zudem übersieht sie, daß in einer Gesellschaft mit starker Produktionsmittelerzeugung das Problem keineswegs das des Ursprungs der Kaufkraft für die Konsumgüter ist, sondern vielmehr das, wie das von der Ausdehnung der Vorproduktion noch nicht berührte Angebot an Konsumwaren ausreichen soll, um die bei der Erzeugung der Produktionsmittel entstandenen Lohneinkommen abzudecken, so daß sie in entsprechendem Konsumgüterangebot ihr Pendant finden können. Es entsteht also ein Lohnüberhang [11].

Auch die Interaktion mit dem nichtkapitalistischen Milieu kann das Problem der Nachfrage nicht lösen, denn der Export von Investitionsgütern und der Import von Konsumgütern ist nicht beliebig aufrechtzuerhalten.

Vladimir Il'ic Lenin (1870–1924) versuchte eine von der Hilferdings und Luxemburgs abweichende Theorie des Imperialismus zu geben. Für ihn ist diese Epoche des Kapitalismus, in der er neue Methoden des Überlebens probt, nicht das Wirtschaftssystem, das erst dem kapitalistischen Akkumulationsbedürfnis entspricht, sondern eine Weiterführung der Marxschen Konzentrationstheorie. In seiner Schrift »Der Imperialismus als höchstes Stadium des Kapitalismus« (1916), die einige Gedanken Hilferdings aufgreift, nennt er folgende Merkmale des imperialistischen Kapitalismus:

1. Konzentration der Produktion und des Kapitals, die eine so hohe Entwicklungsstufe erreicht hat, daß sie Monopole schafft, die im Wirtschaftsleben die entscheidende Rolle spielen.
2. Verschmelzung des Bankkapitals mit dem Industriekapital und Entstehung einer Finanzoligarchie auf der Basis dieses »Finanzkapitals«.
3. Der Kapitalexport, zum Unterschied vom Warenexport, gewinnt besonders wichtige Bedeutung.
4. Es bilden sich internationale monopolistische Kapitalistenverbände, die die Welt unter sich teilen, und
5. die territoriale Aufteilung der Erde unter die kapitalistischen Großmächte ist beendet. (WW 22, 270 f.)

Wie wir gesehen haben, ist die tiefste ökonomische Grundlage des Imperialismus das Monopol. Dieses Monopol ist ein kapitalistisches, d. h. ein Monopol, das aus dem Kapitalismus erwachsen ist und im allgemeinen Milieu des Kapitalismus, der Warenproduktion, der Konkurrenz, in einem beständigen und unlösbaren Widerspruch zu diesem allgemeinen Milieu steht. Dennoch erzeugt es, wie jedes andere Monopol, unvermeidlich die Tendenz zur Stagnation und Fäulnis. In dem Maße wie Monopolpreise, sei es auch nur vorübergehend, eingeführt werden, verschwindet bis zu einem gewissen Grad der Antrieb zu technischem und folglich auch zu jedem anderen Fortschritt, zur Vorwärtsbewegung; und insofern entsteht die *ökonomische* Möglichkeit, den technischen Fortschritt künstlich aufzuhalten. (WW 22, 280)

Aus allem, was über das ökonomische Wesen des Imperialismus gesagt wurde, geht hervor, daß er charakterisiert werden muß als Übergangskapitalismus oder, richtiger, als sterbender Kapitalismus. (WW 22, 307)

Im Gegensatz zu Marx setzt Lenin (wie schon Hilferding) eine Spaltung der Profitraten voraus zwischen monopolisierten und nicht monopolisierten Zweigen der Wirtschaft. Die Tendenz zum Ausgleich der Profitraten (die Marx für den Kapitalismus der freien Konkurrenz annahm) ist damit gestört. Andererseits bleibt Lenin der Marxschen Verbindung von Ökonomie und Gesellschaft treu, äußert sich aber ökonomisch so unpräzise, daß er kaum zu einer exakten Analyse des Prozesses des Untergangs des Kapitalismus kommt. In sein Schema, das manches richtig sieht, ist kaum Theorie, sondern nur Beschreibung eingebracht.

B. THESEN

1. »Kapital« ist Privateigentum an fremder Arbeit und den Produktionsmitteln, die dazu dienen, fremde Arbeit profitabel auszubeuten. Diese Definition ist funktional und nicht statisch-sachlich orientiert. Sie ist vor allem systemkritisch orientiert und erlaubt per definitionem eine Kritik am Kapital und einer Wirtschaftsform, die es zum bestimmenden Faktor seiner Ökonomie gemacht hat.
2. Kapital hat zwei verschiedene Funktionen, je nachdem es als *konstantes* Kapital (Maschinen, Gebäude, Rohstoffe, Teilfertigprodukte ...) vom Produzenten vorgeschossen wird, oder ob es als *Lohnkapital* ausgezahlt und dem Verkauf der Produkte vorgelagert, dem Arbeiter vorgeschossen wird (*variables* Kapital).
3. Das konstante Kapital hat zwei Daseinsweisen, entweder ist es fixiert in Gebäuden ... (fixes Kapital) oder aber es wird dem Produktionsprozeß in anderer Weise vorgeschossen (Rohmaterialien ...) (flüssiges Kapital).
4. Die vom Arbeiter geleistete Mehrarbeit (d. h. die Arbeitsmenge, die über das Maß des zur Regeneration seiner Arbeitskraft Notwendigen hinausgeht und nicht ihm kapitalisiert als Lohn ausgezahlt wird) heißt kapitalisiert: *Mehrwert*. Der Mehrwert ist also kapitalisierte Mehrarbeit und kann damit Kapitalfunktion annehmen.

5. Der *absolute Mehrwert* ist die kapitalisierte Mehrarbeit, der *relative Mehrwert* wird erwirtschaftet durch Vergrößerung der Arbeitsintensität.

6. Obschon Marx den Begriff »Kapitalismus« vermeidet, versteht er darunter die Herrschaft des Kapitalisten (des Kapitaleigners) in Wirtschaft *und* Gesellschaft.

7. Das Kapital erscheint als Produktionsverhältnis, das, in sich reflektiert, der Kapitalist ist.

8. Im Kapitalismus wird fremde Arbeit ohne Austausch angeeignet. Die Trennung von Eigentum und Arbeit ist perfekt.

9. Im Kapitalismus erhält die Arbeit reine Sachwertigkeit, weil das Produkt der Arbeit reine Sache mit Tauschwert ist und sich so von der Arbeit und dem Arbeiter ablöst.

10. Der Wert einer Ware bemißt sich nach der durchschnittlich in ihr enthaltenen gesellschaftlich notwendigen Arbeitsmenge. Löst sich der Wert vom Nutzen ab, wird er zum Tauschwert.

11. Kapital bildet sich, wenn die Ware mit Tauschwert so ausgetauscht wird, daß die Relation Geld $_1$ – Ware – Geld $_2$ einen Überschuß aus der Differenz von Geld $_2$ minus Geld $_1$ ergibt. Dieses Kapital ist formaler Mehrwert.

12. In der Konkurrenz begegnen sich zwei Kapitalien, die sich in Beziehung zueinander setzen. Sie hat nichts mit Freiheit zu tun. Die gesellschaftlich notwendige Arbeitszeit wird durch den vom Konkurrenzmechanismus bestimmten in Gang gehaltenen Fluß des Kapitals bestimmt.

13. Formen der Aneignung des Mehrwerts sind neben Profit (kapitalisierter Mehrarbeit) Zins, Handelsgewinn und Grundrente.

14. Die Akkumulation des Kapitals ist die Anwendung von Mehrwert als Kapital und die Rückwandlung von Mehrwert in Kapital (eigentliche Akkumulation im Gegensatz zur »ursprünglichen«).

15. Die politische Ökonomie als klassische Theorie des Kapitalismus ist zurückzuweisen, weil sie die gesellschaftliche Natur des Kapitals nicht erkennt und damit nicht die Gesetze, nach denen Arbeit, Gesellschaft, Natur und Individuum miteinander verbunden sind zu dialektischer Einheit. Sie arbeitet mit abstrakten Größen, die vom realen Menschen abgezogen sind.

C. Einwände

1. Die Marxsche Theorie hat inhaltlich erhebliche Mängel, die wir im folgenden Kapitel näher ausführen werden. Vor allem verwechselt sie Ertrag mit Mehrwert, identifiziert unzulässig Wertschöpfung und Wertgröße, erklärt nicht die Einzelpreisbildung und läßt den Kostpreis bald als Wert, bald als Preisgröße auftauchen.
2. Die Kapitalismustheorie Marxens gilt nur beschränkt als Modelltheorie für den Fall ungehinderter Konkurrenz. Sie ist unbrauchbar unter den Bedingungen des Monopolkapitalismus, der schleichenden Inflation und der internationalen Verflechtung der Ökonomie. Man kann aus ihr (heute) keine brauchbaren Prognosen über zukünftige Ereignisse herleiten.
3. Doch selbst wenn die ökonomische Theorie richtig wäre, ist damit noch nicht zureichend die gesellschaftskritische abgedeckt. Marx hat viele ökonomische und gesellschaftliche Daten richtig beschrieben, doch zumindest seine gesellschaftliche Theorie ist nicht wissenschaftslogisch konsequent aus ihnen konstruiert, sondern durchaus willkürlich abgeleitet. Hier rächen sich bitter Fehler des philosophischen Ansatzes.

Anmerkungen:

1 Marx wird jedoch einen anderen Weg als den hier angekündigten einschlagen. Zunächst einmal unterscheidet er »Wert« von »Tauschwert«. Die Bestimmung Ricardos stimmt zunächst einmal nur für den »Wert«. Zum anderen trennt er Wertgrößen radikal von Marktgrößen, so daß der Wert und mit ihm die Wertgrößen (Mehrwert, Tauschwert ...) zu Größen werden, die nur recht mittelbar auf Marktgrößen (Preis, Gewinn, Ertrag ...) bezogen werden können. Die Verwechslung beider Größenordnungen sieht er in der (notwendigen) Blindheit der kapitalistischen Ökonomie begründet, die nur die Oberfläche der Dinge (wie

sie als Marktgrößen auftauchen) berühren kann. Damit macht er seine Werttheorie weitgehend unangreifbar, weil sie nicht an Marktgrößen empirisch überprüft werden kann.

2 Wir geben hier eine ausgewählte Aufstellung früher Arbeitskämpfe des 14. Jahrhunderts

1349: in Paris, Streik der Gerbergesellen um höhere Löhne,
1351: in Speyer, Streik der Webergesellen um höhere Löhne,
1378: in Florenz, Streik der Textilarbeiter,
1387: in Straßburg, Streik der Schuhmachergesellen um Milderung der Strafen bei Kontraktbruch,
1389: in Konstanz, Streik der Schneidergesellen um Regelung der Gerichtsbarkeit und Anerkennung ihrer Organisation (1410 wiederholt)

3 Im Gegensatz zu den klassischen marxistischen Autoren versuchen heute manche Marxisten den Begriff »Politische Ökonomie« von den kapitalistischen Vorgaben zu befreien. So definiert *F. Behrens*: »Die politische Ökonomie ist die Kerndisziplin der Wirtschaftswissenschaften, die sich mit der ökonomischen Struktur der Gesellschaft und ihren Wechselbeziehungen mit den gesellschaftlichen Produktivkräften einerseits und dem gesellschaftlichen Überbau andererseits beschäftigen. Sie unterscheidet sich von anderen Disziplinen der Wirtschaftswissenschaften – Zweigökonomiken, Wirtschaftsgeschichte, Wirtschaftsrecht, Wirtschaftsstatistik und anderen – nicht durch ihren Gegenstand und ihre Methode, sondern durch ihre Fragestellung und ihre Aufgaben. Die politische Ökonomie ist eine theoretische Disziplin, die vermittels der materialistischen Dialektik die Gesetze untersucht, durch die die verschiedenen ökonomischen Strukturen geregelt werden und die ihre Entwicklung bestimmen« (Ware, Wert und Wertgesetz, Berlin 1961, 7).

4 Wir zitieren hier nach der von Ernst Grünfeld besorgten deutschen Übersetzung, die in der Reihe »Sammlung sozialwissenschaftlicher Meister« (Jena 1923) erschienen ist.

5 Wir zitieren hier nach der von H. Waentig angefertigten Übersetzung des Hauptwerks Ricardos (Jena [3]1923).

6 Wir zitieren nach der Übersetzung von W. Gehring (Jena [2]1924).

7 Zur Darstellung der Grenznutzentheorie vgl. W. Hofmann, Wert- und Preislehre, Berlin 1964, 116–183.

8 Das Finanzkapital (1910), Berlin 1947, 318f.

9 Die Akkumulation des Kapitals, Berlin 1923, 272.

10 Ebd., 361.

11 W. Hofmann, Theorie der Wirtschaftsentwicklung, Berlin 1961, 165f.

III. ARBEITSWERTLEHRE

A. Darstellung

Die Arbeitswertlehre ist das Herzstück der Marxschen Analyse der Ökonomie des Kapitalismus. Dabei griff Marx auf die Ansätze der Arbeitswertlehren *A. Smith'* und *Ricardos* zurück. Er versuchte die bei seinen Geistesahnen auftauchenden Antinomien zu beheben. Es waren das vor allem diese[1]:

1. Es gelang nicht, die Erzielung von Gewinn (bzw. Ertrag) mit dem Austausch der Waren nach dem Prinzip der Gleichwertigkeit von Leistung und Gegenleistung in Einklang zu bringen.
2. Die Verfechter des Rechts auf den vollen Arbeitsertrag (Sozialdemokraten) benutzten die Arbeitswertlehre in ausschließlich moralischer Absicht und verkannten so ihr Wesen.

Marx konnte die Lehre vom Gewinneinkommen (Mehrwert) mit der vom Äquivalententausch in Einklang bringen und damit die bisherige Antinomie von Wert- und Einkommenstheorie aufheben. *K. Diehl* hat richtig hervorgehoben, daß sich die Marxsche Arbeitswertlehre von der *Ricardos* in folgenden Punkten unterscheidet[2]:

● durch ihren Bezug auf eine bestimmte historische Produktionsweise,
● durch die klare Scheidung von Wert und Tauschwert,
● durch die Fortbildung der Lehre vom Mehrwert.

Die nutzbaren Dinge haben als Güter Gebrauchswert, als Waren unter den historischen Formen einer kommerziellen Wirtschaft Wert und Gebrauchswert. Der Tauschwert ist eine Darstellungsform des Wertes in der kapitalistischen Gesellschaft (vor allem). Als *Gebrauchswerte* (Güter) sind Produkte ein Ergebnis des »Volksreichtums«, ein Ergebnis des Zusammenwirkens von Produktivkräften aller Art, als *Tauschwerte* (Waren) sind sie Elemente des Nationalprodukts und als *Werte* das Ergebnis menschlicher Arbeit allein. Das *Kapital* ist konsequent also nicht güterwirtschaftlich zu bestimmen, sondern als historisch gewordenes gesellschaftlich relevantes »gesellschaftliches Verhältnis«.

Das Gemeinsame, was sich im Austauschverhältnis oder Tauschwert der Ware darstellt, ist also ihr Wert. Der Fortgang der Untersuchung wird uns zurückführen zum Tauschwert als der notwendigen Ausdrucksweise oder Erscheinungsform des Werts, welcher zunächst jedoch unabhängig von dieser Form zu betrachten ist. (MEW 23, 53)

Der Wert wird zunächst bestimmt als die in der Ware enthaltenen durchschnittlichen gesellschaftlich notwendigen Arbeitszeit. Dann wird diese Wertbestimmung unter den Gesetzen des kapitalistischen Marktes auf den Tauschwert übertragen. Zunächst behandelt Marx analytisch den Inhalt des Wortes »Wert« als gesellschaftliche Grundkategorie der Warenproduktion. In einem zweiten Schritt entwickelt er die Darstellungsform des Wertes als Tauschwert in ihren geschichtlichen Erscheinungen. Hier hebt sich aus der Masse der Gebrauchswerte, die einander zuerst wechselseitig als Vergleichsmaßstab dienen, eine Ware heraus, die zum allgemeinen Tauschwertmaßstab wurde: das Geld. Als Geldausdruck des Wertes wird der Tauschwert in der entwickelten Warenwirtschaft endlich zum Preis.

Die Waren werden nicht durch das Geld kommensurabel. Umgekehrt. Weil alle Waren als Werte vergegenständlichte menschliche Arbeit, daher an und für sich kommensurabel sind, können sie ihre Werte gemeinschaftlich in derselben spezifischen Ware messen und diese dadurch in ihr gemeinschaftliches Wertmaß oder Geld verwandeln. Geld als Wertmaß ist notwendige Erscheinungsform des immanenten Wertmaßes der Waren, der Arbeitszeit. (MEW 23, 109)

In der entwickelten Tauschwirtschaft fällt der Preis (als Erscheinungsform des Wertes) nur noch zufällig mit dem Wert selbst zusammen. Die Preisbewegungen sind nur in ihrer Gesamtheit und auf lange Sicht durch das Wertgesetz bestimmt. Das Wertgeschehen bleibt für die einzelnen verborgen und damit auch der gesellschaftliche Zusammenhang ihrer Einzeltätigkeit.

Eine Ware scheint auf den ersten Blick ein selbstverständliches, triviales Ding. Ihre Analyse ergibt, daß sie ein sehr vertracktes Ding ist, voll metaphysischer Spitzfindigkeit und theologischer Mucken. Soweit sie Gebrauchswert, ist nichts Mysteriöses an ihr ... Das Geheimnisvolle der Warenform besteht ... einfach darin, daß sie den Menschen die gesellschaftlichen Charaktere ihrer eigenen Arbeit als gegenständliche Charaktere der Arbeitsprodukte selbst, als gesellschaftliche Natureigenschaften dieser Dinge zurückspiegelt, daher auch das gesellschaftliche Verhältnis der Produzenten zur Gesamtarbeit als ein außer ihnen existierendes gesellschaftliches Verhältnis von Gegenständen. Durch dieses Quidproquo werden die Arbeitsprodukte Waren, sinnlich übersinnliche oder gesellschaftliche Dinge. (MEW 23, 85f.)

Die Erscheinungswelt der Märkte wirkt also auf das Bewußtsein der Beteiligten so ein:

● Der wirkliche Ort der Wertbildung wird verdunkelt. Für den Warenbesitzer erlangen die Dinge Wert nicht in der Produktion, sondern im Verkauf, obschon sie hier bloß ihren Wert realisieren.

● Die am Markt Beteiligten treten zueinander in ein »Verhältnis wechselseitiger Fremdheit«. (MEW 23, 102)

Es ist einer der Grundmängel der klassischen politischen Ökonomie, daß es ihr nie gelang, aus der Analyse der Ware und spezieller des Warenwerts die Form des Werts, die ihn eben zum Tauschwert macht, herauszufinden. Gerade in ihren besten Repräsentanten, wie A. Smith und Ricardo, behandelt sie die Wertform als etwas ganz Gleichgültiges oder der Natur der Ware selbst Äußerliches. Der Grund ist nicht allein, daß die Analyse der Wertgröße ihre Aufmerksamkeit ganz absorbiert. Er liegt tiefer. Die Wertform des Arbeitsproduktes ist die abstrakteste, aber auch allgemeinste Form der bürgerlichen Produktionsweise, die hierdurch als eine besondere Art gesellschaftlicher Produktion und damit zugleich historisch charakterisiert wird. Versieht man sie daher für die ewige Naturform gesellschaftlicher Produktion, so übersieht man notwendig auch das Spezifische der Wertform, also der Warenform, weiterentwickelt der Geldform, Kapitalform ... (MEW 23, 95)

Der entstellende Schein der Verhältnisse ist nicht nur Grund und Ausdruck der Entfremdung, sondern auch des radikalen Mißverstehens der kapitalistischen Wirtschaft. Der Ort der Wertbildung bleibt ihr verborgen, vor allem aber auch der Ursprung des Mehrwerts.

Die Wertlehre Marxens will einerseits Wertschöpfungslehre sein (Ausgangspunkt des Volkseinkommens und seiner Verteilung – sie

274

führt Marx zur Theorie des Mehrwerts), andererseits will sie als Lehre vom Äquivalenztausch die Gesetze des Preisbildungsprozesses erhellen. Die regelmäßige Produktion von Mehrwert ändert die Gesetze des Warentauschs, die Lehre vom Kapitalgewinn verbindet sich mit der vom Produktentausch. Das verbindende Glied ist die Lehre vom Ausgleich der Profitraten.

Der Produktionspreis kommt dadurch zustande, daß den Produktionskosten der Ware (dem Kostpreis) nicht mehr derjenige Mehrwert hinzugefügt wird, der in der Produktion der Einzelerzeugnisse erarbeitet wurde, sondern ein mittlerer Gewinnsatz, den alle Unternehmen im Durchschnitt auf den Märkten erzielen. Dazu ist ein Ausgleich der Profitraten nötig.

Was die Konkurrenz, zunächst in einer Sphäre, fertigbringt, ist die Herstellung eines gleichen Marktwertes und Marktpreises aus den verschiedenen individuellen Werten der Waren. Die Konkurrenz der Kapitale in den verschiedenen Sphären aber bringt erst hervor den *Produktionspreis,* der die Profitraten zwischen den verschiedenen Sphären egalisiert. (MEW 25, 190) Es ist gesagt worden, daß die Konkurrenz die Profitraten der verschiedenen Produktionssphären zur Durchschnittsprofitrate ausgleicht und eben dadurch die Werte der Produkte dieser verschiedenen Sphären in Produktionspreise verwandelt. Und zwar geschieht dies durch fortwährende Übertragung von Kapital aus der einen Sphäre in die andere, wo augenblicklich der Profit über dem Durchschnitt steht ... Diese ununterbrochene Aus- und Einwanderung des Kapitals, die zwischen verschiedenen Sphären der Produktion stattfindet, erzeugt steigende und fallende Bewegungen der Profitrate, die sich gegenseitig mehr oder weniger ausgleichen und dadurch die Tendenz haben, die Profitrate überall auf dasselbe gemeinsame und allgemeine Niveau zu reduzieren. Diese Bewegung der Kapitale wird in erster Linie verursacht durch den Stand der Marktpreise, die die Profite hier über das allgemeine Niveau des Durchschnitts erhöhen, dort sie darunter hinabdrücken. (MEW 25, 218)

Durch die Bewegung freien Kapitals, das hin zu den höheren Gewinnen bewegt wird, entsteht tendentiell eine Annäherung der Gewinnsätze innerhalb einer Volkswirtschaft.

Diese Lehre von der Anpassungstendenz der Gewinne wurde schon von *Smith* und *Ricardo* entwickelt, ja war schon den Merkantilisten bekannt. Nach Marx wird den Waren zu ihrem Kostpreis (der in ihnen enthaltene Wertaufwand) durch die Arbeit ein Mehrwert hinzugefügt. Die Konkurrenz der Kapitalien aber bewirkt, daß nicht jeder Kapitalverwerter seinen Mehrwert, sondern den einer bestimmten Gegend zu einer bestimmten Zeit aus einem Teil des Gesamtmehrwertes bezieht. Marx löst damit die Schwierigkeit, daß nicht die Kapitalien mit gleichem Anteil der allein wertbildenden Arbeitskraft einen gleich hohen Profit erzielen, sondern die Kapitalien von gleicher Gesamtgröße. Er unterscheidet also zwischen Mehrwertrate und Profitrate:

$$m' = \frac{m}{v} \qquad\qquad p' = \frac{m}{v + c}$$

Der tendentielle Ausgleich der Profitraten schließt Umverteilung des Mehrwerts zwischen den Kapitalvertretern ein. Daraus ergibt sich eine wichtige soziologische Folgerung: Alle Unternehmer nehmen wie Aktionäre einer großen AG am erzielten Gesamtmehrwert nach Maßgabe ihres Kapitaleinsatzes teil und haben somit ein erhebliches Interesse an der Bewahrung der ökonomischen Ordnung, die es macht, daß sie ihren Anteil am gesellschaftlichen Mehrwert beziehen.

Obgleich ... die Kapitalisten der verschiedenen Produktionssphären beim Verkauf ihrer Waren die in der Produktion dieser Waren verbrauchten Kapitalwerte zurückziehen, so lösen sie nicht den in ihrer eigenen Sphäre bei der Produktion dieser Waren produzierten Mehrwert und daher Profit ein, sondern nur soviel Mehrwert und daher Profit als vom Gesamtmehrwert oder Gesamtprofit, der vom Gesamtkapital der Gesellschaft in allen Produktionssphären zusammengenommen, in einem gegebenen Zeitabschnitt produziert wird, bei gleicher Verteilung auf jeden aliquoten Teil des Gesamtkapitals fällt ... Die verschiedenen Kapitalisten verhalten sich hier, soweit der Profit in Betracht kommt, als bloße Aktionäre einer Aktiengesellschaft, worin die Anteile am Profit gleichmäßig ... verteilt werden und daher für die verschiedenen Kapitalisten sich nur unterscheiden nach der Größe des von jedem in das Gesamtunternehmen gesteckten Kapitals, nach seiner verhältnismäßigen Beteiligung am Gesamtunternehmen, nach der Zahl seiner Aktien. (MEW 25, 168)

Bei der kapitalistischen Produktion handelt ... es sich darum, für das der Produktion vorgeschossene Kapital denselben Mehrwert oder Profit herauszuziehen wie jedes andere Kapital von derselben Größe, oder pro rata seiner Größe, in welchem Produktionszweig es auch angewandt sei; es handelt sich also darum, wenigstens als Minimum, die Waren zu Preisen zu

verkaufen, die den Durchschnittsprofit liefern, d. h. zu Produktionspreisen. Das Kapital kommt sich in dieser Form selbst zum Bewußtsein als eine
gesellschaftliche Macht, an der jeder Kapitalist teilhat im Verhältnis seines
Anteils am gesellschaftlichen Gesamtkapital. (MEW 25, 205)

Monopolgewinne senken für den nichtmonopolisierten Unternehmer durch ihren monopolistischen Zusatzprofit den verbliebenen
Gesamtmehrwert, seinen Anteil am Durchschnittsprofit, denn eine
Monopolrente bedeutet gemäß der Arbeitswerttheorie keine Vermehrung des Gesamtmehrwerts. Dieser wird nur anders, und zwar
zugunsten der monopolisierten Betriebe verteilt.

Selbst die Monopolrente, soweit sie nicht Abzug vom Arbeitslohn ist, also
keine besondere Kategorie bildet, muß indirekt immer einen Teil des
Mehrwerts bilden; wenn nicht Teil des Preisüberschusses über die Produktionskosten der Ware selbst, von der sie einen Bestandteil bildet ... oder
überschüssigen Teil des Mehrwerts der Ware selbst, von der sie einen Bestandteil bildet, über den durch den Durchschnittsprofit gemessenen Teil
ihres eigenen Mehrwerts, so doch des Mehrwerts anderer Waren, d. h. der
Waren, die gegen diese Ware, die einen Monopolpreis hat, ausgetauscht
werden. (MEW 25, 840 f.)

Vom Durchschnitt der verschiedenen Profitraten hängt der Produktionspreis ab, der letztlich nichts anderes ist als verwandelter Wert.

Die Preise, die dadurch entstehen, daß der Durchschnitt der verschiedenen
Profitraten der verschiedenen Produktionssphären gezogen und dieser
Durchschnitt den Kostpreisen der verschiedenen Produktionssphären zu-
gesetzt wird, sind die *Produktionspreise.* Ihre Voraussetzung ist die Existenz einer allgemeinen Profitrate, und diese setzt wiederum voraus, daß
die Profitraten in jeder besonderen Produktionssphäre für sich genommen,
bereits auf ebensoviel Durchschnittsraten reduziert sind ... Der Produktionspreis der Ware ist also gleich ihrem Kostpreis plus dem, entsprechend
der allgemeinen Profitrate, prozentig ihm zugesetzten Profit oder gleich
dem Kostpreis plus dem Durchschnittsprofit. (MEW 25, 167)
Ursprünglich wurde angenommen, daß der Kostpreis einer Ware gleich sei
dem *Wert* der in ihrer Produktion konsumierten Waren. Der Produktionspreis einer Ware ist aber für den Käufer derselben ihr Kostpreis und kann
somit als Kostpreis in die Preisbildung einer anderen Ware eingehen. Da
der Produktionspreis abweichen kann vom Wert der Ware, so kann auch
der Kostpreis einer Ware, worin dieser Produktionspreis anderer Ware eingeschlossen, über oder unter dem Teil ihres Gesamtwertes stehen, der

durch den Wert der in sie eingehenden Produktionsmittel gebildet wird. (MEW 25, 174)

Die ursprüngliche Annahme bezieht sich auf Marxens reine Arbeitswerttheorie, wie er sie im 1. Band des Kapitals entwickelte, aber nicht zu einer Preistheorie durchziehen konnte. Schwierigkeiten aber gab es schon bei der Bestimmung der Masse des produzierten Mehrwerts durch Mehrwertrate und Menge des vorgeschossenen variablen Kapitals. Hier kommt Marx zu folgendem Gesetz: Die Rate des Mehrwerts oder den Exploitationsgrad der Arbeitskraft, und den Wert der Arbeitskraft oder die Größe der notwendigen Arbeitszeit gegeben, ist es selbstverständlich, daß, je größer das variable Kapital, desto größer die Masse des produzierten Werts oder Mehrwerts ... Die von verschiedenen Kapitalien produzierten Massen von Wert und Mehrwert verhalten sich bei gegebenem Wert und gleich großem Exploitationsgrad der Arbeitskraft direkt wie die Größen der variablen Bestandteile dieser Kapitale, d. h. ihrer in lebendige Arbeitskraft umgesetzten Bestandteile. Dieses Gesetz widerspricht offenbar aller auf den Augenschein gegründeten Erfahrung. Jedermann weiß, daß ein Baumwollspinner, der, die Prozentteile des angewandten Gesamtkapitals berechnet, relativ viel konstantes und wenig variables Kapital anwendet, deswegen keinen kleineren Gewinn oder Mehrwert erbeutet als ein Bäcker, der relativ viel variables und viel konstantes Kapital in Bewegung setzt. (MEW 23, 324 f.)

Diese Antinomie konnte Marx nur unter Aufgabe der reinen Arbeitswertlehre zu Gunsten einer Produktionskostentheorie lösen. Doch zurück zum Preis. Genauer: wie kommt Marx vom Produktionspreis zum Marktpreis? Er versuchte nicht eine Erklärung der *Einzelpreisbildung* zu geben, denn hier wirkt das Gesetz von Angebot und Nachfrage (wenn auch nicht allein).

Der Produktionspreis ist in jeder Sphäre reguliert und ebenso nach den besonderen Umständen reguliert. Er selbst ist wieder das Zentrum, worum sich die täglichen Marktpreise drehen und wozu sie sich in bestimmten Perioden ausgleichen. (MEW 25, 188)

Nachfrage und Zufuhr decken sich, wenn sie in solchem Verhältnis stehen, daß die Warenmasse eines bestimmten Produktionszweiges zu ihrem Marktwert verkauft werden kann, weder darüber noch darunter. Das ist das erste, was wir hören. Das zweite: Wenn die Waren zu ihrem Marktwert verkaufbar, decken sich Nachfrage und Zufuhr.

Wenn Nachfrage und Zufuhr sich decken, hören sie auf zu wirken, und eben deswegen wird die Ware zu ihrem Marktwert verkauft ... Wenn

Nachfrage und Zufuhr sich gegenseitig aufheben, hören sie auf, irgend etwas zu erklären, wirken sie nicht auf den Marktwert und lassen uns erst recht im Dunkeln darüber, weshalb der Marktwert sich gerade in dieser Summe Geld ausdrückt und in keiner anderen. Die wirklichen inneren Gesetze der kapitalistischen Produktion können offenbar nicht aus der Wechselwirkung von Nachfrage und Zufuhr erklärt werden, da diese Gesetze nur dann rein verwirklicht erscheinen, sobald Nachfrage und Zufuhr aufhören zu wirken, d. h. sich decken. Nachfrage und Zufuhr decken sich in der Tat niemals, oder wenn sie sich decken, so ist es zufällig... In der politischen Ökonomie wird aber unterstellt, daß sie sich decken, warum? Um die Erscheinungen in ihrer gesetzmäßigen, ihrem Begriff entsprechenden Gestalt zu betrachten, d. h. sie zu betrachten unabhängig von dem durch die Bewegung von Nachfrage und Zufuhr hervorgebrachten Schein. Andererseits, um die wirkliche Tendenz ihrer Bewegung aufzufinden, gewissermaßen zu fixieren... Das Verhältnis von Nachfrage und Zufuhr erklärt daher einerseits nur die Abweichungen der Marktpreise von den Marktwerten und andererseits die Tendenz zur Aufhebung dieser Abweichung... Zu dieser Konfusion – Bestimmung der Preise durch Nachfrage und Zufuhr und daneben Bestimmung der Nachfrage und Zufuhr durch die Preise – kommt hinzu, daß die Nachfrage die Zufuhr und umgekehrt die Zufuhr die Nachfrage bestimmt, die Produktion den Markt und der Markt die Produktion. (MEW 25, 199–201)

Dieser beirrende Schein der Marktverhältnisse verdunkelt das zugrundeliegende Gesetz des Werts. Diese verkehrte Sichtweise entspricht der anarchischen Natur einer »Gesellschaftsformation, worin der Produktionsprozeß die Menschen, der Mensch noch nicht den Produktionsprozeß bemeistert«. (MEW 23, 95)
Was sagt Marx zu dieser Konkurrenzwirtschaftslehre:

Was aber die Konkurrenz *nicht* zeigt, das ist die Wertbestimmung, die die Bewegung der Produktion beherrscht; das sind die Werte, die hinter den Produktionspreisen stehen und sie in letzter Instanz bestimmen.
Die Konkurrenz zeigt dagegen:
1. Die Durchschnittsprofite, die unabhängig sind von der organischen Zusammensetzung des Kapitals [c : v] in den verschiedenen Produktionssphären, also auch von der Masse der von einem gegebenen Kapital in einer gegebenen Exploitationssphäre angeeigneten lebendigen Arbeit.
2. Steigen und Fallen der Produktionspreise infolge von Wechsel in der Höhe des Arbeitslohnes – eine Erscheinung, die dem Wertverhältnis der Waren auf den ersten Blick durchaus widerspricht.

3. Schwankungen der Marktpreise, die den Durchschnittsmarkt*preis* der Waren in einer gegebenen Zeitperiode reduzieren, nicht auf den Markt-*wert,* sondern auf einen von diesem Marktwert abweichenden sehr verschiedenen Marktproduktionspreis. Alle diese Erscheinungen *scheinen* ebensosehr der Bestimmung des Werts durch die Arbeitszeit, wie der aus unbezahlter Mehrarbeit bestehenden Natur des Mehrwerts zu widersprechen. *Es erscheint also in der Konkurrenz alles verkehrt.* Die fertige Gestalt der ökonomischen Verhältnisse, wie sie sich auf der Oberfläche zeigt, in ihrer realen Existenz, und daher auch in den Vorstellungen, worin die Träger und Agenten dieser Verhältnisse sich über dieselben klarzuwerden suchen, sind sehr verschieden von, und in der Tat verkehrt, gegensätzlich zu ihrer inneren, wesentlichen, aber verhüllten Kerngestalt und dem ihr entspringenden Begriff. (MEW 25, 219)

Der Grundgedanke der Arbeitswerttheorie, nach der allein die menschliche Arbeitskraft gesellschaftliche Werte schaffe, war schon vor Marx kritisiert worden (vor allem aus ökonomischen Gründen). Der Widerstand gegen die Theorie wurde aber erheblich, als Marx aus seiner Theorie gesellschaftskritische Folgerungen zog (jetzt vor allem aus ideologischen Gründen). Die Kritik an der Marxschen Werttheorie hat mehrere Phasen durchlaufen:

1. Die Vertreter der Grenznutzenslehre setzten der Lehre vom objektiven Wert die vom subjektiven Wert entgegen: die Schätzungen der Verbraucher bestimmen den »Wert«.
2. Um die Jahrhundertwende wurde jeder werttheoretische (Um-)Weg zur Erklärung des Marktpreisphänomens verworfen *(G. Cassel, F. von Gottl-Ottlilienfeld, H. Dietzel).* Die Marxsche Lehre von der Preisbildung erkläre nichts *(K. Diehl).*
3. Heute ist die Fragestellung der Wertlehre fast ganz aus den ökonomischen Betrachtungen und Theorien verschwunden, so daß die Marxkritik nichts Neues mehr beisteuert, sondern sich einfach mit der Feststellung begnügt, daß die Arbeitswertlehre – in gleich welcher Version – längst widerlegt sei.

Im Anschluß an *W. Hofmann* seien hier einige der *unzutreffenden* Einwände gegen die Marxsche Arbeitswertlehre geprüft[3]:

1. Marx vernachlässige über dem Arbeitsaufwand andere, allen »Gütern« eigene Merkmale, wie Seltenheit oder Nützlichkeit[4]. Nützlichkeit (Gebrauchswert) und Seltenheit (in bezug auf die

Märkte: Verhältnis von Angebot und Nachfrage) erscheinen bei Marx durchaus, jedoch als Umstände, die die Preisbildung (nicht die Wertbildung) berühren. Diese beiden Faktoren für schlechthin bestimmend zu behaupten, heißt das Werttheorem nicht widerlegen, sondern nur von ihm absehen. – Nützlichkeit könnte nur dann die Wertbildung erklären, wenn anstelle der Marxschen abstrakten Arbeit [»Alle Arbeit ist einerseits Verausgabung menschlicher Arbeitskraft im physiologischen Sinn, und in dieser Eigenschaft ... *abstrakt* menschlicher Arbeit bildet sie den *Warenwert*. Alle Arbeit ist andererseits Verausgabung menschlicher Arbeitskraft in besonderer zweckbestimmter Form, und in dieser Eigenschaft *konkreter* nützlicher Arbeit produziert sie *Gebrauchswerte*.« (MEW 23, 61)] eine ebenso abstrakte Nützlichkeit als Maßeinheit gesetzt werden könnte. Eine solche aber gibt es nicht. Auch die Seltenheit liefert keinen Wertmaßstab, da sie das Verhältnis von zwei anderen Größen (Angebot und Nachfrage) ist. Sie kann als reine Verhältnisgröße keine absolute Größe begründen. Beide Begriffe können nicht für den Arbeitsaufwand eingesetzt werden und ihn nicht substituieren. Es muß nicht nur erklärt werden, wie es zu bestimmten Preisen kommt, sondern auch, woher die Kaufkraft stammt, mit der diese Preise bezahlt werden. Man muß also auch eine Theorie der volkswirtschaftlichen Wertschöpfung erstellen, die auch die Bildung von kaufkräftigen Einkommen erklärt. Nur vor diesem Aspekt kann man die Marxsche mit anderen ökonomischen Theorien vergleichen. Da aber die weitaus meisten ökonomischen Theorien hier *zwei* theoretische Ansätze annehmen müssen, scheint die Marxsche wissenschaftstheoretisch im Vorteil zu sein.

Marx selbst hat den Vorwurf, er vernachlässige den Gebrauchswert, abgefangen. Die kommerzielle Gesellschaft selbst stelle den Nutzen der Waren hintan, wenn jeder nur das anbiete, was Gewinn verspreche. Die Bestimmung der gesellschaftlichen Produktion nach den Bedürfnissen sei erst im Sozialismus möglich.

2. Marx habe behauptet, der Gütervorrat einer Volkswirtschaft gehe nur auf die geleistete Arbeit zurück.

Das hat nun Marx keineswegs behauptet. Er ist vielmehr der Ansicht – wie die meisten seiner Gegner –, daß die Arbeit nicht die einzige Quelle von Gebrauchswerten sei. Sie bestimmt jedoch den

Wert. Marx unterscheidet also exakt und sorglichst zwischen der physischen Gestalt der Güter und ihrer Verkehrsform als Waren.

3. Marx unterstelle, daß der Arbeitswert meßbar sei.
Dagegen wird eingewandt, daß man, wenn man ihn messen will, sich auf Rechengrößen beziehen müsse, die der Markt bietet, d. h. auf Preise. Das ist zutreffend und stellt eine Schwierigkeit für jede Volkswirtschaft dar, die das Marxsche Wertgesetz anwenden will. Doch ist zu bedenken, daß auch die Größe eines subjektiven Werts (Grenznutzen ...) nicht meßbar ist, ohne daß damit schon die Nutzwerttheorie widerlegt wäre. Die mangelnde Meßbarkeit des Arbeitswerts betrifft also nicht die Marxsche *Hypothese,* sondern macht sie nur nicht praktisch-gelenkt anwendbar. Auf die Arbeitszeit als Maßstab der Wertbildung haben sich zudem auch neuere Ökonomen bezogen (so *J. M. Keynes,* der mit »labour units« rechnet, so *E. Carell,* der vom Arbeitstag als gedachter Grundlage seiner hypothetischen Austauschverhältnisse ausgeht, so auch *J. B. Clark, I. Fisher, R. J. Hawtrey,* die sich der Arbeitswerteinheiten gelegentlich für ihre Abteilungen bedienen).

4. Marx bereite die Umrechnung von »komplizierter« auf »einfache« Arbeit, die er bei der Berechnung des Werts des Produkts voraussetze, große Schwierigkeiten. Dies sei ohne (unerlaubte) Zuhilfenahme der Lohnproportionen, die sich auf dem Arbeitsmarkt bilden, nicht möglich.
Zwar ist ein absoluter Maßstab der Arbeitsverausgabung (die sich etwa in der Ermüdung zeigt) nicht möglich, doch haben die moderne Arbeitsphysiologie und -psychologie die verhältnismäßige Beanspruchung bei verschiedenen Tätigkeiten aufhellen können und das Prinzip der »analytischen Arbeitsplatzbewertung« mit einigem Erfolg entwickelt. Es dient zwar nur dazu, die Arbeitsentgelte richtig zu proportionieren und nicht die Arbeitserträge unmittelbar festzustellen, doch ist man der Lösung des Problems schon etwas näher gekommen. Festzuhalten bleibt jedoch die grundsätzliche Unberechenbarkeit der Arbeits*werte.* Hier hat Marx einen Modellbegriff eingeführt, der zwar zur Erklärung größerer ökonomischer Zusammenhänge nützlich sein kann, jedoch die Anwendung seiner Theorie nicht erleichtert.

5. Marx nehme an, daß nur die Waren einen Preis erzielen, die als Arbeitsprodukte Träger von Wert seien.

Gegen diese (fälschlich Marx unterschobene) These wendet sich vor allem *E. von Böhm-Bawerk*. Er nennt u. a. als Gegenbeispiele: Grund und Boden, Holz auf dem Stamm, Wasserkräfte, ruhende Bodenschätze.

Die tauschwerten Güter, die nicht Arbeitsprodukte sind, bei der Suche nach dem Tauschwert zugrunde liegenden Gemeinsamen auszuschließen, ist unter diesen Umständen eine methodische Todsünde. – Die Erfahrung zeigt, daß der Tauschwert nur bei einem Teil der Güter, und auch bei diesen nur beiläufig im Verhältnis zu der Menge der Arbeit steht, welche die Erzeugung derselben kostet. – [Es zeigt sich,] daß ... durch die Schwankungen von Angebot und Nachfrage der Tauschwert häufig über, häufig unter dasjenige Niveau verschoben wird, welches der in den Gütern verkörperten Arbeitsmenge entspräche. Letztere bezeichnet nur den Gravitationspunkt, keinen Fixpunkt des Tauschwertes[5].

Dagegen ist einzuwenden:

a) Böhm-Bawerk erweckt den Anschein, als wisse *er,* wieviel Arbeitsmenge in einem Produkt realisiert sei. Die Erfahrung zeige diese unmittelbar. Damit betrachtet er das schwierige Problem der Arbeitswerttheorie als gelöst.

b) Er argumentiert von der Ebene der Einzelpreisbildung (Tauschwert auf diese bezogen) aus. Damit polemisiert er nicht gegen Marx (und seiner Lehre vom absoluten Wert), sondern gegen Ricardo (und seiner Lehre vom relativen Wert). Marx machte es keine Schwierigkeiten, bei der allgemeinen Nichtübereinstimmung von Einzelwerten und Einzelpreisen auch den Fall zu behandeln, in dem ein Ding formell einen Preis hat, ohne einen Wert zu haben (vgl. MEW 23, 117; 25, 645; 660; 663 . . .). Das *Einkommen* jedoch, aus dem ein solcher Preis gezahlt wird, muß im Zusammenhang mit der Produktion anderer Waren entstanden sein.

6. Marx nehme an (im 1. Band des Kapitels), daß die Waren sich zu ihren Werten verkaufen lassen, während er andererseits (im 3. Band) behaupte, sie würden zu Marktpreisen getauscht, die mit den Werten zumeist nicht übereinstimmen. Das ist ein Widerspruch[6].

Doch auch diesen Einwand von fehlender Übereinstimmung von Wert- und Preislehre hat Marx selbst vorweggenommen:

Es scheint also, daß die Werttheorie hier unvereinbar ist mit der wirklichen Bewegung, unvereinbar mit den tatsächlichen Erscheinungen der Produktion und daß daher überhaupt darauf verzichtet werden muß, die letzteren zu begreifen. (MEW 25, 162)

Die Möglichkeit quantitativer Inkongruenz zwischen Preis und Wertgröße, oder die Abweichung des Preises von der Wertgröße, liegt ... in der Preisform selbst. Es ist dies kein Mangel dieser Form, sondern macht sie umgekehrt zur adäquaten Form seiner Produktionsweise, worin sich die Regel nur als blindwirkendes Durchschnittsgesetz der Regellosigkeit durchsetzen kann. (MEW 23, 117)

Was für Marx nur ein Widerspruch der kapitalistisch-ökonomischen Verhältnisse selbst ist, betrachtet die Kritik als unversöhnlichen Gegensatz einander widerstreitender Behauptungen.

Marxens Theorie ist also primär eine Theorie der Wertschöpfung (und damit mittelbar des Volkseinkommens) und will nicht die Einzelpreisbildung erklären. Die Kritiker unterlegen das zumeist der Theorie und finden sie deshalb für unzureichend. So scheint ihnen die Wertlehre als verfehlt. Ausgang ist das gesellschaftliche Verhältnis der Menschen zueinander und nicht das individuelle Verhältnis zwischen einem Ding und einem Menschen. Die meisten Kritiker bleiben also in einer Situation befangen, die Marx mit »Fetischcharakter der Ware« bezeichnete. Der Marxist wird über solche Kritiken nur lächeln können, denn sie zeigen, daß gerade Marx mit seiner Behauptung recht hatte, wenn er der kapitalistischen Ökonomie Blindheit für die den gesellschaftlich-ökonomischen Prozeß durchherrschenden Wertgesetze vorwarf.

Abschließend sei noch einiges bemerkt zu dem Marxschen Theorem des Profitratenausgleichs.

1) Das Theorem ergibt sich zwangsläufig aus dem Grundcharakter des kapitalistischen erwerbswirtschaftlichen Systems, in dem Kapitalien unter dem Gesichtspunkt der Gewinnmaximierung über die möglichen Anlagebereiche verteilt (bzw. umverteilt) werden. Unter der Bedingung der freien Konkurrenz der Kapitalien ist das also eine legitime Hypothese.

2) Die Tendenz zum Profitausgleich liefert für Marx den Grund für

die allgemeine Proportionierung der Preise im Sinne einer langfristigen Gleichgewichtstheorie. Der Gleichgewichtspreis ist dabei nichts anderes als der Preis, bei dem ein Durchschnittsgewinn erzielt wird und der daher keinen Grund liefert, den Ort des Kapitaleinsatzes zu wechseln.

3) Das Wort von der ausgleichenden »Bewegung« der Kapitalien ist metaphorisch zu verstehen. Nicht gemeint ist, daß Änderungen in der Richtung des Kapitaleinsatzes *nur* durch das Wandern von freiem Kapital von einem Ort zum andern bestimmt sind, sondern daß auch solche Wanderungen durch Wechsel der Produkte oder des Produktionszwecks innerhalb eines Betriebes geschehen können.

4) Unter der Voraussetzung uneingeschränkter Konkurrenz wird nur von einer *Tendenz* zum Profitausgleich die Rede sein können, weil sie ständig gestört wird durch den Wechsel der Preise, der Produktionsbedingungen, der Renditen, durch das ungenügende Bekanntwerden der in einzelnen Branchen erzielten Profite ... Das Konjunkturgeschehen beruht gerade darauf, daß die Gewinnsätze zwischenzeitlich von unterschiedlicher Höhe sind.

Das Fehlen einer ungestörten Konkurrenz (ohnehin schon zu Marxens Zeiten nur ein idealtypischer Begriff) heute machte, daß die Lehre vom Profitausgleich in der modernen ökonomischen Theorie nur eine untergeordnete Rolle spielt. Es ist *heute* eine Theorie, die wir brauchen, um festzustellen, wann und warum sie *nicht* zutrifft[7].

B. THESEN

1. Der Gebrauchswert ist in jeder ökonomischen Verfaßtheit abhängig vom Nutzen eines Dings.
2. Der Wert eines Produktes bestimmt sich durch die zu seiner Herstellung durchschnittlich gesellschaftlich notwendige Arbeitszeit.
3. In einer Warengesellschaft wird der Wert zum Tauschwert.

4. Der Tauschwert wird also durch abstrakte menschliche Arbeit produziert, da der Warencharakter des Produkts von seiner Herstellung abstrahiert ist.

5. Der Gebrauchswert kann bestehen, ohne daß ein Ding Wert hat.

6. Wert und Ware werden nicht produziert, sondern entstehen erst im Zusammenhang einer kommerziellen Gesellschaft.

7. In einer entfalteten Warenwirtschaft wird der »Geldausdruck des Wertes« zum Preis. Dieser ist nur zufällig mit dem Wert der Ware identisch.

8. In der Tauschform treten sich die Eigentümer als sachliche Instanzen gegenüber (Entfremdung).

9. Der Produktionspreis wird gebildet aus Kostpreis (dem Produktionskostenpreis der Ware) und dem bei der Herstellung der Ware erzielten Mehrwert.

10. Der Mehrwert ist ein Zusatzwert, den der Arbeiter über seinen eigenen sowie über den auf die Ware übertragenen Wert der verwandten Produktionsmittel hinaus im Produktionsprozeß hervorbringt. Er ist kapitalisierte Mehrarbeit.

11. Profit und Mehrwert sind verschiedene Größen und nur identisch der Masse nach betrachtet. (MEW 25, 176f.)

Wenn bei der bloßen Verwandlung von Mehrwert in Profit der Wertteil der Waren, der den Profit bildet, dem anderen Wertteil gegenübertritt als dem Kostpreis der Ware, so daß hier schon der Begriff des Werts dem Kapitalisten abhanden kommt, weil er nicht die Gesamtarbeit vor sich hat, die die Produktion der Ware kostet, sondern nur den Teil der Gesamtarbeit, den er in der Form von Produktionsmitteln, lebendigen oder toten, bezahlt hat, und ihm so der Profit als etwas außerhalb des immanenten Werts der Ware Stehendes erscheint – so wird jetzt diese Vorstellung vollständig bestätigt …, indem der zum Kostpreis zugeschlagene Profit in der Tat, wenn man die besondere Produktionssphäre betrachtet, nicht durch die Grenzen der in ihr selbst vorgehenden Wertbildung bestimmt, sondern ganz äußerlich dagegen festgesetzt ist. (MEW 25, 178)

Der Mehrwert bezieht sich also auf die Mehrarbeit (und damit mittelbar auf den Arbeitslohn), während der Profit sich auf das gesamte vorgeschossene Kapital bezieht.

12. Die Profitraten nähern sich in einer Wirtschaft mit freier Konkurrenz einander an.
13. Die Verwandlung von Wert im Produktionspreis kommt vermittels des Ausgleichs der Profitraten zustande.
14. Das Wertgesetz gilt also in einer entfalteten Erwerbswirtschaft nur auf der Ebene der Gesamtwirtschaft.
15. Angebot und Nachfrage können die Preisbildung nicht zureichend *erklären*.
16. Nur wenn man die Gesamtwirtschaft über einen längeren Zeitraum betrachtet, gilt: Summe der Werte = Summe der Produktionspreise = Summe der Marktpreise.
17. Die Einzelpreisbildung hat Marx nicht behandelt. Sie dürfte auch aus einer Arbeitswerttheorie nicht herzuleiten sein.

C. Einwände

1. Aus der Tatsache, daß die übliche Kritik an der Arbeitswertheorie unzutreffend ist, folgt nicht die Richtigkeit der Theorie.
2. Obschon die Arbeitswerttheorie, wonach der geschaffene Neuwert einer Volkswirtschaft gleich der Summe von Lohn- und Gewinneinkommen (variables Kapital + Größe des Mehrwerts) ist, niemals widerlegt wurde (der Aspekt der Wertschöpfung also nicht falsifiziert wurde), ist der Aspekt der Marxschen Arbeitswerttheorie, der sich mit der Wertbildung befaßt, unrichtig. Zwar ist alle Wertbildung *Ergebnis* menschlicher Arbeit, aber die Weise, wie menschliche Arbeitskraft eingesetzt wird und sich verteilt, ist nicht unabhängig von den Marktverhältnissen.
3. Die Berechnung der Profitrate muß in Preisen und nicht in Werten (die zudem unbekannt sind) geschehen[8]. Marx behandelt mitunter den Kostpreis als Wertgröße (mitunter jedoch auch als Preisgröße) der Kapitals.
4. Über den Gewinn (und damit auch über die Kapitalbildungskraft der Unternehmen) entscheiden die Marktpreisverhältnisse. Selbst für die Phase freier Konkurrenz muß also eine Wechsel-

wirkung zwischen Marktweltprozessen und den Prozessen der Wertschöpfung in der Produktion angenommen werden.

5. Nach den Voraussetzungen der Arbeitswerttheorie müßte eine Steigerung der Arbeitsproduktivität den Produktionspreis der Waren ständig senken und sich somit auch die Marktpreise tendentiell senken lassen. Tatsächlich steigen die Marktpreise tendentiell an.

6. Von einem zyklischen Ausgleich der Preise zu ihren tendentiell sinkenden Werten kann auch unter Berücksichtigung von Konjunkturschwankungen nicht die Rede sein. Der Preislevel steigt tendentiell an über alle Konjunkturschwankungen hinweg. Eine klassische Depression mit sinkenden Preisen gibt es allenfalls sehr kurzfristig. Die schleichende Inflation überdeckt diesen Prozeß.

Anmerkungen:

1 Wir folgen in diesem Kapitel weitgehend den Ausführungen W. Hofmanns [Wert- und Preislehre, Berlin 1964, 81–109].

2 David Ricardos Grundgesetze der Volkswirtschaft und Besteuerung, Leipzig 1905, 108 ff.

3 Vgl. W. Hofmann, Ideengeschichte der sozialen Bewegung des 19. und 20. Jahrhunderts, Berlin 1962, 109 ff.

4 Vgl. E. von Böhm-Bawerk, Kapital und Kapitalzins 4, I, Innsbruck [2]1900, 519 ff.

5 A. a. O., 514, 523, 526.

6 Vgl. K. Diehl, a. a. O., 9 und 17.

7 Zur Entwicklung des Theorems nach Marx vgl. W. Hofmann, Wert- und Preislehre, a. a. O., 100.

8 Vgl. L. von Bortkiewicz [Zur Berechtigung der grundlegenden theoretischen Konstruktion von Marx im 3. Band des »Kapitals«, in: Jahrbücher für Nationalökonomie und Statistik 34 (1907), 319 ff.] und J. Winternitz [Values and Prices, in: Economic Journal 58 (1948), 276 ff.].

IV. MEHRWERT UND KAPITALVERHÄLTNIS

A. DARSTELLUNG

Zwar haben wir schon verschiedentlich vom Mehrwert in der Marxschen Darstellung der kapitalistischen Ökonomie gesprochen, doch bedarf dieser Punkt noch einer genaueren Untersuchung[1].
Engels sah in der Marxschen Kritik der Ökonomie einen Anwendungsfall der Dialektik, da sie es mit Bewegungen, Veränderungen und Beziehungen zu tun habe:

Die politische Ökonomie fängt an mit der Ware, mit dem Moment, wo Produkte – sei es von einzelnen, sei es von naturwüchsigen Gemeinwesen – gegeneinander ausgetauscht werden. Das Produkt, das in den Austausch tritt, ist Ware. Es ist bloß dadurch Ware, daß sich an das Ding, das Produkt, ein *Verhältnis* zwischen zwei Personen oder Gemeinwesen knüpft, das Verhältnis zwischen dem Produzenten und dem Konsumenten, die hier nicht mehr in derselben Person vereinigt sind. Hier haben wir gleich ein Beispiel einer eigentümlichen Tatsache, die durch die ganze Ökonomie durchgeht und in den Köpfen der bürgerlichen Ökonomen böse Verwirrung angerichtet hat: Die Ökonomie handelt nicht von Dingen, sondern von Verhältnissen zwischen Personen und in letzter Instanz zwischen Klassen; diese Verhältnisse sind aber stets an Dinge gebunden und *erscheinen als Dinge*. Diesen Zusammenhang, der in einzelnen Fällen diesem oder jenem Ökonomen allerdings aufgedämmert ist, hat Marx zuerst in seiner Geltung für die ganze Ökonomie aufgedeckt und dadurch die schwierigsten Fragen so einfach und klar gemacht, daß jetzt selbst die bürgerlichen sie werden angreifen können. (MEW 13, 475 f.)

Allerdings ist von dem Anspruch der Dialektik als Sache wie Methode in den Ausführungen des »ökonomischen« Marx kaum mehr etwas zu spüren, wenn man einmal von der revolutionären Absicht seiner Schriften absieht, denn Revolution ist für Marx praktisch gewordene Dialektik. Dennoch möchten wir meinen, daß die Marxsche Kritik der bürgerlichen Ökonomie ganz gut ohne den philosophischen Unterbau und ohne dialektische Methode auskäme, wie sie Marx in seinen philosophischen Schriften entwickelte und rechtfertigte. Dieselbe Kritik könnte auch von anderen philosophischen Ansätzen mit ganz den gleichen Ergebnissen entwickelt werden, sieht man einmal von den Spezifika, Zweiklassenmodell und soziale Revolution, ab. Hierher gehört auch die Marxsche Lehre vom Mehrwert.

In der *vorkapitalistischen* »einfachen Warenproduktion« geben die Tauschpartner Gebrauchswerte hin, um andere Gebrauchswerte zu erlangen. Das Geld vermittelt nur im Tausch. Es gilt also die Relation: Ware1 – Geld – Ware2 (W–G–W'). (MEW 23, 162)

Im Fall des Kapitalismus ist die Ware Gelder vermittelnd. Es gilt die Relation: Geld1 – Ware – Geld2 (G–W–G'). Die Differenz G'–G ist formal der Mehrwert. (MEW 23, 165) Um den Ursprung des Mehrwerts zu *erklären*, muß man von den Märkten auf die Produktion zurückgehen. Nur die menschliche Arbeitskraft kann Wert (und also auch Mehrwert) schaffen.

Um aus dem Verbrauch einer Ware Wert herauszuziehen, müßte unser Geldbesitzer so glücklich sein, innerhalb der Zirkulationssphäre, auf dem Markt eine Ware zu entdecken, deren *Gebrauchswert* selbst die eigentümliche Beschaffenheit besäße, Quelle von Wert zu sein, deren wirklicher Verbrauch also selbst Vergegenständlichung von Arbeit wäre, daher Wertschöpfung. Und der Geldbesitzer findet auf dem Markt eine solche spezifische Ware vor – das Arbeitsvermögen oder die Arbeitskraft. (MEW 23, 181)

Die Arbeitskraft kann aber nur in die Kapitalrechnung eingehen, wenn sie als *Ware* angeboten wird.

Damit jedoch der Geldbesitzer die Arbeitskraft als *Ware* auf dem Markt vorfinde, müssen verschiedene Bedingungen erfüllt sein. Der Warenaustausch schließt an und für sich keine anderen Abhängigkeitsverhältnisse ein als die aus seiner eigenen Natur entspringenden. Unter dieser Voraussetzung kann die Arbeitskraft als Ware nur auf dem Markt erscheinen, sofern und weil sie von ihrem eigenen Besitzer, der Person, deren Arbeitskraft sie ist, als *Ware* feilgeboten oder verkauft wird. Damit ihr Besitzer sie als Ware verkaufe, muß er über sie verfügen können, also freier Eigentümer seines Arbeitsvermögens, seiner Person sein … Die zweite wesentliche Bedingung, damit der Geldbesitzer die Arbeitskraft auf dem Markte als Ware vorfinde, ist die, daß ihr Besitzer, statt Waren verkaufen zu können, worin sich seine Arbeitskraft vergegenständlicht hat, vielmehr seine Arbeitskraft selbst, die nur in seiner ... Leiblichkeit existiert, als Ware feilbieten muß. (MEW 23, 181–183)

Für die Ware »Arbeitskraft« gilt nun das allgemeine Prinzip des Warenwerts:

Der Wert der Arbeitskraft, gleich dem jeder anderen Ware, ist bestimmt durch die zur Produktion, also auch Reproduktion, dieses spezifischen Artikels notwendige Arbeitszeit. Soweit sie Wert, repräsentiert die Arbeitskraft selbst nur ein bestimmtes Quantum in ihr vergegenständlichter gesellschaftlicher Durchschnittsarbeit. Die Arbeitskraft existiert nur als Anlage des lebendigen Individuums. Ihre Produktion setzt also seine Existenz voraus. Die Existenz des Individuums gegeben, besteht die Produktion der Arbeitskraft in seiner eigenen Reproduktion oder Erhaltung. Zu seiner Erhaltung bedarf das lebendige Individuum einer gewissen Summe von Lebensmitteln. Die zur Produktion der Arbeitskraft notwendige Arbeitszeit löst sich also auf in die zur Produktion dieser Lebensmittel notwendige Arbeitszeit, oder der Wert der Arbeitskraft ist der Wert der zur Erhaltung ihres Besitzers notwendigen Lebensmittel. (MEW 23, 184 f.)

Marx schließt in den Wert der Arbeitskraft den Wert der Subsistenzmittel

die Lebensmittel der Ersatzmänner ein, d. h. der Kinder der Arbeiter, so daß sich diese Race eigentümlicher Warenbesitzer auf dem Warenmarkte verewigt. (MEW 23, 186)

Konsequent wechselt der Wert der Arbeitskraft mit dem Wert der Unterhaltsmittel. (MEW 23, 186) Wie jede andere Ware hat auch die Arbeitskraft nicht nur Wert, sondern auch Gebrauchswert. Das eigentümliche ihres Gebrauchswertes besteht darin, daß sie mehr Wert hervorbringen kann, als sie selbst besitzt.

Die vergangene Arbeit, die in der Arbeitskraft steckt, und die lebendige Arbeit, die sie leisten kann, ihre täglichen Erhaltungskosten und ihre tägliche Verausgabung, sind zwei ganz verschiedene Größen. Die erstere bestimmt ihren Tauschwert, die andere bildet ihren Gebrauchswert ... Der Wert der Arbeitskraft und ihre Verwertung im Arbeitsprozeß sind also zwei verschiedene Größen. Diese Wertdifferenz hatte der Kapitalist im Auge, als er die Arbeitskraft kaufte ... Was aber entschied, war der spezifische Gebrauchswert dieser Ware, Quelle von Wert zu sein und von mehr Wert, als sie selbst hat. Dies ist der spezifische Dienst, den der Kapitalist von ihr erwartet. Und er verfährt dabei den ewigen Gesetzen des Warentausches gemäß. In der Tat, der Verkäufer der Arbeitskraft, wie der Verkäufer jeder anderen Ware, realisiert ihren Tauschwert und veräußert ihren Gebrauchswert. Er kann den einen nicht erhalten, ohne den anderen wegzugeben. Der Gebrauchswert der Arbeitskraft, die Arbeit selbst, gehört ebensowenig ihrem Verkäufer, wie der Gebrauchswert des verkauften Öls dem Ölhändler. Der Geldbesitzer hat den *Tageswert der Arbeitskraft* gezahlt; ihm gehört daher ihr Gebrauch während des Tages, die tagelange Arbeit. Der Umstand, daß die tägliche Erhaltung der Arbeitskraft nur einen halben Arbeitstag kostet, obgleich die Arbeitskraft einen ganzen Tag wirken, arbeiten kann, daß daher der Wert, den ihr Gebrauch während eines Tages schafft, doppelt so groß ist als ihr eigener Tageswert, ist ein besonderes Glück für den Käufer, aber durchaus *kein Unrecht* gegen den Verkäufer. (MEW 23, 207 f.)

Diese Ableitung des Mehrwerts unterscheidet sich wesentlich von allen bislang entwickelten Theorien der Lohnarbeit und des Gewinns (etwa von dem »surplus value« W. *Thompsons* oder dem »mieux-value« S. *de Sismondis*) in folgenden Punkten:

1) Marx unterscheidet scharf zwischen Wert der Arbeit (Wert des Arbeitsprodukts) und dem Wert der Arbeitskraft. Die Differenz zwischen beiden nennt Marx *Mehrwert*. (vgl. MEW 23, 557–564)

2) Marx *erklärt* den Mehrwert aus dem Prinzip des Äquivalententauschs (auf der Grundlage des Arbeitswerts) und nicht aus einer Verletzung desselben.

Alle Bedingungen des Problems sind gelöst und die Gesetze des Warenaustausches in keiner Weise verletzt. Äquivalent wurde gegen Äquivalent ausgetauscht. (MEW 23, 209)

Marx war es damit gelungen, den von der Klassik nicht gemeisterten Gegensatz zwischen Wert- und Einkommenstheorie aufzuheben. Zudem hat er die Lehre von der gesellschaftlichen Wertverteilung in die Theorie der Wertschöpfung widerspruchsfrei eingeordnet.

3) Der Mehrwert (und auch mittelbar der Unternehmergewinn) sind also nach Marx weder vorenthaltener Lohn noch ein Aufschlag auf den »eigentlichen« Wert der Ware. Das Äquivalenzprinzip gilt wie auf dem Produktenmarkt auch auf dem Arbeitsmarkt. Das ist keine moralische, sondern eine ökonomische Einsicht. Weder Arbeitern noch Käufern geschieht ein Unrecht. Die

Kritik Marxens richtet sich also nicht auf die Verletzung eines ökonomischen Gesetzes, sondern auf dieses selbst. Nicht ein Unrecht wird gegeißelt, sondern das Recht des Marktes, nicht die Höhe des Arbeitslohns, sondern das Grundverhältnis der Lohnarbeit wird kritisiert.

Offen ist die Frage, ob nach Marx der Mehrwert gleichermaßen dem konstanten (Sachkapital) wie variablen Kapital (Lohnkapital) entspringt. Der Revisionist *M. Tugan-Baranowskij* hat diese Frage bejaht[2]. Marx selbst meint:

Es ist nun zunächst zu bemerken, daß die Maschinerie stets ganz in den Arbeitsprozeß und immer nur teilweise in den Verwertungsprozeß eingeht. Sie setzt nicht mehr Wert zu, als sie im Durchschnitt durch ihre Abnutzung verliert. Es findet also große Differenz statt zwischen dem Wert der Maschine und dem periodisch von ihr auf das Produkt übertragenen Wertteil. Es findet eine große Differenz statt zwischen der Maschine als wertbildendem und als produktbildendem Element. (MEW 23, 408)

Marx versteht unter *Produktenwert* die Größe (c + v + m). Er ist zu unterscheiden vom *Wertprodukt* (dem eigentlichen Neuwert) mit der Größe (v + m).

Wird die Masse des Mehrwerts (der insgesamt erwirtschaftete Mehrwert) mit dem Aufwand an Lohnkapital ins Verhältnis gesetzt, erhält man die Mehrwertrate (m'). m' ist also definiert durch:

$$m' = \frac{m}{v} = \frac{\text{Mehrwert}}{\text{Wert der Arbeitskraft}} = \frac{\text{Mehrarbeit}}{\text{notwendige Arbeit}} \quad \text{(MEW 23, 553)}.$$

Die Rate des Mehrwerts ist daher der exakte Ausdruck für den Exploitationsgrad der Arbeitskraft durch das Kapital oder des Arbeiters durch den Kapitalisten. (MEW 23, 231 f.)

Der Arbeitslohn ist der jeweilige Marktwert der Arbeitskraft. Er steht zum Wert der Arbeitskraft im selben Verhältnis wie der Produktenpreis (der Geldausdruck des Wertes) zum Produktenwert.

Die Form des Arbeitslohnes löscht ... jede Spur der Teilung des Arbeitstages in notwendige Arbeit und Mehrarbeit, in bezahlte und unbezahlte Arbeit aus. Alle Arbeit *erscheint* als bezahlte Arbeit ... Man begreift daher die entscheidende Wichtigkeit der Verwandlung von Wert und Preis der Arbeitskraft in die Form des Arbeitslohns oder in Wert und Preis der Arbeit selbst. Auf dieser Erscheinungsform, die das wirkliche Verhältnis unsicht-

bar macht und gerade sein Gegenteil zeigt, beruhen alle Rechtsvorstellun-
gen des Arbeiters wie des Kapitalisten, alle Mystifikationen der kapitalistischen Produktionsweise, alle ihre Freiheitsillusionen, alle apologetischen
Flausen der Vulgärökonomie … Der Austausch zwischen Kapital und Arbeit stellt sich der Wahrnehmung zunächst in ganz derselben Weise dar wie
der Kauf und Verkauf aller anderen Waren … Die klassische politische
Ökonomie stößt annähernd auf den wahren Sachverhalt, ohne ihn bewußt
zu formulieren [sie verwechselt wieder einmal Wert und Preis]. Sie kann das
nicht, solange sie in ihrer bürgerlichen Haut steckt. (MEW 23, 562–564)

Fassen wir also zusammen:

1) Marx versteht weder die Entstehung des Mehrwerts als einen
   Verstoß gegen das Wertgesetz noch als Unrecht gegenüber den
   Produzenten[3].

2) Marx hat nicht das »Recht auf den vollen Arbeitsertrag« behauptet. Er wendet sich ausdrücklich gegen die Einforderung dieses
   vermeintlichen Rechts durch das »Gothaer Programm der Sozialistischen Arbeiterpartei Deutschlands« (1875). (MEW 19, 16)

3) Marx ist nicht der Ansicht, daß der Arbeiter nicht emporsteigen
   könne und daß es ein »ehernes Lohngesetz« gebe. Er fordert
   vielmehr die Arbeiter zum Arbeitskampf auf, um ihren Lohn zu
   verbessern.

4) Dennoch ist er der Auffassung, daß der Kapitalismus den Arbeiter ausbeute – das ist aber keine moralische Feststellung, sondern
   eine ökonomische. Nicht der Unternehmer ist »schlecht«, sondern das ökonomische System, dessen tiefere Regeln er nicht versteht, ja nach Marx nicht einmal verstehen kann.

Nachdem wir versucht haben, die Theorie von der *Entstehung* des
Mehrwerts zu entwickeln, steht nun die Aufgabe an, die Theorie
der *Verteilung* des Mehrwerts nachzuzeichnen.

Dem in den Produktionsprozeß eingebrachten Kapital ist es nicht
anzusehen, welches seiner Elemente (variables oder konstantes oder
beide) Neuwert und damit Mehrwert hervorbringt – es stellt sich als
Kostenposition vor. So beziehen die Unternehmen ihren Gewinn
rechnerisch auf das Gesamt des vorgeschossenen Kapitals. Auf das
vorgeschossene Gesamtkapital bezogen errechnen sie ihren *Profit*
(während der Mehrwert vermutlich ausschließlich auf das variable
Kapital zu beziehen ist).

Als solcher vorgestellter Abkömmling des vorgeschossenen Gesamtkapitals erhält der Mehrwert die verwandelte Form des *Profits*. Eine Wertsumme ist daher Kapital, weil sie ausgelegt wird, um einen Profit zu erzeugen, oder der Profit kommt heraus, weil eine Wertsumme als Kapital angewandt wird. Nennen wir den Profit p, so verwandelt sich die Formel $W = c + v + m = C + m$ in die Formel $W = C + p$ oder Warenwert = Kostpreis + Profit.

Der Profit, wie wir ihn hier zunächst vor uns haben, ist also dasselbe, was der Mehrwert ist, nur in einer mystifizierten Form, die jedoch mit Notwendigkeit aus der kapitalistischen Produktionsweise herauswächst. Weil in der *scheinbaren* Bildung des Kostpreises kein Unterschied zwischen konstantem und variablem Kapital zu erkennen ist, muß der Ursprung der Wertveränderung, die während des Produktionsprozesses sich ereignet, von dem variablen Kapital in das Gesamtkapital verlegt werden. Weil auf dem einen Pol der Preis der Arbeitskraft in der verwandelten Form von Arbeitslohn, erscheint auf dem Gegenpol der Mehrwert in der verwandelten Form von Profit. (MEW 25, 46)

Obgleich nur der variable Teil des Kapitals Mehrwert schafft, so schafft er ihn nur unter der Bedingung, daß auch die anderen Teile vorgeschossen werden, die Produktionsbedingungen der Arbeit. Da der Kapitalist die Arbeit nur exploitieren kann durch Vorschuß des konstanten Kapitals, da er das konstante Kapital nur verwerten kann durch Vorschuß des variablen, so fallen ihm diese in der Vorstellung alle gleichmäßig zusammen, und dies um so mehr, als der wirkliche Grad seines Gewinns bestimmt ist, nicht durch das Verhältnis zum variablen Kapital, sondern zum Gesamtkapital, nicht durch die Rate des Mehrwerts, sondern durch die Rate des Profits, die ... dieselbe bleiben und doch verschiedene Raten des Mehrwerts ausdrücken kann ... Der Mehrwert, woher er immer entspringe, ist ... ein Überschuß über das vorgeschossene Gesamtkapital. Dieser Überschuß steht also in einem Verhältnis zum Gesamtkapital, das sich ausdrückt durch den Bruch m : C, wo C das Gesamtkapital bedeutet. So erhalten wir die Profitrate [p' =] m : C. (MEW 25, 52)

Obgleich der Überschuß des Werts der Ware über ihren Kostpreis im unmittelbaren Produktionsprozeß entsteht, wird er erst realisiert im Zirkulationsprozeß, und erhält um so leichter den Schein, aus dem Zirkulationsprozeß zu entspringen, als es in der Wirklichkeit, innerhalb der Konkurrenz, auf dem wirklichen Markt, von Marktverhältnissen abhängt, ob oder nicht, und zu welchem Grad, dieser Überschuß realisiert wird. (MEW 25, 53)

Der Profit ist also nach Marx der auf den Wert des Einsatzkapitals bezogene Mehrwert. Er ist jedoch nicht gleich dem Ertrag oder *Gewinn*. Dieser ist die Differenz reiner Marktpreisgrößen, wie er den Unternehmungen tatsächlich zufällt. Die Marxsche Terminologie ist hier mitunter irreführend. Einmal bestimmt er den *Kostpreis* als die Wertgröße des aufgewandten Kapitals (Warenwert = Kostpreis + Mehrwert) (vgl. MEW 25, 34, 44, 46, 173, 216), mitunter aber als den »Kaufpreis, den der Kapitalist selbst für ihre [der Ware] Produktion gezahlt hat« (MEW 25, 48), oder er schreibt gar: »Dieser Wertteil der Ware, der den Preis der verzehrten Produktionsmittel und den Preis der angewandten Arbeitskraft ersetzt, ersetzt nur, was die Ware dem Kapitalisten selbst kostet, und bildet daher für ihn den Kostpreis der Ware«. (MEW 25, 34) Profit ist dennoch wohl bei Marx als Differenz zwischen *Wertgrößen* (und nicht zwischen Preisgrößen) zu verstehen.

Der Profit wird nun von produktiven wie vom kaufmännischen Kapital angeeignet, das sich durch Ausgliederung von Teilfunktionen des Kapitalumschlags gegenüber dem produktiven Kapital verselbständigt. (MEW 24, 61; 25, 303) Sieht man von produktiven Teilverrichtungen (etwa in der Zirkulationssphäre) ab, gilt:

Das Warenhandlungskapital also ... schafft weder Wert noch Mehrwert, sondern vermittelt nur ihre Realisation und damit zugleich den wirklichen Austausch von Waren ... den gesellschaftlichen Stoffwechsel ... Da das Kaufmannskapital selbst keinen Mehrwert erzeugt, so ist klar, daß der Mehrwert, der in Form des Durchschnittsprofits auf es fällt, einen Teil des von dem gesamten produktiven Kapital erzeugten Mehrwerts bildet ... Es ist klar, daß der Kaufmann seinen Profit nur aus dem *Preis* der von ihm verkauften Waren beziehen kann, und noch mehr, daß dieser Profit, den er beim Verkauf seiner Waren macht, gleich sein muß der Differenz zwischen seinem Kaufpreis und seinem Verkaufspreis, gleich dem Überschuß des ersten über den letzteren. (MEW 25, 293)

Ungeklärt bleibt, wie die bei der Distribution geleistete *Arbeit* sich verwertet. Nach Marx ist sie für die Wertprozesse ohne Belang. Welche Rolle spielt aber der Zins, wenn der Kapitalist mit fremden Kapital arbeitet? Nach Marx ist er eine Beteiligung des Geldgebers an den Früchten des produktiven Kapitals.

Es ist in der Tat nur die Trennung der Kapitalisten in Geldkapitalisten und industrielle Kapitalisten, die einen Teil des Profits in Zins verwandelt, die überhaupt die Kategorie des Zinses schafft; und es ist nur die Konkurrenz zwischen diesen beiden Sorten Kapitalisten, die den Zinsfuß schafft. (MEW 25, 383)

Beim Darlehensgeschäft stehen sich also nicht Lohnarbeiter und Kapitalist, sondern *Kapital als Eigentum* und *Kapital als Funktion* gegenüber. So scheint jede Beziehung des Zinses zur Produktion aufgehoben.

Das zinstragende Kapital ist das Kapital als Eigentum gegenüber dem Kapital als Funktion. Aber soweit das Kapital nicht fungiert, exploitiert es nicht die Arbeiter und tritt in keinen Gegensatz zur Arbeit. Andererseits bildet der Unternehmergewinn keinen Gegensatz zur Lohnarbeit, sondern nur zum Zins. (MEW 25, 392)

Die wirkliche Bewegung des ausgeliehenen Geldes als Kapital ist eine Operation, die jenseits der Transaktionen zwischen Verleihern und Anleihern liegt. In diesen selbst ist die Vermittlung ausgelöscht, nicht sichtbar, nicht unmittelbar einbegriffen. Als Ware eigener Art besitzt das Kapital auch eine eigentümliche Art der Veräußerung ... Wir sehen nur Weggabe und Rückzahlung. Alles, was dazwischen vorgeht, ist ausgelöscht. (MEW 25, 361 f.)

Im zinstragenden Kapital erreicht das Kapitalverhältnis seine äußerlichste und fetischartigste Form. Wir haben hier G–G', Geld, das mehr Geld erzeugt, sich selbst verwertender Wert, ohne den Prozeß, der die beiden Extreme vermittelt. Im Kaufmannskapital G–W–G', ist wenigstens die allgemeine Form der kapitalistischen Bewegung vorhanden, obgleich sie sich nur in der Zirkulationssphäre hält, der Profit daher als bloßer Veräußerungsprofit erscheint; aber immerhin stellt er sich dar als ein Produkt eines gesellschaftlichen *Verhältnisses*, nicht als Produkt eines bloßen *Dings* ... Hier ist die Fetischgestalt des Kapitals und die Vorstellung vom Kapitalfetisch fertig. In G–G' haben wir die begriffslose Form des Kapitals, die Verkehrung und Versachlichung der Produktionsverhältnisse in der höchsten Potenz: zinstragende Gestalt, die einfache Gestalt des Kapitals, worin es seinem eigenen Reproduktionsprozeß vorausgesetzt ist. (MEW 25, 404 f.)

Insofern der Zins eine vom Profit abgeleitete Größe ist, wird er mit der Höhe des Profits steigen oder fallen. Doch Marx kennt auch schon die Verzögerungen der einen Bewegung gegenüber der anderen im Verlauf der Konjunkturzyklen:

Der Zinsfuß erreicht seine äußerste Höhe während der Krisen, wo geborgt werden muß, um zu zahlen, was es auch koste. Es ist dies zugleich, da dem Steigen des Zinses ein Fallen im Preise der Wertpapiere entspricht, eine sehr artige Angelegenheit für Leute mit disponiblem Geldkapital, um sich zu

Spottpreisen solcher zinstragenden Papiere zu bemächtigen. (MEW 25, 373)

Der Leihzins geht also nicht (wie schon die Klassiker feststellten) in den Ausgleich der Profitraten ein, da der Kredit nur eine ergänzende und in seiner Höhe wechselnde Quelle der Finanzierung von Kapitalprozessen ist. Neben Profit, Handelsgewinn und Zins kennt Marx noch eine weitere Form der Aneignung des Mehrwerts: die *Grundrente*. (MEW 23, 589)

Die Charakteristika der Marxschen Theorie der Grundrente sind folgende:

1) Marx leitet analytisch die Rente als einen Surplusprofit (Vorzugsprofit) aus dem *Mehrwert* ab. Sie wird also im Rahmen der Werttheorie entwickelt und nicht etwa als Monopolgewinn aus einer Überteuerung der landwirtschaftlichen Erzeugnisse verstanden.

2) Die kapitalistische Grundrente (Marx betrachtet hier die von kapitalistischen Pächtern betriebene Großlandwirtschaft) hat sich historisch aus der feudalistischen Rente (ohne Mehrwert, sondern aus einfachem Mehrprodukt) entwickelt.

Unter den Voraussetzungen, daß eine kapitalistische Ordnung besteht und die Trennung von Grundeigentümer und agrarischem Unternehmer vollzogen ist, gilt für die *absolute Grundrente*:

1) Die im Gewerbe wie in der Landwirtschaft angelegten Kapitalien besitzen die gleiche Mehrwertrate. Die organische Zusammensetzung des Kapitals (c : v) ist niedriger als in den Gewerben. Bei gleichen Mehrwertraten ist also die Mehrwertmasse in der Landwirtschaft größer. Damit ist also auch der Marktwert ihrer Erzeugnisse höher als die Durchschnittsproduktionspreise für gewerbliche Erzeugnisse (hier nur durchschnittlicher Normalprofit). (MEW 26.2, 22)

2) Der höhere Mehrwert der Landwirtschaft wird nicht zum Durchschnittsprofit eingeebnet.

Es ist ganz einfach das Privateigentum bestimmter Personen an Grund und Boden, Minen, Wasser . . ., das sie befähigt, den in den Waren dieser besonderen Produktionssphäre, dieser besonderen Kapitalanlagen enthaltenen Überschuß des Mehrwerts über den Profit (Durchschnittsprofit, durch die allgemeine Taxe des Profits bestimmte Profitrate) aufzu-

fangen ... und zu verhindern, einzugehen in den allgemeinen Prozeß, wodurch die allgemeine Profitrate gebildet wird. (MEW 26.2, 31)
Nach dieser Theorie ist das Privateigentum an Naturobjekten ... ein Mittel, das den Eigentümer der Produktionsbedingungen befähigt, in der Produktionssphäre, worin der Gegenstand seines Eigentums als Produktionsbedingung eingeht, den Teil der vom Kapitalisten erpreßten unbezahlten Arbeit sich anzueignen, der sonst als Überschuß über den gewöhnlichen Profit in die Kapitalkasse geworfen würde. Das Eigentum ist ein Mittel, diesen Prozeß, der in den übrigen kapitalistischen Produktionssphären stattfindet, zu verhindern und den in dieser besonderen Produktionssphäre erzeugten Mehrwert in ihr selbst festzuhalten, so daß er sich jetzt teilt zwischen dem Kapitalisten und dem Grundeigentümer. (MEW 26.2, 36)

Diese absolute Rente entfällt, wenn etwa die Landwirtschaft die gleiche Zusammensetzung des Kapitals und daher die gleiche Profitrate aufweist wie das Gewerbe. Er entfällt auch dann, wenn Grundeigentum und Bewirtschaftung in einer Hand liegen, oder wenn noch der Boden frei angeeignet werden kann (wie zu Marxens Zeiten etwa noch in Teilen der USA).

Anders als der monopolistische Zusatzprofit verletzt nach Marxens Theorie die Grundrente nicht das Wertgesetz. Hier entsteht ein solcher, weil die landwirtschaftlichen Erzeugnisse zu ihrem Wert auf dem Markt verkauft werden und so ihren erhöhten Mehrwert realisieren.

Wie die absolute Rente, so gehorcht auch die Differentialrente [die Fruchtbarkeitsrente (Differentialrente I) und Intensitätsrente (Differentialrente II)] dem Wertgesetz.

Wie diese Surplusprofite aber auch entstehen mögen, ihre Verwandlung in Rente, also ihre Übertragung vom Pächter auf den Grundeigentümer, setzt als vorausgehende Bedingung stets voraus, daß die verschiedenen wirklichen individuellen Produktionspreise (d. h. unabhängig von dem allgemeinen, den Markt regulierenden Produktionspreis), welche die Teilprodukte der einzelnen sukzessiven Kapitalanlagen besitzen, vorher zu einem individuellen Durchschnittsproduktionspreis ausgeglichen werden. Der Überschuß des allgemeinen, regulierenden Produktionspreises des Produkts eines Acre über diesen seinen individuellen Durchschnittsproduktionspreis bildet und mißt die Rente pro Acre. (MEW 25, 736f.)

Wie die *absolute Rente* also auf einem niedrigerem Produktionsstand der Landwirtschaft beruht, so kommt die Differentialrente aus der höheren Produktivität einzelner landwirtschaftlicher Betriebe gegenüber anderen. Aber auch die Differentialrente wird vom Bodeneigentümer aufgrund seines Eigentumsrechts in Anspruch genommen. (MEW 25, 765)

Aus dem Surplusprofit der agrarischen Produktion stammt ein Konflikt zwischen agrarischem und gewerblichem Eigentum.

Die Rechtfertigung des Grundeigentums, wie die aller anderen Eigentumsformen einer bestimmten Produktionsweise, ist die, daß die Produktionsweise selbst historische transitorische Notwendigkeit besitzt, also auch die Produktions- und Austauschverhältnisse, die aus ihr entspringen. Allerdings ... unterscheidet sich das Grundeigentum von den übrigen Arten des Eigentums dadurch, daß auf einer gewissen Entwicklungshöhe, selbst vom Standpunkt der kapitalistischen Produktionsweise aus, es als überflüssig und schädlich erscheint. (MEW 25, 635 f.)

In demselben Maß, wie sich mit der kapitalistischen Produktion die Warenproduktion entwickelt, und daher die Produktion von Wert, entwickelt sich die Produktion von Mehrwert und Mehrprodukt. Aber in demselben Maß, wie letztere sich entwickelt, entwickelt sich die Fähigkeit des Grundeigentums, einen wachsenden Teil dieses Mehrwerts, vermittels seines Monopols an der Erde, abzufangen, daher den Wert seiner Rente zu steigern und den Preis des Bodens selbst. (MEW 25, 651)

Wie die Profitrate – nach Marx – tendentiell fällt, so fällt auch die Grundrente. Diese jedoch langsamer als die Profitrate.

Aber auch die Rate der Grundrente hat fallende Tendenz, obgleich ihre absolute Masse wächst und sie auch proportionell wachsen mag gegen den industriellen Profit. (MEW 25, 252)

B. Thesen

1. Die Aneignung des Mehrwerts geschieht auf vier verschiedene Weisen: Profit, Handelsgewinn, Zins und Grundrente.
2. Der Mehrwert ist formal die Differenz zwischen eingesetztem und erlöstem Kapital.

3. Der Mehrwert wird erklärt durch kapitalisierte Mehrarbeit.

4. Er ist materiell die Differenz zwischen dem Wert der Arbeit und dem Wert der Arbeitskraft.

5. Er wird erwirtschaftet durch Äquivalententausch (Arbeit gegen Lohngeld).

6. Die Mehrwertrate ist das Verhältnis von Mehrwert und Lohnkapital; das Maß für den Ausbeutungsgrad der Arbeitskraft.

7. Die Ausbeutung ist kein moralisches, sondern ein ökonomisches Problem.

8. Der *Profit* ist die erste Form, nach der sich der Mehrwert verteilt. Er ist die Differenz zwischen Warenwert und Kostpreis. In der Produktionssphäre ist seine Masse identisch mit dem des Mehrwerts.

9. Im Gegensatz zum Mehrwert (der ausschließlich auf das Lohnkapital bezogen ist, weil nur Arbeit Mehrwert schafft), bezieht er sich auf die Gesamtmenge des vorgeschossenen Kapitals.

10. Im Gegensatz zum *Gewinn* ist er ein absoluter Betrag, während der Gewinn die Differenz zwischen zwei Markt*preis*größen ist. Der Profit ist eine Wertgröße, der Gewinn eine Marktgröße (Entsprechendes gilt für Erträge).

11. Der *Handelsgewinn* entsteht aus dem Zirkulationsprozeß von Waren. Er ist eine *mittelbare* Aneignung des erwirtschafteten Mehrwerts. Er ist der Profit des Kaufmanns, der ohne Arbeitsleistung, die in die Ware als Wert einginge, erzielt wird.

12. Der *Zins* wird vom Eigentumskapital erwirtschaftet, nicht von dem Kapital als Funktion (wie der Profit oder der Handelsgewinn). Das Kapital ist nicht mehr warenvermittelt, sondern tritt sich selbst als Kapital entgegen. Er ist vom Profit abgeleitet (wie der Handelsgewinn). Die Zinshöhe entspricht nicht dem Verlauf der Entwicklung der Profite.

13. Die *Grundrente* ist die zweite ursprüngliche Form der Aneignung des Mehrwerts. Darin unterscheidet sie sich vom Handelsgewinn und vom Zins, die Anteile des produzierten Mehrwerts abzweigen.

14. Die Grundrente, obschon aus Arbeit erwirtschaftet und arbeitsvermittelte Werte schaffend, gehorcht z. T. anderen Gesetzen als der Profit. Sie erlaubt es dem kapitalistischen Boden-

eigner, einen Zusatzprofit zu erwirtschaften, der über dem Niveau der in der Industrie erwirtschafteten Durchschnittsprofite liegt. Dies ist die absolute Grundrente.

15. Die Differentialrente (erwirtschaftet aufgrund größerer Fruchtbarkeit des Bodens oder intensiverer Bewirtschaftung) paßt sich dem allgemeinen Trend zur Nivellierung der Grundrente an.

16. Die Sonderstellung des Besitzes an Grund und Boden (Überschußprofit, Monopol) führt zu Spannungen mit dem Industriekapital.

C. Einwände

1. Die Entsprechung vom Wert von Produkten und vom Wert der Ware Arbeitskraft ist unbefriedigend und ungenau gefaßt. Im Gegensatz zu den Produktionskosten von Waren sind die notwendigen Reproduktionskosten der Arbeitskraft nicht eindeutig auszumachen. Diese umfassen nach Marx sowohl die unabdingbaren physiologischen als auch bestimmte gesellschaftlich-kulturelle und gewohnheitsmäßige Bedürfnisse. Im Rahmen dieses elastischen Bedarfs kann der Lohn höher oder tiefer stehen, ohne sich hiedurch vom Wert der Arbeitskraft zu entfernen. Heute ist bei steigenden kulturellen und physiologischen Bedürfnissen die Höhe der Erhaltungskosten (und damit der Wert) der Arbeitskraft weitgehend unbestimmt (ebenso die Menge des zum Existenzminimums Gehörigen).

2. Marx differenziert nicht zureichend die Arbeit, die in den Dienstleistungen des Handels steckt, von der »Arbeit« des Kaufmannskapitals. Die Dienstleistungen des Handels gehen durchaus in den Wert der Ware (und damit auch in ihren Tauschwert) ein. Es handelt sich z. T. um – im Marxschen Sinne – produktive Arbeit (Lagerung, Transport, Bekanntmachen ... des Produkts).

3. Marx übersieht im Gewinnproblem die Verteilungsfrage. Zwar

ist der Profit auf den Gewinn hin orientiert, obschon eine Wertkategorie; doch ist der Profit nicht nur aus markttechnischen Gründen nicht mit dem Gewinn identisch. Vom ursprünglichen Ertrag sind abzuziehen die gesellschaftlich notwendigen Reinvestitionen (Abschreibungen) und Investitionen (Erweiterungen) als auch die Steuern. Die Kapitalströme werden weitgehend von der Gewinnerwartung nach allen Abzügen geleitet und nicht von der Profiterwartung.

4. Die Bemessung der vereinbarten Grundrente, die der Pächter an den Eigner zahlt, wird aufgrund der laufenden *Marktpreise* der Produkte vorgenommen werden.

5. Problematisch ist vor allem die Theorie der absoluten Grundrente, da sie nur für einen schmalen, selten realisierten Bereich gilt.

6. Schon *K. Kautsky* erschien es fraglich, daß in der Landwirtschaft eine unterdurchschnittliche organische Zusammensetzung des Kapitals herrsche[3].

7. Eine identische Mehrwertrate beim agrarischen wie gewerblichen Kapital läßt sich kaum nachweisen. Es ist denkbar, daß die Mehrwertrate in der Landwirtschaft höher ist wegen der längeren Arbeitszeit und der niedrigeren Lohnkosten, so daß schon deshalb eine Rente an den Eigner gezahlt werden könnte, die über dem Durchschnittsprofit des gewerblichen Kapitalisten steht. Zudem schlägt sich das landwirtschaftlich gebundene Kapital vermutlich langsamer um.

8. Voraussetzung der *Realisierung* eines Zusatzgewinns in der Landwirtschaft ist, daß das Angebot an landwirtschaftlichen Produkten in Monopolstellung steht. Dies ist aber eine Verletzung des strengen Wertgesetzes und zudem in der Praxis nur selten der Fall.

9. Die im Pachtzins gezahlte Rente kann auch anders erklärt werden als durch die Differenz von Marktwert und Produktionspreis, etwa aus einer höheren Mehrwertrate in der Landwirtschaft oder aus echten Monopolpreisen, welche gelegentlich auftreten können. Die Marxsche Grundrententheorie ist also weder bewiesen noch die einzig mögliche. Die absolute Grundrente ist, wenn sie überhaupt meßbar sein sollte, an

die Umstände der Agrarverfassung sowie an die wechselnde Marktlage gebunden (und also keine stehende Kategorie der modernen Erwerbsgesellschaft).

10. Die Rente auf den Stadtboden kann als reiner Monopolgewinn verstanden werden.
11. Marx hat übersehen, daß die Analogie von Landwirtschaftsbetrieben und industriellen Betrieben hinkt. Die freien Bauern werden nicht etwa aufgerieben und »ins Proletariat stürzen«, der bäuerliche Betrieb ist sehr viel zählebiger als ein industrieller.

So ist es denn zu verstehen, daß der Revisionismus schon früh bei der Landwirtschaftsfrage angesetzt hat. Sie ist auch für die deutsche Sozialdemokratie [etwa durch *E. David* (1863–1930)[4]] bedeutsam geworden.

Anmerkungen:

1 Wir folgen in diesem Kapitel weitgehend den Ausführungen von W. Hofmann (Einkommenstheorie, Berlin 1965, 126–159).
2 Theoretische Grundlagen des Marxismus, Leipzig 1905, 167. Er kann sich dabei auf Aussagen von Marx stützen wie dieser: »Der Mehrwert entspringt daher ebensosehr aus dem Teil des vorgeschossenen Kapitals, der in den Kostpreis der Ware eingeht, wie aus dem Teil desselben, der nicht in den Kostpreis eingeht; in einem Wort: gleichmäßig aus den fixen und zirkulierenden Bestandteilen des angewandten Kapitals.« (MEW 25, 46)
3 Die Agrarfrage, Stuttgart 1899, 76. Kautsky verstand übrigens (falsch) die Marxsche Grundrententheorie als Monopoltheorie.
4 Sozialismus und Landwirtschaft, 1903.

V. KONJUNKTURTHEORIE

A. Darstellung

Zwar kennt Marx noch keine entwickelte Konjunkturtheorie, doch hat er ihr einige wichtige Anstöße gegeben. Sie ist von *Walter Adolf Jöhr* (* 1910), *Josef Alois Schumpeter* (1883–1950), *Emil Lederer* (1882–1939), *Albert Aftalion* (1874–1956), *Arthur Spiethoff* (1883–1957), *Knut Wicksell* (1851–1926) ... weiterentwickelt worden, ehe sie mit *John Maynard Keynes* (1883–1946), *Eversey D. Domar* (* 1914), *Robert Merton Solow* (* 1924) ... ihre heute noch gültige Gestalt erreichte.

Wir wollen hier die Marxschen Ansätze zu einer Konjunkturtheorie in drei Schritten nachzeichnen [1]:

- Das Schema der einfachen und erweiterten Reproduktion des Kapitals.
- Das Gesetz vom tendentiellen Fall der Profitrate.
- Die historische Tendenz der kapitalistischen Produktionsweise.

1. Das Schema der Reproduktion des Kapitals

Nach Marx ist das Kapital ein »prozessierender Wert«, der seinen Zweck (die ständige Selbstvermehrung) ausschließlich im beständigen Prozeß des Kapitalumschlags erreichen kann. Produktions- und Zirkulationssphäre treten dabei in ständige Wechselwirkung. Nur in der Produktion wird der Mehrwert erzeugt. Seine Verwandlung in vergrößertes Einsatzkapital macht den Inhalt der Kapitalakkumulation aus. Dazu sind Märkte vonnöten, die es erlauben, den vorgeschossenen Mehrwert wieder zu realisieren. Die Durchgangsphasen des umgeschlagenen Kapitals bezeichnet Marx durch folgendes Schema (MEW 24, 56):

$$G - W \begin{smallmatrix} A \\ \diagdown \\ Pm \end{smallmatrix} \ldots P \ldots W' \, (W + w) - G' \, (G + g).$$

Dabei bedeuten G (Geld), W (Ware), A (Arbeitskraft), Pm (Produktionsmittel), P (Produktionsprozeß), W' (durch m vermehrte Ware), G' (durch m vermehrtes Geld), . . ., (die Zirkulation des Kapitals ist unterbrochen, aber sein Kreislaufprozeß dauert an, indem es aus der Sphäre der Warenzirkulation in die Produktionssphäre tritt), w (Wert des Mehrprodukts) und g (Wert des Mehrgeldes).

Obgleich begriffslose Form des Kapitals ist G' = G + g zugleich erst das Geldkapital in seiner realisierten Form, als Geld, welches Geld gehecktt hat. (MEW 24, 51)

In G' ist die direkte Beziehung zu P verschwunden. (MEW 24, 51)

In der Zirkulation G–W ... P ... W'–G' ist der erste Akt G–W des einen Kapitalisten der letzte W'–G' eines anderen (oder Teil davon); ob dies W, wodurch G in produktives Kapital umgesetzt wird, für den Verkäufer von W (der also dies W in Geld umsetzt) konstanten Kapitalbestandteil, variablen Kapitalbestandteil oder Mehrwert vorstellt, ist für die Warenzirkulation selbst durchaus gleichgültig. (MEW 24, 416)

Die Zusammenfassung der miteinander sich verwebenden individuellen Kapitalumschläge ergibt den volkswirtschaftlichen Gesamtprozeß, dessen Ergebnis sich in der Größe der periodischen Wertschöpfung der Gesamtgesellschaft niederschlägt.

Betrachten wir die jährliche Funktion des gesellschaftlichen Kapitals – also des Gesamtkapitals, wovon die individuellen Kapitale nur Bruchstücke bilden, deren Bewegung sowohl ihre individuelle Bewegung ist, wie gleichzeitig integrierendes Glied der Bewegung des Gesamtkapitals – in ihrem Resultat, d. h., betrachten wir das Warenprodukt, welches die Gesellschaft während des Jahres liefert, so muß sich zeigen, wie der Reproduktionsprozeß des gesellschaftlichen Kapitals vonstatten geht, welche Charaktere diesen Reproduktionsprozeß vom Reproduktionsprozeß eines individuellen Kapitals unterscheiden und welche Charaktere beiden gemeinsam sind. Das Jahresprodukt umschließt sowohl die Teile des gesellschaftlichen Produkts, welche Kapital ersetzen, die gesellschaftliche Reproduktion, wie die Teile, welche dem Konsumtionsfond anheimfallen, durch Arbeiter und Kapitalisten verzehrt werden, also sowohl die produktive wie die individuelle Konsumtion. Sie umschließt ebensowohl die Reproduktion (d. h. Erhaltung) der Kapitalistenklasse und der Arbeiterklasse, daher auch die Reproduktion des kapitalistischen Charakters des gesamten Produktionsprozesses. Es ist offenbar die Zirkulationsfigur

$$W' - \begin{cases} G - W \ldots P \ldots W' \\ g - w, \end{cases}$$

die wir zu analysieren haben, und zwar spielt die Konsumtion notwendig eine Rolle darin; denn der Ausgangspunkt W' = W + w, das Warenkapital, schließt sowohl den konstanten und variablen Kapitalwert ein wie den Mehrwert. Seine Bewegung umfaßt daher ebensowohl die individuelle Konsumtion wie die produktive. Bei den Kreisläufen G–W' ... P ... W'–G' und P ... W'–G'–W ... P ist die Bewegung des *Kapitals* Ausgangs- und Endpunkt: was zwar auch die Konsumtion einschließt, da die Ware, das Produkt, verkauft werden muß. Dies aber als geschehen vorausgesetzt, ist es gleichgültig für die Bewegung des Einzelkapitals, was weiter aus dieser Ware wird. Dagegen sind bei der Bewegung W...W' die Bedingungen der gesellschaftlichen Reproduktion gerade daraus erkennbar, daß nachgewiesen werden muß, was aus jedem Wertteil dieses Gesamtprodukts W' wird. Der gesamte Reproduktionsprozeß schließt hier den durch die Zirkulation vermittelten Konsumtionsprozeß ebensosehr ein wie den Reproduktionsprozeß des Kapitals selbst. (MEW 24, 391 f.)

Das Periodenprodukt zerfällt demnach in Konsumtionsmittel und Produktionsmittel, das periodische Einkommen in Arbeitslohn und in Einkommen aus Kapitalverwertung (Mehrwert). Damit sind von Marx die wesentlichen Elemente jener Theorie des Sozialprodukts ausgemacht, die er in die Volkswirtschaftslehre einbrachte. Marx unterscheidet (methodisch) zwischen

a) den Bedingungen eines stationär gedachten Kreislaufs mit bloßer (stofflicher wie wertmäßiger) Wiederherstellung des verbrauchten Produktivkapitals (einfache Reproduktion) und
b) der hierauf sich aufbauenden Neubildung des sich vermehrenden Kapitals (erweiterte Reproduktion oder Akkumulation des Kapitals). Zunächst zur einfachen Akkumulation:

Die Frage, wie sie unmittelbar vorliegt, ist die: Wie wird das in der Produktion verzehrte *Kapital* seinem Wert nach aus dem jährlichen Produkt ersetzt, und wie verschlingt sich die Bewertung dieses Ersatzes mit der Konsumtion des Mehrwerts durch die Kapitalisten und des Arbeitslohns durch die Arbeiter? Es handelt sich also zunächst um die Reproduktion auf einfacher Stufenleiter. Ferner wird unterstellt nicht nur, daß die Produkte ihrem Wert nach sich austauschen, sondern auch, daß keine Wertrevolution in den Bestandteilen des produktiven Kapitals vorgehe. Soweit die Preise von den Werten abweichen, kann dieser Umstand übrigens auf die Bewegung des gesellschaftlichen Kapitals keinen Einfluß ausüben. Es tauschen sich nach wie vor im ganzen dieselben Massen Produkte aus, obgleich die einzelnen Kapitalisten dabei in Wertverhältnissen beteiligt sind, die nicht mehr proportionell wären ihren respektiven Vorschüssen und den von jedem von ihnen *einzeln* produzierten Mehrwertmassen. (MEW 24, 392 f.)

Die einfache Reproduktion auf gleichbleibender Stufenleiter erscheint insoweit als eine Abstraktion, als einerseits auf kapitalistischer Basis Abwesenheit aller Akkumulation oder Reproduktion auf erweiterter Stufenleiter eine befremdliche Annahme ist, andererseits die Verhältnisse, worin produziert wird, nicht absolut gleichbleiben (und dies ist vorausgesetzt) in verschiedenen Jahren. Die Voraussetzung ist, daß ein gesellschaftliches Kapital von gegebenem Wert, wie im vorigen Jahr so in diesem, dieselbe Masse Warenwert wieder liefert und dasselbe Quantum Bedürfnisse befriedigt, obgleich die Formen der Waren sich im Reproduktionsprozeß ändern mögen. Indes, soweit Akkumulation stattfindet, bildet die einfache Reproduktion stets einen Teil derselben, kann also für sich betrachtet werden, und ist ein realer Faktor der Akkumulation. (MEW 24, 393 f.)

Im folgenden unterscheidet Marx zwischen den großen Abteilungen der gesellschaftlichen Gesamtproduktion. Die Abteilung I erzeugt Produktionsmittel, die Abteilung II Konsumtionsmittel (die Abteilung III, die Non-sense-Produkte erzeugt, wie die von Rüstungsgegenständen, wird von Marx nicht ins Kalkül gezogen). In jeder Abteilung »zerfällt« das Kapital wieder in v und c, und letzteres wieder in c_f und c_z. In der Produktion erhalten die Produkte einen weiteren Wert, m. Jede Einzelware und das gesamte Jahresprodukt jeder der beiden Abteilungen zerfällt in die Wertgrößen v + c + m.

Nur die Lohn- und Gewinneinkommen (v + m) stellen das Wertprodukt der Periode (die volkswirtschaftlichen Neuwertschöpfungen) dar. Davon ist der Produktenwert (Wert der periodischen Bruttoproduktion) zu unterscheiden, der auch den Wert von c enthält. Dieses c gehört der Produktion einer früheren Periode an – sein Wert wird auf den Wert des gegenwärtigen Produkts nur übertragen. (MEW 24, 435 f.)

Damit sind die Voraussetzungen des Schemas »einfache Reproduktion« erklärt. Marx stellt es so vor: Das Verwertungsverhältnis (m : v) betrage 100 %. Dann gilt:

I. Produktion von Produktionsmitteln:

      Kapital .... $4000_c + 1000_v = 5000$

  Warenprodukt .... $4000_c + 1000_v + 1000_m = 6000$

  existierend in Produktionsmitteln.

II. Produktion von Konsumtionsmitteln:

      Kapital .... $2000_c + 500_v = 2500$

  Warenprodukt .... $2000_c + 500_v + 500_m = 3000$

  existierend in Konsumtionsmitteln ...

Gesamtwert = 9000, wovon das in seiner Naturalform fortfungierende fixe Kapital nach der Voraussetzung ausgeschlossen ist.

Wenn wir nun auf die Grundlage einfacher Reproduktion, wo also der ganze Mehrwert unproduktiv konsumiert wird, notwendige Umsätze untersuchen und dabei zunächst die sie vermittelnde Geldzirkulation unbeachtet lassen, so ergeben sich uns von vornherein drei große Anhaltspunkte.

1. Die 500_v, Arbeitslohn der Arbeiter, und die 500_m, Mehrwert der Kapitalisten der Abteilung II, müssen in Konsumtionsmitteln verausgabt werden. Aber ihr Wert existiert in den Konsumtionsmitteln zum Wert von 1000_v, die in den Händen der Kapitalisten, Abteilung II, die vorgeschossenen 500_v ersetzen und die 500_m repräsentieren. Arbeitslohn und Mehrwert der Abteilung II werden also innerhalb der Abteilung II gegen Produkt von II umgesetzt. Damit verschwinden aus dem Gesamtprodukt $(500_v + 500_m)$ II $= 1000$ in Konsumtionsmitteln.

2. Die $1000_v + 1000_m$ der Abteilung I müssen ebenfalls in Konsumtionsmitteln verausgabt werden, also in Produkt von Abteilung II. Sie müssen sich also austauschen gegen den von diesem Produkt noch übrigen, dem Belauf nach gleichen, konstanten Kapitalteil 2000_c. Dafür erhält Abteilung II einen gleichen Betrag von Produktionsmitteln, Produkt von I, worin der Wert der $1000_v + 1000_m$ von I verkörpert. Damit verschwinden aus der Rechnung 2000 II$_c$ und $(1000_v + 1000_m)$ I.

3. Es bleiben noch 4000 I$_c$. Diese bestehen in Produktionsmitteln, die nur in Abteilung I vernutzt werden können, zum Ersatz ihres verzehrten konstanten Kapitals dienen, und daher durch gegenseitigen Austausch zwischen den einzelnen Kapitalisten von I ebenso ihre Erledigung finden wie die $(500_v + 500_m)$ II durch Austausch zwischen den Arbeitern und Kapitalisten, resp. zwischen den einzelnen Kapitalisten von II. (MEW 24, 396 f.)

Es finden also dreierlei Umsätze statt:

a) Ein Teil der Produktionsmittel dient dem Bedarf der Produktionsmittel erzeugenden Abteilung I selbst.

b) Ein Teil der in der Abteilung II hergestellten Verbrauchsmittel deckt den Bedarf der Arbeiter und Kapitalisten.

c) Die Abteilung I liefert Produktionsmittel für den Bedarf der Abteilung II und bezieht dafür von II Konsumtionsmittel für seine eigenen Arbeiter und Kapitalisten.

In dem Umsatz von 1000 I_v + 1000 I_m gegen 2000 II_c wird also das, was konstantes Kapital für die einen (2000 II_c), variables Kapital und Mehrwert, also überhaupt Revenue, für die anderen; und das, was variables Kapital und Mehrwert (2000 $I_{(v + m)}$), also überhaupt Revenue für die einen, wird konstantes Kapital für die anderen. (MEW 24, 438)

Der Tausch $I_{(v + m)}$ gegen II_c hält die beiden Abteilungen zusammen. Alle die genannten Tauschumsätze verlaufen nicht in der Form von naturalen Zug-um-Zug-Tausch, sondern sind durch die Geldzirkulation vermittelt.

Bei der einfachen Reproduktion des Kapitals wird voraussetzungsgemäß der ganze Mehrwert verzehrt; es kommt zu keiner Kapitalvermehrung. Also ist hier der jährlich produzierte Neuwert (v + m) gleich groß wie die Werte der Konsumtionsmittel. (MEW 24, 423)

Bei der *erweiterten Reproduktion* des Kapitals ist der Mehrwert nicht mehr reine Revenue (Verzehrseinkommen) der Kapitalisten, sondern wird ein Teil des Mehrwerts in neues Kapital verwandelt. Diesen Prozeß nennt Marx Akkumulation des Kapitals. (MEW 23, 605)

Für den einzelnen Kapitalisten gilt:

Zunächst muß die Jahresproduktion alle die Gegenstände (Gebrauchswerte) liefern, aus denen die im Lauf des Jahres verbrauchten sachlichen Bestandteile des Kapitals zu ersetzen sind. Nach Abzug dieser bleibt das Netto- oder Mehrprodukt, worin der Mehrwert steckt. Und woraus besteht dieses Mehrprodukt? Vielleicht in Dingen, bestimmt zur Befriedigung der Bedürfnisse und Gelüste der Kapitalistenklasse [m_r], die also in ihren Konsumtionsfond eingehen? Wäre das der Fall, so würde der Mehrwert verjubelt bis auf die Hefen, und es fände bloß einfache Reproduktion statt. Um zu akkumulieren, muß man einen Teil des Mehrprodukts in Kapital verwandeln [m_a]. Aber, ohne Wunder zu tun, kann man nur solche Dinge in Kapital verwandeln, die im Arbeitsprozeß verwendbar sind, d. h. Produktionsmittel, und des ferneren Dinge, von denen der Arbeiter sich erhalten kann, d. h. Lebensmittel. Folglich muß ein Teil der jährlichen Mehrarbeit verwandt worden sein zur Herstellung zusätzlicher Produktions-

und Lebensmittel, im Überschuß über das Quantum, das zum Ersatz des vorgeschossenen Kapitals erforderlich war. Mit einem Wort: der Mehrwert ist nur deshalb in Kapital verwandelbar, weil das Mehrprodukt, dessen Wert er ist, bereits die sachlichen Bestandteile eines neuen Kapitals enthält.

Um nun diese Bestandteile tatsächlich als Kapital fungieren zu lassen, bedarf die Kapitalistenklasse eines Zuschusses von Arbeit. Soll nicht die Ausbeutung der schon beschäftigten Arbeiter extensiv oder intensiv wachsen, müssen zusätzliche Arbeitskräfte eingestellt werden. Dafür hat der Mechanismus der kapitalistischen Produktion ebenfalls schon gesorgt, indem er die Arbeiterklasse reproduziert als vom Arbeitslohn abhängige Klasse, deren gewöhnlicher Lohn hinreicht, nicht nur ihre Erhaltung zu sichern, sondern auch ihre Vermehrung. Diese, ihm durch die Arbeiterklasse auf verschiedenen Altersstufen jährlich gelieferten, zuschüssigen Arbeitskräfte braucht das Kapital nur noch den in der Jahresproduktion schon enthaltenen zuschüssigen Produktionsmitteln einzuverleiben, und die Verwandlung des Mehrwerts in Kapital ist fertig. Konkret betrachtet, löst sich die Akkumulation auf in Reproduktion des Kapitals auf progressiver Stufenleiter. Der Kreislauf der einfachen Reproduktion verändert sich und verwandelt sich ... in eine Spirale. (MEW 23, 606 f.)

In der erweiterten Reproduktion des Kapitals verändert sich also die Verwendung des Mehrwerts. Ein Teil dient nach wie vor der Revenue der Kapitaleigner (m_r), der andere wird akkumuliert (m_a). Dabei zerfällt er wieder in konstantes (m_{ac}) und variables (m_{av}) Kapital. Die Wertzusammensetzung kann etwa so formuliert werden:

    I. $c_1 + v_1 + m_{r1} + m_{ac1} + m_{av1}$ = Pm (Produktionsmittel)

    II. $c_2 + v_2 + m_{r2} + m_{ac2} + m_{ac2}$ = Km (Konsummittel)

Auch hier sind wieder dreierlei Umsätze zu unterscheiden:

a) Abteilung I produziert für den eigenen Bedarf Produktionsmittel, deren Wert den Größen $c_1 + m_{ac1}$ entspricht.

b) Abteilung II produziert für den Bedarf der Kapitalisten und Arbeiter der gleichen Abteilung Konsumtionsmittel, deren Wert den Größen $v_2 + m_{r2} + m_{av2}$ entspricht.

c) Abteilung II bezieht von Abteilung I für ihre eigene Reproduktion Produktionsmittel im Werte von $c_2 + m_{ac2}$ und liefert an die Arbeiter und Kapitalisten von I Konsumtionsmittel im Werte von $v_1 + m_{r1} + m_{av1}$.

Die Grundgleichung für die einfache Reproduktion ($v_1 + m_1 = c_2$) im Austausch der beiden Abteilungen erweitert sich entsprechend auf $v_1 + m_{r1} + m_{av1} = c_2 + m_{ac2}$.

Wie also I das zusätzliche konstante Kapital von II aus seinem Mehrprodukt zu liefern hat, so liefert II in diesem Sinn das zuschüssige variable Kapital für I. II akkumuliert für I und für sich selbst, soweit das variable Kapital in Betracht kommt, indem es einen größeren Teil seiner Gesamtproduktion, also auch namentlich seines Mehrprodukts, in Form von notwendigen Konsumtionsmitteln reproduziert.

$I_{(v + m)}$ muß bei Produktion auf wachsender Kapitalbasis sein II_c plus dem Teil des Mehrprodukts, der als Kapital wieder inkorporiert wird, plus dem zuschüssigen Teil von konstantem Kapital, nötig zur Erweiterung der Produktion in II; und das Minimum dieser Erweiterung ist das, ohne welches die wirkliche Akkumulation, d. h. die wirkliche Produktionsausdehnung in I selbst nicht ausführbar ist. (MEW 24, 512)

Die Erzeugung von Produktionsmitteln und die Erzeugung von Konsumtionsmitteln muß also zunehmen. Damit es aber zur Spirale der erweiterten Reproduktion kommt (im Gegensatz zum Kreis der einfachen), ist vor allem aber auch eine erweiterte Erzeugung von Produktionsmitteln für den Bedarf von I nötig:

Der Unterschied liegt hier nur in der Form der angewandten Mehrarbeit, der konkreten Natur ihrer besonderen nützlichen Weise. Sie ist verausgabt worden in Produktionsmitteln für I_c statt für II_c, in Produktionsmitteln für Produktionsmittel statt in Produktionsmitteln für Konsumtionsmittel. Bei der einfachen Reproduktion wurde vorausgesetzt, daß der ganze Mehrwert I verausgabt wird als Revenue, also in Waren II; er bestand also nur aus solchen Produktionsmitteln, die das konstante Kapital II_c in seiner Naturalform wieder zu ersetzen haben. Damit also der Übergang von der einfachen zur erweiterten Reproduktion vor sich gehe, muß die Produktion in Abteilung I im Stand sein, weniger Elemente des konstanten Kapitals für II, aber um ebensoviel mehr für I herzustellen. Erleichtert wird dieser Übergang, der sich nicht immer ohne Schwierigkeit vollziehen wird, durch die Tatsache, daß eine Anzahl Produkte von I als Produktionsmittel in beiden Abteilungen dienen können. (MEW 24, 492)

Die Akkumulation in I muß daher schneller vor sich gehen als in II. Der Anteil von I an der Bruttoproduktion der Volkswirtschaft muß wachsen. Dabei kann der Anteil der Kapitalbildung am Volkseinkommen (an der Nettowertschöpfung) konstant bleiben. Dieser

Sachverhalt ist für einige sozialistische Ökonomien von einiger Bedeutung (gewesen).

Marx zeigt nun an einem – wiederum fingierten – Beispiel für den Fall der erweiterten Reproduktion das, was man heute vielleicht als Gleichgewichtspfad einer wachsenden Wirtschaft bezeichnen würde (MEW 24, 505–509):

A) Schema einfacher Reproduktion

$$\left. \begin{array}{l} \text{I. } 4000_c + 1000_v + 1000_m = 6000 \\ \text{II. } 2000_c + 500_v + 500_m = 3000 \end{array} \right\} \text{ Summa } 9000$$

B) Ausgangsschema für Reproduktion auf erweiterter Stufenleiter:

$$\left. \begin{array}{l} \text{I. } 4000_c + 1000_v + 1000_m = 6000 \\ \text{II. } 1500_c + 750_v + 750_m = 3000 \end{array} \right\} \text{ Summa } 9000$$

Angenommen, daß in Schema B die Hälfte des Mehrwerts in I akkumuliert wird, also 500, so erhalten wir zunächst $(1000_v + 500_m)$ I oder $1500\ \text{I}_{(v + m)}$ zu ersetzen durch $1500\ \text{II}_c$; es bleibt dann in I: $4000_v + 500_m$, welche letztere zu akkumulieren. Die Ersetzung von $(1000_v + 500_m)$ I durch $1500\ \text{II}_c$ ist der Prozeß der einfachen Reproduktion und schon bei letzterer erläutert. Nehmen wir an, daß von den $500\ \text{I}_m$ 400 in konstantes Kapital zu verwandeln, 100 in variables. Der Umsatz innerhalb der 400_m, die so kapitalisiert werden sollen, ist bereits erörtert; sie können also ohne weiteres annexiert werden an I_c, und wir erhalten dann für I:

$4400_c + 1000_v + 100_m$ (die in 100_v umzusetzen sind).

Seinerseits kauft II zum Zwecke der Akkumulation von I die $100\ \text{I}_m$ (in Produktionsmitteln existierende), die nun zuschüssiges konstantes Kapital von II bilden, während die 100 Geld, die es dafür zahlt, in Geldform des zuschüssigen variablen Kapitals von I verwandelt werden. Wir haben dann für I ein Kapital von $4400_c + 1100_v$ (die letzteren in Geld) = 5500.

II hat jetzt für konstantes Kapital 1600_c; es muß zu deren Bearbeitung weitere 50_v in Geld für Ankauf neuer Arbeitskraft zuschießen, so daß sein variables Kapital von 750 auf 800 wächst. Diese Ausdehnung des variablen wie konstanten Kapitals von II um zusammen 150 wird bestritten aus seinem Mehrwert; von den $750\ \text{II}_m$ bleiben also nur 600_m als Konsumtionsfond der Kapitalisten II, deren Jahresprodukt sich nun wie folgt verteilt:

$\text{II. } 1600_c + 800_v + 600_m$ (Konsumtionsfonds) = 3000.

Die in den Konsumtionsmitteln produzierten 150_m, die hier nur in $(100_c + 50_v)$ II umgesetzt, gehen in ihrer Naturalform ganz in die Konsumtion der Arbeiter ein: 100 werden verzehrt von den Arbeitern I ($100\ \text{I}_v$) und

50 von den Arbeitern II (50 II$_v$), wie oben auseinandergesetzt. In der Tat muß in II, wo sein Gesamtprodukt in einer für die Akkumulation nötigen Form zubereitet wird, ein um 100 größerer Mehrwert in Form von notwendigen Konsumtionsmitteln reproduziert werden. Beginnt wirklich die Reproduktion auf erweiterter Stufenleiter, so fließen 100 variables Geldkapital von I durch die Hände seiner Arbeiterklasse zurück an II; welches dagegen 100$_m$ in Warenvorrat an I überträgt und zugleich 50 in Warenvorrat an seine eigene Arbeiterklasse.

Das zum Zweck der Akkumulation veränderte Arrangement steht nun wie folgt:

$$\left.\begin{array}{l} \text{I. } 4400_c + 1100_v + 500 \text{ Konsumtionsfonds} = 6000 \\ \text{II. } 1600_c + 800_v + 600 \text{ Konsumtionsfonds} = 3000 \end{array}\right\} \begin{array}{l} \text{Summa 9000} \\ \text{wie S. 313.} \end{array}$$

Davon sind Kapital:

$$\left.\begin{array}{l} \text{I. } 4400_c + 1100_v \text{ (Geld)} = 5500 \\ \text{II. } 1600_c + 800_v \text{ (Geld)} = 2400 \end{array}\right\} = 7900,$$

während die Produktion begann mit:

$$\left.\begin{array}{l} \text{I. } 4000_c + 1000_v = 5000 \\ \text{II. } 1500_c + 750_v = 2250 \end{array}\right\} = 7250.$$

Geht die wirkliche Akkumulation nun auf dieser Basis vor sich, d. h., wird mit dem vermehrten Kapital nun wirklich produziert, so erhalten wir am Ende des nächsten Jahres:

$$\left.\begin{array}{l} \text{I. } 4400_c + 1100_v + 1100_m = 6600 \\ \text{II. } 1600_c + 800_v + 800_m = 3200 \end{array}\right\} = 9800$$

So geht es weiter. Für den Schluß der jeweils weiteren Jahre ergeben sich folgende rechnerische Größen:

$$\left.\begin{array}{l} \text{I. } 4840_c + 1210_v + 1210_m = 7260 \\ \text{II. } 1760_c + 880_v + 880_m = 3520 \end{array}\right\} = 10\,780$$

$$\left.\begin{array}{l} \text{I. } 5324_c + 1331_v + 1331_m = 7986 \\ \text{II. } 1936_c + 968_v + 968_m = 3872 \end{array}\right\} = 11\,858$$

$$\left.\begin{array}{l} \text{I. } 5856_c + 1464_v + 1464_m = 8784 \\ \text{II. } 2129_c + 1065_v + 1065_m = 4259 \end{array}\right\} = 13\,043$$

$$\left.\begin{array}{l} \text{I. } 6442_c + 1610_v + 1610_m = 9662 \\ \text{II. } 2342_c + 1172_v + 1172_m = 4686 \end{array}\right\} = 14\,348$$

Das Schema geht dabei von folgenden Annahmen aus:

a) Die organische Zusammensetzung des Kapitals (das technisch wertmäßige Verhältnis von konstantem und variablem Kapital) ist durch alle Perioden hindurch im wesentlichen unverändert in I wie vier zu eins, in II wie zwei zu eins.

b) Die Profitrate ist in I (wiederum gleichbleibend) 20 %, in Abteilung II 33,3 %. Der Ausgleich der Profitraten ist also noch nicht berücksichtigt.

In einem zweiten Beispiel (MEW 24, 509–514) nimmt Marx für beide Abteilungen ein Verhältnis von konstantem zu variablem Kapital von 5:1 und eine für beide Abteilungen gleichbleibende Profitrate von 16,67 % an. Die Berechnung beginnt mit der Annahme:

$$\left. \begin{array}{l} \text{I. } 5000_c + 1000_v + 1000_m = 7000 \\ \text{II. } 1430_c + 285_v + 285_m = 2000 \end{array} \right\} = 9000$$

Das Produkt von 9000 ... muß zum Zweck der Reproduktion ... folgende Verteilung annehmen, wenn 500 I$_m$ kapitalisiert werden sollen. Wir ziehen bloß die Waren in Betracht und vernachlässigen die Geldzirkulation.

I. $5000_c + 500_m$ (zu kapitalisieren) $+ 1500_{(v + m)}$ Konsumtionsfonds $=$ 7000 in Waren.

II. $1500_c + 299_v + 201_m = 2000$ in Waren. Gesamtsumme 9000 in Warenprodukt.

Die Kapitalisation geht nun vor sich wie folgt:
In I teilen sich die 500$_m$, die kapitalisiert werden, in $5:6 = 417_c + 1:6 = 83_v$. Die 83$_v$ entziehen einen gleichen Betrag von II$_m$, der Elemente des konstanten Kapitals kauft, also zu II$_c$ geschlagen wird. Eine Vermehrung von II$_c$ um 83 bedingt eine Vermehrung von II$_v$ um $1:5$ von $83 = 17$. Wir haben also nach dem Umsatz:

$$\left. \begin{array}{l} \text{I. } (5000_c + 417_m)_c + (1000_v + 83_m)_v = 5417_c + 1083_v = 6500 \\ \text{II. } (1500_c + 83_m)_c + (299_v + 17_m)_v = 1583_c + 316_v = 1899 \end{array} \right\} = 8399.$$

Das Kapital I ist gewachsen von 6000 auf 6500, also um $1:12$. In II von 1715 auf 1899, also um nicht ganz $1:9$.

Für die beiden folgenden Jahre ergeben sich folgende Größen:

I. $(5417_c + 452_m)_c + (1083_v + 90_m)_v = 5869_c + 1173_v = 7042$
II. $(1183_c + 42_m + 90_m)_c + (316_v + 8_m + 18_m)_v = 1715_c + 342_v$
$= 2057$
I. $(5869_c + 489_m)_c + (1173_v + 98_m)_v = 6358_c + 1271_v = 7629$
II. $(1715_c + 45_m + 98_m)_c + (342_v + 9_m + 20_m)_v = 1858_c + 371_v$
$= 2229$

Das Ausgangskapital von 8399 ist also nach einem Jahr gewachsen auf 9129 (7072 + 2057) und im übernächsten Jahr auf 9858 (7629 + 2229).

Marx hat damit ein erstes entwickeltes und differenziertes Bild der wachsenden Wirtschaft geliefert. Dabei verband er stofflich und wertmäßige Reproduktion, einzel- und gesamtwirtschaftliche Prozesse, Kreislauf und Entwicklung miteinander. Erstmals entwickelte er ein Modell des Gleichgewichts einer fortschreitenden kapitalistischen Ökonomie. Er zeigt gegen *Smith, Say, Sismondi, Rodbertus* ..., daß in das Sozialprodukt auch die neu hervorgebrachten Sachmittel der Produktion eingehen. Während die Klassiker von *Smith* bis *Mill* den Gesamtwert der Waren auflösen in Lohn, Profit und Rente (also in Größen des Volkseinkommens, der periodischen Neuwertschöpfung), weiß Marx auch vom Wert der vernutzten Elemente des Sachkapitals in der Wertzusammensetzung des Produkts. So kommt er zu der für seine Theorie wichtigen Unterscheidung von Bruttoproduktionswert (Produktenwert = c + v + m) und Neuwertschöpfung (Wertprodukt = v + m). Jetzt erst war es möglich geworden, die Lehre von den Gleichgewichtsbedingungen aus der simplen Harmonifikation der Klassik zu befreien. Die Marxschen Schemata zeigen, unter welchen Bedingungen eine ausgeglichene Entwicklung der Volkswirtschaft *möglich* ist. Das Marxsche Schema der erweiterten Reproduktion findet also keinen Ansatz für die Behauptung, die von marxistischen Ökonomen immer wieder aufgestellt wurde, das Reproduktionsschema zeige die Labilität der kapitalistischen Ökonomie an. Genau das Gegenteil ist der Fall.

Obschon die Kapitalerweiterung nach dem Modell wohlproportioniert vor sich gehen *kann*, sieht Marx in der planlosen Akkumulation der einzelnen, in der Anarchie der Konkurrenz, den Ansatz von möglichen Störungen des Gleichgewichtszustandes. Es ist also nicht die kapitalistische Weise der Akkumulation die zu Krisen führt, sondern die Gesamtirrationalität des Systems, die durch Konkurrenzmechanismen die harmonische Akkumulation stört.

Die Tatsache, daß die Warenproduktion die allgemeine Form der kapitalistischen Produktion ist, schließt bereits die Rolle ein, die das Geld, nicht nur als Zirkulationsmittel, sondern als Geldkapital in derselben spielt, und erzeugt gewisse, dieser Produktionsweise eigentümliche Bedingungen des normalen ... Verlaufs der Reproduktion, sei es auf einfacher, sei es auf erweiterter Stufenleiter, die in ebenso viele Bedingungen des anormalen Verlaufs, Möglichkeiten von Krisen umschlagen, da das Gleichgewicht – bei der naturwüchsigen Gestaltung dieser Produktion – selbst ein Zufall ist. (MEW 24, 490 f.)

2. Das Gesetz vom tendentiellen Fall der Profitrate

Daß der Zinssatz bei zunehmender Kapitalversorgung langfristig sinke, wurde schon von manchen Merkantilisten beschrieben. Bei den Klassikern von *D. Hume* bis *J. St. Mill* wird dieser Gedanke erweitert auf das tendentielle Fallen der gewerblichen Profite. *Smith* begründete das mit dem Wirken der Konkurrenz, *Ricardo* mit dem tendentiellen Steigen der Getreidepreise und daher der Arbeiterlöhne als auch mit der den Profit senkenden Grundrente. Dieses Theorem ist im 19. Jahrhundert kaum bestritten worden (Ausnahmen sind *J. L. Shadwell* und *T. E. Cliffe Leslie*). *Marx* nahm die Überzeugung seiner Zeit auf und gab ihr eine neue Begründung. Zudem brachte er das »Gesetz« vom tendentiellen Fall der Profitrate im Zusammenhang mit einer Theorie der Wirtschaftskrisen, die er als Phasen beschleunigten Sinkens der Profitrate interpretierte. Geht man von einem unveränderten Exploitationsgrad der Arbeit (unveränderter Mehrwertrate) aus, läßt sich dieser Mehrwert in sehr verschiedenen Profitraten ausdrücken, je nachdem die Größe von c sich ändert. Marx ist der Auffassung, daß das Sachkapital (c) wegen der steigenden Anlageintensität der Produktion physisch wie wertmäßig rascher wächst als das variable Kapital (v). Die Produktionsmittel werden aufgrund technischer Innovationen schneller ausgetauscht und ersetzt werden müssen, wenn der Kapitalist konkurrenzfähig bleiben will.

Diese [die kapitalistische Produktion] erzeugt mit der fortschreitenden relativen Abnahme des variablen Kapitals gegen das konstante eine steigend höhere organische Zusammensetzung des Gesamtkapitals [c : v], deren unmittelbare Folge ist, daß die Rate des Mehrwerts [m : v] bei gleichbleibendem und selbst steigendem Exploitationsgrad der Arbeit sich in einer beständig sinkenden allgemeinen Profitrate ausdrückt. Die progressive Tendenz der allgemeinen Profitrate zum Sinken ist also nur ein der kapitalistischen Produktionsweise eigentümlicher Ausdruck für die fortschreitende

Entwicklung der gesellschaftlichen Produktivkraft der Arbeit. Es ist damit nicht gesagt, daß die Profitrate nicht auch aus anderen Gründen vorübergehend fallen kann, aber es ist damit aus dem *Wesen* der kapitalistischen Produktionsweise als eine selbstverständliche Notwendigkeit bewiesen, daß in ihrem Fortschritt die allgemeine Durchschnittsrate des Mehrwerts sich in einer fallenden allgemeinen [durchschnittlichen] Profitrate ausdrücken muß. Da die Masse der angewandten lebendigen Arbeit stets abnimmt im Verhältnis zu der Masse der von ihr in Bewegung gesetzten vergegenständlichten Arbeit, der produktiv konsumierten Produktionsmittel, so muß auch der Teil dieser lebendigen Arbeit, der unbezahlt ist und sich in Mehrwert vergegenständlicht, in einem stets abnehmenden Verhältnis stehen zum Wertumfang des angewandten Gesamtkapitals. Dieses Verhältnis der Mehrwertmasse zum Wert des angewandten Gesamtkapitals bildet aber die Profitrate, die daher beständig fallen muß. (MEW 25, 223)

Das Gesetz des fortschreitenden Falls der Profitrate oder der relativen Abnahme der angeeigneten Mehrarbeit im Vergleich mit der von der lebendigen Arbeit in Bewegung gesetzten Masse vergegenständlichter Arbeit schließt in keiner Weise aus, daß die absolute Masse der vom gesellschaftlichen Kapital in Bewegung gesetzten und exploitierten Arbeit, daher auch die absolute Masse der von ihm angeeigneten Mehrarbeit wächst; ebensowenig, daß die unter dem Kommando der einzelnen Kapitalisten stehenden Kapitale eine wachsende Masse von Arbeit und daher von Mehrarbeit kommandieren, letztere selbst, wenn die Anzahl der von ihnen kommandierten Arbeiter nicht wächst. (MEW 25, 226)

Der Fall der Profitrate entsteht nicht aus einer absoluten, sondern aus einer nur relativen Abnahme des variablen Bestandteils des Gesamtkapitals, aus ihrer Abnahme verglichen mit dem konstanten Bestandteil. (MEW 25, 227)

Also dieselbe Entwicklung der gesellschaftlichen Produktivkraft der Arbeit drückt sich im Fortschritt der kapitalistischen Produktionsweise aus, einerseits in der Tendenz zu fortschreitendem Fall der Profitrate und andererseits in beständigem Wachstum der absoluten Masse des angeeigneten Mehrwerts oder Profits; so daß im Ganzen der relativen Abnahme des variablen Kapitals und Profits eine absolute Zunahme beider entspricht. Diese doppelseitige Wirkung kann sich ... nur darstellen in einem Wachstum des Gesamtkapitals in rascherer Progression als die, worin die Profitrate fällt. Um ein absolut angewachsenes variables Kapital bei höherer Zusammensetzung oder relativ stärkerer Zunahme des konstanten Kapitals anzuwenden, muß das Gesamtkapital nicht nur im Verhältnis der höheren Komposition wachsen, sondern noch rascher. Es folgt hieraus, daß, je mehr die kapitalistische Produktionsweise sich entwickelt, eine immer größere Kapitalmenge nötig ist, um dieselbe und mehr noch eine wachsende Arbeitskraft zu beschäftigen. Die steigende Produktivkraft der Arbeit erzeugt also, auf kapitalistischer Grundlage, mit Notwendigkeit eine permanente scheinbare Arbeiterübervölkerung. (MEW 25, 233)

Marx nennt nun sechs Faktoren, die den Fall der Profitrate hemmen können, ohne jedoch die fallende Tendenz zu kompensieren.

a) Erhöhung des Exploitationsgrades der Arbeit (Verlängerung des Arbeitstages, vergrößerte Arbeitsintensität, Vorzugsgewinn durch Nutzung technischer Innovationen ...)
Da aber dieselben Ursachen, die die Rate des Mehrwerts erhöhen (selbst die Verlängerung der Arbeitszeit ist ein Resultat der großen Industrie), dahin streben, die von einem gegebenen Kapital angewandte Arbeitskraft zu vermindern, so streben dieselben Ursachen zur Verminderung der Profitrate und zur verlangsamten Bewegung dieser Verminderung. (MEW 25, 244 f.)

b) Senken des Arbeitslohns unter den Wert der Arbeitskraft.

c) Verbilligung der Elemente des Sachkapitals.
Dieselbe Entwicklung, die die Masse des konstanten Kapitals steigert im Verhältnis zum variablen, vermindert, infolge der gesteigerten Produktivkraft der Arbeit, den Wert seiner Elemente, und verhindert daher, daß der Wert des konstanten Kapitals, obgleich beständig wachsend, im selben Verhältnis wachse wie sein materieller Umfang, d. h. der materielle Umfang der Produktionsmittel, die von derselben Menge Arbeitskraft in Bewegung gesetzt werden. In einzelnen Fällen kann sogar die Masse der Elemente des konstanten Kapitals zunehmen, während sein Wert gleichbleibt oder gar fällt. (MEW 25, 246)

d) Die relative Überbevölkerung, die den Lohn drückt.

e) Der auswärtige Handel.
Soweit der auswärtige Handel teils die Elemente des konstanten Kapitals, teils die notwendigen Lebensmittel, worin das variable Kapital sich umsetzt, verwohlfeilert, wirkt er steigernd auf die Profitrate, in dem er die Rate des Mehrwerts hebt und den Wert des konstanten Kapitals senkt. Er wirkt überhaupt in diesem Sinn, indem er erlaubt, die Stufenleiter der Produktion zu erweitern. Damit beschleunigt er einerseits die Akkumulation, andererseits aber auch das Sinken des variablen Kapitals gegen das konstante, und damit den Fall der Profitrate. (MEW 25, 247)

f) Die Zunahme des Aktienkapitals.

So hat sich denn im allgemeinen gezeigt, daß dieselben Ursachen, die das Fallen der allgemeinen Profitrate hervorbringen, Gegenwirkungen hervorrufen, die diesen Fall hemmen, verlangsamen und teilweise paralysieren. Sie heben das Gesetz nicht auf, schwächen aber seine Wirkung ab. Ohne das wäre nicht das Fallen der allgemeinen Profitrate unbegreiflich, sondern umgekehrt die relative Langsamkeit dieses Falls. So wirkt das Gesetz nur als Tendenz, dessen Wirkung nur unter bestimmten Umständen und Verlauf langer Perioden schlagend hervortritt. (MEW 25, 249)

Endlich ist auch die Fiktion der konstanten Mehrwertrate, die zunächst bei der Entwicklung des Gesetzes angenommen wurde, aufzugeben.

Dieselbe Produktionsweise, die die Gesamtmasse der zusätzlichen lebendigen Arbeit in einer Ware vermindert, ist begleitet vom Steigen des absoluten und relativen Mehrwerts. Das tendentielle Sinken der Profitrate ist verbunden mit einem tendentiellen Steigen in der Rate des Mehrwerts, also im Exploitationsgrad der Arbeit. Nichts alberner daher, als das Sinken der Profitrate aus einem Steigen in der Rate des Arbeitslohns zu erklären [Ricardo], obgleich auch dies ausnahmsweise der Fall sein mag ... Die Profitrate fällt nicht, weil die Arbeit unproduktiver, sondern weil sie produktiver wird. Beides, Steigen der Rate des Mehrwerts und Fallen der Rate des Profits, sind nur besondere Formen, worin sich wachsende Produktivität der Arbeit kapitalistisch ausdrückt. (MEW 25, 250)

Aus dem beschleunigten Fall der Profitrate (und dem weniger Wirksamwerden entgegenstehender Faktoren) entwickelt Marx seine *Krisentheorie*. Die Krise (Marx behandelt ausschließlich deflatorische Krisen) stellt sich vor als ein Prozeß massenhafter Entwertung von Kapital. Sie bereinigt den Zustand, der durch vorausgegangene Überakkumulation und der damit verbundenen Überproduktion an Produktionsmitteln, verbunden mit einem entsprechenden Fall der durchschnittlichen Profitrate, entstanden ist.

Die Entwertung des Kapitals ergreift vor allem die Elemente des konstanten Kapitals. Damit wird vorübergehend die organische Zusammensetzung des Kapitals gesenkt. Das führt zu einer vorübergehenden Erhöhung der durchschnittlichen Profitrate. Dadurch wird ein neuer Konjunkturaufschwung eingeleitet.

Gleichzeitig mit dem Fall der Profitrate wächst die Masse der Kapitale und geht Hand in Hand mit ihr eine Entwertung des vorhandenen Kapitals, welche diesen Fall aufhält, und der Akkumulation von Kapitalwert einen beschleunigenden Antrieb gibt.

Gleichzeitig mit der Entwicklung der Produktivkraft entwickelt sich die höhere Zusammensetzung des Kapitals, die relative Abnahme des variablen Teils gegen den konstanten.

Diese verschiedenen Einflüsse machen sich bald mehr nebeneinander im Raum, bald mehr nacheinander in der Zeit geltend; periodisch macht sich der Konflikt der widerstreitenden Agentien in Krisen Luft. Die Krisen sind immer nur momentane gewaltsame Lösungen der vorhandenen Widersprüche, gewaltsame Eruptionen, die das gestörte Gleichgewicht für den Augenblick wieder herstellen.

Der Widerspruch ganz allgemein ausgedrückt, besteht darin, daß die kapitalistische Produktionsweise eine Tendenz einschließt nach absoluter Entwicklung der Produktivkräfte, abgesehen vom Wert und dem in ihm eingeschlossenen Mehrwert, auch abgesehen von den gesellschaftlichen Verhältnissen, innerhalb deren die kapitalistische Produktion stattfindet; während sie einerseits die Erhaltung des existierenden Kapitalwerts und seine Verwertung im höchsten Maß (d. h. stets beschleunigten Anwachsens dieses Werts) zum Ziele hat. Ihr spezifischer Charakter ist auf den vorhandenen Kapitalwert als Mittel zur größtmöglichen Verwertung dieses Werts gerichtet. Die Methoden, wodurch sie dies erreicht, schließen ein: Abnahme der Profitrate, Entwertung des vorhandenen Kapitals und Entwicklung der Produktivkräfte der Arbeit auf Kosten der schon produzierten Produktivkräfte.

Die periodische Entwertung des vorhandenen Kapitals, die ein der kapitalistischen Produktionsweise immanentes Mittel ist, den Fall der Profitrate aufzuhalten und die Akkumulation von Kapitalwert durch Bildung von Neukapital zu beschleunigen, stört die gegebenen Verhältnisse, worin sich der Zirkulations- und Reproduktionsprozeß des Kapitals vollzieht, und ist daher begleitet von plötzlichen Stockungen und Krisen des Produktionsprozesses. (MEW 25, 259 f.)

So wenig wie die Reproduktionstheorie *weist* auch die Marxsche Krisentheorie auf eine absolute, vermeintlich unüberwindliche Schranke des kapitalistischen Akkumulationsprozesses hin. Sehr wohl lassen nach Marx jedoch die Wirtschaftskrisen die *historisch* beschränkte Natur der kapitalistischen Ordnung erkennen.

Das Wichtige aber in ihrem Horror vor der fallenden Profitrate ist das Gefühl, daß die kapitalistische Produktionsweise an der Entwicklung der Produktivkräfte eine Schranke findet, die nichts mit der Produktion des Reichtums als solcher zu tun hat; und diese eigentümliche Schranke bezeugt die Beschränktheit und den nur historischen, vorübergehenden Charakter der kapitalistischen Produktionsweise; bezeugt, daß sie keine für die Produktion des Reichtums absolute Produktionsweise ist, vielmehr mit seiner Fortentwicklung auf gewisser Stufe in Konflikt tritt. (MEW 25, 252)

Die kapitalistische Produktion strebt beständig, diese ihr immanenten Schranken zu überwinden, aber sie überwindet sie nur durch Mittel, die ihr diese Schranken auf neue und auf gewaltigerem Maßstab entgegenstellen. Die *wahre Schranke* der kapitalistischen Produktion ist *das Kapital selbst,* ist dies: das Kapital und seine Selbstverwertung als Ausgangs- und Endpunkt, als Motiv und Zweck der Produktion erscheint; daß die Produktion nur Produktion für das Kapital ist und nicht umgekehrt die Produktionsmittel bloße Mittel für eine stets sich erweiternde Gestaltung des Lebensprozesses für die Gesellschaft der Produzenten sind. Die Schranken, in denen sich die Erhaltung und Verwertung des Kapitalwerts, die auf der Enteignung und Verarmung der großen Masse der Produzenten beruht, allein bewegen kann, diese Schranken treten daher beständig in Widerspruch mit den Produktionsmethoden, die das Kapital zu seinem Zweck anwenden muß und die auf unbeschränkte Vermehrung der Produktion, auf die Produktion als Selbstzweck, auf unbedingte Entwicklung der gesellschaftlichen Produktivkräfte lossteuern. Das Mittel – unbedingte Entwicklung der gesellschaftlichen Produktivkräfte – gerät in fortwährenden Konflikt mit dem beschränkten Zweck, der Verwertung des vorhandenen Kapitals. Wenn daher die kapitalistische Produktionsweise ein historisches Mittel ist, um die materielle Produktivkraft zu entwickeln und den ihr entsprechenden Weltmarkt zu schaffen, ist sie zugleich der beständige Widerspruch zwischen dieser ihrer historischen Aufgabe und den ihr entsprechenden gesellschaftlichen Produktionsverhältnissen. (MEW 25, 260)

Hier begegnen wir also – jetzt allerdings sehr viel reflektierter – dem alten Widerspruch zwischen Produktionsverhältnissen und Produktivkräften, wobei die Entwicklung der Produktivkräfte sich gegen die alten Produktionsverhältnisse richtet.

Die Beweisführung Marxens zum Gesetz vom tendentiellen Fall der Profitrate ist mitunter falsch verstanden worden. Marx formuliert zunächst die beiden Voraussetzungen:

a) Organische Zusammensetzung des Kapitals (c:v),

b) Konstanz der Mehrwertrate (m:v).

Unter diesen Umständen kommt er in der Tat ohne sonderliche Schwierigkeiten zu seinem Gesetz. Einige Kritiker haben – im Gegensatz zu Marx – an diesen beiden Voraussetzungen festgehalten und konnten zeigen, daß

a) wegen produktivitätsbedingter Entwertung auch des konstanten Kapitals die Tendenz zur wachsenden Anlageintensität des Kapitals wenigstens aufgehalten werde,

b) die Voraussetzung einer unveränderten Mehrwertrate eine willkürliche Annahme sei.

Das hat Marx nun selbst schon gesehen und berücksichtigt. Diese Einwände (etwa von *O. Bauer* und *H. Grossmann* vorgetragen) sind also nicht sonderlich erheblich.

Aus der Konjunkturtheorie Marxens können auch heute noch als gesicherte Erkenntnisse akzeptiert werden:

a) Wie der Zweck aller Verwertung von Kapital der Gewinn ist (wir übersetzen hier die Marxschen Wertgrößen in Marktgrößen), so beruhen auch alle Schwankungen der Kapitalerweiterung und damit der Konjunktur auf einer periodischen Entwertung und Wiederaufwertung der Rendite.

b) Die Bewegungen der Rendite sind – sieht man von allen anderen Umständen einmal ab – abhängig von den Preisrelationen auf der Erlös- und Kostenseite der Unternehmungen. Der offenen Krise ist ein Sinken der Gewinnrate schon *vorausgegangen*, insofern sich die Kosten erhöhen als Folge einer Steigerung wichtiger Marktpreise. In der Krise werden diese Verhältnisse bereinigt: Die Entwertung von Elementen des konstanten Kapitals (vor allem des fixen) ermöglicht einen neuen Aufschwung. So werden beide Wendepunkte einer Konjunktur aus dem gleichen Prinzip erklärt.

c) Marx führte als erster die Zyklizität der Konjunkturen (des 19. Jahrhunderts) auf die Dauer der mittleren Investitionsperiode zurück (7–10 Jahre). Im kulturellen Aufschwung beschleunigt sich die Kapitalausdehnung und diese bewirkt – mit einiger Verzögerung – eine Übererzeugung, eine Überproduktion und damit ein Überangebot. Das führt zu einem Verfall der Verkaufspreise (verglichen mit den für die Elemente des konstanten Kapitals gezahlten Preisen).

Folgendes Schema mag die Richtigkeit der Marxschen Analyse bestätigen:
Es sind aufgeführt die zyklischen Konjunkturschwankungen in den

drei wichtigsten Industrieländern des 19. Jahrhunderts (in Klammern schwach ausgeprägte Krisen) [nach *M. Bouniatan*, Studien zur Theorie und Geschichte der Wirtschaftskrisen, München 1908]:

England:	1815	1819	1825	1836	1847	1857	1866	1873	(1882)	1890	(1900)	(1907)
Frankreich:			1825	1836	1847	1857	1864	1873	1881/82	1890/91	1900	1907
USA:	1814	1818/19	(1826)	1837/38	(1848)	1857	(1867)	1873	1884	1893/94	(1903)	1907

Die Krisen kehren also zyklisch zwischen vier und zehn Jahren wieder. Eine allgemeine Tendenz zur Beschleunigung der Krisenfolgen ist jedoch nicht aufweisbar.

Doch sind Krisen nicht nur Ausdruck eines ökonomischen Sachverhalts, sondern vor allem eines gesellschaftlichen. Sie sind Ausdruck des Aufbegehrens der Entwicklung der Produktivkräfte gegen bestehende Produktionsverhältnisse, in denen die einzelnen Betriebe in ihrem begrenzten Rahmen nach Gewinnsteigerung streben und Kapitalvermehrung anzielen und damit zwar mikroökonomisch rational handeln, makroökonomisch jedoch das gesamte System irrational machen.

3. Die historische Tendenz der kapitalistischen Produktionsweise

Die Bedingungen eines Wirtschaftssystems, in dem die Kapitalakkumulation für die einzelnen Unternehmen höchstes Ziel ist, bestimmen für Marx zugleich die geschichtliche Tendenz, die die erwerbswirtschaftliche Ordnung als ganze nehmen wird. Dabei drängen eine Vielzahl von Elementen zur Entfaltung, die miteinander verbunden sind.

Kapitalakkumulation bedeutet nicht nur Ausdehnung, sondern auch Intensivierung der Produktion und rationellere Verwendung der vorhandenen Möglichkeiten, Erschließung neuer Produktivkräfte ... Der quantitative Prozeß verbindet sich mit einem qualitativen, die ökonomische Entwicklung verweist auf die technische. Dabei kommt es zu einer immer besseren Ausstattung des Arbeiters mit wertvollen Maschinen, die Lohnkosten gehen gegenüber den Kosten für die Produktionsmittel relativ zurück. Damit vergrößert sich die organische Zusammensetzung des Kapitals. Das hat – wie schon gesagt – zur Folge,

● daß die Profitrate sinkt,

- daß die Nachfrage an Arbeitskräften relativ sinkt (es entsteht eine industrielle Reservearmee),
- daß die Arbeiter die gegebenen Bedingungen akzeptieren müssen; dadurch kommt es zu einer materiellen, geistigen und moralischen Verelendung, die ihren Grund hat in dem Nichtbesitz, im Nichtverfügen über die eigenen Produktionsmittel.

Endlich ist damit verbunden die Tendenz zur Produktion im Großen und die *Konzentration des Kapitaleigentums*.

Der Entwicklungsgang der kapitalistischen Produktion und Akkumulation bedingt Arbeitsprozesse auf steigend größerer Stufenleiter und damit steigend größeren Dimensionen und dementsprechend steigende Kapitalvorschüsse für jedes einzelne Etablissement. Wachsende Konzentration der Kapitale (begleitet zugleich, doch in geringerem Maß, von wachsender Zahl der Kapitalisten) ist daher sowohl eine ihrer materiellen Bedingungen wie eines der von ihr selbst produzierten Resultate. Hand in Hand, in Wechselwirkung damit, geht fortschreitende Expropriation der mehr oder minder unmittelbaren Produzenten. So versteht es sich für die einzelnen Kapitalisten, daß sie über wachsend große Arbeiterarmeen kommandieren (sosehr auch für sie das variable im Verhältnis zum konstanten Kapital fällt), daß die Masse des von ihnen angeeigneten Mehrwerts und daher Profits wächst, gleichzeitig mit und trotz dem Fall in der Profitrate. (MEW 25, 229)
Mit dem Fall der Profitrate wächst das Kapitalminimum, das in der Hand des einzelnen Kapitalisten zur produktiven Anwendung der Arbeit erheischt ist ... Und gleichzeitig wächst die Konzentration, weil jenseits gewisser Grenzen großes Kapital mit kleiner Profitrate rascher akkumuliert als kleines mit großer. Diese wachsende Konzentration führt ihrerseits wieder auf einer gewissen Höhe einen neuen Fall der Profitrate herbei. (MEW 25, 261)
Fall der Profitrate und beschleunigte Akkumulation sind insofern nur verschiedene Ausdrücke desselben Prozesses, als beide die Entwicklung der Produktivkraft ausdrücken. Die Akkumulation ihrerseits beschleunigt den Fall der Profitrate, sofern mit ihr die Konzentration der Arbeiten auf großer Stufenleiter und damit eine höhere Zusammensetzung des Kapitals gegeben ist. Andererseits beschleunigt der Fall der Profitrate wieder die *Konzentration des Kapitals* und seine *Zentralisation* durch die Enteignung der kleineren Kapitalisten, durch die Expropriation des letzten Rests der unmittelbaren Produzenten, bei denen noch etwas zu expropriieren ist. Dadurch wird andererseits die Akkumulation, der Masse nach, beschleunigt, obgleich mit der Profitrate die Akkumulation fällt. (MEW 25, 251)

Es ist dies nicht mehr die einfache, mit der Akkumulation identische Konzentration von Produktionsmitteln und Kommando über Arbeit. Es ist *Konzentration bereits gebildeter Kapitale*, Aufhebung ihrer individuellen Selbständigkeit, Expropriation von Kapitalist durch Kapitalist, Verwandlung vieler kleineren in weniger größere Kapitale. Dieser Prozeß unterscheidet sich von dem ersten dadurch, daß er nur veränderte Verteilung der bereits vorhandenen und funktionierenden Kapitale voraussetzt, sein Spielraum also durch das absolute Wachstum des gesellschaftlichen Reichtums oder die absoluten Grenzen der Akkumulation nicht beschränkt ist. Das Kapital schwillt hier in einer Hand zu großen Massen, weil es dort in vielen Händen verlorengeht. Es ist die eigentliche *Zentralisation* im Unterschied zur Akkumulation und Konzentration. (MEW 23, 654)

Die Zentralisation ergänzt das Werk der Akkumulation, indem sie die industriellen Kapitalisten instand setzt, die Stufenleiter ihrer Operationen auszudehnen. Sei dies letztere Resultat nun Folge der Akkumulation oder Zentralisation; vollziehe sich die Zentralisation auf dem gewaltsamen Weg der Annexion ... oder geschehe die Verschmelzung einer Menge bereits gebildeter ... Kapitale vermittels des glatteren Verfahrens der Bildung von *Aktiengesellschaften* – die ökonomische Wirkung bleibt dieselbe. (MEW 23, 656)

[Die Bildung von Aktiengesellschaften hat zur Folge:]

a) Ungeheure Ausdehnung der Stufenleiter der Produktion und Unternehmungen, die für Einzelkapitale unmöglich waren. Solche Unternehmungen zugleich, die früher Regierungsunternehmungen waren, werden gesellschaftliche.

b) Das Kapital, das an sich auf gesellschaftlicher Produktionsweise beruht und eine gesellschaftliche Konzentration von Produktionsmitteln und Arbeitskräften voraussetzt, erhält hier direkt die Form von Gesellschaftskapital (Kapital direkt assoziierter Individuen) im Gegensatz zum Privatkapital, und seine Unternehmungen treten auf als Gesellschaftsunternehmungen im Gegensatz zu Privatunternehmungen. Es ist die Aufhebung des Kapitals als Privateigentum innerhalb der Grenzen der kapitalistischen Produktionsweise selbst.

c) Verwandlung des wirklich fungierenden Kapitalisten in einen bloßen Dirigenten, Verwalter fremden Kapitals, und der Kapitaleigentümer in bloße Eigentümer, bloße Geldkapitalisten. (MEW 25, 452)

Die Entwicklung der Produktivkräfte der gesellschaftlichen Arbeit ist die historische Aufgabe und Berechtigung des Kapitals. Eben damit schafft es unbewußt die materiellen Bedingungen einer höheren Produktionsform [des Sozialismus]. (MEW 25, 269)

Die Zentralisation der Produktionsmittel und die Vergesellschaftung der Arbeit erreichen einen Punkt, wo sie unverträglich werden mit ihrer kapitalistischen Hülle. Sie wird gesprengt. Die Stunde des kapitalistischen Privateigentums schlägt. Die Expropriateurs werden expropriiert. (MEW 23, 791)

Sieht man einmal von den Marxschen Prognosen ab, wird man seiner Theorie der Kapitalkonzentration und -zentralisation kaum Anerkennung versagen dürfen. Er hat hier vieles richtig gesehen.

B. THESEN

1. Marx hat als erster der Ökonomen die Grundzüge einer Konjunkturtheorie entworfen.
2. Zunächst entwickelt er ein sehr abstraktes Modell der einfachen und erweiterten Reproduktion des Kapitals (letztere nennt er Akkumulation des Kapitals).
3. Im Modell der einfachen Reproduktion erklärt er, wie unter Beibehaltung der vorhandenen Kapitalmenge, sich diese im Produktions- und Marktprozeß umschlägt, wie es zu einer periodischen Wertschöpfung der Gesamtgesellschaft kommt.
4. Das Periodenprodukt teilt sich in Konsumtions- und Produktionsmittel. Das periodische Einkommen in Arbeitslohn und Einkommen aus Kapitalverwertung.
5. Neben der einfachen Reproduktion (bei stationärem Kreislauf und periodischer Wiederherstellung des verbrauchten Kapitals) entwickelt er ein Schema von der erweiterten Reproduktion mit Akkumulation des Kapitals. Dabei wird ein Teil des Kapitalertrages vom Kapitalisten nicht verbraucht, sondern wieder in die Produktion gesteckt (erweiterte Investition).
6. Die Investitionen über das Maß des gesellschaftlich Notwendigen hinaus sind typisch für die kapitalistische Gesellschaft, besorgen Überproduktion, Konkurrenzkampf und weitere Zentralisation des Kapitals sowie die Bildung von Monopolen (um ruinösen Wettbewerb im Gesamtsystem auszuschalten).

7. Im Marxschen Schema ergibt sich eine jährliche Vermehrung des Kapitals um genau 10 %.

8. Das Modell der erweiterten Reproduktion ist zugleich das einer gleichgewichtigen wachsenden Wirtschaft (es funktioniert grundsätzlich ohne Staatsinterventionen, jedoch bei potentieller Unterbeschäftigung).

9. In der Praxis wird jedoch dieses Gleichgewicht ständig durch Konkurrenzmechanismen und den Willen des einzelnen Unternehmers, sich einen größeren Anteil am Kapitalgewinn zu sichern als der Durchschnitt es erlaubte, gestört. Dadurch wird das kapitalistische System instabil.

10. Die Instabilität ist begründet im tendentiellen Fall der Profitraten.

11. Dieser beruht auf einem beschleunigten Verbrauch an konstantem Kapital. Diese Beschleunigung ist bedingt durch die hohen Kosten des Arbeitsplatzes und durch technische Innovationen (das konstante Kapital wächst schneller als das variable).

12. Auch dieses Gesetz hat eher Modellcharakter, da es zunächst von der Fiktion einer konstanten Mehrwertrate ausgeht.

13. Marx ist der Ansicht, daß die dem Modell entgegenstehenden Kräfte (die eine Veränderung der Mehrwertrate besorgen oder eine vorübergehende Konstanz des Verbrauchs konstanten Kapitals, oder einer vorübergehenden Beschränkung der Konkurrenz) den tendentiellen Fall nur verlangsamen, nicht aber aufheben können, ja, daß es gerade die vorübergehenden Hemmer des Falls der Profitrate sind, die auf lange Sicht ein beschleunigtes Fallen verursachen.

14. Der Fall der Profitrate besorgt ein periodisches Fallen des Kapitalwerts, bis dieser an die ökonomische Situation angepaßt ist. Ein erneuter Fall der Profitrate besorgt dann wiederum eine Kapitalentwertung, die dann auf niedrigerem Niveau vorübergehend die Profitrate stabilisiert.

15. Die Phasen der Kapitalentwertung nennt er Krisen (Kapitalentwertung ist nicht zu verwechseln mit Inflation, da sich diese als Marktparameter und nicht als Wertgröße vorstellt – Marx handelt fast ausschließlich über Wertgrößen; seine Krisen sind deflatorischer Art).

16. Der letzte Grund der Krisen ist die Spannung zwischen neuen Produktivkräften (die durch neuen Einsatz des konstanten Kapitals bewirkt werden) und den alten Produktionsverhältnissen.

17. Der Krise ist ein Verfall der Gewinne (als Marktgrößen) schon vorangegangen.

18. Die Krisensituationen besorgen eine Zentralisation des Kapitals (Bildung von Monopolen; monopolistisch ist nach marxistischer Theorie eine Ökonomie, in der die Preise nicht mehr vom Markt bestimmt werden, sondern durch den Kapitalisten). Ausdruck der Zentralisation sind die großen Aktiengesellschaften, in denen das Kapital zunehmend anonym wird. *Den* Kapitalisten als unmittelbaren Ausbeuter gibt es nicht mehr. *Das* Kapital beutet aus.

19. Im Zentralisationsprozeß ergeben sich erste Ansätze zur Sozialisation des Kapitals und damit der kapitalistischen Ökonomie.

C. EINWÄNDE

I. Zur Reproduktionstheorie

1. Das Marxsche Modell enthält erhebliche vereinfachende Voraussetzungen, die niemals vollständig erfüllt waren. Marx handelt also über einen idealen Typus des Kapitalismus, in dem gilt:

- Es besteht ein rein kapitalistisches Wirtschaftsgebilde ohne vorkapitalistische Rückstände.
- Unberücksichtigt bleiben der Kapitalexport, Staatsinterventionen in Wirtschaft oder Einkommensverteilung (etwa durch Steuergesetzgebung).
- Es herrscht vollkommene Konkurrenz.
- Der Austausch geschieht zu Preisen, die den Warenwerten entsprechen.
- Die Werte selbst bleiben unverändert.
- Zwischen beiden Produktionsabteilungen findet keine freie Kapitalübertragung statt.

- Die Kapitalbildung geschieht ausschließlich aus den Gewinnen. Ein Konsumentensparen ist nicht berücksichtigt.
- Die Akkumulation vollzieht sich friktionslos.
- Das wachsende Lohnkapital findet stets die notwendigen Arbeitskraftreserven vor.
- Die Kapitalumschlagsperiode, die Dauer der Nutzung der Produktionsinstrumente, die organische Zusammensetzung des Kapitals, die Höhe der Mehrwert- und Profitrate bleiben konstant.
- Es wird abgesehen vom technischen Fortschritt, der die Warenwerte ändern könnte und ihre Relationen zueinander, vom tendentiellen Fall der Profitrate.

Solche Abstraktionen sind legitim, solange man das so zustande gekommene Modell nicht mit der ökonomischen Wirklichkeit verwechselt oder zur Grundlage von ökonomischen Strategien machen will. So ist es zu erklären, daß marxistische *(R. Luxemburg, F. Sternberg, O. Bauer, H. Grossmann, M. Tugan-Baranowskij, W. I. Lenin)* und nicht-marxistische Autoren *(L. von Bortkiewicz)* versucht haben, das Modell näher an die ökonomische Wirklichkeit anzupassen und dabei zu anderen Ergebnissen kamen als Marx.

2. Das Modell ist nicht verifizierbar, zum einen wegen des hohen Abstraktionsniveaus, zum anderen, weil es auf der Werteebene, nicht aber der der Preise entwickelt wird. Die Werte sind aber nicht (oder nur sehr schwer) im realen Prozeß zu quantifizieren. Das Schema kann also nicht mit empirischen Größen gefüllt werden, obschon es hilfreich ist, die allgemeinen Proportionen zwischen den verschiedenen volkswirtschaftlichen Parametern zu erkennen.

II. Zum Fall der Profitrate

1. Wenn der steigenden organischen Zusammensetzung des Kapitals verzögernde Momente begegnen und die Mehrwertrate tendentiell steigt (etwa durch Zunahme des relativen Mehrwerts), ist die Richtung, in der sich die Profitrate entwickelt, unbestimmt[2]. Die Tendenz der Profitrate ist unter solchen Umständen abhängig von:

- dem konkurrierenden Verhältnis des konstanten Kapitals und
- der Mehrwertmasse zum variablen Kapital.

Es ist nicht einzusehen, warum sich die Bewegungen von c und m nicht kompensieren sollten, so daß die Profitrate langfristig einigermaßen konstant bleibt. *M. Tugan-Baranowskij*[3] und *N. Moszkowska*[4] nehmen sogar ein tendentielles Steigen der Profitrate an. Die Bewegung der *Rendite* (der geldmäßigen Kapitalerträge) unterliegt dem wechselnden Zustand der Konjunktur.

2. Die Konsequenz eines tendentiellen Falls der Profitrate wäre eine gleichfalls abnehmende Rate der Kapitalakkumulation mit dem endlichen Ergebnis einer permanenten Stagnation (so schon *J. St. Mill* prognostiziert). Eine solche Verminderung der Expansionskraft des kapitalistischen Systems widerspricht jedoch dem Inhalt der erwerbswirtschaftlichen Konkurrenzordnung. Auch würde diese den Fall der Profitrate tendentiell verlangsamen.

3. Die von Marx angeführten Gegeninstanzen sind weder systematisch noch erschöpfend dargestellt. Sie bewirken entweder eine Erhöhung von m' (1) oder eine Verlangsamung der höheren Zusammensetzung des Kapitals (3). Da die Profitrate für Marx der auf den *Wert* der Kapitalelemente bezogene Mehrwert ist, ist es methodisch nicht sauber, Umstände, die auf der Ebene der Marktpreise wirken, als Faktoren zur Veränderung von Werten aufzuführen (so 2, 4 und 5). Endlich berührt die Frage der internen Profitverteilung zwischen den Anwärtern nicht die Profitentstehung (6).

4. Empirisch ist weder für die Zeit einer relativen ungehinderten Konkurrenz noch für die Phase der Monopole eine Tendenz zu abnehmenden Wachstumsraten festzustellen. Das macht es wahrscheinlich, daß auch die Profitrate, die wegen ihrer Werthaftigkeit nicht unmittelbar empirisch festgestellt werden kann, nicht gesunken ist.

5. Eine Konjunkturtheorie sollte man nicht auf der Ebene von Wertgrößen, sondern von Marktgrößen entwickeln, da sie sich sonst der Verifikation entzieht. Die wirklichen Konjunkturbewegungen geschehen auf den Märkten (Preise, Kosten, Erlöse, Gewinne ... sind Marktgrößen).

III. Zur historischen Tendenz des Kapitalismus

1. Es ist nicht bewiesen, daß der Kapitalismus durch einen Sozialismus Marxscher Prägung abgelöst wird.
2. Aus der Zentralisation des Kapitals ergibt sich noch nicht zwingend eine Sozialisation, obschon Anzeichen dafür auszumachen sind.

Anmerkungen:

1 Wir folgen in diesem Kapitel weitgehend der Darstellung von W. Hofmann (Theorie der Wirtschaftsentwicklung, Berlin 1966, 63–87).
2 P. M. Sweezy, Theorie der kapitalistischen Entwicklung, Köln 1959, 78.
3 Theoretische Grundlagen des Marxismus, Leipzig 1905.
4 Das Marxsche System, Berlin 1929.

VI. SPÄTKAPITALISMUS

Der Spätkapitalismus ist nach marxistischer Auffassung die dritte Phase des Kapitalismus. Sie folgt auf die des Kapitalismus der freien Konkurrenz (1. Phase: der Markt bestimmt die Preise) und auf die des monopolistischen Kapitalismus (imperialistischer Monopolkapitalismus) (2. Phase: der Erzeuger bestimmt die Preise). In der dritten Phase bleiben die inneren Widersprüche des Kapitalismus (Teilrationalität bei Gesamtirrationalität, Produktionsmittel gegen Produktionsbedingungen, wachsende Schwierigkeiten, den Mehrwert als Gewinn zu realisieren und diesen profitabel anzulegen, Raubbau an den natürlichen Ressourcen, Zentralisation des Kapitals ohne eigentliche Sozialisierung ...) erhalten und verstärken sich noch. Wir verzichten in diesem Kapitel bewußt auf die Dreiteilung: Darstellung, Thesen, Bedenken, weil es schon thesenhaft zusammengefaßt ist und die Kritik in das Kapitel integriert wurde.

1. Kennzeichen der Spätkapitalismus

a) Verstärkte Bildung von Oligopolen. Aufkommen multinationaler Konzerne.

b) Erschwerte Realisierung und Anlage des Mehrwerts (bzw. des Profits).

c) Beschleunigter Fall der Profitrate.

d) Spezifische Krisen in langen Konjunkturwellen.

e) Wachsende Staatsinterventionen (Staatsmonopolkapitalismus).

f) Zunehmende Abhängigkeit der Ökonomie von der Technik.

Die drei ersten Merkmale hat prinzipiell der Spätkapitalismus mit den vorhergehenden Phasen gemein (wenn auch in neuer Ausprägung). Die folgenden sind (mehr oder weniger) typisch.

2. Der Ursprung

Die Phase der Klassenkämpfe von 1917 bis 1938 ist charakterisiert durch wichtige Niederlagen des Proletariats. Solche Niederlagen können durch eine Erhöhung der Mehrwertrate auch die Profitrate zeitweise vergrößern (der Mehrwert steigt, die organische Zusammensetzung des Kapitals wächst weniger schnell). Durch Bildung von Oligopolen können sich Überschußprofite (und damit unmittelbar auch Übergewinne) einstellen, wenn gleichzeitig die Absatzmärkte expandieren (schnellere Erneuerung der fixen Produktionsmittel, Erweiterung des Welthandels, Aufrüstung, öffentliche Verschuldung ...). Der Ursprung des florierenden Spätkapitalismus hat seine wesentlichen Gründe in solchen Faktoren.

Kontrovers sind folgende Fragen:

a) Können sich die Großkonzerne für dauernd von den Gesetzen des kapitalistischen Markts (selbständig oder mit Staatshilfe) befreien und damit grundsätzlich ihre Marktanteile und Profite (wie mittelbar Gewinne) vergrößern?

Die Frage wird bejaht von *Paul A. Baran, Paul M. Sweezy*[1], einigen Vertretern der Stamokapgruppe (die daher eine revolutionäre Veränderung der Ökonomie und des Staates zur Einführung des Sozialismus fordern), *A. A. Berle*[2], *J. K. Galbraith*[3], *R. Marris*[4], *A. Shonfield*[5] ...

Die Frage verneint vor allem *E. Mandel*. Er weist darauf hin, daß Oligopole Zusatzprofite nur aus zwei Quellen schöpfen können[6]:

● auf Kosten der Profite der nicht-oligopolisierten Unternehmen

● durch Erhöhung der Mehrwertrate

Wählen sie den ersten Weg, werden sie die Quelle selbst zum Versiegen bringen, wählen sie den zweiten, werden sich langfristig die Absatzschwierigkeiten (durch mangelnde Nachfrage der breiten Käuferschichten) vergrößern. In keinem Fall könne sie sich dem tendentiellen Fall der Profitrate entziehen. Damit sinken mittelbar die Gewinne.

b) Ist der Spätkapitalismus noch kapitalistisch, oder hat schon eine qualitative Veränderung der Gesellschaft stattgefunden?

Die Bejaher des zweiten Teils der Frage verweisen:

● auf die Trennung von Eigentum und Disposition *(A. A. Berle, B. Rizzi, J. Burnham, J. K. Galbraith ...)*, doch entgegnen die meisten Marxisten, daß die kapitalistische Grundsituation

(Profitstreben und Klassensplitting) nach wie vor gegeben sei,

- auf die primäre Wertschöpfung durch Wissenschaft und Technik (und nicht durch Arbeit) (so *J. Habermas*) und dadurch bedingt, das Ende der Marxschen Arbeitswerttheorie,
- auf die zunehmende elektronische Automatisierung (3. technologische Revolution), die Automaten Werte schaffen läßt, und damit wieder auf das Nicht-Zutreffen der Arbeitswerttheorie.

3. Folgen

Anzeichen der gesellschaftlichen (wenn auch ökonomisch ausgelösten) Krise der kapitalistischen Produktionsbedingungen sind:

- Private Gewinnmaximierung kollidiert mit gesellschaftlichen Interessen (Umweltschutz …),
- Warenabsatz wird zunehmend abhängig von Preisen und Einkommen,
- höhere Bildung macht »niedere« Arbeit zunehmend als entfremdet und entfremdend erfahrbar,
- Wirtschaftsprogrammierung gefährdet die Tarifautonomie der ökonomischen Partner,
- Unkontrollierbarkeit der multinationalen Konzerne durch gesellschaftliche oder politische Instanzen.

Wir wollen im folgenden die einzelnen Charakteristika der spätkapitalistischen Wirtschaftsordnung in marxistischer Sicht vorzustellen versuchen:

1. Die Bildung von Oligopolen

Ein Oligopol ist eine Marktform, bei der nur wenige Marktteilnehmer ein Gut anbieten oder nachfragen, wobei jeder über einen beträchtlichen Anteil am Gesamtmarkt des Gutes verfügt. Das Marktverhalten eines jeden hat Rückwirkungen auf die wirtschaftliche Strategie aller übrigen (oligopolistische Interdependenz). Die Folgen sind:

- Verdrängungspolitik (Kampf um alleinige Marktbeherrschung: Monopolbildung),
- Preisstarrheit (der Preis wird zur Vermeidung von Marktanteils-

kämpfen stabilisiert; das setzt zumeist ein Verteilungsmonopol voraus),

● Preisführung (die übrigen akzeptieren die Preispolitik des Führers) und

● Preisabsprachen (Preiskartelle).

Der Wettbewerb verlagert sich im Oligopol vom Preis auf Qualität, Kundendienst, Werbung … Da der Preis vom Oligopolisten gemacht wird, entfällt auch die für den klassischen Kapitalismus der freien Konkurrenz typische Grenzkostentheorie (ein idealer Typus, nach dem im kapitalistischen System soviel produziert wird, wie ohne Verlust möglich ist; diese Produktenmenge ist identisch mit der gesellschaftlich wünschenswerten).

Oligopole *können* bestehen ohne Vollbeschäftigung, sie *müssen* existieren unterhalb der Maximalgrenze der Beschäftigung (insofern nicht marktfremde Faktoren wie Staatsinterventionen, Gewerkschaften … tätig werden). Oligopole können aus zwei Gründen Ursache von Unterbeschäftigung sein:

● die Löhne steigen nicht mit der Arbeitsproduktivität – hierdurch entsteht eine Nachfragelücke, die ihrerseits die Bildung einer »industriellen Reservearmee« zur Folge hat,

● Unternehmen *und* Gewerkschaften konzentrieren auf sich soviel ökonomische Macht, daß sie ohne Rücksicht auf Arbeitslosigkeit und Absatzkrisen Preise *und* Löhne erhöhen können (Stagflation).

Die oligopole Konzentration von Kapitalien (und in deren Folge von Produktionen und Dienstleistungen) ist nicht nur eine Folge der »Expropriation von Kapitalist durch Kapitalist« (wie schon von Marx beschrieben):

Die Expropriation erstreckt sich … von den unmittelbaren Produzenten auf die kleineren und mittleren Kapitalisten selbst. Diese Expropriation ist der Ausgangspunkt der kapitalistischen Produktionsweise; ihre Durchführung ist ihr Ziel, und zwar in letzter Instanz die Expropriation aller einzelnen von den Produktionsmitteln, die mit der Entwicklung der gesellschaftlichen Produktion aufhören, Mittel der Privatproduktion und Produkte der Privatproduktion zu sein, und die nur noch Produktionsmittel in der Hand der assoziierten Produzenten, daher ihr gesellschaftliches Eigentum, sein können. (MEW 25, 455 f.)

Es ist dies nicht mehr einfache, mit der Akkumulation identische Konzentration von Produktionsmitteln und Kommando über Arbeit. Es ist Konzentration bereits gebildeter Kapitale, Aufhebung der individuellen Selbständigkeit, *Expropriation von Kapitalist durch Kapitalist,* Verwandlung vieler kleineren in weniger größere Kapitale. (MEW 23, 654)

Heute geschieht die Konzentration der Kapitalien vorwiegend über freiwillige Kartellbildung (etwa zur Abwehr ruinösen Wettbewerbs, zur Rationalisierung von Produktion und Disposition, zur Vermeidung von zu schneller Einführung technischer Innovationen und des damit verbundenen vorschnellen Umschlags des fixen Kapitals). Kartelle sind mitunter Schutzmaßnahmen gegen die Bildung von tatsächlichen Monopolen.

Obschon die wirtschaftliche Konzentration zu Oligopolen (im Grenzfall zu Monopolen) nicht typisch für den Kapitalismus ist (Handelsmonopole und Produktionsmonopole gab es schon zur Zeit der »Sklavenhaltergesellschaft« oder der «feudalen Gesellschaft«), tritt sie doch in der Spätphase des Kapitalismus verstärkt – und vermutlich irreversibel – auf, so daß sie zu einem qualitativ typischen Merkmal des Spätkapitalismus wurde.

Die monopolistischen Surplusprofite sind das Ergebnis der Einschränkung der Konkurrenz. Die Begrenzung der Konkurrenz macht es möglich, dem Markt Preise abzuverlangen, die in bezug auf die Produktionspreise überhöht sind. Aber dieser Mechanismus funktioniert nur so lange, wie die Produktion an die »zahlungsfähige Nachfrage« (an die tatsächliche Kaufkraft) des Marktes angepaßt ist. Der Monopolkapitalismus entwickelt folglich eine ganze Reihe restriktiver Techniken, die eine glatte Verneinung der Ziele der Kapitalisten aus der Epoche der freien Konkurrenz darstellen [vorsätzliche Produktionsbegrenzung, Unterdrückung oder Hinauszögern der Anwendung technischer Erfindungen, Verschlechterung der Warenqualität]. (Mandel II, 535)

Der Monopolkapitalismus entwickelt auch die der kapitalistischen Produktion eigene Anarchie bis zum Äußersten. (Mandel II, 544) Der Widerspruch zwischen der tatsächlichen Vergesellschaftung der Produktion und der privaten Aneignung seitens der Bourgeoisie wird um so schreiender, je deutlicher der unbestreitbare parasitäre Charakter des Kapitalismus zutage tritt. Der Monopolkapitalismus bedeutet die Umwandlung eines Teils der bürgerlichen Klasse in Rentiers und »Zinseinstreicher« ... Die Aneignung des Mehrwerts ist ... nicht mehr durch das Honorar für eine leitende

Funktion im Produktionsprozeß verschleiert; sie ist das ausschließliche und offensichtliche Ergebnis des Privatbesitzes an Produktionsmitteln. (Mandel II, 547 f.)

[Es] entsteht eine monopolistische Profitrate, die höher ist als die Durchschnittsprofitrate. Durch die »Kontrolle« oder die Ausschaltung der freien Konkurrenz, des freien Kapitalstroms, wird es den monopolisierten Sektoren möglich, sich dem allgemeinen Ausgleich der Profitrate zu entziehen. Die einfachste Form des monopolistischen Extraprofits ist die Kartell-Rente. Die Bildung eines Kartells vollzieht sich nicht auf der Basis des Durchschnittsprofits, d. h. auf der Grundlage der gesellschaftlichen Durchschnittsproduktivität. Im Gegenteil, sie vollzieht sich auf einer Ebene, die es den beteiligten Firmen mit der niedrigsten Produktivität noch gestattet, den Durchschnittsprofit zu realisieren. Die Differenz zwischen dem Produktionspreis der anderen Mitglieder des Kartells und dem Verkaufspreis der schlechtestgestellten Mitglieder verkörpert damit die Kartellrente. (Mandel II, 523)

2. Erschwerte Realisierung und Anlage der Profite

Oligopole Wirtschaftssysteme sind zumeist gekennzeichnet durch starke Unternehmensliquidität (bei weitgehender Selbstfinanzierung entfällt die Rolle der Investitionskredite und der Rückgriffe auf den Kapitalmarkt: Erhöhung des Aktienkapitals, Industrieobligationen). Diese Selbstfinanzierung ist die Folge monopolistischer Extraprofite (Monopolprofite). Der Markt verengt sich zunehmend, die Masse des fixen Kapitals wächst und damit die Gefahr, daß die Verwertung der Mehrproduktion nicht mehr profitabel gelingt. Die Oligopole werden also versuchen, etwa durch Vergrößerung der Gewinnspannen, die sich unmittelbar realisieren lassen, ihre Extraprofite zu sichern. Bei funktionierenden Oligopolen (und Ausschaltung eigentlicher und ernsthafter Konkurrenz wenigstens in bestimmten lokalen, temporären und nachfragebestimmten Marktbereichen) bestimmt ein führendes Unternehmen (Preisführer) oder ein Kartell (mehr oder weniger abgesprochen) den Preis. Dieser Preis steht nur mehr in einer lockeren Beziehung zum Tauschwert (wie überhaupt die Relationen von Wert- und Preisebene kaum mehr sicher auszumachen sind). Es bildet sich die Praxis der Finanzierung des Unternehmens über den Preis aus, die es erlaubt, auch höhere Lohnkapitalien freizusetzen (höhere Löhne zu gewähren) und so *eine* mögliche Grundlage für das Ingangsetzen einer inflationären Spirale bildet. Die Annäherung des Preises an den idealtypischen Tauschwert wird erst über komplizierte Inflationsmechanismen möglich.

Um den Monopolprofit zu verschleiern, bieten sich eine Reihe von bilanztechnischen Strategien (überhöhte Wertminderungsfonds, Unterbewertung der Lagervorräte, Verschleierung des Erwerbs neuer Anlagen in Form von Betriebskosten . . .). Dennoch drängt das vagabundierende Kapital zur profitablen Anlage in *Ersatzmärkten*, da die ursprünglichen Märkte nur eine beschränkte Aufnahmekapazität besitzen. Solche Ersatzmärkte sind etwa:

a) Der künstlich geschaffene Binnenmarkt, der Produkte erzeugen und verkaufen läßt (auch an die Arbeiter), die gesellschaftlich völlig überflüssig sind (nach Art oder Menge). So schrieb schon Marx:

> In der Prosperitätsperiode, und namentlich während der Zeit ihrer Schwindelblüte – wo schon . . . der relative, in Waren ausgedrückte Wert des Geldes fällt (ohne wirkliche sonstige Wertrevolution), also der Preis der Waren, unabhängig von ihrem eigenen Wert steigt. Nicht nur steigt die Konsumtion notwendiger Lebensmittel; die Arbeiterklasse (in die nun ihre ganze Reservearmee aktiv eingetreten) nimmt auch momentanen Anteil an der Konsumtion ihr sonst unzugänglicher Luxusartikel, außerdem auch an der Klasse der notwendigen Konsumtionsartikel, die sonst zum größeren Teil »notwendige« Konsumtionsmittel nur für die Kapitalistenklassen bildet, was seinerseits eine Steigerung der Preise hervorruft. (MEW 24, 409)
>
> Der Anteil, den der Arbeiter an höheren, auch geistigen Genüssen, nimmt, die Agitation für seine eigenen Interessen, Zeitungen halten, Vorlesungen hören, Kinder erziehen, Geschmack entwickeln . . ., sein einziger Anteil, der ihn vom Sklaven scheidet, ist ökonomisch nur dadurch möglich, daß er den Kreis seiner Genüsse in den guten Geschäftzeiten erweitert, also in den Zeiten, wo Sparen zu einem gewissen Grade möglich . . . In spite aller »frommen« Redensarten, sucht er [der Kapitalist] daher alle Mittel auf, um sie [die Arbeiter] zum Konsum anzuspornen, neue Reize seinen Waren zu geben, neue Bedürfnisse ihnen aufzuschwatzen. (Grundrisse 197 f.)

b) Der neoimperialistische Kapitalexport erlaubt es, in »unterentwickelten« Ländern Kapital noch profitabel anzulegen. Es werden in Ländern mit niedrigeren Arbeitskosten Produktionsstätten erworben oder errichtet, deren Gewinne dann unmittelbar oder mittelbar (über vorläufige Investitionen oder Import von im eigenen Land absetzbaren Gütern) erwirtschaftet werden (vgl. W. I. Lenin, WW 22, 270 ff.)

Der Kapitalexport entspricht somit einem grundlegenden Entwicklungsgesetz des Kapitals: das Anwachsen der organischen Zusammensetzung des Kapitals und der tendenzielle Fall der Durchschnittsprofitrate werden zu einem durch interkapitalistische Absprachen bekämpft, zum anderen ausgeglichen durch die Investierungen der so entstandenen Kapitalüberschüsse in den Kolonialländern, wo die durchschnittliche organische Zusammensetzung des Kapitals sehr viel niedriger und vor allem die Profitrate sehr viel höher ist. (Mandel II, 560)

c) Vom Staat geschaffene Märkte (Rüstungsindustrie, öffentliche Bauten ...) erlauben eine profitable Anlage der Gewinne.

Der Spätkapitalismus ist unfähig, die ungeheueren Kapitalmassen, die er angesammelt hat, auf »normalem« Wege zu verwerten. Aber der Kapitalismus kann ohne eine solche Verwertung, ohne eine ständige Ausweitung seiner Basis, nicht existieren und wachsen. In dem Maße, wie sich diese Strukturkrise verschärft, suchen die kapitalistische Klasse und vor allem jene Schichten, die die Monopole beherrschen, systematisch nach Ersatzmärkten, die eine solche Expansion gewährleisten können. Die wesentlichen Ersatzmärkte, die das kapitalistische System in seiner Epoche des Niedergangs gefunden hat, sind die Rüstungswirtschaft und die Kriegswirtschaft. (Mandel II, 658)

Das Surpluskapital wird nur dann wiederum produktiv angelegt, wenn ihm ein »rentabler« Absatz gesichert ist. Diese zusätzliche Nachfrage wird anfangs vom Staat (teils durch Steuern, teils durch Anleihen) hervorgerufen ... Insofern sich dadurch die Warenproduktion und das in ihr entstehende Einkommen erweitern, kann die Inflation tatsächlich reales Wirtschaftswachstum auslösen (solange genügend Reserven an Maschinen, Rohstoffen und Arbeitskräften vorhanden sind). (Mandel I, 275) Wir sind der Ansicht, daß die permanente Rüstungswirtschaft die intensive technologische Erneuerung, d. h. das Wachstum der organischen Zusammensetzung des Kapitals, historisch gesehen beschleunigt und nicht bremst. Es ist dann unvermeidlich, daß sich diese technologische Erneuerung von der Abteilung III (Rüstungsproduktion) auf die Abteilungen I und II mit allen entsprechenden Folgen ausbreitet. Und es ist ebenfalls unvermeidlich, daß im Bereich der Rüstungswirtschaft selbst sich mit dem verlangsamten Wachstum der Rüstungsausgaben eine Verschiebung zwischen Materialaufkauf und Gehälterzahlung einerseits und Forschungs- und Entwicklungsaufgaben andererseits einstellt, welche die »krisenabschwächende« Rolle der Rüstungswirtschaft in der spätkapitalistischen Gesamtwirtschaft bedeutend mindert. Denn das verlangsamte Wachstum dieser Ausgaben zwingt, nach steigenden (Vernichtungs-)Erträgen jeder zusätzlichen Ausgabe zu suchen. (Mandel I, 283 f.) Wir können den Schluß ziehen, daß die »permanente Rüstungswirtschaft« auf die Dauer keinen der Grundwidersprüche der kapitalistischen Produktionsweise lösen und keines der ihr innewohnenden Krisenmomente ausschalten kann. Auch die zeitweise Abschwächung dieser Widersprüche und Krisenmomente geschieht nur aufgrund ihrer Verlagerung aus der einen Sphäre in die andere – vor allem aus jener der tatsächlichen Überproduktion in die der Inflation und der Überkapazität. (Mandel I, 285)

d) Der wissenschaftliche Fortschritt verlangt, daß die Profite nicht mehr primär dem Ankauf fremder Arbeitskraft dienen, sondern dem von »verwertbarem Wissen« *(J. Habermas)*. Dabei bilden Wissenschaft und technische Verwertung im Spätkapitalismus eine Einheit.

In dem Maße aber, wie die große Industrie sich entwickelt, wird die Schöpfung des wirklichen Reichtums abhängig weniger von der Arbeitszeit und dem Quantum angewandter Arbeit als von der Macht der Agentien, die während der Arbeitszeit in Bewegung gesetzt werden und die selbst wieder ... in keinem Verhältnis steht zur unmittelbaren Arbeitszeit, die ihre Produktion kostet, sondern vielmehr abhängt vom allgemeinen Stand der Wissenschaft und dem Fortschritt der Technologie, oder der Anwendung der Wissenschaft auf die Produktion. (Grundrisse, 592)

Marx legt mit diesem Text selbst die Grundlagen für die Überwindung der reinen Arbeitswerttheorie.

Die Beschleunigung der technischen Innovationen bedingt zudem einen schnellen Verbrauch des fixen Kapitals, so daß die Mehrwertrate zunehmend sinkt:

Die Verkürzung der Umschlagzeit des fixen Kapitals hängt eng zusammen mit der Beschleunigung der technologischen Erneuerung; die erste bildet oft nur den wertmäßigen Ausdruck der zweiten. Beschleunigte technologische Erneuerung bedingt den beschleunigten moralischen Verschleiß [im Gegensatz zum physischen durch Abnutzung] der Maschinerie, der seinerseits den Zwang zum beschleunigten Ersatz des laufend verwendeten fixen Kapitals, d. h. zur Verkürzung der Umschlagszeit des fixen Kapitals, impliziert. (Mandel I, 230)

Alle drei Ersatzmärkte sind also derart veranlagt, daß sie die Schwierigkeiten der profitablen Kapitalanlage nur vorübergehend beheben. Sie besorgen neuen Gewinn, der wieder rentabel angelegt sein will. Entfällt einmal der Profit oder wird der erzielbare Profit, bezogen auf die Menge des vorgeschossenen Kapitals, gering oder der Kapitaleinsatz allzu riskant, hebt sich der Kapitalismus selbst auf.

3. Tendenzieller Fall der Profitrate

»Sinken der Profitrate« meint: Ein wachsender Teil des Jahresprodukts dient zur Erhaltung des Werts des Stammkapitals, ein schrumpfender erhöht den Wert des Kapitalbestandes (vgl. Mandel II, 197). Nun sah schon Marx die Konzentration des Kapitals eng verbunden mit dem Fall der Profitrate:

Fall der Profitrate und beschleunigte Akkumulation sind insofern nur verschiedene Ausdrücke desselben Prozesses, als beide die Entwicklung der Produktivkraft ausdrücken. Die Akkumulation ihrerseits beschleunigt den Fall der Profitrate, sofern mit ihr die Konzentration der Arbeiten auf großer Stufenleiter und damit eine höhere Zusammensetzung des Kapitals gegeben ist. Andererseits beschleunigt der Fall der Profitrate wieder die Konzentration des Kapitals und seine Zentralisation durch die Enteignung der kleineren Kapitalisten. (MEW 25, 251)

Der eine Teil der Marxschen Prognose ist sicher richtig (Steigerung der Konzentration), aber auch der andere (Fallen der Profitrate)? Wir haben schon darauf verwiesen, daß diese, weil im Wertbereich spielend, kaum numerisch zu errechnen ist. Dennoch gibt es Versuche, sie auf der Ebene von Marktgrößen (Gewinnen) zu errechnen. So gilt etwa für die amerikanische verarbeitende Industrie folgendes (vgl. Mandel II, 197):

	c_f	c_z	v	m	p'
1889	350	5162	1891	1869	26,6 %
1899	512	6386	2259	1867	20,5 %
1909	997	11783	4106	3056	18,1 %
1919	2990	36229	12374	8371	16,2 %

(alle absoluten Zahlen in Millionen $)

Insofern im kapitalistischen System die Konzentration der Kapitale rapide zunimmt, müßte auch die Profitrate ebenso schnell fallen. Marx sieht den Grund für die Bindung beider aneinander in der gemeinwirtschaftlichen Orientierung auf das konstante Kapital. Dieses wird schneller verbraucht, deshalb fällt die Profitrate; es wächst somit schneller an, und nur große Betriebe können dieses Anwachsen kapitalmäßig auffangen. Wie gründliche empirische Untersuchungen ergeben haben (allerdings bezogen auf die Gewinnrate), ist die Marxsche Vermutung nicht unbedingt richtig. Auch kleinere Betriebe können bei zureichender Spezialisierung die notwendige Menge an konstantem Kapital aufbringen, um konkurrenzfähig zu bleiben. Großbetriebe erwirtschaften jedoch Zusatzprofite (die über dem Durchschnitt liegen).

Nach marxistischer Auffassung hängt der tendentielle Fall der Profitrate davon ab, ob die Oligopole den klassischen ökonomischen Gesetzen gehorchen oder nicht. Vor allem zeigt die Mehrwertrate steigende Tendenz. So gilt für die USA-Wirtschaft (nach Mandel I, 153):

	v	m	m'
1939	43,3	39,9	92 %
1940	46,7	46,3	99 %
1944	98,8	103,0	104 %
1945	105,4	136,3	107 %
1946	92,6	106,3	115 %
1947	98,9	119,6	121 %
1948	105,4	136,3	129 %

(die absoluten Beträge in Milliarden $)

Es ist unwahrscheinlich, daß c so stark stieg, daß es den Zuwachs in m' überkompensierte und so den Fall der Profitrate besorgte.

Langfristige Erhöhung der Mehrwertrate durch langfristige Rekonstruktion der Reservearmee einerseits, langfristig expandierender Markt aufgrund beschleunigter technologischer Erneuerung, mit anderen Worten: langfristige Erhöhung der Mehrwertrate bei gleichzeitigem Ansteigen der Reallöhne andererseits (erst des Preises, dann auch des Wertes der Ware Arbeitskraft): diese spezifische Kombination erklärt das langfristig kumulative Wachstum der imperialistischen Staaten in der Periode 1945–1965. (Mandel I, 159)

Wie auch anderen marxistischen Autoren gelingt es *Mandel* nicht, den tendenziellen Fall der Profitrate (nach Marx sogar in Entsprechung zur wachsenden Konzentration des Kapitals zu erklären) für die Phase des Monopolkapitalismus sicher zu erheben.

Heute wird man allgemein von dieser Marxschen Theorie absehen. Statt dessen ist die von *J. M. Keynes* eingebrachte Theorie des *tendenziellen Falls der Grenzleistungsfähigkeit des Kapitals* im Gespräch. Wir wollen die ökonomischen Theorien von Keynes im folgenden kurz andeuten, weil sie für die marxistische Kapitalismuskritik von Bedeutung sind. *Keynes* gilt den meisten Marxisten als typischer Vertreter einer modernen kapitalistischen Ökonomie. Die »Grenzleistungsfähigkeit des Kapitals« ist die für die Zukunft erwartete Grenzproduktivität des Kapitals. Statt die ungenügende Nachfrage nach Produktionsmitteln aus der ungenügenden Nachfrage nach Konsumgütern zu erklären, geht Keynes den mühsamen Weg, über die Liquidationsvorliebe zum Zinsfuß und der Grenzleistungsfähigkeit des Kapitals bestimmte Momente der modernen Ökonomie zu erklären. Wie vor ihm schon Marx reißt er so die beiden Märkte auseinander. *Keynes* folgert:

a) Man kann sagen, daß die Grenzleistungsfähigkeit des Kapitals die Bedingungen bestimmt, zu denen leihbare Geldmittel für den Zweck der Neuinvestitionen gefragt werden, während der Zinsfuß die Bedingungen bestimmt, zu denen Geldmittel laufend angeboten werden. (139)[7]

b) Wenn die Investition in irgendeiner gegebenen Art durch Kapital während eines Zeitabschnitts vermehrt wird, so wird sich die Grenzleistungsfähigkeit jenes Kapitaltyps mit der Zunahme der Investition verringern. (115)

c) Die Erwartung einer Senkung des Geldwerts [und damit eines niederen Zinssatzes] regt die Investition und folglich die Beschäftigung im allgemeinen an, weil sie die Tabelle der Grenzleistungsfähigkeit des Kapitals, d. h. die Nachfragetabelle der Investition verlängert [d. h. der Punkt, an dem die Tabelle durch den Zinssatz abgeschnitten wird, senkt sich]. Und die Erwartung einer Erhöhung des Geldwerts wirkt ermutigend, weil sie die Tabelle der Grenzleistungsfähigkeit des Kapitals verkürzt. (119)

d) Der Geldzins spielt also allem Anschein nach eine besondere Rolle: Er setzt der Beschäftigung eine Grenze, indem er eine Richtgröße bezeichnet, die von der Grenzleistungsfähigkeit eines Kapitalgegenstandes erreicht werden muß, wenn dieser neu erzeugt werden soll. (186)

e) Eine ernstliche Senkung der Grenzleistungsfähigkeit des Kapitals neigt unglücklicherweise auch dazu, den Hang zum Verbrauch ungünstig zu beeinflussen. (270)

f) Heute und wahrscheinlich auch für die Zukunft ist die Tabelle der Grenzleistungsfähigkeit des Kapitals aus verschiedenen Gründen viel niedriger als im neunzehnten Jahrhundert ... Solange ein erträgliches Niveau der Beschäftigung im Durchschnitt von einem oder zwei Jahrzehnten lediglich durch eine angemessene Geldversorgung erreichbar blieb, konnte selbst das neunzehnte Jahrhundert einen Weg finden. Wenn dies auch jetzt unser einziges Problem wäre, wenn ein genügender Grad der Geldentwertung alles wäre, was wir brauchten, so könnten wir auch heute sicherlich einen Weg ausfindig machen ... Wenn [aber] ein erträgliches Niveau der Beschäftigung einen stark unter den durchschnittlichen Sätzen des neunzehnten Jahrhunderts liegenden Zinsfuß erforderte, so ist es sehr fraglich, ob dieser lediglich durch die Manipulierung der Geldmenge erreicht werden kann. (260 f.)

g) [So scheint unsere Wirtschaftsordnung] in der Tat während eines beträchtlichen Zeitabschnittes in einem chronischen Zustand unternormaler Tätigkeit verbleiben zu können, ohne irgendeine ausgesprochene Neigung zur Wiederholung oder zum vollständigen Zusammenbruch zu zeigen. Die Erfahrung weist überdies darauf hin, daß Vollbeschäftigung oder auch nur annähernde Vollbeschäftigung eine seltene und kurzfristige Erscheinung ist. (209)

Keynes irrte mit der Annahme, daß die durchschnittliche Grenzleistungsfähigkeit tendenziell sinke. Hierfür gibt es keine eindeutigen Indikatoren. Somit sind auch die aus dieser Annahme hergeleiteten Folgen nicht gesichert. Wie schon *Marx* mit seiner Theorie vom tendenziellen Fall der Profitrate, geht *Keynes* von der wirklichkeitsfremden Annahme aus, daß die Produzenten, ohne Rücksicht auf die Märkte, das gleiche Produkt weiter herstellen.

4. Die langen Wellen der Konjunktur

Daß es kurze Konjunkturwellen gibt, die einander etwa im Abstand von fünf bis zwölf Jahren folgen, ist heute empirisch für die Industrienationen gesichert. Auch die Marxsche Annahme, daß diese Konjunkturschwankungen mit dem Verbrauch an fixem Kapital zusammenhängen, wird von einigen Autoren durchaus akzeptiert. Marx schrieb:

In demselben Maße also, worin sich mit der Entwicklung der kapitalistischen Produktionsweise der Wertumfang und die Lebensdauer des angewandten fixen Kapitals entwickelt, entwickelt sich das Leben der Industrie und des industriellen Kapitals in jeder besonderen Anlage zu einem vieljährigen, sage im Durchschnitt zehnjährigen ... Durch diesen eine Reihe von Jahren umfassenden Zyklus von zusammenhängenden Umschlägen, in welchen das Kapital durch seinen fixen Bestandteil gebannt ist, ergibt sich eine materielle Grundlage der periodischen Krisen, worin das Geschäft aufeinanderfolgender Perioden der Abspannung, mittleren Lebendigkeit, Überstürzung, Krise durchmacht. (MEW 24, 185 f.)

Erhöht sich nun aus irgendwelchen Gründen die Durchschnittsprofitrate über die periodischen Folgen der während der »kleinen« Krisen stattfindenden Kapitalentwertung hinaus, können die über Jahrzehnte hinweg angesammelten brachliegenden Kapitalien massiv in neue Produktionssphären hineinströmen und die Entfaltung einer neuen Produktionstechnik ermöglichen (vgl. Mandel I, 112 f.).

Nikolaj D. Kondratjew (1892–1930 oder später) veröffentlichte 1926 vor dem Hintergrund dieser Überlegungen eine Theorie langer Konjunkturwellen, die etwa fünfzig Jahre dauern und durch technische Innovationen in der Industrie eingeleitet werden[8]. Diese Theorie wurde vom orthodoxen Marxismus allgemein verworfen, weil sie eine Erklärung zu liefern schien, daß der Kapitalismus sich immer wieder regenerieren könne. Man fühlte sich vermutlich an *L. Trotzki* erinnert, der 1921 seine Freunde mit zwei Prognosen überraschte[9]:

a) kurzfristig ist ein Aufschwung des Kapitalismus nicht nur nicht auszuschließen, sondern geradezu unvermeidlich,

b) langfristig ist nach ein bis zwei Dekaden eine neue Expansion des Kapitalismus möglich, wenn die revolutionären Aktionen der Arbeiterklasse fehlschlagen sollten.

Doch manche Marxisten interpretierten *Kondratjew* anders: Die vierte seiner Theorie gemäß zu erwartende lange Welle sei zwingend die letzte des Kapitalismus.

Kondratjew gab folgende Erklärung für die Auslösung langer Wellen[10]:

Diese Güter [die großen Anlagen, Meliorationen, die Cadres qualifizierter Arbeit . . .] besitzen die Fähigkeit langfristiger Brauchbarkeit. Indessen erfordert ihre Errichtung oder Erzeugung ebenfalls längere Zeitperioden, die über den Rahmen der gewöhnlichen kommerziellen und industriellen Zyklen hinausragen. Die Erweiterung des Fonds solcher Kapitalgüter geht nicht stetig und nicht gleichmäßig vor sich. Die Existenz der langen Konjunkturwellen ist eben an den Mechanismus gebunden, durch welchen sich die Erweiterung dieses Fonds vollzieht, wobei die Periode seiner gesteigerten Ausweitung mit der ansteigenden Welle und die Periode der Beruhigung oder des Stillstandes in der Erzeugung der betreffenden Kapitalgüter mit der absteigenden Welle des großen Zyklus zusammenfällt. Die Erzeugung der hier gemeinten Art von Kapitalgütern erfordert einen ungeheuren Aufwand an Kapital, und zwar auf relativ lange Sicht. Deshalb ist das Eintreten solcher Perioden gesteigerter Kapitalgütererzeugung, d. h. Perioden langer ansteigender Wellen, an eine Reihe von Voraussetzungen gebunden. Diese Voraussetzungen sind die folgenden:

1. Hohe Intensität der Spartätigkeit.
2. Ein relativ reiches Angebot und Billigkeit des Leihkapitals.
3. Seine Akkumulation in der Hand von mächtigen Unternehmen und Finanzzentren.
4. Ein niedriges Warenpreisniveau, welches Spartätigkeit und langfristige Kapitalanlagen anregt.

Eine Kondratjew-Welle hat zwei Hauptphasen:

a) Die Technik wird revolutioniert. Die Profitrate steigt. Akkumulation und wirtschaftliches Wachstum sind groß. Die Gewinne steigen. Das konstante Kapital steigt stark, das variable sinkt.

b) Das wirtschaftliche Wachstum erscheint deutlich verlangsamt oder gar rezessiv. Die Profitrate sinkt trotz geringerer Akkumulation des Kapitals. Die Profitrealisierung wird problematisch.

Die erste Welle (1787–1842):

a) 1. Phase (1787–1825): Die Maschinen werden manufakturmäßig hergestellt, die Reallöhne sinken bei langsamer Expansion des Industrieproletariats. Der Weltmarkt (Südamerika) expandiert.

b) 2. Phase (1826–1842): Surplusprofite schwinden, die durch die Konkurrenz mit vorkapitalistischer Produktion erwirtschaftet worden waren. Das konstante Kapital wächst verhältnismäßig stark an. Die Expansion des Weltmarktes verlangsamt sich.

Die zweite Welle (1843–1897) (Bourgeois-Kondratjew):

a) 1. Phase (1843–1873): Maschinen werden maschinell hergestellt, dadurch sinkt der Wert des fixen Kapitals. Zwar steigt das zirkulierende Kapital, doch nicht stark genug, um den Rückgang des fixen aufzuheben. Der Weltmarkt dehnt sich gewaltig aus, infolge der Industrialisierung.

b) 2. Phase (1874–1897): Die maschinell hergestellten Maschinen werfen keine Surplusprofite mehr ab. Die organische Zusammensetzung des Kapitals wächst. Die Reallöhne steigen. Die wachsende Kapitalausfuhr und die sinkenden Rohstoffpreise verlangsamen die Kapitalakkumulation. Der Weltmarkt wächst nur noch langsam.

Die dritte Welle (1897–1939) (Neomerkantilismus-Kondratjew):

a) 1. Phase (1897–1913): Explosions- und Elektromotore kommen auf. Dadurch wächst die Arbeitsproduktivität und die Mehrwertrate bei starker Akkumulation des Kapitals. Kapitalanlagen in den Kolonien, verstärkte Monopolisierung durch Konzentration des Kapitals, nur langsam steigende Rohstoffpreise besorgen einen allgemeinen Aufschwung.

b) 2. Phase (1914–1939): Zerrüttung des Welthandels durch den Weltkrieg. Wachsende Verwertungsschwierigkeiten des Kapitals.

Die antizyklische Wirtschaftspolitik seit 1933 führte zu einer Entartung des großen Zyklus. Trotz der autonomen Steuerung durch die staatliche Wirtschaftspolitik (A. Predöhl) nennen einige Autoren einen 4. Kondratjew:

Die vierte Welle (seit 1940):

a) 1. Phase (1940–1966): Faschismus und Weltkrieg spalten die Arbeiterklasse und erlauben eine gewaltige Steigerung der Mehrwertrate. Damit steigt auch die Profitrate und die Akkumulation des Kapitals. Die technologische Verwertung von Kernkraft und Elektronik verbilligen das konstante Kapital erheblich. Der Weltmarkt schrumpft zwar in bezug auf Größe (Autarkiebestrebungen, Ausfall von sozialistisch gewordenen Ländern ...), doch kaum an Intensität.

b) 2. Phase (seit 1967): Trotz wachsender Automatisierung blokkiert zunächst das langsame Aufsaugen der industriellen Reservearmee ein Wachstum der Mehrwertrate. Arbeitskämpfe vermindern zunächst die Mehrwertrate, dann mittelbar auch die Profitrate. Die Expansion des Welthandels wird geringer bei verschärfter internationaler Konkurrenz und Weltwährungskrise.

Die Wellentheorie *Kondratjews* baut in die auslösenden Faktoren zufällige wie technische Elemente ein. Sieht man einmal von den »zufälligen« (Weltkriege) ab, so wird jede neue lange Welle durch neue technische Erfindungen eingeleitet, die die Produktionskosten (über Senken des fixen Kapitals) sinken lassen, wenn genügend Kapital gespeichert ist, sie voll einzusetzen. Man möchte vermuten, daß dem Kondradjew-Modell eine Energiekostentheorie zugrunde liegt, die die Marxsche Produktionskostentheorie in manchem ergänzt. Dennoch sind Widersprüche zum Marxschen Denken offensichtlich: Die Profitrate sinkt nur tendentiell in den Phasen des Abschwungs, Sinken der Profitrate und Akkumulation des Kapitals werden gegenläufig miteinander verbunden, die Arbeitswerttheorie wird durchlöchert ...

Im Gegensatz zu den meisten Nationalökonomen ist *E. Mandel* der Ansicht, daß man die langen Wellen durchaus gesetzesmäßig verifizieren könne. Er bringt jedoch nur eine Beschreibung (I, 133 f.) nicht aber den statistischen Beweis der Existenz eines den langen Wellen zugrunde liegenden Gesetzes.

Am ausführlichsten behandelte *J. Schumpeter* die Theorie der langen Wellen [11]. Er baut auf der »Innovationstätigkeit der Unternehmer« auf und vernachlässigt die Rolle der Produktions*technik* sowie die Schwankungen der Profitrate. Auch seine Theorie gilt heute allgemein als überholt und wird nicht einmal, wegen ihrer Vernachlässigung Marxscher Wertgrößen, von Marxisten aufgegriffen. Das Interesse der modernen Nationalökonomie hat sich denn auch fast ausschließlich auf die kurzen Wellen konzentriert. So schreibt

Keynes:

Es gibt viele Gründe, die erklären, warum die nachfolgende Periode ... beispielsweise nicht zwischen einem und zehn Jahren schwankt, sondern eine gewisse Regelmäßigkeit aufweist: Zunächst die lange Lebenszeit der dauerhaften Kapitalien, verbunden mit ihrem normalen Akkumulationsrhythmus und dann die Konservierungskosten für überschüssige Vorräte. (330)

In lockerem Zusammenhang mit Keynes meint *Mandel*:

Die zunächst langsame Expansion der Produktion hält die Nachfrage nach Geldkapital auf einem niedrigeren Niveau als das Angebot, woraus sich erklärt, daß der Zinsfuß sehr niedrig bleibt. Das Zusammenfallen eines niedrigen Zinsfußes mit einer im Steigen begriffenen Profitrate erzeugt einen wachsenden Unternehmergewinn; daraus erklärt sich die allgemeine Tendenz der Unternehmer, ihr fixes Kapital zu erneuern und zu diesem Zeitpunkt des Zyklus einen wachsenden Teil ihrer Profite zu investieren. (II, 418)

Diese Kapital- und Zinstheorie übersieht die Bedeutung des Zinsfußes für die Entschlüsse der Unternehmer. In vielen Wirtschaftsbereichen sind die Investitionen weniger zinsempfindlich. Die Gewinnspannen haben ein größeres Gewicht, da die Oligopole zunehmend mehr mit Eigenkapital arbeiten (Preisfinanzierung). Nicht geleugnet werden soll jedoch, daß Keynes zu Recht auf die Bedeutung psychologischer Faktoren für den Ablauf eines Zyklus verwiesen hat (ein Aspekt, der von den meisten Marxisten gröblich vernachlässigt wird): Hang zum Verbrauch, Einstellung zur Liquidität, Erwartung zukünftiger Erträge aus Kapitalwerten ..., wenn auch einige davon Chiffren für sehr handfeste ökonomische Größen sind (z. B.: Hang zum Verbrauch = Anteil der Konsumausgaben am Volkseinkommen).

5. Permanente Inflation

Für Marx war das Problem der Geldentwertung unerheblich, denn in einem System freier Konkurrenz kann das Überangebot (aufgrund kapitalistischer Tendenz zur Überproduktion im Stadium der erweiterten Reproduktion des Kapitals) nur zu einem Defizit an Geld führen. So beschreibt er denn auch die Krisen als deflatorische.

Marx unterscheidet drei »Typen von Geld«: *Reines Metallgeld* (es besitzt einen immanenten Wert; die Warenpreise bestimmen die Masse des zirkulierenden Geldes, wenn man sie durch die Umlaufgeschwindigkeit des Geldes dividiert), *Geldzeichen* (konvertibles Papiergeld; es verändert nicht die Gesetze des reinen Metallgeldes, wenn es tatsächlich durch Metallwerte gedeckt ist) und *nicht-konvertibles Papiergeld* mit staatlich festgesetztem Kurs (hier ist die Beziehung zwischen Warenwert und Metallwert nicht mehr unmittelbar gegeben, sondern nur post festum feststellbar; der Kurs gegen Metalle kann schwanken).

Preissteigerungen können entweder durch rückläufigen Wert des Metalls (etwa des Goldes) zustande kommen (so kam es zu einem Geldwertschwund im Jahre 65 in Rom; 180 zu einer Silbergeldentwertung im Römischen Reich; infolge kolonialer Edelmetalleinfuhr sank der Geldwert von 1510 bis 1610 um die Hälfte ...) oder durch Entwertung des Papiergeldes (= Inflation). Die frühesten Inflationen beobachten wir 844 in China (durch die Einführung des Papiergeldes), um 1688 in den englischen Kolonien in Nordamerika (durch übermäßige Geldschöpfung), 1790 in Frankreich (durch die Ausgabe von Assignaten) ... Zu einer »säkularen Inflation« kam es jedoch erst nach der Überwindung der Weltwirtschaftskrise (1929–1932).

Seitdem wurden verschiedene Inflationstheorien entwickelt:

a) Die Chicagoer Schule *(M. Friedman)* behauptet einen Kausalzusammenhang zwischen Geldmenge, Einkommensverwendung und Preisniveau (unter Ausschluß aller nicht-monetärer Parameter).

b) Die Keynessche Schule behauptet nachfrageinduzierte Inflationsursachen infolge einer bei Vollbeschäftigung bestehenden Disproportion zwischen gesamtwirtschaftlichem Angebot und Nachfrage.

c) Viele Marxisten sehen in der Inflation das Ergebnis des Verteilungskampfes zwischen den gesellschaftlichen Gruppen unter den Bedingungen eines kapitalistischen Marktes.

d) *E. Mandel* ist der Meinung, daß die Aufblähung der Staatsschulden (vor allem durch nicht steuerfinanzierte Rüstung) und die private Verschuldung die Hauptursachen der Inflation seien, da sie das Geldvolumen zwingend aufblähen. Dazu kommt inflationstreibend die Überliquidität der Monopole. (II, 665–668)

Vermutlich dürften es vor allem die beiden unter a) und b) genannten Faktoren sein, die *zusammen* die inflationäre Tendenz verursachen. Heute ist vor allem die Keynessche Begründung in der marxistischen Diskussion erheblich. Keynes schrieb:

Unterbeschäftigung ist vorhanden, weil die Unternehmer ihre Profite eingebüßt haben . . . Wollen wir nicht zum *Kommunismus* übergehen, so gibt es kein anwendbares Mittel, um der Unterbeschäftigung Herr zu werden, als den Unternehmen wieder eine angemessene Profitspanne zu verschaffen [12].

Es ist die erklärte Absicht der Regierung [um dies zu erreichen], die Preise zu erhöhen . . . Wie können wir die Preise erhöhen? . . . Für die Waren in ihrer Gesamtheit gibt es offenbar kein anderes Mittel, die Preise zu steigern, als die Nachfrage rascher zu erhöhen als das Marktangebot [13].

Hieraus folgt: Wir müssen danach trachten, die Gesamtkaufkraft zu vergrößern. Wenn uns das gelingt, so wird dies dienlich sein, um z. T. die Preise zu heben und z. T. die Beschäftigung zu mehren . . . Es gibt kein wirkungsvolles Mittel, die Weltmarktpreise zu heben, es sei denn durch eine Erweiterung der kreditfinanzierten Ausgaben in der ganzen Welt . . . [daher ist es ein] erstes Erfordernis, daß der Bankkredit billig und reichlich sei. Und dies ist nur möglich, wenn jede Zentralbank der Sorge um ihre Reserven an internationalen Zahlungsmitteln enthoben ist [14].

Steigende Preise sind zu begrüßen, denn sie sind gewöhnlich ein Anzeichen von zunehmender Produktion und Beschäftigung . . . Da ein Wachsen der Produktion nicht ohne steigende Preise möglich ist, so muß unbedingt gesichert werden, daß die Wiederholung nicht durch ein ungenügendes Geldangebot gehemmt wird, welches den wachsenden Umsatzziffern zur Seite steht . . . Die Anregung der Produktion durch Steigerung der Gesamtkaufkraft ist der richtige Weg, um die Preise hochzubringen . . . [Mancher meint] man könne Produktion und Einkommen durch bloße Vergrößerung der Geldmenge steigern. Aber das wäre soviel, als wollte man dadurch dicker werden, daß man einen längeren Gürtel kauft . . . Es ist ganz irreführend, die Geldmenge hervorzuheben, die nur ein begrenzter Faktor ist, statt den Umfang der Verausgabung, der das eigentlich wirksame Moment darstellt [15].

In der »Allgemeinen Theorie« betont *Keynes* dann allerdings einen anderen Aspekt, der für die Diskussion mit Marxisten erheblich ist:

Schließlich: Es ist unwahrscheinlich, daß die Einflußnahme der Bankpolitik auf den Zinsfuß für sich allein ausreichen wird, um eine optimale Rate der Investition hervorzubringen. Ich meine daher, daß eine ziemlich umfassende *Sozialisierung der Investition* sich als das einzige Mittel erweisen wird, um der Vollbeschäftigung nahezukommen. (319)

Dabei betont er die Rolle und Funktion der Non-sense-Produktion (109ff.). *Keynes* wollte keine Vermehrung der Geldmenge an sich, sondern eine Vermehrung der Anlässe für die Unternehmer, sich des vermehrten Geldes zu bedienen (was *E. Mandel* übersieht). Richtig erkennt *Mandel,* daß *Keynes* zu mechanistisch denkt: So kann zwar eine Erhöhung der Geldmenge den Verkauf von Konsumgütern steigern, führt aber nur dann zur Investitionssteigerung, wenn gleichzeitig eine Marktausdehnung zu erwarten steht und die Gewinnrate gesteigert werden kann (I, 384).

Die Inflationsbekämpfung macht sich heute oft die Keynessche Theorie mit negativem Vorzeichen zu eigen: Die an der Nachfrage-Inflation orientierten traditionellen Mittel der Inflationsbekämpfung (Drosselung von privaten Konsum- und Investitionsausgaben), erweisen sich gegenüber gewinn- und/oder kosteninduzierten Inflationsformen nur dann als einigermaßen erfolgreich, wenn die Restriktion zur Arbeitslosigkeit führt. Hier begegnen wir einem weiterem Widerspruch des Spätkapitalismus: Er braucht die Inflation (Keynes) und kann sie sich nicht leisten (weil asozial). Der andere Ausweg (außer dem Sozialismus) ist der dirigistische Staatseingriff (Lohn- und Preisstopp). Er hat allenfalls kurzfristige Beruhigungseffekte zur Folge, weil nicht die permanente Krise, sondern nur ein Krisensymptom angegangen wird.

Mandel meint:

Die permanente Inflation ist daher eine permanente Kreditinflation [weil die Hauptquelle der Inflation die Kontokorrentkredite der Banken an Private sind], die dem Spätkapitalismus adäquate Form der Geldschöpfung zur langfristigen Sicherung der erweiterten Reproduktion (zusätzliche Mittel zur Mehrwertrealisation und zur Kapitalakkumulation). (I, 381)

Die Funktion der permanenten Inflation im Spätkapitalismus als Mittel zur Verschleierung der rückläufigen Warenwerte [bei steigenden Warenpreisen], zur Erleichterung der Kapitalakkumulation, zur Vertuschung der erhöhten Mehrwertrate und zur provisorischen Überwindung der Realisierungsschwierigkeiten durch Krediterweiterung zeigt die Grenzen, auf die die »schleichende Inflation« stößt, es sei denn, sie verliert diese Funktionalität, es sei denn, sie schlägt in eine galoppierende Inflation um. (I, 399f.)

Der Spätkapitalismus braucht also die permanente Inflation, wird aber zugleich mit ihr vor seine Grenzen geführt.

6. *Die wachsenden Staatsinterventionen*

Nach marxistischer Ansicht gerät der kapitalistische Staat zunehmend mehr aus der Rolle der politischen Herrschaftsfunktion (mit dem wirtschaftspolitischen Ziel, der ökonomischen Macht ihre Grenzen zu ziehen, sie nicht zur politischen ausufern zu lassen, und den Schutz des Individuums vor den Ansprüchen dieser Macht zu sichern) in die Rolle einer ökonomischen Stützfunktion (er koordiniert die Interessen der Oligopole und schützt sie, weil mittelbar staatstragend). Damit ist die Situation des *Staatsmonopolkapitalismus* gegeben, weil der Staat nicht mehr ohne funktionierende Ökonomie stabil und die Ökonomie nicht mehr ohne Staatsintervention funktionstüchtig bleibt.

Seine innere Schwäche versucht der Staat teilweise zu kompensieren durch das Versprechen allgemeiner Wohlfahrt (Sicherung von Arbeitsplatz, Einkommen . . .) Der Zweck solcher Versprechen und der daraus resultierenden Aktionen ist die Stabilisierung des Staatsgebildes bzw. der bestehenden politischen Ordnung. Der Staat hat ein ganzes Repertoire von Strategien entwickelt, um das ökonomische (spätkapitalistische) System – und damit sich mittelbar auch selbst zu stützen:

a) Er bietet dem Kapital profitable Anlagemöglichkeiten durch öffentliche Aufträge (vor allem auf dem Rüstungssektor).

b) Er sichert politisch oder über Staatsgarantien den Kapitalexport, um Profite interessant zu halten (weil realisierbar und wieder anlagefähig).

c) Er garantiert Gewinne durch Subventionen, Sanierung von Unternehmen mit öffentlichen Mitteln, Überführung von unrentablen Unternehmen in öffentliches Eigentum . . .

d) Er übernimmt unrentable Schlüssel- oder Prestigeindustrien . . .

Mandel schreibt dazu:

Der Staat wird somit für die Monopole ein immer unentbehrlicheres Werkzeug. Die Realisierung des Profits, und zwar nicht nur des Durchschnittsprofits, sondern des Extraprofits, auf den sie ein Recht zu haben glauben, soll nicht allein vom Mechanismus der »ökonomischen Gesetze« abhängen: die Wirtschaftspolitik des Staates muß im Bedarfsfall diese »Gesetze« außer Kraft setzen, wenn sie die Profitrate der Monopole bedrohen. Die enge Zusammenarbeit zwischen den Monopolen und dem Staat ist keineswegs das Ergebnis einer »Unterwerfung der Wirtschaft unter den Staat«. Sie drückt im Gegenteil eine Unterwerfung des Staats unter die Interessen der Monopole durch eine wachsende Personalunion zwischen leitenden Staatsbeamten und den Chefs der großen Monopole aus. (II, 637f.)

In Wirklichkeit ist jedoch der Spätkapitalismus keine völlig durchorganisierte Gesellschaft; er ist nur eine hybride Kombination von Organisation und Anarchie. Tauschwert und Kapitalkonkurrenz sind keineswegs abgeschafft. Die Wirtschaft beruht keineswegs auf geplanter Erzeugung von Gebrauchswerten zur Bedürfnisbefriedigung aller Menschen. Profitstreben und Kapitalverwertung bleiben weiterhin der Motor des gesamten Wirtschaftsgeschehens, mit allen Widersprüchen, die sich zwangsläufig daraus ergeben. Wirtschaftssteuerung und Wirtschaftsorganisation sind in den Rahmen dieser privatkapitalistischen Wirtschaftsordnung eingebaut zu dem Zweck, die brüchigen Stellen zu kitten und die Explosion hinauszuschieben. Aber hinter dieser Fassade frißt sich die Krankheit immer tiefer ein. (I, 447)

Immerhin hatte schon *Keynes,* sicherlich kein Sozialist, eine »socialization of investment« (319) gefordert. Er verlangt vom Staat, wenn die Geschäftsstätigkeit stocke, entweder selbst zu investieren oder durch öffentliche Aufträge die privaten Investitionen anzuregen. Es wird deutlich,

daß auch verschwenderische Anleiheausgaben das Gemeinwesen im Endergebnis bereichern können. Das Bauen von Pyramiden, Erdbeben, selbst Kriege mögen dazu dienen, den Reichtum zu vermehren. (109)

Die Notwendigkeit unproduktiver Produktion (autonome Investitionen, die »kreditfinanzierten Innovationen« *Schumpeters*), die Notwendigkeit also güterwirtschaftlicher und nicht kreislaufwirksamer Investitionen (etwa die von Luxusgütern) hat übrigens schon Marx erkannt:

Infolge steigenden Arbeitslohns wird namentlich die Nachfrage der Arbeiter nach notwendigen Lebensmitteln wachsen. In einem geringeren Grad wird ihre Nachfrage nach Luxusartikeln zunehmen oder sich Nachfrage einstellen für Artikel, die früher nicht in den Bereich der Konsumtion fielen. Die plötzliche und auf größerer Stufenleiter gesteigerte Nachfrage nach notwendigen Lebensmitteln wird unbedingt momentan den Preis steigern. Folge davon: Ein größerer Teil des gesellschaftlichen Kapitals wird in Produktion von notwendigen Lebensmitteln und ein geringerer in der Produktion von Luxusmitteln verwandt, da letztere im Preise fallen, wegen des verminderten Mehrwerts und daher der verminderten Nachfrage der Kapitalisten für dieselben. (MEW 24, 340f.; vgl. 24, 409)

Ein weiterer Dienst, den der Staat der bestehenden Ökonomie leistet, ist der Versuch, Klassenbewußtsein und Klassenschranken durch Massenkonsum und Wohlfahrtsgarantien abzubauen. *Mandel* ist jedoch der Meinung, daß dieser Versuch scheitern müsse:

Daß die endgültige »Integration« der Lohnabhängigen im Spätkapitalismus an einem unüberwindlichen Hindernis scheitern mußte – an der Unfähigkeit des Kapitals, den Arbeiter als Produzenten am Arbeitsplatz zu »integrieren« und ihm schöpferische anstatt entfremdete Arbeit als Mittel zur »Selbstverwirklichung« zu verkaufen – beweisen die Ereignisse seit dem französischen Mai 1968 zu Genüge. (I, 450f.)

Die Antinomie des Spätkapitalismus (Teilrationalität auf mikroökonomischer Ebene + Staatsinterventionen bei markroökonomischer Anarchie) wird nach *Mandel* entweder aufgehoben und zugunsten einer totalen Marktanarchie ohne Staatsinterventionen (und das wäre das Ende des Spätkapitalismus und des kapitalistischen Staats) oder aber zugunsten einer öffentlichen Planung der Produktion und Lenkung der Investitionen (das wäre das Ende des Spätkapitalismus und des kapitalistischen Staats) oder aber zugunsten einer öffentlichen Planung der Produktion und Lenkung der Investitionen (das wäre das Ende des Kapitalismus zugunsten des Sozialismus). Die veränderte Planungsform im Spätkapitalismus (Planung der Auswahl vor Planung des Ablaufs) kann den anarchischen Charakter des Kapitalismus nicht aufheben. Die Krise der Kapitalverwertung führt nicht zur größeren Ordnung, sondern zur größeren Anarchie.

7. Wachsende Abhängigkeit der Ökonomie von Wissenschaft und Technik

Es ist zu einer Streitfrage zwischen Marxisten verschiedener Denominationen geworden, ob die Wissenschaften im Raum des Spätkapitalismus in den Dienst des Kapitals getreten sind und die Forschung in den Dienst kapitalistischer Gewinnmaximierung, oder aber ob die Zwänge, die von den Wissenschaften auf die Produktion ausgehen, überwiegen. Zweifelsfrei aber sind die Wissenschaften zu einer Produktivkraft ersten Ranges geworden.

a) K. Marx: Wissenschaft als Produktivkraft.
Schon K. Marx sah in der Wissenschaft nicht primär ein Ergebnis der ökonomischen Basis (also eine Überbaustruktur), sondern ein Basiselement:

356

Hat die Produktivkraft der Arbeit sich in der Geburtsstätte der Arbeitsmittel erweitert, und sie entwickelt sich fortwährend mit dem ununterbrochenen Fluß der Wissenschaft und Technik, so tritt wirkungsvollere und, ihrem Leistungsumfang nach betrachtet, wohlfeilere Maschine, Werkzeug, Apparat . . . an die Stelle der alten. (MEW 23, 631 f.)

Wenn es daher auf den ersten Blick klar ist, daß die große Industrie durch Einverleibung ungeheurer Naturkräfte und der Naturwissenschaft in den Produktionsprozeß die Produktivität der Arbeit außerordentlich steigern muß, ist es keineswegs ebenso klar, daß diese gesteigerte Produktivkraft nicht durch vermehrte Arbeitsausgabe auf der anderen Seite erkauft wird. (MEW 23, 408)

Von dem Naturstoff abgesehen, können Naturkräfte, die nichts kosten, als Agenten dem Produktionsprozeß mit stärkerer oder schwächerer Wirksamkeit einverleibt werden. Der Grad der Wirksamkeit hängt von den Methoden und wissenschaftlichen Fortschritten ab, die dem Kapitalisten nichts kosten. (MEW 24, 356)

Karl Marx ist also der Meinung:

● Wissenschaft ist eine *mittelbare* Produktivkraft,
● Wissenschaft geschieht *unabhängig* von kapitalistischer Produktion.

Beide Ansichten sind (heute) offensichtlich falsch. Der moderne Marxismus hat sich daher auch von beiden gelöst.

b) Wissenschaft als Ort der Profitanlage.

Viele und hier gerade die oligopolen Großproduzenten stecken einen zunehmend größeren Teil des Gewinns in die Forschung (und das mitunter mehr, als gesellschaftlich notwendig wäre). Diese Gewinnanlage besorgt neue Produktionsmethoden und Produkte, die neue Methoden anfordern, sie zu produzieren, so daß sich über den technischen Verschleiß des fixen Kapitals hinaus neue Anforderungen ergeben, die Umschlagszeit des fixen Kapitals zu beschleunigen (es verbraucht sich schneller). Dennoch steigt der absolute Profit bei monopolisierender Tendenz an. Wie soll dieser Profit realisiert und profitabel angelegt werden? Wieder in der Forschung? Das bedeutete eine Eskalation der wissenschaftlichen Erkenntnisse, die schneller wachsen, als sie im Interesse des Kapitals verwertet werden können. Es kann dazu kommen, daß wissenschaftliche Entdeckungen systematisch unterdrückt werden müssen, um den

Umschlag des fixen Kapitals nicht übermäßig zu beschleunigen. Die aus dem Profit stammenden Kapitalerträge dienen also nicht mehr allein dem Ankauf von (fremder) Arbeitskraft, sondern dem wissenschaftlichen Fortschritt. Damit ist die Marxsche Arbeitswerttheorie (nach der alle Werte ausschließlich aus Arbeit stammen) problematisch geworden, denn sie stammen zum wachsenden Teil aus »Erfindungen«. Damit ist aber auch zugleich, wenigstens vorübergehend, das Problem der profitablen Kapitalanlage gelöst.

c) Ablösung der Konkurrenzideologie durch eine Organisationsideologie.

In einer von Wissenschaft und Technik geistig wie materiell beherrschten Gesellschaft setzt sich zunehmend die Ideologie des Machbaren durch.

Oligopole und Monopole sind der ökonomische Widerschein solcher Ideologie. Da für die meisten Mitglieder einer solchen Wirtschaftsverfassung der Herrschaftsanspruch und die Ausübung von Herrschaft nicht mehr durchsichtig ist, entsteht aus der Machbarkeitsideologie ein neuer Fatalismus.

Die (anonyme) Herrschaft der Technik (Technokratie) und der Verwaltung (Bürokratie) schafft neue entfremdete Faktoren in allen Industriestaaten. Das dadurch besorgte emotionale und transzendente Defizit führt zu Mystifikationen und Fluchtreaktionen aus der ökonomischen und politischen Wirklichkeit. Es hat aber auch zur Folge, daß die zwischenmenschlichen Beziehungen zunehmend versachlicht werden (wenn auch nicht auf Warenform gebracht und in Tauschwert ausgedrückt, wie Marx annahm), doch ist diese Entfremdung nicht unerheblicher und nicht weniger arg als die von Marx analysierte, wenn sie auch nicht mehr so deutlich zu Bewußtsein kommt.

Mandel meint dazu:

So wie der Triumphmarsch des aufsteigenden Kapitalismus von einem sich stetig ausbreitenden Vertrauen in die Allmacht und Wohltaten der Konkurrenz begleitet war, so gehen die Rückzugsgefechte des niedergehenden Kapitalismus mit einer allseitigen Proklamation des Vorteils der Organisation Hand in Hand . . . Die in dem Glauben an die Allmacht der Technologie kulminierende Ideologie ist die für den Spätkapitalismus spezifische Form der bürgerlichen Ideologie. (I, 445)

Die Ideologie der Organisation und des Machbaren scheitert jedoch an der makroökonomischen Irrationalität des spätkapitalistischen Systems. Die Regeln von Produktion, Distribution und Konsumtion (also die des Marktes) werden nicht beherrscht. Die Ohnmacht vor dem anonymen Gesetzen des Marktes kann nur aufgehoben werden in einer zentralen Planungswirtschaft, für die der Spätkapitalismus die psychologischen und menschlichen Voraussetzungen schafft.

d) Die Wissenschaft im Dienste des Kapitals.

Sosehr die Ökonomie von den Wissenschaften abhängt, so sehr versucht sie, diese in den Griff zu bekommen. Sie kauft wissenschaftliche Erkenntnis, die dadurch einen Tauschwert erhält und Warenform annimmt, und wird zum Herrn über die Wissenschaft. Das reine Interesse der Wissenschaft tritt zurück vor dem praktischen-ökonomischen. Die Verwertbarkeitsforderung wird an die Wissenschaft gestellt – und weitgehend von ihr erfüllt. Dabei wird die »technologische Rente« (nach Arbeits- und Grundrente) zu einer Quelle von Zusatzprofit, für den, der sie sich öffnet. Sie wird zunehmend zur Quelle wirtschaftlichen Profits.

Dem dadurch gewonnenen gesellschaftlichen Reichtum steht eine innere Verarmung der Wissenschaft gegenüber, die jetzt gebraucht wird wie eine Sache, wenn ihr erkenntnisleitendes Interesse fremdgesteuert wird. Die Hochschulen werden zu reinen Ausbildungsstätten (und vermitteln nicht mehr primär Bildung) zur Erlangung einer zureichenden Qualifikation im Arbeitsprozeß. Das bedeutet eine Proletarisierung der geistigen und wissenschaftlichen Arbeit. Es entsteht ein neues Proletariat mit besserer Eignung für eine soziale (und sozialistische) Revolution als das alte.

Diese Darstellung des Spätkapitalismus sieht sicherlich einiges richtig. Andererseits sind die Einseitigkeiten der Darstellung nicht zu übersehen. Insofern einiges richtig gesehen wurde, ist es Aufgabe der bestehenden ökonomischen und gesellschaftlichen Institutionen, hier Abhilfe zu schaffen. Daß sie zu einer Art Sozialismus führen *kann*, sei nicht bestritten. Bezweifelt aber werden muß, daß dieser Sozialismus ein Sozialismus marxistischer Prägung ist (oder sein muß).

Anmerkungen:

1 P. A. Baran und P. M. Sweezy, Monopolkapital, Frankfurt 1967.
2 A. A. Berle a. o., The Modern Corporation and Private Property, New York 1933.
3 American Capitalism, London 1956.
4 The Economic Theory of Managerial Capitalism, London 1967.
5 Geplanter Kapitalismus, Köln 1968.
6 Die gründlichste Analyse des Spätkapitalismus gab bislang E. Mandel in »Der Spätkapitalismus« (Frankfurt 1972; es 521). Lesenswert sind auch die beiden von Mandel verfaßten Bände »Marxistische Wirtschaftstheorie« (Frankfurt 1971; es 595 + 596). Wir zitieren das erstgenannte Werk mit »Mandel I«, das zweite mit »Mandel II«.
7 Allgemeine Theorie der Beschäftigung, des Zinses und des Geldes (1936), Berlin 1955.
8 N. D. Kondratjew, Die langen Wellen der Konjunktur, in: Archiv für Sozialwissenschaft und Sozialpolitik, 56 (1926), 590 ff. Vgl. auch »The mayor economic Cycles«, in: Bulletin of the Conjuncture Institute 1 (1925). Der Name »Kondratjew-Zyklus« wurde von J. A. Schumpeter (1939) eingeführt (Konjunkturzyklen I, Göttingen 1961, 180). – Kondratjew war der Gründer und von 1920–1928 der Direktor des Konjunkturinstituts in Moskau. Er stellte den ersten Fünfjahresplan für die sowjetische Landwirtschaft auf. Da er eine intensive Wirtschaftsplanung ablehnte, wurde er 1930 ohne Prozeß nach Sibirien verbannt. Hier ist er verschollen.
9 The First Five Years of the Communist International I, New York 1945, 211.
10 Die Preisdynamik der industriellen und landwirtschaftlichen Waren, in: Archiv für Sozialwissenschaft und Sozialpolitik 60 (1928), 37.
11 Business Cycles, New York 1939 (dt.: Konjunkturzyklen, Göttingen 1961). Er kommt zu dem Schluß, daß »makroökonomische Theorien des Konjunkturzyklus unzureichend sein müssen« (Konjunkturzyklen, 153). Wenn einige Autoren einen vierten Kondratjew annehmen, stützen sie sich auf völlig unzureichendes Material, das keine statistisch sicheren Aussagen zuläßt. Sie verfahren ähnlich wie einst Keynes, der unter dem Eindruck der Weltwirtschaftskrise eine »General« Theory entwickelte.
12 Proposals for a Revenue Tariff, 1931, 53.
13 Means To Prosperity, London 1933, 17 f.
14 Ebd., 18–20.
15 Ebd., 33–35.

3. Teil

GESCHICHTE DES MARXISMUS

Aufgabe dieses Abschnitts ist es nicht, eine Darstellung der Geschichte des Marxismus von seinen Anfängen bis zur Gegenwart zu geben. Er will vielmehr die in den vorhergehenden Kapiteln erwähnten geschichtsbezogenen Andeutungen etwas ausführen, um sie verständlicher zu machen.

Karl Heinrich Marx wurde am 5. Mai 1818 in Trier geboren. Fast dreiviertel seines Lebens war er im Exil, als er am 14. März 1883 in London als Staatenloser starb. Die wichtigsten Daten seines Lebens sind:

1835 Abitur in Trier.

1841 zum Dr. phil. promoviert mit einer Dissertation über die Naturphilosophie Demokrits und Epikurs.

1842 Mitarbeiter (später Chefredakteur) der »Rheinischen Zeitung für Politik, Handel und Gewerbe«. Er gerät mit der preußischen Zensur in Konflikt, die schließlich die Herausgabe der Zeitung verbot (1843).

1843 Vermählung mit Jenny von Westphalen.
      In Paris zusammen mit *Arnold Ruge*. Hier

1844 Herausgabe der »Deutsch-Französischen Jahrbücher«. Die beiden Essays, die Marx in den Jahrbüchern veröffentlicht »Zur Judenfrage« und zur »Kritik der Hegelschen Rechtsphilosophie«, fordern die Beseitigung der Institution des Staates und der Verwendung des Geldes als Tauschmittel, die Emanzipation des Proletariats und eine massive Religionskritik.
      Abfassung der »Ökonomisch-philosophischen Manuskripte«, in denen er seine Philosophie grundlegt (1932 veröffentlicht).
      Veröffentlichung einiger antipreußischer Artikel im »Vorwärts«.
      Begegnung mit *Fr. Engels.* Marx bezeichnete den Bund zwischen beiden als Orestes-Pyladesschaft. (MEW 30, 387)

1845 auf Antrag der preußischen Regierung wegen der »Vorwärts«-Artikel aus Frankreich ausgewiesen. Mit Engels zusammen in Brüssel. Marx verzichtet auf seine preußische Staatsbürgerschaft.
      Abfassung der »Deutschen Ideologie« (gegen L. Feuerbach, M. Stirner, K. Grün). Engels lieferte zu dieser Schrift einige Seiten. Sie finden jedoch für dieses Manuskript keinen Verle-

ger, so daß sie es »der nagenden Kritik der Mäuse« überlassen (MEW 13, 10). Sie wurde erst 1926 veröffentlicht. Begründung eines Netzes »Kommunistischer Korrespondenzkomitees«. *Pierre Josef Proudhon* wird eingeladen teilzunehmen, macht aber Bedenken geltend (Begründung einer »Religion der Vernunft«).

1847 schreibt er gegen Proudhons »Système des contradictions économiques ou Philosophie de la misère« (1846) seine Erwiderung »Misère de la philosophie«, mit der Grundlage seiner Arbeitswert- und Mehrwertlehre.

. Verbindung mit dem »Bund der Gerechten«, der ihm die Abfassung einer programmatischen Schrift erteilte. In Anlehnung an Engels Arbeit »Grundsätze des Kommunismus« (geschrieben 1847, veröffentlicht 1914) verfaßt er das »Manifest der Kommunistischen Partei« (1848 veröffentlicht).

1849 wird Marx aus Belgien ausgewiesen, da er »das Gastrecht so schmählich verletzt habe« (MEW 6, 503). Er geht nach Köln und wird Redakteur der linksdemokratischen »Neuen Rheinischen Zeitung«. In der Nummer vom 19. 5. 1849 fordert er die Emanzipation der arbeitenden Klasse (MEW 6, 519). Bald darauf ist er jedoch wieder in Paris. Die französische Regierung weist ihm das Departement Morhiban als Aufenthaltsort zu. Marx weigert sich jedoch, in die Provinz zu gehen, und reist statt dessen nach London. Von hier aus arbeitet er weiter mit an der »Neuen Rheinischen Zeitung«, die in Hamburg verlegt wurde. In einem Artikel erklärt er, der Kommunismus sei die

Permanenzerklärung der Revolution, die Klassendiktatur des Proletariats als notwendiger Durchgangspunkt zur Abschaffung der Klassenunterschiede überhaupt, zur Abschaffung sämtlicher Produktionsverhältnisse, worauf sie beruhen, zur Abschaffung sämtlicher gesellschaftlicher Beziehungen, die diesen Produktionsverhältnissen entsprechen, zur Umwälzung sämtlicher Ideen, die aus diesen gesellschaftlichen Beziehungen hervorgehen. (MEW 7, 89f.)

Er versucht den »Bund der Kommunisten« neu zu beleben. In einem mit Engels zusammen verfaßten Rundschreiben propagiert er, daß »neben den neuen offiziellen Regierungen zugleich revolutionäre Arbeiterregierungen« entstehen sollen, organisiert als Gemeinderäte, Klubs und bewaffnete Arbeiterkomitees (MEW 7, 250). Die Parole der Arbeiter solle sein: »Die Revolution in Permanenz«. (MEW 7, 254)

Marx beginnt mit ausgedehnten privaten Studien der »politischen Ökonomie«.

1852 Marx wird im Kölner Kommunisten-Prozeß als Führer einer international verzweigten Verschwörerorganisation hingestellt.

1853 Marx wehrt sich gegen diese Unterstellung und weist die Konspiration zum Hochverrat zurück. Der »Bund der Kommunisten« sei keine konspiratorische Gesellschaft,

sondern eine Gesellschaft, die die Organisation der proletarischen Partei im geheimen bewerkstellige, weil das deutsche Proletariat igni et aqua, von Schrift, Rede und Assoziation öffentlich interdiziert [sei]. (MEW 8, 461)

1856 Unter dem Eindruck des Krimkrieges (1853–1856) wendet sich Marx der russischen Geschichte zu und veröffentlicht in der »Free Press« eine Studie gegen die Zarenherrschaft.

1859 Unter dem Eindruck der wirtschaftlichen Krise von 1857–1858 wendet sich Marx wieder verstärkt der Ökonomie zu und veröffentlicht 1859 seine Schrift »Zur Kritik der politischen Ökonomie« mit einem als Leitfaden bezeichneten Aufriß seiner Geschichtstheorie (MEW 13, 7–9). Doch schon 1857/58 schrieb er eine sehr viel umfassendere ökonomisch-kritische Darstellung, die als Rohentwurf zum ersten Band des Kapitals erst 1939 und 1941 in Moskau veröffentlicht und dadurch bekannt wurde.

1864 verfaßt er nach gründlichen theoretischen Studien eine Geschichte der Mehrwerttheorien, die K. Kautsky 1905–1910 veröffentlichte.

Begründung der Internationalen Arbeiterassoziation (IAA), später auch I. Internationale genannt. Kurz zuvor starb Ferdinand Lassalle, mit dem er zunächst befreundet, 1959 über die Interpretation des Italienischen Krieges in Streit geraten war. 1863 ist Marx der Ansicht, Lassalle gebärde sich ganz als künftiger Arbeiterdiktator (MEW 30, 340) und bezichtigte ihn des Plagiats.

Mit der Begründung der IAA trat Marx ins Rampenlicht der Öffentlichkeit. Er verfaßte beinahe alle wichtigen Proklamationen der IAA und wurde so bekannt.

Diese Proklamationen bringen ihm zahlreiche Anhänger ein, die ihn dazu bringen, verzweifelt auszurufen: »Alles, was ich weiß, ist, daß ich kein Marxist bin.« (MEW 37, 436)

1867 erscheint der erste Band des Kapitals – und wird kaum beachtet. [Erst posthum erschienen – von Engels herausgegeben – der zweite (1885) und der unvollendete dritte Band (1894).] Das ökonomische Interesse Marxens ist erlahmt. Er richtet seine Aufmerksamkeit auf zwei – seiner Ansicht nach – wichtige soziale Bewegungen: die terroristische Aktivität in Rußland und die deutsche Arbeiterbewegung. Hier ist ein Richtungsstreit zwischen den »Eisenachern«, die Marx näherstehen (*Wilhelm Liebknecht* und *August Bebel*) und den Lassallianern entbrannt. Er wendet sich gegen eine Vereinigung beider Gruppen, um einer theoretischen und politischen Aufweichung seiner Gedanken vorzubeugen.

1875 wendet er sich deshalb gegen das »Gothaer Programm« (die Entgegnung wurde erst 1891 von Engels veröffentlicht). In dieser Kritik ist sein politisches Testament enthalten. Wieder einmal tritt er ein für die Diktatur des Proletariats. Dieser Gedanke – bislang noch vernachlässigt – erhält seine endgültige Formulierung.

Seine letzten Lebensjahre sind gekennzeichnet von dem Versuch, alle Spaltungen in der Sache des Proletariats abzuwehren. Er wendet sich gegen das Sektierertum und die Anarchisten in der IAA. Sein Interesse für die Vorgänge in Rußland erlahmte nie. Endlich kam er zur Auffassung, daß die russische Bauerngemeinde »zum Ausgangspunkt einer kommunistischen Entwicklung« werden könne (MEW 19, 296). Im übrigen aber trat er für einen politischen Erfolg des Bürgertums ein, da nur es die demokratischen Freiheiten erkämpfen könne, welches es den Arbeitern erlauben, sich in politischen Parteien und Gewerkschaften zu organisieren und sich so auf die eigene Herrschaft vorzubereiten. Er fordert die Arbeiter auf,

> ruhig und entschlosen die Mittel auszunutzen, die ihnen die republikanische Freiheit gibt, um die Organisation der eigenen Klasse gründlich durchzuführen. (MEW 17, 227 f.)

Als Marx

1883 stirbt, sagt Engels am Grab seines Freundes, er sei der bestgehaßte und bestverleumdete Mann seiner Zeit gewesen (MEW 19, 336). Das war sicherlich zuviel der Ehre. Aber er, der seinem Werk »Gesundheit, Lebensglück und Familie geopfert« hatte (MEW 31, 542), war jedem Personenkult fern und lehnte alles ab, »was dem Autoritätsglauben förderlich« ist (MEW 34, 308). Mit einigem Recht aber sprach Engels an seinem Grab die Worte:

> Mitzuwirken . . . am Sturz der kapitalistischen Gesellschaft und der durch sie geschaffenen Staatseinrichtungen, mitzuwirken an der Befreiung des modernen Proletariats, dem *er* zuerst das Bewußtsein seiner eigenen Lage und seiner Bedürfnisse, das Bewußtsein der Bedingungen seiner Emanzipation gegeben hatte – das war sein wirklicher Lebensberuf. (MEW 19, 336)

Die Interpretation des Marxschen Gedankengutes war durch lange Jahrzehnte einseitig, weil seine Schriften nur zum kleineren Teil veröffentlicht waren. So wurde er denn ausschließlich zu dem hochstilisiert, was Engels ihm zuschrieb: »Vermittler des Bewußtseins des Proletariats«. Sein philosophisch-ethisches Anliegen blieb unerkannt.

Nach Engels Tod (1895) beanspruchte *Kautsky* die Marxsche Rolle für sich, bis sie ihm von *Lenin* 1917 bestritten wurde. Doch übersehen wurde, daß die Übernahme Marxscher Theorien noch nicht die Legitimation einer ideologischen Elite ausmacht, wenn sie versucht, diese Theorien in praktisches Handeln umzusetzen. Was schon bei Engels angedeutet ist, wurde durch Kautsky vollendet: Die sich auf Marx berufenden ideologischen Eliten vulgarisierten ihren Lehrer bis hin zur Entstellung. Manche übernahmen nur seine Terminologie. Die Marxsche Auffassung, daß die neue Gesellschaftsordnung nur durch eine Interaktion von revolutionär-proletarischem Handeln und innerem Zerfall des Kapitalismus zustande kommen könne, wurde in eine Theorie des automatischen Ablaufs verwandelt. Vor allem in der deutschen Sozialdemokratie hatten *Rosa Luxemburg* und *Karl Liebknecht* gegen diesen Fatalismus zu kämpfen. Auch *E. Bernstein* versuchte gegen die Theorie vom Zusammenbrechen des kapitalistischen Systems aufgrund der ihm innewohnenden Antinomien anzugehen, als er zielbewußte, den demokratischen Möglichkeiten entsprechende Aktionen forderte.

Erst *Lenin* brachte dieses fatalistische Kartenhaus zum Einsturz. Auf der anderen Seite institutionalisierte er jedoch die (bekannten) Marxschen Thesen zum Dogma. Dabei wurden die Rolle Marxens im Bund der Kommunisten, seine Stellung in der IAA . . . neu (und falsch) interpretiert. Der Marxismus wurde zudem in einen Marxismus-Leninismus (mit starker Einfärbung der Gedanken Engels') umstilisiert. Der Dogmatismus (als Methode) blieb im Ostmarxismus vorherrschend. Im Westmarxismus begann dagegen, enttäuscht wegen der gescheiterten Versuche, in manchen Ländern Osteuropas den marxistischen Sozialismus einzuführen, eine Rückbesinnung auf den »genuinen Marx«.

II. FRIEDRICH ENGELS

Friedrich Engels wurde am 28. 11. 1820 in Barmen als Sohn eines pietistisch gläubigen Tuchfabrikanten geboren und starb am 5. 8. 1895 in London. Die wichtigsten Daten seines Lebens sind:

1837 vorzeitiges Verlassen des Gymnasiums.

1838–1841 kaufmännische Lehre in Barmen und Bremen.

1841–1842 Militärdienstzeit und gleichzeitiges Studium der Philosophie in Berlin (Lektüre der Werke *B. Bauers*, *L. Feuerbachs* und *G. W. F. Hegels*).

1842 erste größere selbständige Schrift: »Schelling und die Offenbarung«. Diese Schrift macht ihn mit einer Gruppe Junghege-
lianern bekannt, die z. T. an *A. Ruge* und *W. Weitling* politisch orientiert waren.

1842–1844 beendet er seine kaufmännische Lehre in Manchester.

1844 Engels verfaßt die »Umrisse zu einer Kritik der Nationalökonomie«, in denen er die wertneutralen Kategorien der bürgerlichen Ökonomie (Privateigentum, Handelsfreiheit, Konkurrenz, Monopol, Trennung von Kapital und Arbeit) als Abbild
einer chaotischen und unsittlichen Wirtschaftsordnung ablehnt.

Treffen mit Marx in Paris (Beginn einer lebenslangen Freund-
schaft).

1845 erscheint die Schrift »Die Lage der arbeitenden Klasse in Eng-
land«, die zu den frühen Grundlagen der Ökonomiekritik des
Marxismus zählt und sehr feinfühlig das harte Schicksal der
Arbeiter beschreibt.

Mit Marx zusammen schreibt er »Die heilige Familie« (davon
stammt allerdings nur eine kurze Vorstudie von Engels, die
Marx um mehr als das Zehnfache erweiterte), »Die deutsche
Ideologie« (in echter Zusammenarbeit mit Marx, so daß heute
nicht mehr festzustellen ist, welche Teile den einzelnen Autoren zugerechnet werden müssen) (1932 veröffentlicht).

1845–1847 praktisches Wirken in der Arbeiterbewegung. Umwandlung des »Bundes der Gerechten« in den »Bund der
Kommunisten«. Vorarbeiten zum »Manifest der Kommunistischen Partei«.

1848 Redakteur an der »Neuen Rheinischen Zeitung« in Köln.

1849 Teilnahme an den Kämpfen der Freischaren in Baden und der
Pfalz. Emigration nach England.

1850–1869 als Kaufmann in Manchester (teils, um Marx finanziell
unterstützen zu können).

1870–1895 als Privatier in London. Hier widmet er sich ganz der
Theorie und Praxis des Sozialismus. In Zusammenarbeit mit
Marx übernimmt er den praktisch-politischen Part. Gehört
zum Generalrat der IAA. Übernimmt von Marx auch journa-
listische Verpflichtungen (so erscheinen in der »New York

Tribune« Beiträge von Engels unter dem Namen Marxens).
Seine wichtigsten Schriften entstehen in dieser Zeit:

1873–1883 Studien über die »Dialektik der Natur« (erschienen 1925 in Moskau).

1878 »Herrn Eugen Dührings Umwälzung der Wissenschaft«. Engels versucht in diesen Schriften die Grundlegung des »Dialektischen Materialismus«. »Materialismus« meint, daß die materiellen Prozesse, wie die ökonomischen, als Letztes verstanden werden müssen und auf nichts anderes zurückgeführt werden können. »Dialektik« begreift er als objektive Dialektik, die den Dingen selbst zu eigen sei. Er versucht, Dialektik und Materialismus naturwissenschaftlich zu begründen. Bis

1875 verfolgt er die Entstehung der deutschen Sozialdemokratischen Partei mit theoretischen Vorbehalten und praktischer Bewunderung. Trotz aller theoretischer Bedenken sind ihm die Lassalleaner sympathischer als der Kompromisse suchende Stil Liebknechts, obschon ihm dieser »die einzige zuverlässige Verbindung« mit Deutschland scheint (MEW 31, 138). Das »Gothaer Programm« (1875) führt zum Bruch. Er meint: »daß Marx und ich uns nie zu der auf dieser Grundlage errichteten *neuen* Partei bekennen« können (MEW 19, 7). Der drohenden Isolierung versucht er zu entgehen, indem er künftig zu Fragen der deutschen Arbeiterpartei erst *Bebels* Meinung hört (MEW 37, 382). Doch wurde Engels nie der ideologische Führer der Sozialdemokratischen Partei Deutschlands – er mußte vielmehr versuchen, das theoretisch einzuholen, was man in Deutschland politisch praktizierte.

1884 »Der Ursprung der Familie, des Privateigentums und des Staats.«

1885 Herausgabe des 2. Bandes des Kapitals (1894 die des dritten) nach sehr mühevoller Vorbereitung.

1886 »Ludwig Feuerbach und der Ausgang der klassischen deutschen Philosophie«. In diesem Buch faßt er noch einmal kurz die Grundgedanken der Dialektik der Natur zusammen. Bedeutsam wurde auch eine terminologische Unterscheidung, die Engels in diesem Buch vornahm: er unterschied materialistische und idealistische Philosophen.

Die letzten Lebensjahre gelten der theoretischen Fundierung der proletarischen Bewegung. Immer wieder betont er, man müsse die revolutionäre Aktivität und den objektiven Ablauf der Geschichte dialektisch sehen (MEW 37, 435 ff., 488 ff., 462 ff.; 39, 96 ff. ...). Uns interessiert hier vor allem seine theoretische Auseinandersetzung mit den Ereignissen im Deutschland um die Sozialdemokratische Partei.

Er kam zu der Ansicht, daß die Machtergreifung nicht über Nacht geschehen könne, sondern nur als »ein mehrjähriger Entwicklungsprozeß der Massen, unter beschleunigenden Umständen« (MEW 36, 55). Die revolutionäre Gewaltanwendung reduzierte er auf eine Art Widerstandsrecht des Proletariats gegen die Gewalt der Klassengegner (MEW 7, 511–527). In Deutschland seien jedoch nur gesetzlich erlaubte Kampfmittel anzuwenden (MEW 22, 78). Noch 1865 bezeichnete er das allgemeine direkte Wahlrecht für die deutsche Arbeiterpartei als wertlos (MEW 16, 73 f.), doch 1893 setzte er sich entschieden für eine »Eroberung der politischen Rechte, des Parlaments durch die als eigene Partei organisierte Arbeiterklasse« ein (MEW 22, 400). Die Erfolge der SPD brachten ihn endlich dazu, die Marxsche Überzeugung, die bürgerliche Revolution müsse die Voraussetzung der proletarischen sein, aufzugeben: 1890 machte er sich *Bebels* Ansicht zu eigen, daß die Zwischenstufe der bürgerlichen Republik in Deutschland fortfallen könne (MEW 37, 349). Diskutiert wird heute noch die Frage des Einflusses von Engels auf das marxistische System. Hat Engels seine (teils inferioren) Gedanken zu Unrecht als mit der Lehre Marxens übereinstimmend ausgegeben und so den Marxismus mit einer schweren Hypothek belastet? *F. Mehring, K. Kautsky, G. V. Plechanov* und die orthodoxen Marxisten pflegen diese Frage heftig zu verneinen. Doch gibt es unter den revisionistischen und nicht-marxistischen Philosophen viele, die sie bejahen. Man verweist auf folgende Differenzen[3]:

a) Bei *Engels* erscheint die Geschichte als objektiver, ökonomisch determinierter, »naturnotwendig« ablaufender Prozeß; *Marx* dagegen erklärt die Geschichte als einen von konkret handelnden Subjekten in revolutionärer Praxis besorgten Prozeß.

b) *Engels* entwarf eine dialektische Naturphilosophie; *Marx* dagegen eine dialektische Anthropologie (die die Natur in ihrem Bezug auf den Menschen ortet, als das entfremdete und wieder einzuholende Objekt menschlicher Arbeit).

c) *Engels* entwarf ein umfassendes weltanschauliches System; *Marx* dagegen betonte den kritischen Charakter aller berechtigten Theorie gegenüber einer abstrakten und dogmatischen Denkart, wie sie in weltanschaulichen Systemen zum Ausdruck kommt.

Es ist jedoch bemerkenswert, daß Marx ganz offensichtlich die Arbeiten zur »Dialektik der Natur« kannte, ohne sie zu beanstanden. *Engels* ungewollte Verantwortung für das Entstehen eines marxistischen »Systems« mag z. T. darin zu suchen sein, daß er schon zu Marxens Lebzeiten und erst recht nach dessen Tod, seinen Freund als Genie pries und sich selbst als bescheidenen, aber authentischen Interpreten verstand. Unter der Maske des Geniekultes ließ sich so manches ändern. Diese Praxis setzten übrigens *G. V. Plechanov* und *V. I. Lenin* fort, indem sie auch *Engels* zum Genie erklärten, und mit dessen authentischer Interpretation begannen. Später wurde dann *Lenin* ebenso erhoben und ebenso mißbraucht.

III. BUND DER KOMMUNISTEN

Der Bund der Kommunisten [4] war eine »Geheimorganisation« wandernder Handwerksgesellen und emigrierter Intellektueller. Er entstand seit 1847 unter Mitwirkung von Marx und Engels aus dem »Bund der Gerechten«. Mit der Änderung des Namens war eine des Programms verbunden. Der »Bund der Gerechten« orientierte sich weitgehend an den auf einem religiösen Sozialismus beruhenden Konzeptionen *W. Weitlings*. Ein festes Programm erhielt der

»Bund der Kommunisten« mit dem »Kommunistischen Manifest«, ohne daß jedoch die Fraktion Marx/Engels jemals die Mehrheit im Bund erlangt hätte. Der Bund war in London (Sitz der Zentrale), Brüssel, Paris und der Schweiz verbreitet. Während der Revolution (1848/49) verlegten die Bundesmitglieder ihre Tätigkeit nach Deutschland, um nach dem Scheitern der Revolution wieder zu einer Auslandsorganisation zu werden. Nach manchen Sezessionen löste sich der Bund seit 1852 auf.

Die Geschichte des Bundes ist intensiv erforscht worden, und dennoch ist seine Rolle in vielem ungeklärt. Er war neben der IAA die einzige internationale Arbeiterbewegung, an der *Marx* aktiv teilnahm. Die Schwierigkeiten, die die Interpretation der Funktion und Tätigkeit des Bundes macht, beruhen auf den widersprechenden Aussagen der beiden Polizeibeamten *Wermuth* und *W. Stieber* (Die Communisten-Verschwörungen des 19. Jahrhunderts, Berlin 1853/54) und den Aussagen Marxens (Enthüllungen über den Kommunisten-Prozeß zu Köln, 1853). Während *Wermuth* und *Stieber* den Kölner Kommunistenverein (dem 1852 der Prozeß gemacht wurde) als Teil eines »weitverzweigten und einflußreichen Verschwörungsorganismus« hinstellten, versuchte Marx zu beweisen, daß es sich keineswegs um eine »konspirative Gesellschaft« handele (MEW 8, 461), sondern um eine bloße Propagandagesellschaft (MEW 8, 409). 1885 schrieb *Engels* eine Abhandlung »Zur Geschichte des Bundes der Kommunisten« (MEW 21, 206–224).

Engels berichtet:

Im Sommer 1847 fand der erste Bundeskongreß in London statt . . . Hier wurde zunächst eine Reorganisation des Bundes durchgeführt. Was noch von den alten mythischen Namen aus der Konspirationszeit übrig war, wurde jetzt auch abgeschafft; der Bund organisierte sich in Gemeinden, Kreise, leitende Kreise, Zentralbehörde und Kongreß und nannte sich von nun an: »Bund der Kommunisten«. »Der Zweck des Bundes ist der Sturz der Bourgoisie, die Herrschaft des Proletariats, die Aufhebung der alten, auf Klassengegensätzen beruhenden bürgerlichen Gesellschaft und die Gründung einer neuen Gesellschaft ohne Klassen und Privateigentum« – so lautet der erste Artikel. Die Organisation war durchaus demokratisch, mit gewählten und absetzbaren Behörden und hierdurch allein allen Konspirationsgelüsten, die Diktatur erfordern, ein Riegel vorgeschoben und der Bund – für gewöhnliche Friedenszeiten wenigstens – in eine reine Propagandagesellschaft verwandelt. Diese neuen Statuten – so demokratisch wurde jetzt verfahren – wurden den Gemeinden zur Diskussion vorgelegt, dann auf dem zweiten Kongreß nochmals durchberaten und von ihm definitiv am 8. Dezember 1747 angenommen . . . Aller Widerspruch und Zweifel wurden endlich erledigt, die neuen Grundsätze einstimmig angenommen und Marx und ich beauftragt, das Manifest auszuarbeiten. Dies geschah unmittelbar nachher . . . An die Stelle des alten Bundesmottos »Alle Menschen sind Brüder«, trat der neue Schlachtruf: »Proletarier aller Länder vereinigt euch!«, der den internationalen Charakter des Kampfes offen proklamierte. Siebzehn Jahre später durchhallte dieser Schlachtruf die Welt als Feldgeschrei der Internationalen Arbeiterassoziation, und heute hat ihn das streitbare Proletariat aller Länder auf seine Fahne geschrieben. (MEW 21, 215f.)

Doch ist diese Darstellung von *Engels,* obschon sie für die Folgezeit zumeist als verbindlich (und inhaltlich richtig) akzeptiert wurde, nicht ohne Einseitigkeiten. So heißt es in den Statuten des Bundes: »Die Mitglieder führen Bundesnamen« und »Gemeinden verschiedener Art sind sich gegenseitig unbekannt und führen keine Korrespondenz miteinander« (MEW 4, 597), also ausgesprochene Merkmale eines Geheimbundes in konspirativer Absicht. *Engels* meint selbst: »Der Bund war unbedingt die einzige *revolutionäre* Organisation, die in Deutschland eine Bedeutung hatte« (MEW 8, 590), also war er mehr als eine Propagandaorganisation.

Vorläufig ungeklärt ist die Rolle des Bundes bei der Revolution 1848/49. *Veit Valentin* [5] und *Gustav Meyer* [6] veranschlagen den Einfluß des Bundes an der Revolution als sehr gering. Er wurde vermutlich hauptsächlich wirksam durch die Verbreitung des »Kommunistischen Manifests«, das im Februar 1848 zur Bundesdoktrin erhoben worden war. Die Tatsache, daß sich trotz mancher Versuche nicht nachweisen ließ, daß der Bund noch im Frühjahr 1849 aktiv wurde, scheint für die Vermutung des Exilrussen *B. Nikolaevskij* [7] zu sprechen, daß Marx nach der Gründung der »Neuen Rheinischen Zeitung« in Köln, verbunden mit der Einsicht, daß der proletarischen eine republikanisch-bürgerliche Revolution vorausgehen müsse, den Bund 1848 selbstherrlich aufgelöst habe (wogegen jedoch die sowjetische Geschichtsschreibung polemisiert). Dennoch trafen sich nach dem Scheitern der deutschen Revolution die meisten Führungsmitglieder des Bundes wieder in London und konstituierten eine neue Zentralbehörde, die sich in zwei Schreiben an die verstreuten Mitglieder wandte (MEW 7, 244 ff., 306 ff.). Es scheint vielleicht ein Kompromiß zwischen *Marx* und *Engels* auf der einen und den alten Mitgliedern des »Bundes der Gerechten« auf der anderen Seite zustande gekommen zu sein, der nur mühsam die inneren Richtungskämpfe überdeckte. Fraglich ist, ob die Juniansprache (1850) von *Marx* historisch wahr ist (obgleich sie 1885 von Engels bestätigt wurde), nach der die »einflußreichsten Mitglieder der Arbeiterverbrüderung« dem Bund angehört haben (MEW 7, 310). Es scheint sich jedoch 1848–1852 eine von Marx und Engels unabhängige Arbeiterbewegung (von *Stephan Born* begründet) herausgebildet zu haben, die von den Kommunisten nichts mehr wissen wollte und die Marxsche Doktrin fallenließ. Jedenfalls sagten sich 1850 Marx und Engels von der Zentralbehörde los, in der die »Partei Schapper-Willich« die Oberhand erhalten hatte. Sicher ist, daß die Marxsche Fraktion sich 1852 (nach Abschluß des Kölner Kommunistenprozesses) auflöste, über das Schicksal der Mehrheitsfraktion in der Zentrale ist heute nichts bekannt, da das Interesse der Geschichtsschreibung sich hauptsächlich an der Marx/Engels-Fraktion entzündete.

IV. DIE ERSTE INTERNATIONALE (IAA)

Die IAA wurde anläßlich einer öffentlichen Versammlung, an der die Führer der Trade-Unions, eine französische Arbeiterdelegation, sowie Vertreter der deutschen und polnischen Flüchtlinge teilnahmen, am 28. 9. 1864 in der Londoner St. Martin's Hall gegründet. Marx verfaßte die Inauguraladresse. Es heißt da:

Arbeiter! Es ist Tatsache, daß das Elend der arbeitenden Massen nicht abgenommen hat während der Periode 1848–1864, und dennoch steht diese Periode mit ihrem Fortschritt von Industrie und Handel beispiellos da in den Annalen der Geschichte ... Und so ist es jetzt in allen Ländern Europas eine Wahrheit, erwiesen für jeden vorurteilsfreien Geist und nur geleugnet durch die interessiert klugen Prediger eines Narrenparadieses, daß keine Entwicklung der Maschinerie, keine chemische Entdeckung, keine Anwendung der Wissenschaft auf die Produktion, keine Verbesserung der Kommunkationsmittel, keine neuen Kolonien, keine Auswanderung, keine Eröffnung von Märkten, kein Freihandel, noch alle diese Dinge zusammengenommen, das Elend der arbeitenden Massen beseitigen können, sondern daß vielmehr umgekehrt, auf der gegenwärtigen falschen Grundlage, jede frische Entwicklung der Produktivkräfte der Arbeit dahin streben *muß*, die sozialen Kontraste zu vertiefen und den sozialen Gegensatz zuzuspitzen ... Politische Macht zu erobern, ist daher jetzt die große Pflicht der Arbeiterklassen. Sie scheinen dies begriffen zu haben, denn in England, Frankreich, Deutschland und Italien zeigt sich ein gleichzeitiges Wiederaufleben und finden gleichzeitige Versuche zur Reorganisation der Arbeiterpartei statt. Ein Element des Erfolges besitzt sie, die Zahl. Aber Zahlen fallen nur in die Waagschale, wenn Kombination sie vereint und Kenntnis sie leitet. Die vergangene Erfahrung hat gezeigt, wie die Mißachtung des Bandes der Brüderlichkeit, welches die Arbeiter der verschiedenen Länder verbindet und sie anfeuern sollte ... stets gezüchtigt wird durch die gemeinschaftliche Vereitlung ihrer zusammenhanglosen Versuche ... Proletarier aller Länder, vereinigt euch! (MEW 16, 5–13)

Marx entwarf auch die »Provisorischen Statuen der Internationalen Arbeiter-Assoziation«. Sie beginnen mit den Worten:

In Erwägung, daß die Emanzipation der Arbeiterklasse durch die Arbeiterklasse selbst erobert werden muß; daß der Kampf für die Emanzipation der Arbeiterklasse kein Kampf für Klassenvorrechte und Monopole ist, sondern für gleiche Rechte und Pflichten und für die Vernichtung der Klassenherrschaft ... haben die unterzeichneten Mitglieder des Komitees, welches am 28. September 1864 auf der öffentlichen Versammlung in St. Martin's Hall, London, gewählt wurde, die notwendigen Schritte zur Gründung der Internationalen Arbeiter-Assoziation getan. Sie erklären, daß diese Internationale Assoziation und alle Gesellschaften und Individuen, die sich ihr anschließen, Wahrheit, Gerechtigkeit und Sittlichkeit anerkennen als die Regel des Verhaltens zueinander und zu allen Menschen, ohne Rücksicht auf Farbe, Glauben und Nationalität. (MEW 16, 14f.)

Am 23. 11. 1871 schrieb Marx:

Die Internationale wurde gestiftet, um die wirkliche Organisation der Arbeiterklasse für den Kampf an die Stelle der sozialistischen oder halbsozialistischen Sekten zu setzen. (MEW 33, 328)

Es ist Aufgabe der Internationalen Arbeiter-Assoziation, die spontanen Bewegungen der Arbeiterklasse zu vereinigen und zu verallgemeinern, doch nicht irgendein doktrinäres System zu diktieren oder aufzudrängen. Der Kongreß [1867] sollte deshalb kein *besonderes* System der Korporation verkünden, sondern sich auf die Darlegung einiger allgemeiner Prinzipien beschränken. (MEW 16, 195)

Marx gewann als Mitglied des Generalrats starken Einfluß in der IAA. Er wollte sie auf den wissenschaftlichen Sozialismus hin einigen. Das war um so schwerer, als sich in ihr französische Republikaner, Anhänger Proudhons, Gefolgsleute Mazzinis, Vertreter des Positivismus und englische Gewerkschaftler zusammenfanden. Engels berichtete 1887 rückblickend auf die Arbeit Marxens:

Als Marx die Internationale gründete, hat er die Allgemeinen Statuten so abgefaßt, daß ihr *alle* proletarischen Sozialisten jener Zeit beitreten konnten . . . [So wurde die IAA] das Mittel zur allgemeinen Auflösung und Aufsaugung all jener kleineren Sekten, mit Ausnahme der Anarchisten. (MEW 36, 598)

Die Marxschen Statuten der IAA gaben dem Generalrat, der nach den Beschlüssen des I. Kongresses an die Stelle des provisorischen Zentralkomitees trat, große Bewegungsfreiheit und stärkten die Funktion der Exekutive (September 1866 in Genf). So gelangten bald die sozialistischen Gruppen gegenüber den radikalbürgerlichen im Generalrat zur Mehrheit. Nach 1868 fand die IAA, ursprünglich eine kleine Gruppe, in vielen europäischen Ländern schnelle Verbreitung. 1870, auf dem Höhepunkt ihrer Entwicklung, zählte die IAA sechstausend Mitglieder in der Schweiz und einige zehntausend in Frankreich. Die Kongresse in Genf, Lausanne, Brüssel, Basel beschleunigten den Abbau des Einflusses der Anhänger Proudhons, die englischen Gewerkschafter zogen sich zunehmend zurück, so daß die Marxsche Fraktion nur mehr den Anhängern *Bakunins* gegenüberstand. Marx und Engels versuchten ihren Einfluß auszudehnen, als sie die Pariser Kommune (1871) als »das Kind der Internationale« vereinnahmten (MEW 33, 642). Die Verfassung der Kommune galt jetzt als Muster einer sozialistischen

Verfaßtheit. Jetzt versuchte Marx den recht lockeren Bund, mit dem Zweck, die Kontakte zwischen den verschiedenen Arbeiterbewegungen der Länder zusammenzuhalten und ideologisch zu organisieren, zu einer internationalen *Partei* umzugestalten.

Die Anhänger *Bakunins* vertraten ein anarchisch verfaßtes Modell von Gesellschaft mit möglichst wenig zentraler Organisation. Da *Marx* sich mit diesem Modell nicht einverstanden erklären wollte (oder konnte), kam es auf der Konferenz von Den Haag (1872) zum Bruch. An dieser Konferenz nahm *Marx* ausnahmsweise teil. Es gelang ihm, den Ausschluß *Bakunins* durchzusetzen (MEW 18, 155). In einer Rede über die Konferenz sagte Marx:

Der Kongreß in Den Haag . . . hat die Notwendigkeit für die Arbeiterklasse proklamiert, die alte, zusammenbrechende Gesellschaft auf dem politischen wie auf dem sozialen Boden zu bekämpfen; und wir beglückwünschen uns dazu, von nun an in unsere Statuten diesen Beschluß der Londoner Konferenz aufgenommen zu sehen . . . Was mich angeht, so werde ich mein Werk fortsetzen und beständig daran arbeiten, unter allen Arbeitern diese für die Zukunft so fruchtbringende Solidarität zu begründen. Nein, ich ziehe mich nicht von der Internationale zurück, und der ganze Rest meines Lebens wird, wie alle meine Bemühungen der Vergangenheit, dem Triumph der sozialen Ideen geweiht sein, die einst – seid davon überzeugt! – die Weltherrschaft des Proletariats herbeiführen werden. (MEW 18, 159–161)

Gegen *Bakunin* hatte er schon zuvor geschrieben:

Die Verunglimpfungen durch die bürgerliche Presse wie die Klagelieder der internationalen Polizei fanden selbst in unserer Assoziation ein offenes Ohr. Intrigen, die dem Anschein nach gegen den Generalrat, in Wirklichkeit aber gegen die Assoziation gerichtet waren, wurden in ihrem Schoße gesponnen. Hinter diesen Intrigen steht die unvermeidliche »Internationale Allianz der sozialistischen Demokratie«, die von dem Russen Michail Bakunin gezeugt wurde. Nach der Rückkehr aus Sibirien predigte er . . . den Panslavismus und den Rassenkrieg. Später, während seines Aufenthaltes in der Schweiz, wurde er in das leitende Komitee der Friedens- und Freiheitsliga berufen, die in Opposition zur Internationale gegründet worden war . . . [Bakunin] schlug dort ein Gelegenheitsprogramm vor, dessen wissenschaftlicher Wert nach dieser einzigen Wendung beurteilt werden kann: ökonomische und soziale Gleichmachung aller Klassen. (MEW 18, 10f.)

Damit begannen Jahre schwerer innerer Auseinandersetzungen für die IAA, die bis 1876 anhielten. Der Gegensatz zu den antiautoritären Anarchisten veranlaßte *Marx* und *Engels,* den Den Haager Kongreß dazu zu bringen, den Sitz des Generalrats nach New York zu verlegen. Das bedeutet das faktische Ende der IAA. Auf der Konferenz von Philadelphia wurde 1876 die IAA offiziell aufgelöst. Die anarchistische Gruppe, die die Beschlüsse von Den Haag nicht anerkannten und sich auf dem Kongreß von Souvillier abgespalten hatten (Jurassische Föderation), versuchte, andere Splittergruppen – mit einigem Erfolg – um sich zu einen, und die IAA als antiautoritäre Internationale weiterzuführen. Sie überlebte jedoch nicht ihren 8. Kongreß in Vervier (1877).

Die Gründe für den Untergang der I. Internationale sind nicht allein in den Gegensätzen Marx–Bakunin zu suchen. Die allgemeine antisozialistische Gesetzgebung nach dem Krieg von 1870/71 zwang die Sektionen, in den Untergrund zu gehen. Das erschwerte Arbeit und Zusammenhalt erheblich. Zudem waren keinerlei Aussichten zu erkennen, daß die geschichtliche Tendenz im Sinne der IAA arbeite (das Gegenteil war der Fall). So trat neben die Spaltung die Resignation.

Nach dem Niedergang der IAA war Marx der Ansicht, daß die Führung der Arbeiterschaft nun den deutschen Arbeitergruppen und der Sozialdemokratischen Arbeiterpartei anvertraut sei. Die IAA wurde da eher zu einem Hemmnis der Entwicklung. Dennoch hinterließ die Arbeit der IAA ihre Spuren: Das Proletariat hatte sich von einer »raison sociale« in eine »force sociale« verwandelt[8].

V. DIE ZWEITE INTERNATIONALE

Die zweite Internationale ging aus den anläßlich der Hundertjahrfeier des Sturms auf die Bastille und der Pariser Weltausstellung zusammentretenden, rivalisierenden »Internationalen Sozialistenkongressen« vom Juli 1889 hervor. Zur IAA bestand lediglich ein ideeler Zusammenhang. Dem entsprach auch die am Vorabend des 50. Jahrestages der IAA, in Anlehnung an Engels (MEW 22, 241), getroffene Sprachregelung, die zwischen der I. (alten) und der II. (neuen) Internationale unterschied.

Die Kongresse der II. Internationale fanden in der Regel alle zwei Jahre statt. Sie hatten weder einen offiziellen Namen noch eine ausgeprägte Organisation. Sie verstand sich einerseits (ansatzhaft) als organisatorische Verbindung voneinander unabhängiger sozialistischer Parteien (Mitglieder des »Internationalen Sozialistischen Kongresses«), andererseits als sozialistische Bewegung, soweit sie sich in den Rahmen der weitgespannten Programme' der internationalen Kongresse einfügte. Ziel war nicht so sehr eine ideologische Absprache oder gar Gleichschaltung oder taktische Koordination, sondern die Schaffung einer Ebene der praktischen Verständigung in sozialpolitischer Hinsicht. Sie trat in dem Augenblick auf, als die Koordination der Arbeitskämpfe in den Industrieländern geboten erschien, um die wirtschaftlichen und sozialen Forderungen der Arbeiter durchzusetzen.

Anders als die IAA war die II. Internationale von Anfang an eine lockere Konföderation selbständiger Parteien mit teils recht unterschiedlichen Meinungen zum Sozialismus. Sie war nationalstaatlich gegliedert (wenn auch in London 1896 die Unabhängigkeit Polens gefordert wurde) und wurde zum Fürsprecher des Selbstbestimmungsrechts der Völker.

Bis 1900 bestand die II. Internationale nur in periodisch wiederkehrenden Kongressen, die sich als »Internationales Arbeiterparlament« oder als »Zukünftiges sozialistisches Parlament« verstanden. Immer wieder spielten Fragen, die man später als rein gewerkschaftlich bezeichnet hätte, eine entscheidende Rolle. Der 1. Pariser Kongreß eröffnete 1889 eine Kampagne für den Acht-Stunden-Tag und beschloß, eine internationale Massendemonstration am 1. Mai durchzuführen. Das alles bedeutete jedoch, dem Selbstverständnis der Mitglieder nach, keinen Abfall von dem Ziel, auf lange Dauer, über eine proletarische Bewegung, eine neue Gesellschaft herbeizuführen. Die sozialen Maßnahmen sollten erste Schritte auf dem Weg zur neuen Gesellschaft sein. Die Arbeiterklasse sei nicht länger das Objekt der Geschichte, sondern ihr Subjekt.

Zur gleichen Zeit wechselten die Sozialdemokraten zu einer Strategie über, die von *Kautsky* »legaler Klassenkampf« genannt wurde. Man wehrte sich gegen die Anarchisten, die Vertreter illegaler revolutionärer Gewalt . . . wie gegen den Kapitalismus. 1896 kam es auf dem Londoner Kongreß zum Ausschluß der Anarchisten. Das besiegelte auch für einige Zeit die Vorherrschaft der orthodoxen Marxisten in der II. Internationale. 1904 erlitten die Revisionisten eine erhebliche Niederlage: Die Mehrheit der Mitglieder entschieden sich für den Klassenkampf (was jedoch keineswegs gleichbedeutend war mit proletarischer Revolution oder auch nur mit revolutionärer Arbeit). Die Marxsche Revolutionstheorie wurde durch die Zusammenbruchstheorie, nach der der Kapitalismus, auch ohne revolutionäre Aktionen enden werde, ersetzt. *Kautsky* sorgte dafür, daß in der deutschen Sozialdemokratie Organisation und parlamentarische Arbeit als Weg zur Macht betrachtet wurden. Der wichtigste Unterschied zum Revisionismus bestand nur mehr darin, daß man, aus integrationspolitischen Gründen, an marxistischen Endzielvorstellungen (Sozialismus) festhielt. Das deutsche Parteizentrum konnte sich mit seinen Vorstellungen weitgehend durchsetzen.

Das rasche Anwachsen der Mitglieder in den Arbeiterparteien von 1900 bis 1914 veränderte auch deren innenpolitische Situation. Der Sozialismus wurde als eine der großen sozialen Kräfte allgemein anerkannt. Das erlaubte es der II. Internationalen, den Weg zu einer stärkeren Institutionalisierung zu gehen. Auf dem Pariser Kongreß von 1900 schuf sie sich im »Internationalen Sozialistischen Büro« (mit dem Sitz in Brüssel) ein Exekutivorgan. 1904 wurde die »Interparlamentarische Sozialistische Kommission« gegründet, die für einheitliche politische Aktionen in den verschiedenen nationalen Parteien sorgen sollte. Doch beschränkten sich die Zentralstellen ausschließlich auf Koordinierungsfragen, so daß die Eigenständigkeit der nationalen Parteien gewahrt blieb.

In den Jahren der Spannung vor dem Ersten Weltkrieg übernahm die *Internationale* eine wichtige Funktion. Sie versuchte, durch gemeinsame strategische Konzepte die Kriegsgefahr zu bannen [Paris (1900), Stuttgart (1907), Kopenhagen (1910), Basel (1912)]. Es kam jedoch über die Kriegsfrage zu heftigen Auseinandersetzungen zwischen Revisionismus, orthodoxem Marxismus und revolutionärer Linken einerseits und deutschen (angeblich nach Hegemonie in der Internationale strebenden) und französischen Vertretern. So mußte es denn zu einer neuen Debatte über das Autonomiekonzept kommen. Während die Linke die Ansicht vertrat, die Selbständigkeit der angeschlossenen Parteien habe ausschließlich taktischen Charakter, um ein flexibles Vorgehen in den verschiedenen Ländern zu gewährleisten, war die Rechte sehr viel mehr davon überzeugt, daß diese Autonomie der Internationale wesentlich sei. Vor allem die deutschen Vertreter waren der Meinung, man sollte ein Maximum von Selbständigkeit gewährleisten. Auch *Lenin* teilte diese Ansicht. Er schrieb im Juli 1914:

Wir sind eine *autonome* Partei. Denk immer daran. *Niemand* hat das Recht, uns einen fremden Willen aufzuzwingen, auch das Internationale Sozialistische Büro hat dazu nicht das Recht.

Seit dem Kongreß von Stuttgart (1908) zeigte sich eine zunehmende Polarisierung, die *Rosa Luxemburg* auf die einfache Formel »Sozialreform oder Revolution« brachte. So kam es denn, daß sich seit 1912 drohend erste Auflösungstendenzen bemerkbar machten. 1914 hörte die Internationale auf, einen kollektiven Willen zu repräsentieren. Als am 4. 8. 1914 sowohl die französischen wie die deutschen Sozialisten in ihren Kammern den Regierungen Kriegskredite bewilligten, war das faktische Ende gekommen. Zwar kam es bis zum Ende des Krieges nicht zu einem formellen Bruch, aber die Spannungen zwischen den Pazifisten und den Befürwortern des Kriegs nahmen zu.

1917 versuchte man in Stockholm eine sozialistische Friedenskonferenz abzuhalten, um konkrete Vorschläge für künftige Verhandlungen auszuarbeiten. Aber sie kam nicht zu fruchtbarer Arbeit. Geschwächt ging die II. Internationale aus dem Krieg hervor, und es fehlte nicht an Bestrebungen, sie wieder neu zu beleben. Diese stießen aber auf den Widerstand der sozialistischen Parteien, die entweder enttäuscht über das Versagen der Internationale im August 1914 oder unter den Kriegsergebnissen leidend, zu einer Pluralität im sozialistischen Lager drängten. Zu den Spannungen zwischen den »Siegern« und den »Besiegten« trat erneut die, die zwischen denen, die eine Friedensregelung aufgrund der Wilsonschen 14 Punkte (und damit des Status quo ante) befürworteten, und der pazifistischen Gruppe, die die Krise nutzen wollte, um Europa im sozialistischen Sinn neu zu gestalten. Diese Gegensätze bestimmten die Konferenzen in Bern und Luzern (1919). Dazu traten Differenzen in der Interpretation des bolschewistischen Systems in Rußland. Am Genfer Kongreß (1920) nahmen eine Anzahl wichtiger Mitglieder gar nicht mehr teil. Der nächste Kongreß sollte 1922 in Brüssel tagen – er fand nicht mehr statt.

Die in Genf ferngebliebenen Parteien (Independent Labour Party, Unabhängige Sozialdemokratische Partei Deutschlands, Schweizerische Sozialdemokratische Partei, Austromarxisten) versuchten, wegen der Verfestigung der Kommunistischen (III.) Internationale, eine Internationale zu bilden, die das gesamte revolutionäre Proletariat erfaßte. Am 22. 2. 1921 bildeten sie in Wien die »Internationale Arbeitsgemeinschaft Sozialistischer Parteien« (»Wiener Internationale«, »Zweieinhalbte Internationale«). Man wollte eine Arbeiterorganisation gründen, die alle Richtungen von den britischen Reformisten bis zu den russischen Kommunisten umfaßte.

Die Austromarxisten wurden zu den »Ideologen« dieser Internationale. *O. Bauer* und *M. Adler* arbeiteten die Statuten aus, *M. Adler* wurde ihr Sekretär. Diese Wiedervereinigungsbemühungen führten zur Berliner Konferenz der Exekutivkomitees alller drei bestehender Internationalen (1922). Diese aber blieb ohne Erfolg, zumal *Lenin* gegen ihre Beschlüsse protestierte. Der Wiener Internationalen blieb kein anderer Weg offen, als sich mit der alten II. Internationalen wieder zu vereinigen (Hamburg 1923). Die neue Institution erhielt den Namen »Sozialistische Arbeiter-Internationale«. Ihr Sekretär war bis 1939 *M. Adler.* Die SAI wollte in der Tradition der II. Internationale stehen und keine Neugründung sein, doch drückte sie fundamentale Veränderungen in der ideologischen und politischen Ausrichtung der internationalen Sozialdemokratie aus. Die SAI verstand sich als beratende Versammlung der in ihr zusammengeschlossenen sozialistischen Parteien, von denen einige Regierungsverantwortung trugen. Sie interpretierte sich als sozialistisches Pendant zum Völkerbund und zur Kommunistischen Internationale, deren demokratisches Gegenstück sie sein wollte. Die SAI wollte die Fehler der alten II. Internationale vermeiden und verlangte von ihren Mitgliedern die Aufgabe eines Teils ihrer Autonomie. Das Programm wurde von den Austromarxisten ausgearbeitet (und entsprach also weitgehend dem der Wiener Internationale). Ziel war die Schaffung einer sozialistischen Produktionsweise, und der Klassenkampf des Proletariats erschien als geeignete Weise, diese zu erreichen. Dennoch zielte die SAI, wie die alte II. Internationale auf die Schaffung sozialen Friedens, auf die Versöhnung von Kapital und Arbeit hin. An die Stelle der Alternative Kapitalismus oder Sozialismus trat die von Demokratie oder Diktatur (wobei sich »Diktatur« gegen Kommunismus wie gegen Faschismus richtete).

1934 kam es noch einmal zu einem Versuch, die beiden Internationalen (SAI und Kommunistische Internationale) zum gemeinsamen Gespräch zu bringen, doch das gegenseitige Mißtrauen war stärker als die verbindenden Elemente. Lediglich die Parteien der romanischen Länder und Österreich bekannten sich zur Volksfronttaktik. Schon bald danach verschärften sich die Spannungen in der SAI mit der Frage nach der Bündnispolitik mit den Kommunisten und durch die faschistische Bedrohung. Die Exekutive der SAI stand der Zerschlagung ihrer Mitgliederparteien durch den Faschismus machtlos gegenüber. Zudem weigerte sich die Labour Party, die Beschlüsse der Zentrale als verbindlich zu akzeptieren.

1938 waren sich wieder einmal die Parteien der SAI uneins in der Frage, ob man sich für Wiederaufrüstung einsetzen oder dem Pazifismus den Vorzug geben sollte. Die Engländer widersetzten sich jeder Festlegung, die Franzosen, in ihrer pazifistischen Mehrheit, wollten alles tun, um zu einer Verständigung mit Deutschland zu kommen, die Skandinavier, Belgier und Schweizer verweigerten mit Hinweis auf ihre Neutralität jede Stellungnahme. Am 14. 5. 1939 gaben der Präsident der SAI (L. de Brouckère) und der

Sekretär (F. Adler) ihren Rücktritt bekannt. Im Mai 1940 hörte die SAI praktisch auf zu existieren. Der Nationalismus der Parteien hatte den Internationalismus des Programms besiegt.

1945 wurde die »Internationale Sozialistische Konferenz« geschaffen und erst am 30. 6. 1951 erfolgte die Neugründung der SAI mit ausgesprochen antikommunistischer Tendenz. Äußerlich wuchs die neue SAI schnell an, vor allem durch Teilnahme der Länder der Dritten Welt. Mit dem Wachstum war aber auch eine Steigerung des ideologischen Dissenses verbunden, so daß die SAI keine Zielvorstellungen erarbeiten konnte, sondern zu einem reinen Medium von Kontakten und Aussprachen zwischen den beteiligten Parteien wurde. Ihre zukünftige Aufgabe könnte bestenfalls in der Einleitung eines Annäherungsprozesses zwischen den sozialistischen Parteien der westlichen und den kommunistischen Parteien der östlichen Welt gesehen werden, die zwar nicht zur Aufhebung, wohl aber zur Versachlichung der Gegensätze beitragen könnte[9].

VI. DIE DRITTE INTERNATIONALE

Die dritte oder Kommunistische Internationale (Komintern, KI) wurde im März 1919 gegründet. Der Gedanke, eine kommunistische Internationale zu gründen, wurde erstmals von *Lenin* 1914 artikuliert. Auslöser waren die Krise des europäischen Sozialismus (und der II. Internationale) und die Schwächung des internationalen Selbstverständnisses bei Ausbruch des Ersten Weltkrieges. *Lenin* sah im Fiasko der proletarisch-internationalen Klassensolidarität ein Ergebnis der vorangegangenen Geschichte der sozialistischen Arbeiterbewegungen, stand aber damals mit dieser Ansicht sehr isoliert da. Er sah im Imperialismus eine neue Form des Kapitalismus, der neue revolutionäre Fronten und Zonen entstehen ließ (vor allem zwischen reichen und armen Ländern). Um auch dieses gewaltige revolutionäre Potential zu mobilisieren, ging *Lenin* von der klassisch marxistischen Auffassung ab, daß das europäische Proletariat die Avantgarde der Weltrevolution sei, es sei vielmehr zum Teil vom Imperialismus korrumpiert. Verwundbar seien die europäischen Industrieländer nicht mehr primär von innen, sondern von außen.

Die KI versuchte, der proletarischen Revolution den revolutionären Aufbruch der bäuerlichen Massen des europäischen und außereuropäischen Ostens zuzuordnen und mit dem Kampf der abhängigen Länder zu koordinieren. Auf Initiative der russischen Parteiführung kamen Anfang März 1919 Vertreter kommunistischer Parteien und Parteizirkel in Moskau zusammen, um die Gründung einer KI zu erörtern.

Der erste Weltkongreß der KI (März 1919) stand unter dem Einfluß der Gedanken Lenins. Formal wurden zwar zwanzig Sektionen ausgewiesen, aber die KI hatte eher nur programmatische Bedeutung. Um die Anziehungskraft des Moskauer Zentrums zu stärken, wurden der KI weitere Weltorganisationen angeschlossen: »Rote Gewerkschaftsinternationale«, »Rote Jugendinternationale«, »Frauensektion der KI«, »Internationale Rote Hilfe« . . .

Die Gründer der KI verstanden sich als Erben des Kommunistischen Manifests und der IAA von 1864 (der I. Internationale). In den von Lenin entworfenen »Thesen über bürgerliche Demokratie und Diktatur des Proletariats« (WW 28, 471–482) wurde gefordert, die Revolution in der Welt kompromißlos gegen die sozialdemokratischen Arbeiterparteien voranzutreiben. Dem Volkerbund wollte man einen »Weltbund sozialistischer Räterepubliken« entgegensetzen.

Die KI konnte sich erst 1920 anläßlich ihres II. Weltkongresses (Petrograd und Moskau) festigen. Zwar hatten sich die 1919 in Ungarn und München entstandenen Räterepubliken nicht halten können, doch glaubte man jetzt, auf bedeutende Massenorganisationen wie die USPD (Unabhängige Sozialdemokratische Partei Deutschlands) und die italienischen Sozialisten als potentielle Mitglieder der KI rechnen zu können. Zudem waren in der UdSSR wichtige innenpolitische Schwierigkeiten beseitigt und die Rote Armee überall Sieger geblieben. Nunmehr konnten Asien (vor allem die Lage der Äußeren Mongolei bot Ansatzpunkte, auch China der revolutionären Umwälzung zu erschließen) und der Orient (seit April 1920 existierte in der persischen Küstenprovinz eine von Roten Matrosen und einheimischen Separatisten errichtete Räterepublik) mit in die Sorge der KI einbezogen werden. Nach Lenins Vorstellungen wurden in der sog. nationalen und kolonialen Frage Zweckbündnisse mit antiimperialistischen (wenn auch nichtkommunistischen) Unabhängigkeitsbewegungen proklamiert. Diese Zweckbündnispolitik wurde vor allem zunächst im Nahen und im Fernen Osten (Zusammenarbeit mit der Kuomintang) bedeutsam. Der II. Kongreß vermochte aber auch, das lockere Konglomerat kommunistischer Parteien und Parteizellen straff zu organisieren. Es entstand eine einheitlich geführte kommunistische Weltpartei mit bedeutendem Einfluß der Moskauer Zentrale. Die Sektionen der KI wurden zu territorialen Gliederungen der einen Partei. Das neue Statut unterwarf die Kommunisten in aller Welt den Anordnungen des Moskauer Exekutivkomitees (EKKI), das mit einem Präsidium an der Spitze, leitendes Organ der KI zwischen den Weltkongressen war.

Das EKKI gewann bald ein solches Übergewicht, daß die Weltkongresse zur reinen Farce wurden. Die Komintern-Organe erhielten das Recht, unmittelbar in die Angelegenheiten der Sektionen einzugreifen, alle zwischenparteilichen Aktivitäten wurden durch die Moskauer Zentrale vermittelt, außerhalb der KI sollte weder ein Bekenntnis zum Kommunismus noch eine kommunistische Aktivität erlaubt sein, weltkommunistische Interessen wurden mit denen der Sowjetmacht gleichgeschaltet.

Doch nicht alle Parteien reagierten positiv auf diesen Zentralismus. Die italienischen Sozialisten traten aus der KI aus, in der USPD kam es zur Spaltung. Die KI bestand ihre erste harte Bewährungsprobe, als Lenin sie im Juli 1921 in Moskau anläßlich des III. Weltkongresses mit der Tatsache der »Neuen Ökonomischen Politik« (und der damit verbundenen Abschaffung der Räteverfassung in der SU) konfrontierte. Für linken Radikalismus sollte in der KI kein Platz mehr sein: Der Weg zum Sozialismus vollziehe sich in kleinen Schritten, die Kooperation mit den nichtkommunistischen Staaten sei notwendig (vor allem aus wirtschaftlichen Gründen), das schnelle industrielle und wirtschaftliche Wachstum habe Vorrang vor ideologischen Fragen.

Der IV. Weltkongreß (November bis Dezember 1922) erlaubte den kommunistischen Parteien Koalitionsabsprachen mit Sozialdemokraten. Es kam schon bald zu Verhandlungen mit der II. und der Wiener Internationale, die jedoch erfolglos blieben. Doch das Volksfrontprogramm (ja – wenn nützlich – das Einheitsparteiprogramm) blieb für die Kommunisten bis heute eine strategische Alternative. Die Einheitsfront sollte

● den wechselnden Bedingungen der einzelnen Staaten angepaßt sein,
● möglichst gegen die bestehenden sozialistischen Parteien und Gewerkschaften durch Aktionen von unten angewandt werden.

Der V. Weltkongreß (Juli 1924) stand unter dem Eindruck von *Lenins* Tod. Die Ausschaltung *Trotzkis* und der linken Opposition hatte die KI sehr getroffen. Es begann eine brutale Reinigung des Parteiapparats von Links- und Rechtsabweichlern. Wer dazu gehörte, wurde jeweils von der Zentrale autoritativ festgesetzt. *Zinov'ev*, Vertreter des linken Flügels, mußte 1926 sein Amt als Vorsitzender des EKKI, das er seit 1919 innehatte, an *N. I. Bucharin* abtreten, der nach drei Jahren ebenfalls ausgeschaltet wurde. Der Rest der Räte wurde durch hauptamtliche Funktionäre ersetzt.

Auf dem VI. Weltkongreß (Juli/August 1928) traten oppositionelle Gruppen nicht mehr in Erscheinung. Die Diktatur *Stalins* griff auch auf die KI aus. Die Delegierten wurden nicht mehr gewählt, sondern waren beauftragte Funktionäre der nationalen Zentralkomitees. Die Diskussionen wurden streng reglementiert. Ein vom Politbüro der KPdSU redigiertes »Programm der Kommunistischen Internationale« wurde angenommen, das bestimmte, daß es vornehmlichste Aufgabe der internationalen Arbeiterklasse sei, das Werk des sozialistischen Aufbaus in der SU zu unterstützen. Die

Sozialdemokratie wurde als Todfeind der KI apostrophiert, sie, die schon von *Stalin* 1924 als Zwillingsbruder des Faschismus verleumdet worden war (WW 6, 253), wurde nun mit dem Namen »Sozialfaschismus« belegt. Da die KPD Antifaschismus als eine gegen die SPD gerichtete Aktion verstand, kam es zu keiner einheitlichen Stellung gegen die NSDAP.

Der VII. und letzte Weltkongreß der KI (Juli/August 1935) brachte eine Kehrtwende. Die Faschisten wurden als Kriegshetzer erkannt (trotz des deutsch-polnischen Nichtangriffspaktes vom 26. 1. 1934), die Kommunisten zu Hütern des Friedens hochstilisiert. Als solche sollten sie wiederum sich in Volksfrontverbindungen mit den Sozialisten zusammenfinden. Es kam zu Volksfrontregierungen [so in Frankreich (1935), in Spanien während des Bürgerkrieges (1936–1939)]. Eine neue Säuberungswelle gegen die Gegner dieser Politik in der SU begann. Inzwischen ging die Volksfrontpolitik weiter (China 1937).

Nach dem Münchener Abkommen wurde es deutlich, daß die Volksfrontstrategie dem Sicherheitsbedürfnis der SU nicht mehr genügte. *Stalin* opferte im August 1939 den Antifaschismus der KI und schloß mit Hitler ein Bündnis. *Walter Ulbricht* gab 1940 zu erkennen, daß auch die KPD das Hitler-Regime als kleineres Übel zu akzeptieren habe. Die oppositionellen Mitglieder wurden an die Nazis ausgeliefert.

Der Angriff *Hitlers* auf die SU (22. 7. 1941) gab den kommunistischen Parteien in Europa eine neue Funktion: Sie wurden zu Widerstandsbewegungen gegen die Hitlertruppen. Die KI war jedoch funktionslos geworden. So verfügte Stalin am 15. 5. 1943 die Selbstauflösung der KI, vor allem, um den Alliierten deutlich zu machen, daß die SU ein Staat auf dem Wege zur Demokratie sei.

In der Nachkriegszeit mußte aufgrund neu entstandener kommunistischer Staaten und des im Widerstand erstarkten Selbstgefühls der kommunistischen Parteien eine neue Organisationsform gefunden werden. Sie vermochte jedoch nicht mehr, die Einheit des Weltkommunismus wiederherzustellen[10].

Das »Informationsbüro der kommunistischen und Arbeiterparteien« (Kominform) wurde im September 1947 in Schreiberhau gegründet. In ihm fanden sich die Kommunistischen Parteien der SU,

Jugoslawiens, Ungarns, Polens, der Tschechoslowakei, Bulgariens, Rumäniens, Italiens und Frankreichs zusammen. Die neun Mitgliedsparteien ernannten einen Redaktionsstab, das »Büro« des Kominform. Das Büro hatte eine russische, eine französische, eine jugoslawische und eine englische Abteilung. Eine andere als eine publizistische Leitung sollte ausgeschlossen sein. Die erste Nummer der Kominform-Zeitung erschien 1947 in Belgrad; sie wurde aber von Moskau vorzensiert (so verfiel 1948 ein Artikel Maos der Zensur).

Als es im Frühjahr 1948 zum Konflikt zwischen der UdSSR und Jugoslawien kam, wollte die KPdSU die Streitfrage auf einer Kominformsitzung erörtern. Tito lehnte jedoch ab. Die Tagung fand ohne jugoslawische Beteiligung im Juni 1948 in Bukarest statt. Man einigte sich auf die Formulierung: »Jugoslawien hat sich außerhalb der Reihen des Informationsbüros gestellt.« Der Sitz des Büros wurde nach Bukarest verlegt. Die Säuberungsaktionen gegen Titoisten gingen jedoch nicht mehr vom Kominform, sondern von Moskau aus.

Nach Stalins Tod blieb das Schicksal des Kominform in der Schwebe. Zwar erschienen noch regelmäßige Zeitungen des Büros, doch wurde am 17. 4. 1956 die Auflösung des Informationsbüros offiziell bekanntgegeben.

Das Kominform konnte seine Aufgabe, die Gleichordnung der kommunistischen Parteien nach außen hin zu demonstrieren, nicht mehr erfüllen. Es wollte keine Nachfolgerorganisation der KI sein, denn diese war, als organisatorische Verbindung aller kommunistischen Parteien in der Nachkriegszeit, nicht mehr möglich. Aber es sollte von der kommunistischen Einheit publizistisch (und teils auch organisatorisch) soviel wahren, wie eben zu wahren war. Doch auch dieses Ziel konnte nicht erreicht werden. Auch das Kominform war überflüssig geworden [11]. Seine Funktionen wurden von der kommunistischen Verteidigungsallianz (1955: Warschauer Pakt) und einem Wirtschaftsabkommen zwischen den kommunistischen Staaten (1949: COMECON) übernommen.

Trotzki, der scharfe Kritiker des Stalinregimes, fiel es nicht leicht, sich von der III. Internationale abzuwenden. In der Verbannung in der Türkei ging er daran, eine internationale Oppositionsbewegung zur Komintern zu schaffen. Doch gab erst der Sieg Hitlers in Deutschland Anstoß zur Gründung einer Gegen-Internationale. Sie wurde 1938 gegründet, weil *Trotzki* glaubte, daß der kommende große Krieg – wie der Erste Weltkrieg –, den Boden für eine große revolutionäre Entwicklung vorbereiten würde. Doch erlangte die IV. Internationale auch nach dem Krieg keine sonderliche Bedeutung. Das trug langsam zur Radikalisierung ihrer Theorie bei. Ihre stärkste Sektion war die »Ceylonesische Sozialistische Freiheitspartei«, die 1956 als zweitstärkste Partei ins Ceylonesische Parlament einziehen konnte.

Die heutige trotzkistische Bewegung ist in viele Sekten aufgesplittert, die sich heftig bekämpfen. Das bedeutenste Zentrum ist das »Vereinigte Sekretariat« in Brüssel. Zu dieser Richtung gehören: *P. Frank, E. Mandel, A. Krivine* und *L. Maitan.* Zu dem Sektariat bekennen sich nationale Sektionen aus dreißig Ländern. Das »Internationale Komitee« (mit *G. Healy* und *P. Lambert*) hat vor allem in England seine Basis. Die Posadas-Bewegung (nach *J. Posadas* benannt) arbeitet in Südamerika.

Gemeinsam ist allen diesen Gruppen der Glaube an eine mögliche Revolutionierung der Welt. Ihr Einfluß ist – trotz geringer Mitgliederzahlen – nicht zu unterschätzen. Sie fanden Anhänger vor allem bei Intellektuellen und manchen Jüngeren, die den Kommunismus stalinistischer Prägung ablehnen und ein Rätesystem verwirklichen wollen.

VII. EINIGES ZUR GESCHICHTE DER DEUTSCHEN SOZIALDEMOKRATIE

Der Begriff »Sozialdemokratie« wurde in der Entstehungszeit der politischen Arbeiterbewegung in Europa geprägt. Bürgerliche Demokraten wollten demokratisch politische und soziale Reformen miteinander binden. Marx und Engels machten im März 1850 den »republikanischen Kleinbürgern« diesen Namen streitig und unterlegten ihm einen proletarisch-revolutionären Inhalt (MEW 7, 244 f.). Erst *Johann Baptist von Schweitzer* griff den Begriff wieder für die Arbeiterbewegung auf, als er seiner Zeitung den Titel »Social-Demokrat« gab und über den »Allgemeinen Deutschen Arbeiter-Verein« (ADAV) die Begründung einer »Sozialdemokratischen Partei« betrieb.

Der Parteiname »Sozialdemokratie« wurde zunächst von den Anhängern *Ferdinand Lassalles* beansprucht. 1868 sprach sich aber die von *August Bebel* geführte Mehrheit auf dem 5. »Vereinstag deutscher Arbeitervereine« für ein »sozialdemokratisches« Programm aus. Es kam 1869 zur Begründung der »Sozialdemokratischen Arbeiterpartei« (SDAP). 1875 fusionierten der ADAV und die SDAP zur »Sozialistischen Arbeiterpartei Deutschlands« (SAP). Nach Ablauf des Sozialistengesetzes (1890), nahm die Partei auf dem Parteitag zu Halle (Saale) den Namen »Sozialdemokratische Partei Deutschlands« (SPD) an. Zwar wurde die marxistische Grundposition im »Erfurter Programm« (1891) erneut bestätigt, doch begannen revisionistische Ideen sich langsam auszubreiten (etwa ab 1902).

Nach Ausbruch des Ersten Weltkriegs billigte die Partei am 4. 8. 1914 die Kriegskredite. Im Herbst 1918 verhinderte sie im Bündnis mit den bürgerlichen Parteien eine Radikalisierung der November-Revolution und lenkte sie in gemäßigte Bahnen. Das war um so leichter möglich, als sich ihr linker vorwiegend marxistischer Flügel 1916 als »Unabhängige Sozialdemokratische Partei« (USPD) selbständig gemacht hatte und die Partei sich vom Spartakusbund (ab 1919 KPD) getrennt hatte. Im Juni 1933 wurde die Partei von Hitler zwangsweise aufgelöst, ein Teil ihrer Führer verhaftet und in Konzentrationslager gebracht.

1945 wurde sie vor allem durch die Bemühungen *Kurt Schuhmachers* in den westlichen Besatzungszonen wiedergegründet. Starke neutralistische Tendenzen traten in den Vordergrund, doch sprach sich *Herbert Wehner* (1960) vor dem Bundestag für eine Mitgliedschaft in der NATO und eine Landesverteidigung durch eigene Streitkräfte aus. Mit dem »Godesberger Programm« (1959) überwand die Partei offiziell den seit dem Ende des 19. Jahrhunderts bestehenden Widerspruch zwischen ihrer politisch-pragmatischen (auf Sozialreformen ausgerichteten) und marxistischen (ideologischen) Gruppe.

Um die Position der SPD heute verstehen zu können, ist jedoch ein Ausblick auf ihre Geschichte vonnöten.

1. Der ADAV (Allgemeiner deutscher Arbeiter-Verein)

Der ADAV verstand sich seit seiner Gründung (23. 5. 1863) als allen bürgerlichen Gruppierungen entgegengesetzte reine Klassenbewegung. Es handelte sich also nicht mehr darum

eine sozialistische Propagandagesellschaft, wie weiland den Bund der Kommunisten, sondern eine sozialistische Partei zu gründen, die einheitlich denken und schlagen, die so schnell wie möglich die Massen der Arbeiterklasse als geschlossene Scharen auf den politischen Kampfplatz werfen sollte. Das war, so wie die Dinge damals lagen, nicht anders zu erreichen als durch die diktatorische Leitung eines Mannes, der die proletarischen Interessen mit überlegenem Blick zu erkennen und zu vertreten verstand[12].

Lassalle vollzog diesen Übergang von der Vorstellung einer Parteigängerschaft (gekennzeichnet durch das Bekenntnis zu einer allgemeinen Idee) zu einer auf Mitgliedschaft beruhenden Partei. Im Gegensatz zum Kommunistenbund war der ADAV von vornherein als straff organisierte und geführte Massenbewegung konzipiert. Wie *Kautsky* und *Lenin* vertrat *Lassalle* die Ansicht, daß das Bewußtsein nicht die Widerspiegelung spontaner Bewegung sein könne. Er förderte also die Bewußtheit der Klassenmitglieder. *Engels* meinte, daß das Unternehmen *Lassalles* den ersten großen Versuch darstelle, eine Arbeiterbewegung ins Leben zu rufen, an welche sich . . . alles knüpft, was während zehn Jahren das deutsche Proletariat Selbständiges getan hat. (MEW 22, 248)

Marx und *Engels* ist es nie gelungen, eine vergleichsweise straff geführte Arbeiterorganisation zu gründen, obgleich sie sich sicher
darum bemühten. *Engels* schaute voller Bewunderung und voller
Neid auf den ADAV, den er als Partei im großen historischen Sinne
bezeichnete (MEW 30, 495). Der Massenerfolg trat hinter der von
Marx immer wieder urgierten ideologischen Klarheit zurück. Engels schrieb:

Es ist viel wichtiger, daß die Bewegung sich ausbreitet ... und soweit als
möglich das ganze ... Proletariat umfaßt, als daß sie von Anfang an von
theoretisch völlig korrekter Linie ausginge und voranschreite ... Ein oder
zwei Millionen Arbeiterstimmen ... für eine bona fide Arbeiterpartei sind
augenblicklich viel mehr wert als hunderttausend Stimmen für eine doktri-
när einwandfreie Plattform. (MEW 36, 589f.)

2. *Die SPD*

Auf dem Eisenacher Kongreß (7.–9. August 1869) schlossen sich
der »Verband Deutscher Arbeitervereine« und die »Sächsische
Volkspartei« zur SDAP zusammen. Ihre Mitglieder waren vor allem kleinbürgerliche Demokraten und sozialistisch orientierte
Handwerker. Die Partei war demokratisch-konstitutionell orientiert. Sie umfaßte locker verbundene, auf lokaler Selbständigkeit
beharrende Gruppen. Die SDAP schloß sich auf dem Gothaer Ver-
einigungskongreß (22.–27. 5. 1875) mit dem ADAV zur SAP zusammen. Nun ließen sich die lockeren Organisationsformen der
SDAP nicht mehr aufrechterhalten, da sich nicht nur die Anhänger
Lassalles dagegen wandten, sondern auch ein Teil des alten ADAV
eine stärkere Zentralisation wünschte. Die Aufteilung und Kontrolle der Macht innerhalb der Partei und die Wahl der wichtigsten
Parteiorgane durch den Parteitag trug dem demokratischen Zentralismus Rechnung. Wegen der Preußischen Vereinsgesetze und (später) wegen des Sozialistengesetzes (1878) wurde die Organisation
jedoch bewußt elastisch gehalten.

Nach dem Außerkrafttreten des Sozialistengesetzes (1890) straffte
die Partei ihre Organisation und gab sich den Namen SPD. *Engels*
erschien der Name »Sozialdemokratisch« 1894 unpassend
für eine Partei, deren politisches Programm nicht bloß allgemein sozialistisch, sondern direkt kommunistisch, und deren politisches letztes End-

ziel die Überwindung des ganzen Staates, also auch der Demokratie ist.«
(MEW 22, 418)

Das Bürgertum verwandte zugleich den Namen »Sozialdemokratie« im pejorativen Sinn, so daß sie ideologisch zwischen beiden Stühlen zu sitzen schien. Doch wurde die SPD durch ihren organisatorischen und politischen Erfolg zum Musterbeispiel für viele sozialistische Parteien. Diese übernahmen in Österreich, Schweden, Schweiz, Rußland, Belgien und Holland viel von der SPD.

Die Parteitheorie der SPD ist das Ergebnis des Spannungsverhältnisses zwischen theoretischen Entwürfen und parteipolitischer Praxis. In ihrem Ursprung geht sie auf die politische Theorie von *Marx* zurück, als dessen praktische Erfüllungsgehilfen sich die politischen Führer der SPD, über alle ideologischen Differenzen hinweg, trotz revisionistischer Praxis (Reformismus) seit etwa 1900, bis zur Hitlerzeit verstanden haben. Für *Engels* reduzierte sich jedoch die Aufgabe der Partei darauf, einen Kristallisationskern für die Arbeiterschaft zu bilden. Obschon sie nicht den Ansprüchen der marxistischen Theorie genügte, kritisierte er nicht das Parteiprogramm. Auch verurteilte er nicht mehr die starke Rolle der Intellektuellen in der Partei. Der Engelssche Optimismus über die bewußtseinsbildende Funktion der Partei wurde zwar von *Karl Kautsky* nicht geteilt, doch kann man daraus keinen grundsätzlichen Widerspruch konstruieren. *Kautsky* meinte:

Das sozialistische Bewußtsein ist also etwas in den Klassenkampf von außen Hineingetragenes, nicht etwas aus ihm urwüchsig Entstandenes. Dementsprechend sagt auch das alte Hainfelder Programm ganz richtig, daß es zu den Aufgaben der Sozialdemokratie gehöre, das Proletariat mit dem Bewußtsein seiner Lage und seiner Aufgaben zu erfüllen [13].

Um die Heterogenität der Partei bis zum Godesberger Programm zu verstehen, empfiehlt es sich, sich an den wichtigsten Führern der Sozialdemokratie und ihren Ansichten zu orientieren. Es sind das vor allem:

a) Ferdinand Lassalle   c) Karl Kautsky
b) Rosa Luxemburg   d) Eduard Bernstein

Ihr Leben und Werk sei hier kurz vorgestellt:

a) Ferdinand Lassalle

Lassalle wurde am 11. April 1825 in Breslau geboren. Er wuchs in einer religiös geprägten jüdischen Kaufmannsfamilie auf. Sein Denken wurde bestimmt durch die intellektuelle Begegnung mit *Hegel, Heinrich Heine, Ludwig Börne* und der englischen Nationalökonomie. Obwohl es ihm äußere Umstände verboten, eine akademische Laufbahn einzuschlagen, hat er sich stets als Mann der Wissenschaft gefühlt. Er unterhielt enge Bindungen zu *K. A. Varnhagen, A. von Humboldt, H. Pückler-Muskau* . . .

Die entscheidende politische Wirksamkeit *Lassalles* beschränkt sich auf gut zwei Jahre. Im Herbst 1848 trat Lassalle als Anhänger der radikalen Linken in Düsseldorf im Kampf gegen die preußische Reaktion öffentlich hervor. Er nahm zur »Neuen Rheinischen Zeitung« und zu *Marx* Kontakte auf und fühlte sich als dessen Gesinnungsgenosse. Nach dem Scheitern der Revolution blieb er in enger Verbindung mit dem Bund der Kommunisten. Obschon wegen seines schlechten Rufs, er führte zeitlebens irgendwelche zweifelhaften Prozesse und war in zweifelhafte Aktionen (so den gegen *Paul von Hatzfeld* verübten Kassettendiebstahl) verwickelt, ihm 1851 die Mitgliedschaft im Bund verweigert worden war, blieb er in enger Beziehung zu *Marx* und *Engels,* mit *Lothar Bucher* und *Karl Vogt* (dem Führer der radikalen Linken in der Paulskirche), jedoch auch mit Vertretern der Fortschrittspartei *(Franz Duncker, Franz Ziegler).* Doch schon bald zog er sich von der Fortschrittspartei (und den unter deren Einfluß stehenden Bürger- und Arbeitervereinen) zurück und geriet in ziemliche politische Isolierung.

Da gründete er am 23. 5. 1863 den ADAV und gab damit die entscheidenden Anstöße zur Bildung einer Arbeiterpartei. Lassalle hoffte, aus dem ADAV eine wirksame Waffe gegen die Fortschrittspartei schmieden zu können, und war überzeugt, eine proletarisch-revolutionäre Massenbewegung ins Leben gerufen zu haben. Sein früher Tod bewahrte ihn davor, seine Träume untergehen zu sehen: Die von *Lassalle* mit allen denklichen Mitteln angestrebte Heirat mit *Helene von Dönniges* scheiterte. Deren Verlobter *Janko Racowicza* brachte ihm bei einem Duell die Verwundungen bei, an denen er am 31. 8. 1864 in Genf starb.

Von *Marx* trennte ihn vor allem sein selbstbewußtes Auftreten, seine geschäftige Art, sein egozentrischer Lebensstil, die Marx sehr mißfielen. Auch hat zur Vergiftung der Beziehungen beider beigetragen, daß *Lassalle* sich weigerte, den Idealismus *Hegels* aufzugeben und sich der materialistischen Geschichtsauffassung zu öffnen. Vor allem als *Lassalle* begann, in Namen »der Partei« zu sprechen, wurde der Konflikt unheilbar. *Marx* vermied dennoch einen offenen Bruch mit *Lassalle* (vgl. MEW 30, 360).

Marx kritisierte vor allem die einseitige Frontstellung *Lassalles* gegen die Fortschrittspartei und den bürgerlichen Liberalismus, da er der – irrigen – Auffassung war, diese stellten ein revolutionäres Potential dar. *Lassalle* erkannte jedoch die politische Ermüdung des Bürgertums und wandte sich von ihm ab. Er war der Ansicht, daß nur noch das Proletariat zu einer Revolution fähig sei.

Ferner war *Lassalle* ein klarer Verfechter nationaler Interessen, während *Marx* den Internationalismus betonte. *Lassalle* ging so weit, dem preußischen Ministerpräsidenten gegen die Fortschrittspartei Hilfe auf Zeit anzubieten (MEW 30, 354). Das hohe Spiel, das *Lassalle* spielte und verlor, war kein Verrat an der Arbeiterklasse, aber eine taktische Fehleinschätzung. Er war der Ansicht, daß *Bismarck* bei Herannahen einer politischen Krise revolutionäre Konzessionen machen würde. Im Gegensatz zum Liberalismus war *Lassalle* ein erklärter Gegner des parlamentarischen Prinzips, ihm schwebte ein Analogon zu einem von Jakobinern beherrschten Konvent vor. Er wollte die plebiszitäre Demokratie und nicht die repräsentative. Seine Kritik am liberalen »Nachtwächterstaat« gipfelte in dem Vorwurf an die Fortschrittspartei, sie wolle den Staat aufheben und untergehen lassen in die Gesellschaft. Dem liberalen Staatsgedanken stellte er einen absoluten Staatsbegriff gegenüber, den er *Hegel* entlehnte. Das staatslose Reich der Freiheit wird nach ihm als kontinuierlicher Prozeß zur Verwirklichung einer Idee verstanden (und nicht als Befreiung durch das Proletariat). Die von ihm geschaffene Partei verstand er als Vorform der künftigen Gesellschaft und nicht nur als vorübergehendes Herrschaftsinstrument. Im Gegensatz zu *Marx* (nach dem Freiheit des Individuums einschließt, daß es *alle* seine Fähigkeiten entfalten kann), bezog *Lassalle* Freiheit auf die geistigen Fähigkeiten (»eine geistige Weise des Daseins haben«). Die geistige Freiheit sei an eine Aufhebung des

Privateigentums geknüpft. Dennoch bleibt das Individuum den Determinanten des historischen Prozesses bis zum »Abschluß der Geschichte« unterworfen. Damit schuf er die Basis, das Individuum durch eine ideologische Elite zu manipulieren. *Lassalles* Lehre enthält hier Elemente, die für den totalitaristischen Marxismus typisch wurden.

Unter »Revolution« verstand *Lassalle* eine Umwälzung, die »ein ganz neues Prinzip an die Stelle des bestehenden Zustandes« rückt, »einen plötzlichen und ruckweisen Übergang des allgemeinen Rechtsbewußtseins in einen neuen Zustand«. Er formalisierte den Begriff also recht stark, so konnte er sich dem Problem der Gewaltanwendung entziehen (die Bauernkriege qualifizierte er als reaktionär, die Einführung der Maschine als wirkliche Revolution). Die revolutionäre Tat kürzt nur eine deterministisch verlaufende Entwicklung ab. *Lassalle* sah im Proletariat die einzigen Träger der Revolution (gegen Marx und Engels, die eine revolutionäre Radikalisierung der bürgerlichen Parteien für ebenfalls notwendig hielten zur erfolgreichen Revolution).

Doch sollten diese vielen Abweichungen von der Lehre Marxens und Engels' nicht täuschen. In vielem war der Revolutionär *Lassalle Marx* in Werdegang und Lehre so verwandt, daß *Marx* ihn offen des Plagiats bezichtigte (MEW 30, 323).

Die ökonomischen Vorstellungen *Lassalles* haben, obschon recht inkohärent und inkonsistent, das Denken der deutschen Sozialdemokratie stark beinflußt. Von *Ricardo* und *Malthus* hatte er die Theorie eines »ehernen Lohngesetzes« übernommen (damit war *Marx* nun gar nicht einverstanden). Auch vulgarisierte er Marxens Werttheorie bis hin zur Entstellung, was dem Meister nur beißende Ironie abnötigte. Nach *Lassalles* Auffassung mußte der Lohn immer an der Untergrenze dessen bleiben, was den notwendigen Lebensunterhalt sichern könne. Er forderte also (gegen *Marx*) das »Recht auf den vollen Arbeitsertrag« (eine Simplifizierung des Verhältnisses von Lohn und Produktivität). Es sei jedoch zugestanden, daß für *Lassalle* die ökonomische Theorie bloß taktischen Charakter hatte, um dazulegen, daß die Lage der Arbeiter ohne tiefgreifende Veränderungen nicht verbessert werden könne. Hierher gehört auch *Lassalles* Forderung nach Produktivassoziationen mit

Staatskredit (im Gegensatz zum Liberalismus). Auf dem landwirtschaftlichen Sektor mußte die Staatsintervention dahin führen, daß
es zu Staatsbetrieben kam. Alle Assoziationen würden ihre Produkte – unter Ausschluß des Zwischenhandels – staatsvermittelt unter die Leute bringen. Die Staatskredite sollten am Ende zinslos sein
(somit verkennt die Kritik *Bernsteins,* die annahm, *Lassalle* habe
den Kapitalismus mit auf kapitalistischer Basis produzierenden
Kollektivunternehmen beseitigen wollen, die Lassallsche Position
gründlich). Die dem Staat dadurch zufließende Machtfülle hätte in
praxi aber kaum am Staatskapitalismus vorbeigeführt. Nach *Lassalles* Vorstellung sollten die Produktivassoziationen die Akkumulation des Kapitals vorantreiben, die Privatbetriebe verdrängen und
die ökonomische Solidarisierung des Proletariats herbeiführen.
Diese Ideen gingen zum großen Teil in das Gothaer Programm ein.
So erscheint *Lassalle* im sozialdemokratischen Selbstverständnis als
der eigentliche Gründer der Partei (während ihn die SED als kleinbürgerlichen Staatssozialisten qualifiziert, so daß die deutsche Sozialdemokratie gerade *gegen* ihn entstanden sei) [14].

b) Rosa Luxemburg

Rosa Luxemburg wurde in der polnischen Kleinstadt Samosch im
damaligen russischen Gouvernement Lublin vermutlich am
3. 3. 1871 als Tochter eines jüdischen Holzhändlers geboren. Ihre
Familie war polnisch-national eingestellt. 1873 zog ihre Familie
nach Warschau, wo *Luxemburg* 1887 mit glänzendem Erfolg ihr
Abitur machte. 1889 verließ sie (legal) Polen und ging in die
Schweiz. Hier besuchte sie 1890–1897 die Universität und studierte
Philosophie, Geschichte und Staatswissenschaften, später dann öffentliches Recht und Nationalökonomie. 1897 wurde sie zum
Dr. jur. publ. et rer. camer. promoviert. 1890 traf sie den radikalen
Sozialisten *Leo Jogiches,* als dessen liebende Gattin sie sich lange
Jahre verstand. Sie wurde – vermutlich unter dessen Einfluß – zu einer entschieden revolutionären, kompromißlos-proletarisch-klas-
senkämpferischen und internationalen Sozialistin. 1893 wurde sie
zur Mitbegründerin der »Sozialdemokratie des Königreichs Polen«, die jedoch eher ein Intellektuellenzirkel denn eine Massenpar-
tei war. Noch 1911 war sie unbestrittene ideologische Führe-

rin dieser Partei. Seit 1896 nahm sie regelmäßig an den Kongressen der II. Internationalen teil.

1898 siedelte *Rosa Luxemburg* nach Berlin über und wurde Mitglied der SPD, nachdem sie zuvor eine Scheinehe eingegangen war, um die preußische Staatsangehörigkeit zu erwerben. In unermüdlicher Arbeit verfocht sie seitdem in Deutschland die Idee des revolutionären Sozialismus. Zusammen mit *K. Kautsky*, an dessen »Neuer Zeit« sie seit 1896 mitarbeitete, bekämpfte sie den Revisionismus *E. Bernsteins*. Dadurch brach sie mit den Gewerkschaften, die zumeist dem Revisionismus nahestanden.

1906 beteiligte sie sich mit *Jogiches* bis zu ihrer gemeinsamen Verhaftung am 4. 3. 1906 in Warschau an der russischen Revolution. Nach ihrer Freilassung traf sie in Finnland *Lenin*. Mit ihm begann bis 1911/12 eine Phase guter Zusammenarbeit.

Mit ihrer Auffassung vom offensiven Charakter des politischen Massenstreiks geriet *Rosa Luxemburg* zunehmend in Widerspruch mit dem Parteivorstand der SPD, der sie im Kampf gegen den Revisionismus zunächst als Bundesgenossin begrüßte. Nach 1903/04 ging dann ihr Einfluß in der Partei stetig zurück. 1910 kam es zum Bruch mit *Kautsky*. Sie vermied es aber, den linken Parteiflügel gegen das Zentrum zu organisieren. Lange Jahre war sie neben ihrer Agitation Lehrerin an der zentralen Parteischule für Nationalökonomie und Wirtschaftsgeschichte.

Die Zustimmung zu den Kriegskrediten, die die Reichstagsmitglieder ihrer Partei am 4. 8. 1914 gaben, war in *Luxemburgs* Augen eine Katastrophe. Erst jetzt begann sie die Linke in der Partei zu sammeln. Mit kurzen Unterbrechungen war sie vom Februar 1915 bis November 1918 in Haft. Als sie aus dem Gefängnis entlassen wurde, übernahm sie mit *K. Liebknecht* die Redaktion der »Roten Fahne«, ein Blatt, durch das sie die sozialistische Revolution voranzutreiben gedachte und die Arbeiter- und Soldatenräte als Klassenorgane des Proletariats hochstilisierte. Zur gleichen Zeit trat sie in die Spartakusgruppe ein, die als »Spartakusbund« innerhalb der USPD eine geschlossene radikal-marxistische Vereinigung bildete. Unter dem Titel »Was will der Spartakusbund?« verfaßte sie ein Programm, das am 31. 12. 1918 zum Parteiprogramm der neu gegründeten KPD wurde.

Nach der Niederschlagung des Berliner Januaraufstandes, den sie ursprünglich ablehnte, wurde sie am 15. 1. 1919 von Freikorpssoldaten heimtückisch ermordet. Ihre Rolle als Theoretikerin wird i. a. überschätzt. *Luxemburg* war keine Theoretikerin, sondern eine glänzende Agitatorin des revolutionären Sozialismus. Sie stellte weder ein sozialistisches System auf, noch versuchte sie eine neue Systematisierung des Marxismus. Sie war eher moralische Idealistin, denn historische Materialistin. Sie stellte als solche den ganzen *Marx* unter den Primat der politischen Aktion. Im Gegensatz zu *Marx* war sie der Auffassung, der Zusammenbruch des Kapitalismus werde durch eine politische (und nicht durch eine ökonomische) Krise erfolgen. Die wissenschaftliche Begründung des Sozialismus stand nach ihr auf drei Säulen:

1. der wachsenden Anarchie der kapitalistischen Wirtschaft,
2. der fortschreitenden Vergesellschaftung der Produktionsprozesse und
3. der wachsenden Organisation und Klassenerkenntnis des Proletariats.

Als wichtigstes Element der Revolution bezeichnete sie den politischen Massenstreik. Sie konnte sich jedoch mit dieser (anarchistischen) Position in der SPD nicht durchsetzen. Ebenfalls war die Partei skeptisch gegenüber ihrer Meinung, daß sich die Revolution »in einer langen Periode gigantischer sozialer Kämpfe« vollziehe, und daß die Revolution ein Prozeß fortschreitender Machteroberung sei, bei dem »wir uns hineinpressen in den bürgerlichen Staat, bis wir alle Positionen besitzen«.
Im Programm des Spartakusbundes erklärte sie sich gegen jeden Parlamentarismus und für ein reines Rätesystem (welches sie jedoch – wie *Lenin* – bereit war aufzugeben, wenn es taktische Erwägung verlangen sollten).
In ihren theoretischen Studien kam sie zu dem Schluß, Marxens Analyse und Erklärung der Akkumulation des Kapitals sei fehlerhaft, da *Marx* nicht erklären könne, warum und wie sich als Voraussetzung und Folge der Akkumulation die kapitalistische Produktion immer mehr ausdehnen und als fortlaufender Prozeß stattfinden kann, und woher die Nachfrage stammt, die für den steigenden

Warenabsatz nötig sei. *Marx'* Ansicht, daß die Akkumulation prinzipiell ein unbegrenztes Fortbestehen der kapitalistischen Produktion ermögliche, schien ihr falsch zu sein. Doch ihre eigene These war wissenschaftlich kaum besser begründet als die Marxens (jedenfalls wurde sie von ihrer Autorin gründlich überschätzt). *Luxemburg* war der Meinung, daß die stetige Expansion der kapitalistischen Produktion an das Vorhandensein nichtkapitalistischer Produktionsformen geknüpft sei und nichtkapitalistische Sozialschichten für den Absatz der Produkte sorgen müßten. Da beides einmal zu Ende gehe, werde der Kapitalismus einmal notwendig auf Grund seines Akkumulationsschemas enden.

Der Imperialismus wird ihr zum »politischen Ausdruck des Prozesses der Kapitalakkumulation und ihrem Konkurrenzkampf um die Reste des noch nicht mit Beschlag belegten nichtkapitalistischen Weltmilieus«, zur »geschichtlichen Methode der Existenzverlängerung des Kapitals, wie des sichersten Mittels, dessen Existenz auf kürzestem Wege objektiv ein Ziel zu setzen«. *Luxemburg* baute also nicht wie *Lenin* den Imperialismus von dem Machtstreben der Monopole und Staaten her auf, sondern als Folge der Akkumulationsstrukturen des Kapitals.

Drei Richtungen beanspruchten das Erbe *Rosa Luxemburgs* legitim zu verwalten:

● Eine Richtung in der KPD hält sie für die eigentliche Begründung des demokratischen Kommunismus *(K. Korsch, A. Rosenberg, H. Weber ...)*,
● eine zweite akzeptiert sie als Propagandistin, nicht aber als Theoretikerin *(E. Thälmann, G. Lukács, N. Bucharin, J. Stalin ...)*,
● eine dritte nimmt an, daß es keine unüberbrückbaren Gegensätze zwischen *Luxemburg* und *Lenin* gäbe und akzeptiert also auch (wenigstens in großen Teilen) ihre Theorie *(P. Frölich –* der als Rechtsabweichler aus der KPD ausgeschlossen wurde –, *L. Basso ...)* [15].

Im Denkraum der SPD wird sie vor allem noch von einigen linksorientierten Gruppen (manche Jungsozialisten) und einigen Denominationen der Neuen Linken (Spartakus ...) in Anspruch genommen. Ansonsten scheint man sich ihrer eher zu schämen.

c) Karl Kautsky

Karl Kautsky wurde am 16. 10. 1854 in Prag geboren. Unter dem Eindruck der Pariser Kommune wandte er sich dem Sozialismus zu und wurde 1873 »entschiedener Sozialist«. 1875 trat er der SPÖ bei. 1880 verließ er Wien, wo er einige Jahre Geschichte und Rechte studiert hatte, und ging nach Zürich, wo er sich an der Herausgabe der »Staatswissenschaftlichen Abhandlungen« und des »Jahrbuchs für Sozialwissenschaften und Sozialpolitik« beteiligte. Hier studierte er zusammen mit *E. Bernstein* unter Anleitung von *Engels* die Werke Marxens. Die 1883 gegründete »Neue Zeit« wurde bald ein geistiges Zentrum der sog. marxistischen Richtung im deutschen Sozialismus und der II. Internationale. *Kautsky* wurde Redakteur dieser Zeitschrift und verfaßte zahlreiche Beiträge. Er popularisierte das »Kapital« (»Karl Marx' ökonomische Lehren«, Stuttgart 1887) und brachte es zwei Generationen der sozialistischen Arbeiterbewegung nahe. Seit dem Ende der neunziger Jahre bemühte er sich, den Revisionismus *E. Bernsteins* zu verdrängen. In seinen beiden Büchern »Die soziale Revolution« (Berlin 1902) und »Der Weg zur Macht« (Berlin 1909) entwickelte er eine revolutionäre Strategie, die er später als Repräsentant des »marxistischen Zentrums« (das sich seit 1905 in der Auseinandersetzung mit den Radikalen um *Rosa Luxemburg* entwickelte), zugunsten einer »Ermattungsstrategie« aufgab. Doch bereits 1914 isolierte er sich von der Partei, da er gegen die Bewilligung der Kriegskredite war. 1917 wurde ihm die Redaktion der »Neuen Zeit« entzogen, nachdem er sich der USPD angeschlossen hatte. Ende 1918 wurde *Kautsky* vorübergehend beigeordneter Staatssekretär im Auswärtigen Amt. Mit dem Ausscheiden der USPD aus der Regierung endete diese Funktion. 1920 wurde er Mitglied der Sozialisierungskommission. 1922 versuchte er in seinem Buch »Die proletarische Revolution und ihr Programm« (Stuttgart 1922) eine theoretische Begründung der beiden sozialistischen Parteien, doch ohne persönlichen Erfolg. Im gleichen Jahr kehrte er zur SPD zurück. 1924 siedelte er nach Österreich über, immer noch schriftstellerisch tätig. 1925 half er bei der Abfassung des Heidelberger Programms der SPD. Vor der Besetzung Österreichs durch die Hitlertruppen ging er nach Amsterdam, wo er am 17. 10. 1938 starb.

Kautskys Marxismusverständnis wurde geprägt durch die Evolutionstheorie *(Ch. Darwin, E. Haeckel)*, sowie durch den Antidühring von *Engels*. Er war der (merkwürdigen) Ansicht, daß man nur den Darwinismus auf die Gesellschaft anwenden müsse, um bei *Marx* herauszukommen.

Mit der Annahme des Erfurter Programms wurde 1891 der Marxismus offizielle Doktrin der deutschen Sozialdemokratie. Grundsätzliche Passagen des Programms hatte *Kautsky* entworfen. Die Vergesellschaftung der Produktionsmittel galt ihm noch lange nicht als Sozialismus, der erst mit dem Ende jeder Art von Ausbeutung und Unterdrückung wirklich werde. So verlangte das Programm auch Demokratisierung und soziale Gerechtigkeit. Es erschien schon das für die Entwicklung der deutschen Sozialdemokratie wesentliche Moment der Verbindung von geschichtsphilosophischem Determinismus und ethischem Voluntarismus (Grund zahlreicher parteiinterner Streitigkeiten bis heute).

Obschon das Erfurter Programm die Rolle der Arbeiterklasse beim Übergang der Produktionsmittel in Gemeinbesitz betonte und der Ansicht war, daß dies voraussetze, daß die Arbeiterklasse zu Macht gekommen sei, sprach es nicht von Revolution. Trotzdem bekannte sich die SPD als revolutionäre Partei. *Kautsky* betonte, daß es sich dabei nicht um einen bewaffneten Aufstand, wohl aber um eine gewaltsame politische Umwälzung handle. Die Wege, wie die SPD zur politischen Macht gelangen müsse (und könne), wurden von *Kautsky* nicht beschrieben. Sie sollten jedoch legal sein. Er akzeptierte *Engels*, der 1895 geschrieben hatte:

Wir, die »Revolutionäre«, die »Umstürzler«, wir gedeihen weit besser bei den gesetzlichen Mitteln als bei den ungesetzlichen und dem Umsturz ... Und wenn wir so wahnsinnig sind, ihnen [den Ordnungsparteien] zu Gefallen uns in den Straßenkampf treiben zu lassen, dann bleibt ihnen zuletzt nichts anderes, als selbst diese ihnen so fatale Gesetzlichkeit zu durchbrechen. (MEW 22, 525)

Für *Kautsky* war der politische Massenstreik, der nur in einer revolutionären Situation denkbar sei, das wichtigste Kampfmittel des Proletariats. Er war der Ansicht, daß die revolutionären Elemente im Volk wachsen würden. 1909 schätzte er das potentielle Wählerreservoir der SPD auf 75 % der Bevölkerung. Der Partei mangele es nicht an Anhängern, sondern an bewußten Proletariern (so auch *August Bebel*). Doch wollte er keine Kaderpartei *(Lenin)* von Berufsrevolutionären.

Bei aller Zerstrittenheit in der SPD war man sich über die Ziele einig. In der neuen Gesellschaftsordnung solle Freiheit, Gleichheit und soziale Gerechtigkeit herrschen. Sie könnten nur durch die Machtübernahme des Proletariats durchgesetzt werden. Vor allem *Kautsky* und *Bebel* hielten an dieser Hoffnungsideologie fest und versuchten, sie zu verbreiten. Die Revolution wurde zu einem *moralischen* Faktor.

In der Auseinandersetzung mit dem linken Flügel der Partei wurde *Kautsky* ungewollt zum theoretischen Repräsentanten des marxistischen Zentrums. Der Niederwerfungsstrategie stellte er eine Erschöpfungsstrategie im Kampf gegen den Kapitalismus gegenüber. Das marxistische Zentrum bildete jedoch keine organisatorische Einheit. Hier vermischten und kreuzten sich proletarische und kleinbürgerliche, revolutionäre und reformistische Tendenzen, begegneten sich Intransigenz wie Opportunismus *(K. Mandelbaum)*. Doch konnte das Zentrum bis 1914 ein Auseinanderfallen der Partei verhindern. *Kautsky* und *Lenin* hatten sich nie recht vertragen. So kam es denn dazu, daß *Kautsky* die Organisation und die Methoden der bolschewistischen Partei der SU rundweg ablehnte. Er warf *Lenin* vor, eine Revolution angezettelt zu haben, die allen Regeln des Marxismus widerspreche. Die Revolution sei viel zu früh ausgelöst worden. Im Widerspruch zu *Lenin* orientierte er sich zunehmend stärker am Modell der demokratischen Ordnung. Die Räte sollten keine Regierungsgewalt ausüben, sondern ausschließliche Organe der Selbstverwaltung der Betriebe sein. Die Diktatur des Proletariats sei nicht anders zu schaffen, als durch ein kraftvolles Parlament mit sozialistischer Mehrheit. Auch der vom Proletariat eroberte Staat sei noch ein Klassenstaat, mit dem Ziel allerdings, die Klassen langsam abzuschaffen, den Staat zwecklos zu machen. Zwischen sozialistischer Gesellschaft und Staat bestanden nach *Kautsky* kaum noch Unterschiede.

Die öffentliche Meinung sei in diesem Sozialgebilde eine zureichende Garantie für die Bewahrung der sittlichen Normen der Gesellschaft.

Kautsky veröffentlichte 1783 Titel, die, obwohl z. T. weitschweifig geschrieben, doch für die Bildung des Bewußtseins der Sozialdemokratie erheblich waren. Er verbreitete einen akzeptablen und verständlichen Marx. Durch ihn wurde Marx vielen erst zugänglich. Doch darf nicht übersehen werden, daß die Grenzen seines Marxverständnisses zugleich die Grenzen des Marxverständnisses seiner Zeit in der SPD waren. Der Marxismus war für *Kautsky* nicht bloß eine Methode, sondern auch eine Weltanschauung, Lebenslehre, Glaubensgewißheit *(H.-J. Steinberg).* Dabei machte er jedoch aus dem Marxismus ein recht dogmatisches System. Dennoch widersetzte er sich jedem praktischen Totalitarismus [16].

d) Eduard Bernstein

Eduard Bernstein wurde am 6. 1. 1850 in Berlin geboren. 1872 schloß er sich der SDAP an und war 1875 an der Ausarbeitung des Gothaer Programms beteiligt. 1881 übernahm er die Leitung des Parteiorgans »Sozialdemokrat«. In London (seit 1887) nahm er engen Kontakt zu *Engels* und *Kautsky* auf, an dessen Zeitschrift »Die Neue Zeit« er mitarbeitete.

Sein Buch »Die Voraussetzung des Sozialismus und die Aufgaben der Sozialdemokratie« (Stuttgart 1899) lieferte die Grundlagen seiner Marxismuskritik. Darin versuchte er die Kluft zwischen revolutionärer Theorie und reformistischer Praxis in der SPD zu überbrücken und nannte die *Reform* der kapitalistischen Verhältnisse als erstes Ziel der deutschen Sozialdemokratie. 1901 kehrte er nach Deutschland zurück und gab bis 1905 die Zeitschrift »Dokumente des Sozialismus« heraus. 1902–1906, 1912–1918 und 1920–1928 war er Mitglied des Reichstages. 1917 wurde er Mitglied der USPD, trat 1920 wieder in die SPD ein, und bestimmte maßgeblich deren Görlitzer Programm (1921). Am 18. 12. 1932 ist er in Berlin gestorben. Das Görlitzer Programm ersetzte das Erfurter Programm (1891). Es vermied die marxistische Terminologie und legte ein eindeutiges Bekenntnis zur demokratischen Republik ab. Damit stand es in der Tradition des Revisionismus, als dessen Begründer *Bernstein* gilt. Erst nach der Vereinigung der SPD mit der USPD wurde es durch das Heidelberger Programm (1925) abgelöst.

Bernsteins Revision der zeitgenössischen marxistischen Theorie setze an der Prognose an, daß die inneren Widersprüche den Kapitalismus zum Zusammenbruch führen müßten. Doch auch einzelne philosophische Positionen des Marxismus zog *Bernstein* in Zweifel. Zahlreiche Aspekte der Marxschen Wirtschaftstheorie sind nach *Bernstein* revisionsbedürftig, da die Entwicklung der kapitalistischen Wirtschaft an ihnen vorbeigegangen sei.

a) Ablehnung der Krisentheorie
Nach *Marx* sollten die Krisen sich im Kapitalismus nach Häufigkeit und Intensität steigern. Aus der allgemeinen Prosperität der europäischen Volkswirtschaften und dem Ausbleiben einer größeren Depression seit der Mitte der neunziger Jahre folgerte er das genaue Gegenteil. Dennoch akzeptierte er, daß die Profitrate tendenziell falle, daß die Unterkonsumtion von großer Arbeitslosigkeit begleitet sei, daß der Kapitalismus die Produktionsmittel nicht richtig ausnütze. Doch alle diese Defekte des Kapitalismus würden durch zusätzliche, von *Marx* nicht berücksichtigte Faktoren mehr als ausgeglichen.

b) Ablehnung der Akkumulationstheorie
Bernstein leugnete nicht den Zentralisationsprozeß in der Industrie, bestritt aber, daß sich dieser Prozeß so schnell vollziehe, wie *Marx* erwartete. Vor allem könnten sich Klein- und Mittelbetriebe durchaus gegen die Konkurrenz der Großen behaupten. Die mittleren Einkommensschichten hätten sich im Kapitalismus keineswegs verringert, sondern sich absolut und relativ vermehrt. Damit stellte er die Marxsche Theorie vom steigenden Antagonismus der Klassen ausdrücklich in Frage, insofern sie annimmt, daß die Zahl der Produktionsmittelbesitzenden immer kleiner und die der Habenichtse immer größer werde. Der Kapitalismus besorge also nicht eine Zuspitzung der Klassenverhältnisse, sondern vielmehr eine stärkere Klassendifferenzierung (vgl. die »Klasse der Angestellten«). Der »Neue Mittelstand« rechne sich keineswegs dem Proletariat zu, und die Randschichten würden von der Arbeiterklasse zunehmend integriert.

c) Ablehnung der Marxschen Werttheorie
Mit vielen anderen Marxisten fühlte sich *Bernstein* von der Behandlung des Wertproblems im dritten Band des Kapitals enttäuscht.

Die Werttheorie sei ein rein gedankliches Gebilde mit sehr begrenzter Anwendbarkeit. Er verband sie mit einer Grenznutzentheorie, doch war die Synthese wenig überzeugend. Zunehmend vernachlässigte er die Werttheorie (mit der Mehrwerttheorie), glaubte aber, daß die Idee der Mehrarbeit eine von der Arbeitswerttheorie unabhängige Grundlage habe.

d) Ablehnung der Dialektik

Wie viele orthodoxe Marxisten auch (so *K. Kautsky*) hatte sich *Bernstein* nicht eben gründlich mit der Hegelschen Dialektik auseinandergesetzt. So konnte er zu dem Schluß kommen, die Dialektik sei für den Sozialismus unerheblich und wertlos, da sie die Sozialisten veranlasse, die empirische Methode gegen leere Spekulation einzutauschen. Einen Grundsatz der Dialektik hat *Bernstein* jedoch übernommen: Es gelte, kein Dogmensystem aufzubauen, sondern eine Bewegung in Gang zu setzen. Dennoch leugnete er den revolutionären Charakter der Sozialdemokratie.

e) Ablehnung des historischen Materialismus

Bernstein lehnte den historischen Materialismus ab, weil mit dem Determinismus eine nicht begründete Komponente in den Sozialismus eingeführt werde. Nach *Bernsteins* Geschichtsbild bemächtigte sich der Mensch zunehmend seiner natürlichen und sozialen Umgebung und erweiterte so den Bereich seiner Entscheidungs- und Handlungsspielräume. Die Volkswirtschaften hätten immer größeren ideologischen und ethischen Freiheitsraum geschaffen und somit die Überbaustrukturen von der Basis (teilweise) unabhängig werden lassen. Der Sozialismus sei kein unausweichliches Schicksal, sondern er sei als ethisches Ziel mühsam zu erarbeiten. Dem Determinismus setzt er einen Voluntarismus gegenüber. *R. Luxemburg* erkannte schon bald, daß diese Geschichtsphilosophie sich kaum von der des Zentrums unter *Kautsky* unterschied. Beide vertraten formalisierte Revolutionsbedingungen.

f) Ablehnung des Klassenkampfes

Ohne die Tatsache des Klassenkampfes zu leugnen, war *Bernstein* der Ansicht, daß seine Intensität mit der Zeit abnehme. Der Kampf werde von der Straße in die Parlamente getragen. Damit sei auch die konventionelle Revolutionstheorie falsch. Die These von der Diktatur des Proletariats existiere nur mehr als »politischer Atavismus«.

Nur die tadellose Vergangenheit *Bernsteins* (er war zeitweise mit *Engels* befreundet) verhinderte, daß er einer Vernichtungskritik unterzogen wurde. Der Stuttgarter Kongreß der SPD (1898) hatte viele seiner Thesen diskutiert und zumeist abgelehnt. 1901 tauchte zum ersten Mal das Wort »Revisionismus« auf, um *Bernsteins* Position zu benennen. Ihren Höhepunkt erreichte die Revisionismusdebatte auf dem Dresdener Parteikongreß (1903), der eine ablehnende, aber mehrdeutige Resolution verabschiedete, die die Revisionisten als durchaus vereinbar mit ihrer Meinung behaupteten.

Trotz der Verurteilung von Dresden fand der Revisionismus in den Parteien der II. Internationale Widerhall. In einigen Parteien kam es zu Massenaustritten der Revisionisten (so der revisionistischen Gruppe der »legalen Marxisten« in Rußland), während sie in Deutschland in der Partei blieben. Eine mittelbare Unterstützung fand der Revisionismus von seiten der österreichischen Sozialdemokratie. Unter Führung *V. Adlers* (1852–1918) verfolgte diese eine recht revisionistische Politik, behielt jedoch formell den marxistischen Kurs bei. So gelang es *Adler,* die Revisionismusdebatte von Österreich fernzuhalten. Auf ihn war es auch zurückzuführen, daß *A. Bebel* seine Absicht aufgab, *Bernstein* aus der Partei auszuschließen zu lassen. Der Austromarxismus [mit so berühmten Vertretern wie *O. Bauer* (1881–1938), *K. Renner* (1870–1950), *R. Hilferding* (1877–1941), *M. Adler* ...] vermied es, die Katastrophentheorie *Bebels* zu übernehmen und kam auch inhaltlich dem Revisionismus weitgehend entgegen, ohne jedoch die marxistische Tradition (vor allem in der Sprache) aufzugeben.

Der Ausbruch des Ersten Weltkrieges zeigte, wie wenig die Frontstellung zwischen dem revisionistischen Flügel und dem marxistischen Zentrum für die konkreten politischen Entscheidungen der SPD maßgeblich war. Zweifelsfrei war der revisionistische Flügel in seiner Mehrheit für die Zustimmung zu den Kriegskrediten, doch *Bernstein* selbst richtete sich gegen die Mehrheitsentscheidung in der SPD-Fraktion und trat zusammen mit *Kautsky* 1917 der USPD bei. Revisionistische Grundhaltung und Pazifismus waren also durchaus miteinander zu vereinen.

Die Revisionismusdebatte vollzog sich nach dem Krieg nicht mehr in der Parteispitze und -führung, die weitgehend ideologisch steril blieben, sondern bei den parteilichen Randgruppen (den Jungsozialisten, dem Internationalen Sozialistischen Kampfbund, der SAP, der Kommunistischen Parteiopposition).

Heute ist der Revisionismus vollständig in der SPD integriert und zur vorherrschenden Meinung geworden. Wieder sind es die Randgruppen der Partei und um die Partei, die das marxistische Erbe bewahren wollen. Doch das Wort »Revisionismus« fällt kaum einmal mehr im ursprünglichen Sinne. Der »Neue Revisionismus« bezieht seine Anregungen aus den Schriften des jungen *Marx, Rosa Luxemburgs* und *L. D. Trotzkis* [17]. Er steht also weit links vom Zentrum der SPD (ja in manchen Fragen auch weiter links als viele kommunistische Denominationen).

Für die heutige Sozialdemokratie stellt sich die Frage nach der Kontinuität der Lehre. 1963 gab die Jahrhundertfeier der SPD (sie bezog sich dabei auf die Gründung des ADAV durch *Lassalle*), Anlaß zu heftigen Auseinandersetzungen. Der Versuch, *Marx* aus der Parteilinie zu kritisieren, ist bei dieser Gelegenheit sowohl von Marxisten-Leninisten als auch von manchen westlichen Historikern gerügt worden.

Heute orientiert die SPD ihre Frühgeschichte schon eher an den Arbeiterbildungsvereinen der sechziger Jahre des 19. Jahrhunderts als am »Kommunistischen Manifest« Marxens. Diese Bildungsvereine waren echte Arbeitergründungen (und nicht solche von einigen Intellektuellen). Jedoch ist der Umschlag von einer erwerbsoptimistischen Aufstiegsideologie zu einer politisierten Bildungsideologie noch nicht parteisoziologisch zureichend untersucht worden [18]. Das Heidelberger Programm (1925) brach zwar offiziell mit dem von *Bernstein* inspirierten Görlitzer Programm (1921), doch war dieses von *Kautsky* und dem Zentrum verfaßte Programm inhaltlich kaum weniger revisionistisch als sein Vorgänger. Es konzipierte den Übergang von Kapitalismus zum Sozialismus auf der Plattform des bürgerlichen Staates.

Das Godesberger Programm (1959) schied endgültig auch die noch letzten Spuren marxistischer Gedanken und Zielsetzungen aus. Es machte die SPD zu einer entideologisierten Volkspartei. Als Grundwerte des demokratischen Sozialismus werden genannt: Freiheit, Gerechtigkeit, Solidarität. Statt der Beseitigung der kapitalistischen Produktionsverhältnisse durch Sozialisierung und Planwirtschaft, wird die Kontrolle der wirtschaftlichen Macht vor allem durch Mitbestimmung gefordert. Es hob endgültig die Spannung zwischen revolutionär-marxistischer Theorie und sozialreformerischer Praxis zugunsten letzterer auf.

Erst die Renaissance marxistischer Ideen seit Beginn der siebziger Jahre machte das Godesberger Programm zum Gegenstand innerparteilicher Diskussion.

VIII. SYNDIKALISMUS

Das Wort »Syndikalismus« geht auf das französische »syndicalisme« (Gewerkschaftswesen) zurück. Im ideologischen Sinne bezeichnet es die revolutionäre Theorie der Gewerkschaftsbewegung. Diese Theorie wurde in ihren wichtigsten Zügen von *Georges Sorel* (1847–1922) entworfen. In der syndikalistischen Theorie vereinigen sich anarchische mit sozialistischen Elementen, Gedanken von *Marx* und von *Proudhon* (Klassenkampftheorie und Ablehnung des Staates). So konnte der Syndikalismus den Anarchisten als die praktische Anwendung ihrer Ideen auf industrielle Verhältnisse erscheinen, während ihn andere *(Edouard Berth, G. Sorel)* als Erweiterung des Marxismus (d. h. als fortschrittliche Weiterentwicklung des Standpunkts der orthodoxen Sozialdemokratie) verstanden. So kam es auch zu sehr verschieden orientierten syndikalistischen Gruppen: dem Anarchosyndikalismus (Spanien), dem militanten Industrieunionismus (USA), dem gemäßigten Gildensozialismus (England).

Als Kernelemente der syndikalistischen Theorie können gelten:

1. Die Arbeiterklasse muß sich mit eigenen Kräften von der Ausbeutung durch das kapitalistische Lohnsystem befreien.

2. Der gewerkschaftliche Zusammenschluß dient dabei als Instrument zur Erreichung von Nahzielen (Verbesserung der Lage der Arbeiter) wie von Fernzielen (Veränderung der Gesellschaftsstruktur).

3. Politische und parlamentarische Aktionen sind zu vermeiden, da sie den Zielen der Arbeiterklasse zuwiderlaufen.

4. Mittel zur Durchsetzung des Ziels sind vielmehr Boykott, Sabotage, Massendemonstration und Streik.

5. Die extremste und wirksamste Waffe ist der Generalstreik (so schon von den Anhängern *R. Owens* zu Beginn des 19. Jahrhunderts vertreten).

6. Die Gewerkschaftsorganisation soll als Modell für die Organisation der Produktion und bestimmter staatlicher Funktionen in der nachrevolutionären Gesellschaft dienen.

In der ersten Phase seines intellektuellen Werdeganges (später wurde er Bewunderer *Lenins* und *Mussolinis*) hat *Sorel* die wichtigsten Grundzüge dieses Syndikalismus theoretisch erarbeitet. Damals verstand er sich als Schüler Marxens und suchte eine Synthese zwischen *Marx* und *Proudhon,* dessen geistiger Einfluß im französischen Arbeitermilieu nie ganz unerheblich war. Anders als *Marx* sah er das proletarische Kampfinstrument nicht in einer Partei, sondern in den Gewerkschaften. Heftig lehnte er eine Gewohnheit der sozialistischen Intellektuellen ab, das Proletariat immer belehren (ja gängeln) zu wollen.

Den erheblichsten Erfolg hatte der Syndikalismus in Frankreich, als 1895 die Confédération Générale du Travail (CGT) sich ein syndikalistisches Programm gab. Heute sind die Syndikalisten eine nur noch kleine, wenn auch recht aktive Gruppe in der CGT.

In der Geschichte der II. Internationale begannen die Syndikalisten erst ziemlich spät eine aktive Rolle zu spielen. Als auf dem Züri-

cher Kongreß (1893) die marxistische Gruppe den Antrag durch-
brachte, daß nur noch Gruppen aufgenommen werden sollten, die
die Notwendigkeit der politischen Aktion anerkannten, führte das
(1896) auf dem Londoner Kongreß zum Ausschluß der Anarchisten. Zugleich wurde aber auch zum ersten Mal eine syndikalistische Gruppe zugelassen: eine Vertretung der CGT (sie stimmte übrigens mit für den Ausschluß der Anarchisten). Erst 1907 gelang es
den Ausgeschlossenen, ein internationales Treffen in eigener Regie
zu veranstalten, das jedoch ohne sonderlichen Erfolg blieb.
Die Syndikalisten wurden auch in dem 1903 in Dublin gegründeten
»Internationalen Gewerkschaftsbund« aktiv, in dem sie eine linke,
aber aktive Minderheit bildeten. 1907 führte der Wunsch, eine eigene internationale syndikalistische Organisation zu gründen, zunächst zur Herausgabe des »Bulletin International du Mouvement
Syndicaliste«. 1913 kam es dann zu einem Treffen von syndikalistischen Gruppen aus zwölf Ländern in London. Der Weltkrieg verhinderte jedoch eine dauernde Institutionalisierung.
Nach der sowjetischen Revolution traten viele Syndikalisten den
kommunistischen Parteien bei. Doch das Interesse der Syndikalisten an der III. Internationale wurde gedämpft, als die Bolschewi-
sten nach dem Kronstädter Aufstand (1921) die Räteverfassung in
der SU wieder aufgaben. So schlossen sie sich denn der syndikalistischen Bewegung der »Roten Gewerkschaftsinternationale« (Profintern) an. Vor allem aber die skandinavischen Syndikalisten waren
auch mit dieser Regelung nicht einverstanden. So kam es zum revolutionären Syndikalistenkongreß 1922 in Berlin. Dieser Kongreß
bestätigte gegen den Profintern die überkommenen syndikalistischen Prinzipien der revolutionären Gewerkschaftsbewegung und
verwarf jede Art unmittelbarer politischer Tätigkeit. Zudem wurde
eine – nach der I. Internationale benannte – »Internationale Arbeiterassoziation« gegründet. Diese vertrat zeitweilig über drei Millionen Arbeiter in Europa, den USA und Japan. Das Aufkommen des
Faschismus in Italien, Deutschland, Spanien . . . führte doch bald
zu einem rapiden Mitgliederschwund. Die Zentrale blieb bis 1932 in
Berlin, siedelte dann nach Amsterdam und 1936 nach Madrid über.
Doch schon 1939 wurde sie nach Stockholm verlegt. Inzwischen
war jedoch die syndikalistische Bewegung zur Bedeutungslosigkeit

geschrumpft. Überreste syndikalistischen Gedankenguts finden sich jedoch noch im mittleren Management einiger Gewerkschaften bis auf den heutigen Tag.

In *Deutschland* kamen die Syndikalisten von der anarchistischen Tradition her. Im Gegensatz zur Sozialdemokratischen Partei und den bestehenden Gewerkschaften gründeten sie die »Freie Vereinigung deutscher Gewerkschaften«, die weitgehend das französische Modell übernahm. Der bald ausbrechende Erste Weltkrieg ließ diese Bewegung jedoch niemals sonderlich stark werden. Nur die Bergarbeiterbewegung im Ruhrgebiet, wo es die Sozialdemokratie gegenüber den Knappenvereinen und den christlichen Gewerkschaften schwer hatte, war durch lange Jahre syndikalistisch geprägt. Das wurde vor allem nach 1918 deutlich: Nicht die hier schwache KPD, sondern die syndikalistischen Gruppen sorgten für eine Radikalisierung der Bergarbeiterschaft (Generalstreikbewegung von 1919, Kapp-Putsch, Erhebung der »Roten Armee«). Die 1920 gegründete »Freie Arbeiter-Union, Richtung Gelsenkirchen« wurde zum stärksten syndikalistischen Bollwerk in Deutschland. 1921 schloß sich die Freie Arbeiter-Union mit anderen Gruppen zur »Union der Hand- und Kopfarbeiter« zusammen, die der »Roten Gewerkschaftsinternationale« beitrat. Ihr bedeutendster Berufsverband war die 1925 gegründete »Industriegruppe Bergbau«. Obschon es verschiedentlich zur engen Zusammenarbeit mit dem linken Flügel der KPD kam, wollten sich die syndikalistischen Gruppen nicht den Anweisungen der Komintern fügen. Als 1921 die KPD mit einer Unterwanderung des »Allgemeinen Deutschen Gewerkschaftsbundes« begann, machten die Syndikalisten nicht mit. 1920 kam es zur Abspaltung der stark kommunistisch gefärbten, doch syndikalistisch beeinflußten »Kommunistischen Arbeiterpartei« (KAP). 1925 wurde von der kommunistischen Zentrale die Auflösung der »Union der Hand- und Kopfarbeiter« verfügt. Doch noch war der Kampf der DKP mit den Syndikalisten nicht ausgestanden. 1931 erst wurde ein selbständiger kommunistischer Bergarbeiterverband gegründet (»Einheitsverbund der Bergarbeiter Deutschlands«). Die syndikalistischen Gruppen arbeiten aber nur zum Teil in dieser Organisation mit. Damit war auch zugleich das Ende des organisierten Syndikalismus in Deutschland gekommen [19].

IX. ANARCHISMUS

Das Wort »Anarchismus« bezeichnet sozialphilosophische und politische Denksysteme, die Gerechtigkeit, Gleichheit und Brüderlichkeit in der Gesellschaft bei Ausschaltung aller staatlichen und gesellschaftlichen Zwangsmittel verwirklichen wollen. Hinsichtlich der Stellung des einzelnen in der Gesellschaft, der Methoden der Verwirklichung des Anarchismus und der weltanschaulichen Voraussetzungen lassen sich unterscheiden:

● individualistischer und kollektivistischer Anarchismus,
● anarchokommunistischer und anarchosyndikalistischer Anarchismus und
● evolutionärer und revolutionärer Anarchismus.

Sozialgeschichtliche Voraussetzung der Ausbreitung des (zunächst theoretischen) Anarchismus war die mit dem Aufkommen der Maschinenproduktion verbundene technologische und soziale Revolution in den Raum der ständisch gegliederten Staatsgesellschaft. Die meisten anarchistischen Bewegungen des 19. Jahrhunderts sind Reaktionen auf diesen wirtschaftlich-sozialen Transformationsprozeß, der von politischen Zentralisierungstendenzen begleitet war. Die Grundthese des Anarchismus ist die Behauptung, daß alle freien Zusammenschlüsse (außer denen in Primärgruppen) zunehmend institutionalisiert werden, sich daher verholzen und nicht mehr der objektiven Realität gerecht werden können. Im Gegensatz zum Marxismus, der (zunächst) ein Herrschaftssystem durch ein anderes ersetzen will, fordert der Anarchismus eine permanente Revolution ohne festgegliederte Herrschaftsstrukturen. Dabei wird die Revolte zum Ausdruck menschlicher Freiheit schlechthin.

Der *individualistische Anarchismus* stellt das Recht des Individuums in den Mittelpunkt. Er ist der Ansicht, daß die Emanzipation des Individuums durch die Aufklärung in einem evolutionären Prozeß die staatlichen Zwangseinrichtungen zunehmend überflüssig mache. Das Privateigentum soll beibehalten werden, doch ist eine gerechte Güterverteilung anzustreben. Er wurde vertreten von

W. Godwin (1793: »Enquiry Concerning Political Justice and its Influence on General Vitue and Happiness«), *P. J. Proudhon, M. Stirner* (1845: »Der Einzige und sein Eigentum«) . . .

Der *kollektivistische Anarchismus* will im Extremfall durch Gewalt und Terror, eine Kollektivordnung sich frei föderierender Gruppen mit Kollektiveigentum herstellen. Hauptvertreter dieses Anarchismus war *M. A. Bakunin* (1832: Dieu et l'état). Wissenschaft will er als Instrument zur Durchsetzung des Kollektivinteresses genutzt sehen. Einer Gruppe von Berufsrevolutionären bleibt es vorbehalten, die Revolte gegen die bestehenden Machtstrukturen in permanenten Aufständen bis zur Erreichung des Ziels (Übernahme der Produktionsmittel durch die Massen, Ausrottung der Staatlichkeit, Abschaffung des Erbrechts, Übertragung der Kindererziehung an die Gesellschaft . . .) durchzuführen. Eine religiös-ethische Variante des Anarchismus vertrat *L. Tolstoi*, orientiert an der Botschaft der Bergpredigt. Er forderte gewaltlose Aufhebung der überkommenen Ordnungssysteme (Staat, Rechtskirche, Ehe, Familie . . .) zugunsten einer Liebesordnung, in der diese ausschließliches Regulativ des menschlichen Zusammenseins ist.

In der zweiten Hälfte der sechziger Jahre unseres Jahrhunderts wurde der Anarchismus vor allem in Studentenbewegungen der westlichen Welt wieder sichtbar. Man forderte eine herrschaftsfreie Gesellschaft, gegründet auf Freiheit, Gerechtigkeit und Solidarität. Teils wurde eine Verbindung mit sozialistischen Gesellschaftsmodellen (Räte-, Genossenschaftskommunismus) gesucht, teils ein individualistischer oder revolutionär-syndikalistischer oder sozialethischer Anarchismus angestrebt, um eine soziale Revolution vorzubereiten. Dabei kam es vor allem zur Forderung der Minimalisierung oder Abschaffung aller repressiven Autorität und zum Ausscheren aus den Organisationsformen heutiger Gesellschaft.

Die anarchistischen Bewegungen blieben insgesamt relativ wirkungslos, sieht man einmal von der Vorbereitung der sozialistischen Revolution in Rußland ab. Einzelaktionen [Teilnahme am Aufstand der Pariser Kommune, Attentate gegen Kaiser Wilhelm I. (1878), Ermordung Zar Alexanders II. (1881) und König Umbertos (1900)] führten zudem zu einer drakonischen Unterdrückung des Anarchismus in vielen europäischen Ländern.

Die Beschäftigung mit dem Anarchismus in marxistischen Kreisen ist nahezu identisch mit der Geschichte der Kritik des Anarchismus. In der »Deutschen Ideologie« wandten sich *Marx* und *Engels* gegen *Stirner,* in seiner Schrift »Das Elend der Philosophie« suchte *Marx* mit *Proudhon* fertig zu werden. Ernsthafter war schon der Kampf der marxistischen Fraktion der I. Internationale gegen Bakunin. 1873 verfaßten *Marx* und *Engels* im »Auftrage« des Haager Kongresses die Schrift »Ein Komplott gegen die Internationale Arbeiterassoziation«, in der sie den Bakuninanhängern vorwerfen,

unter der Maske des extremen Anarchismus ihre Angriffe nicht gegen die bestehenden Regierungen [zu richten], sondern gegen die Revolutionäre, welche sich nicht ihrer Orthodoxie und ihrer Leitung unterwerfen. Von der Minderheit eines Bourgeois-Kongresses gegründet, schleicht sie sich in die Reihen der internationalen Organisation der Arbeiterklasse ein, versucht zuerst, sich ihrer Leitung zu bemächtigen, und arbeitet auf ihre Desorganisation hin, sobald sie diesen Plan scheitern sieht. In schamlosester Weise sucht sie ihr sektiererisches Programm und ihre beschränkten Ideen dem umfassenden Programm, den großen Anstrebungen unserer Assoziation unterzuschieben . . . Endlich in Rußland, setzt sie sich an die Stelle der Internationalen und begeht unter ihrem Namen gemeine Verbrechen, Gaunereien und einen Mord, für den die Regierungs- und Bourgeois-Presse unsere Assoziation verantwortlich gemacht hat. (MEW 18, 333f.)

Der erste russische Marxist, der mit den Anarchisten abrechnete, war *Plechanov* mit seinem Buch »Anarchismus und Sozialismus« (1883, Berlin 1894), das in fast alle europäischen Sprachen übersetzt wurde. 1906 schreibt *Stalin* die Schrift »Anarchismus oder Sozialismus« (WW 1, 257–342), die den Anarchismus neben dem Reformismus und Marxismus als eine der großen Strömungen der Gegenwart anerkennt. Der Unterschied zwischen Anarchismus und Marxismus werde durch die Formel: Persönlichkeitskult – Befreiung der Massen, charakterisiert und der Anarchismus wegen seiner Zurückweisung der Diktatur des Proletariats verworfen. Als 1917 der Streit um den Anarchismus wieder aufflammte, schrieb *Lenin:*

Der Anarchismus ist die Verneinung der Notwendigkeit des Staats und der Staatsmacht für die Epoche des Übergangs von der Herrschaft der Bourgeoisie zur Herrschaft des Proletariats. (WW 24, 32)

In Deutschland war wegen der wohlorganisierten Bewegung der

Sozialdemokratie für den Anarchismus kaum eine Entfaltungsmöglichkeit geboten. In der Frühzeit versuchten *Karl Grün* (alias Ernst von der Heyde, 1817–1887), *Moses Hess* (1812–1875), *Wilhelm Marr* . . . einige Ideen *Proudhons* in Deutschland heimisch zu machen. Doch wurde 1880 die anarchistische Gruppe unter *Johann Most,* der nach dem Sozialistengesetz geringen Einfluß erhielt, aus der Sozialdemokratie ausgeschlossen. Später blieb anarchistisches Gedankengut auf kleinere Sekten beschränkt. Zu seinen Verbreitern gehörten *Arthur Mülberger* (Studien über Proudhon, Stuttgart 1891), *Gustav Landauer* (Aufruf zum Sozialismus, Berlin 1911), *Erich Mühsam* (Die Befreiung der Gesellschaft vom Staat, Berlin 1932) und *Benedikt Lachmann*[20].

Anmerkungen zu den Kapiteln I. bis IX.:

1 Vgl. M. Rubel, Marx, in: MiSV/Grundbegriffe, 3, 1–15.

2 Vgl. K. G. Ballestrem und W. Schieder, Engels, in: MiSV/Grundbegriffe 1, 107–126.

3 I. Fetscher, Von der Philosophie des Proletariats zur proletarischen Weltanschauung, in: Marxismusstudien 2 (1957), 26–60. G. Lukács, Geschichte und Klassenbewußtsein, Berlin 1923, 17. S. Hook, From Hegel To Marx, Ann Arbor (Mich.) 1962, 75 f. L. Landgrebe, Das Problem der Dialektik, in: Marxismusstudien 3 (1960), 50 ff. H. Marcuse, Reason and Revolution, New York 1954, 314. J.-P. Sartre, Critique de la raison dialectique I, Paris 1960, 129 . . .

4 W. Schieder, Bund der Kommunisten, in: MiSV/Geschichte 1, 245–255.

5 Geschichte der deutschen Revolution von 1848–49, Berlin 1930/31.

6 Friedrich Engels, Den Haag 1934.

7 Karl und Jenny Marx, Berlin 1933.

8 Vgl. G. Haupt, Sozialistische Internationale, in: MiSV/Geschichte, 4, 254–259.

9 Vgl. Ebd., 259–272.

10 Vgl. D. Geyer, Kommunistische Internationale, in: MiSV/Geschichte 2, 275–283.

11 Vgl. G. Nollau, Kominform, in: MiSV/Geschichte 2, 267–270.

12 F. Mehring, Geschichte der deutschen Sozialdemokratie II (1897/98), Berlin 1960, 78.

13 Neue Zeit 20 (1901/02), 79.

14 H. Mommsen, Lassalle, in: MiSV/Grundbegriffe 2, 163–189.

15 H. Stuke, Luxemburg, in: MiSV/Grundbegriffe 2, 265–290.

16 D. Schuster, Kautsky, in: MiSV/Grundbegriffe 2, 32–44.

17 V. L. Lidtke, Revisionismus, in: MiSV/Grundbegriffe 3, 182–209.

18 Vgl. H. Lademacher, Sozialdemokratie, in: MiSV/Geschichte 4, 207–225.

19 Vgl. L. H. Legters, Syndikalismus, in: MiSV/Geschichte 5, 54–74.

20 Vgl. K. von Beyme, Anarchismus, in: MiSV/Politik 1, 38–45.

X. CHRISTENTUM VERSUS MARXISMUS

Heute gibt es nur noch eine Position, die gegen den Marxismus antreten könnte, und das ist das Christentum. Die vom Kapitalismus hervorgebrachte Philosophie, der philosophische Liberalismus des 19. Jahrhunderts, ist tot. Seitdem behilft sich der Kapitalismus mit dem Pragmatismus als Pseudophilosophie. Der Pragmatismus fordert die anstehenden Probleme gut und menschlich zu lösen, die bestehenden Übelstände zu minimalisieren (wenn nicht gar aufzuheben). Er ist die Philosophie des Heute und Morgen.

Doch gegen ein ausgebautes philosophisches System kann er nicht antreten, weil er keine Lehre vom Menschen entwickelte, weil er nicht weiß, wohin eigentlich die Reise geht, wie die Werte, die es zu verteidigen gibt, begründet werden können, woher sie kommen. So ist denn das Christentum das einzige Ideensystem, das den Marxismus in die Schranken weisen kann. Wer heute fürs Übermorgen sorgt, muß wissen, wie es aussehen soll. Das wissen aber nur Christen und Marxisten (oder glauben es zu wissen – doch dieser Glaube gibt ihnen Macht, die Welt zu verändern). Wer also fürs Übermorgen (auch) lebt, wird entweder Christ sein müssen oder Marxist – eines kann er nicht sein: Pragmatiker. Der Pragmatismus hat noch niemanden begeistert, er ist die »Philosophie« der Ohnmacht vor der Zukunft. Vor allem junge Menschen ertragen nicht die Ohnmacht vor der Zukunft, sie wollen mehr. Und wenn sie nicht Christen sind, werden sie oft zu Marxisten (einige versuchen gar beides zu sein). Ein vor der Zukunft sich verantwortender Mensch kann heute nur noch Christ sein oder Marxist, denn ein drittes gibt es nicht – und wenn es käme, dürfte es zu spät sein, um mit dem Marxismus fertig zu werden.

Ideensysteme (Philosophien) lassen sich nur durch Ideensysteme bekämpfen. Sollte sich das Christentum dieser Entgegnung entziehen, wird der Marxismus zunächst als Ideensystem siegen (und zwar kampflos), und ein marxistischer Sozialismus wird die ökonomische und gesellschaftliche Folge sein.

Wir wollen in zwei Schritten aufzeigen, worin sich Christentum und Marxismus unterscheiden, und warum ein Christ nicht Marxist sein kann.

A. Was ist Christentum eigentlich?
B. Worin unterscheiden sich Christentum und Marxismus?

A. Was ist Christentum?

Um Christ zu sein, muß man einige Inhalte als wahr akzeptieren, die etwa in folgenden Sätzen beschrieben werden können:

1. Der Mensch kann sich nicht selbst vom Zustand der Unversöhntheit mit sich selbst, mit Welt, mit Gesellschaft befreien. Diese ontologische Entfremdung kann nur in der Einigung mit einem unendlichen Wesen, durch ein in bezug auf sein Dusein unendliches Du geschehen. Der Mensch weiß um seine ontologische Unversöhntheit und schließt daraus, daß es eine Instanz geben muß, sie aufzuheben. (Ähnlich wie der Durst nur sinnvoll ist, wenn es irgendwo Wasser gibt, schließt der Christ aus dem Vorhandensein des Durstes auf die Existenz von Wasser – nicht aber darauf, daß hier und jetzt eine Quelle sprudelt.) Dieses unendliche Du (dieses Wasser) nennt der Christ (und mit ihm der Jude, der Muslim . . .) Gott.

2. Zur Überwindung der anderen Entfremdungstypen und zur Vorbereitung der Aufhebung der ontologischen Entfremdung ist vom Christen gefordert:
   a) Die Ablösung vom materiellen Besitz (um nicht von ihm besessen zu werden),
   b) die Ablösung vom geistigen Haben (um nicht von ihm gehabt zu werden),
   c) die Solidarisierung aller Menschen ohne Ausnahme als Folge eines universellen Liebesgebotes.

3. Die Aufhebung aller Entfremdung geschieht in der Struktureinheit mit Gott. Jesus von Nazareth war der erste Mensch, der von Anfang an in dieser Struktureinheit stand (er war also Gott). Mit ihm und durch ihn begann die gewordene Struktureinheit Welt – Gott. Jesus nannte sie Gottesreich. Im Gottesreich sind also Entfremdungen aufgehoben: der Mensch ist mit sich, mit Welt, mit Gesellschaft und mit Gott versöhnt.

Der Geist Jesu (der sog. »Heilige Geist«) führt seitdem die Welt (und mit ihr alle Menschen) auf dem Weg der endgültigen Versöhnung in diese Versöhnung hinein. Er ist Gott.

Im individuellen Tod stirbt der Mensch, der die unter 2. genannten Wege gegangen ist (und sich also nach Kräften für das Wachsen und Werden des Gottesreiches einsetzte) in diese endgültige Versöhnung hinein. Die gesamte Welt hat zum Ziel die Versöhnung mit Gott und damit mit sich selbst; die Aufhebung aller Entfremdung (von Gesellschaft, Geschichte, Welt . . .) und die totale Befreiung von aller Unversöhntheit und ihren Zeichen und Wirkungen (Leid, Hoffnung, Furcht, Tod, Schmerz, Trauer, Tod).

Sicherlich ist dieser Katalog nicht vollständig, doch wird man einen Menschen, der diese Sätze akzeptiert, »Christ« nennen müssen. *K. Marx* lehnte das Christentum als Ideologie der Knechtschaft (als eine das bestehende Ausbeutungssystem legalisierende und legitimierende Ideologie) heftig ab. Ja er sah in *jeder* Religion ein Zeichen der Entfremdung, in der der Mensch sich selbst fremd macht, indem er sein Wesen ins Fremde hinein als Gott festmacht (in Anlehnung an *Feuerbach*). Er schrieb:

Atheismus, Kommunismus sind keine Flucht, keine Abstraktion, kein Verlieren der von dem Menschen erzeugten gegenständlichen Welt, seiner zur Gegenständlichkeit heraus geborenen Wesenskräfte, keine zur unnatürlichen, unentwickelten Einfachheit zurückkehrende Armut. Sie sind vielmehr erst das wirkliche Werden, die wirkliche für den Menschen gewordene Verwirklichung seines Wesens und seines Wesens als eines wirklichen. (MEGA 1, 3, 167)

Die Moral, Religion, Metaphysik und sonstige Ideologie . . . behalten hiermit nicht länger den Schein der Selbständigkeit. Sie haben keine Geschichte, sie haben keine Entwicklung, sondern ihre materielle Produktion und ihren materiellen Verkehr entwickelnden Menschen ändern mit dieser ihrer Wirklichkeit auch ihr Denken und die Produkte ihres Denkens. (MEW 3, 26 f.)

Er war sich wohl kaum bewußt, in wie vielen Momenten seines Denkens er vom Judentum und Christentum abhängig war[1]. Sein Problem war sehr viel weniger ideologischer Art denn psychologischer. Aus der Zeit, da er sich von der Religion zu lösen begann, ist uns ein Gedicht erhalten (MEGA 1, 1, 2, 30 f.), das er als 19jähriger schrieb:

Hat ein Gott mir alles hingerissen,
　　Fortgewälzt in Schicksalsfluch und Joch,
Seine Welten – alles – alles missen!
　　Eins blieb, die Rache blieb mir doch!

An mir selbst will ich stolz mich rächen,
　　An dem Wesen, das da oben thront,
Meine Kraft sei Flickwerk nur von Schwächen,
　　Und mein Gutes selbst sei unbelohnt!

Einen Thron will ich mir auferbauen,
　　Kalt und riesig soll sein Gipfel sein,
Bollwerk sei ihm übermenschlich Grauen,
　　Und sein Marschall sei die düst're Pein!

Wer hinaufschaut mit gesundem Auge,
　　Kehre totenbleich und stumm zurück,
Angepackt vom blinden Todeshauche,
　　Grabe selbst die Grube sich sein Glück.

Und des Höchsten Blitze sollen prallen
　　Von dem hohen, eisernen Gebäu,
Bricht er meine Mauern, meine Hallen,
　　Trotzend baut die Ewigkeit sie neu.

B. Worin unterscheiden sich Christentum und Marxismus?

Das Christentum ist nicht an eine bestimmte ökonomische und gesellschaftliche Verfaßtheit gebunden, insofern sie den Raum der Selbstverwirklichung des Menschen nicht unnötig einschränkt. Ein christlicher Kapitalismus ist dabei sehr viel weniger denkbar als ein christlicher Sozialismus. Somit richtet sich die christliche Kritik am marxistischen Sozialismus weniger oder gar nicht gegen seine ökonomische Vorstellung, sondern vielmehr gegen das diesem Sozialismus zugrunde liegende Menschenbild.

Aufgabe des Christentums darf es nicht sein, bestimmte politische oder ökonomische Strategien zu entwickeln, sondern »kritisches Gewissen« gegenüber bestehenden gesellschaftlichen und ökonomischen Verfaßtheiten zu sein. Dabei kann es durchaus zu einer grundsätzlichen Ablehnung einer Ideologie kommen, die einer solchen Verfaßtheit zugrunde liegt. Diese Situation scheint beim Marxismus gegeben, wenn auch viele Einzelheiten im ökonomischen, gesellschaftlichen, ja auch im philosophischen Raum von Christen durchaus akzeptiert werden können. Dennoch sind die Unterschiede im philosophisch-anthropologischen Bereich zwischen Christentum und Marxismus so erheblich, daß es für einen Christen kaum möglich sein dürfte, Marxist zu sein.

a) Der Marxismus vertritt eine transzendente Immanenz, das Christentum eine immanente Transzendenz. Für *Marx* ist das menschliche Wesen im steten Voraus, das im kommunistischen Prozeß nach Beseitigung der ökonomischen Entfremdungen nur approximativ eingeholt werden kann. Der *Christ* ist der Überzeugung, daß Gott als transzendentes Wesen in der Welt allgegenwärtig ist. Der Marxismus leugnet die Existenz Gottes und setzt an seine Stelle – in Anlehnung an Feuerbach – das menschliche Wesen. Ob der Agnostizismus Marxens wesentlich ist für seine Philosophie, ist nicht unbestritten. Prinzipiell wäre eine *eingeschränkte* transzendente Immanenz des menschlichen Wesens mit einem Theismus vereinbar. *Marx* ist zudem kaum Atheist, er ist vielmehr der Auffassung, daß der praktizierte *Glaube* an Gott, den Menschen sich selbst, seiner Geschichte, Gesellschaft, Arbeit, Natur fremd mache. In der Vorrede zur Doktorarbeit finden wir folgenden Satz, der für *Marx* typisch zu sein scheint:

Die Philosophie, solange noch ein Blutstropfen in ihrem weltbezwingenden, absolut freien Herzen pulsiert, wird stets den Gegnern mit Epikur zurufen: »Gottlos ist nicht, wer die Götter der Menge verachtet, sondern wer die Meinungen der Menge den Göttern anheftet.« (MEGA 1, 1, 1, 10)

b) *Marx* glaubt an die Allmacht der Wissenschaften, das Christentum ist weniger wissenschaftsgläubig und weiß darum, daß die wissenschaftlichen Erkenntnisse zwar wichtig für die Menschen sind, die unwissenschaftlichen und vorwissenschaftlichen aber für den Menschen sehr viel erheblicher. Der *Marxismus* versteht sich selbst als wissenschaftliches System, das *Christentum* versteht sein Lehrgebäude als geoffenbarten Inhalt, dem der Mensch zwar wissenschaftlich beikommen, das er aber niemals wissenschaftlich ausschöpfen kann, denn Inhalte wie Liebe, Hoffnung, Freude ... sind nicht wissenschaftlicher Art (man kann darüber allenfalls Wis-

senschaft machen, sie dadurch atomisieren und teilweise auflösen).
Im Gegensatz zum Christentum ist Marx der eigentümlichen Ansicht, daß der Mensch vor allem von wissenschaftlicher Erkenntnis geleitet werden könne und daß alles Unwissenschaftliche zugleich auch in der Nähe des Unwahren siedle. Da der Marxismus diese naive Wissenschaftsgläubigkeit aus dem 19. Jahrhundert erbte, sollte er sich von diesen Relikten lösen (können). Der Mensch ist in seinen Antriebsmotivationen keineswegs primär rational bestimmt, sondern arational (sehr viele Antriebsgründe sind und bleiben unbewußt oder wurzeln im Unbewußten, und das selbst dann, wenn der Handelnde vernünftig zu handeln meint).

c) *Marx* und mit ihm der Marxismus sind der Ansicht, der Mensch könne sich durch eigenes Mühen von der Unversöhntheit und Entfremdung befreien (erlösen). Der Weg dazu führe über die vollkommen verfaßte Gesellschaft. Hier werden noch Anklänge an die frühneuzeitlichen Staatsutopien seit *Thomas Morus* im Denken Marxens erheblich. Wir wissen heute zureichend sicher, daß *Marx* von einem abstrakten Menschenbild ausgeht, wenn er meint, das »Böse« im Menschen durch Veränderung des gesellschaftlichen Seins (und damit mittelbar des Bewußtseins auch der einzelnen) aufheben zu können. Das, was die Psychoanalyse *Destrudo* und die Theologie *Erbsünde* nennt, ist nicht vom Menschen aufzuheben. Es gehört zum Menschen in seiner derzeitigen Verfassung, unabhängig von gesellschaftlichen Strukturen, dazu. Die Befreiung von dem »Bösen« (und als Folge davon von Unversöhntheit und Entfremdung) kann nicht durch den Menschen selbst geschehen – er bedarf der Erlösung »von außen«. So kontraponiert das Christentum der Marxschen Theorie von der Selbsterlösung (Selbstbefreiung) die Lehre von der Fremderlösung (und Fremdbefreiung).

d) Der *Marxismus* vertritt zumeist einen ausgesprochenen praktischen Materialismus, d. h. er ist u. a. davon überzeugt, daß nur Veränderung des gesellschaftlichen Seins letztlich zur Veränderung des Bewußtseins und seiner Inhalte führen könne. Die Veränderung des Seins verläuft aber in der Regel revolutionär-gewalttätig. Das *Christentum* ist dagegen der Ansicht, wenn auch kaum jemals deutlich ausgedrückt, so doch implicite durch seine Handlungsmuster und Strategien belegt, daß zunächst und zuerst das Bewußtsein und seine Inhalte geändert werden müssen – und dann eine Veränderung des Seins schon früher oder später erfolgen werde. Zwar gibt es auch Christen, die eine revolutionäre Veränderung des Seins anstreben, doch dann meistens, weil die Veränderung des Seins über die des Bewußtseins in kaum erträglicher Weise langsam vor sich geht. Doch wird selbst von diesen, solche Strategie als Ausnahme betrachtet.

e) Für *Marx* ist der Mensch das höchste Wesen für den Menschen, das Ziel alles menschlichen Handelns. Für den Christen ist dagegen der Mensch allenfalls höchster Handlungs*zweck*, das höchste und alles informierende höchste Handlungs*ziel* ist dagegen Gott und sein Reich. Der *Marxismus* wirft u. a. auch dem *Christentum* vor, es vernachlässige, um der transzendenten Orientierung willen, die Sache der Menschen. Doch das Christentum ist (mit dem Marxismus) der Ansicht, daß es gilt, alle vermeidbare Not, alles vermeidbare Elend so weit durch menschliche Aktivität zu verringern wie irgend möglich. Gegen den Marxismus stellt es (mit Marx) das Individuum in den Mittelpunkt des Interesses und seines Bemühens und nicht zunächst und zuerst »die Gesellschaft«. Zudem gibt es dem menschlichen Sterben einen individuellen Sinn und nicht nur einen gesellschaftlichen. Man kann entartetes Christentum, das vielleicht in einigen seinen Vertretern Armut und Elend einmal als gottgewolltes Schicksal vorstellte und die Armen und Verlassenen (die Unterprivilegierten) auf einen fernen Himmel vertröstete, nicht als typisch christlich denunzieren. Sicherlich kann Religion zum »Opium des Volkes« werden, doch dann ist es keine christliche mehr, die Weltengagement anfordert, um Welt in Gottesreich verwandeln zu helfen. Wie man den Marxismus von seinen abartigen Praktiken her nicht verurteilen sollte, so sollte man auch das unchristliche Verhalten einiger sich Christen Nennenden nicht zur Meßlatte des Christentums machen.

f) Der *Marxismus* stellt ausschließlich gesellschaftliche Hoffnungsziele vor, das *Christentum* auch und vor allem individuelle. Es ist der Ansicht, daß die menschliche Hoffnung (die große und letzte, die »absolute«) korrumpiert werde, wenn das Individuum nicht teilhat am Erreichen seines Hoffnungsziels. So bedeutet das Sterben für den Christen die Verwandlung in Gottesreich hinein und nicht bloß ein Ereignis zum Nutzen der Gattung Mensch. Das ist kein Heilsegoismus, wie Marx vermeinte, sondern ein Ernstnehmen des menschlichen Wissens um Zukunft, die auch für das Individuum niemals leer sein kann, sondern gefüllt wird mit Hoffnungszielen. Das Christentum ist der Auffassung, daß das Sterben ein Sinn des Lebens sei, und zwar des individuellen, und daß dieser Lebenssinn nicht im radikalen Untergang des Individuums bestehen könne. Der *Marxismus* scheint also die anthropologische Hoffnung, durch die der Mensch erst zum Menschen wird, nicht ernst genug zu nehmen, wenn er sie um ihre Erfüllung bringt. So wird das Christentum zum vollendeten Vollzieher des Anspruchs des Humanen, einem Anspruch, dem sich der Marxist versagt.

g) Während der *Marxist* die Freiheit des Menschen rein innerlich sieht, ist das *Christentum* der Ansicht, daß der inneren Freiheit auch ein äußerer Freiheitsspielraum zugeordnet werden müsse, in dem sich die innere Freiheit erst zur Entfaltung bringen kann.

h) Während der *Marxist* den Sinn des individuellen Lebens identifiziert mit dem der Gesellschaft, ist das *Christentum* der Auffassung, daß die sinngebende Sinnantwort individuell-objektiv gegeben werden muß. Dabei respektiert es in seiner Lehre vom schuldlos irrigen Gewissen auch objektiv falsch gegebene Sinnantworten. Es ist also nicht – wie der Marxismus – totalitaristisch.

i) Das Christentum weiß um die subjektive Schuld des Individuums und reduziert sie nicht auf gesellschaftliche Bedingtheiten oder geistige Störungen. Zugleich bietet es auch eine Strategie zur Befreiung von Schuld an, die in der realisierten Liebe zu Gott getilgt werde. Damit macht es Ernst mit dem Eigenwert der Person und seiner individuellen Verantwortung, die nicht allein vor der Gesellschaft, sondern vor allem vor der Instanz des liebenden Gottes getragen werden muß.

j) Die Forderung nach universaler (keinen Menschen ausschließender) Liebe ist das zentrale Gebot des Christentums. Diese Liebe impliziert Toleranz, d. h. u. a., daß Konflikte gelöst werden in der Haltung, den anderen Menschen so anzunehmen, wie er sich darstellt. Dabei soll nicht der Toleranz der Schwäche das Wort geredet werden, denn es gibt Verhaltensmuster, die nicht toleriert werden können, auch nicht der Toleranz, die passiv akzeptiert und sich nicht aktiv engagiert. Intoleranz ist ein Zeichen mangelnder Überzeugungssicherheit – über psychologische Schutzmechanismen wird die eigene Meinung, die eigene Person abgesichert gegen Kritik (ja immunisiert), indem solcher Kritik (einschließlich des Kritikers) Intolernanz intolerant vorgeworfen wird, wesentliches, radikales Unverständnis. Diese Intoleranz, die nicht einmal dem anderen zugesteht, die kritisierte Meinung kennen zu *können*, ist im Marxismus verbreitet – mitunter so stark, daß ein Gespräch mit Andersdenkenden grundsätzlich abgelehnt wird. Eine solche Haltung wäre nicht christlich[2].

Die christliche Toleranzforderung (an sich selbst wie an andere) schützt das Christentum *prinzipiell* (wenn auch nicht immer in concreto) vor totalitaristischer Theorie und Praxis. Der *Marxismus* hat ein solches Regulans nicht – das dürfte einer der Gründe sein, daß er bislang immer totalitaristisch ausging, sobald er die Praxis probte[3].

Anmerkungen:

1 R. Lay, Der Glaube der Ketzer, in: Vor uns die Hoffnung, Olten 1974, 85–149.
2 R. Lay, Atheismus und Theismus im Gespräch, in: Zukunft ohne Religion, Olten ²1974, 79–106.
3 R. Lay, Marxismus zwischen Humanismus und Totalitarismus, in: Zukunft ohne Religion, a. a. O., 129–163.

INHALTSVERZEICHNIS